唐僕尚丞郎表

（二）

嚴耕望◎著

北京联合出版公司 Beijing United Publishing Co.,Ltd.
·后浪

唐僕尙丞郎表卷五

輯考一上　尙書左僕射

●裴寂——武德六年四月二十八癸酉，由右僕遷左僕。（兩紀、新表〔四年四月癸酉重出〕、通鑑、兩傳。）九年正月二十五甲寅，罷爲司空。（舊紀〔作丙寅誤〕、新紀、新表、通鑑、兩傳。）——舊五七、新八八有傳。

●蕭瑀——武德九年七月六日壬辰，由右僕遷左僕。（舊紀、通鑑、新紀〔辛卯〕、表〔辛卯〕、兩傳。）十月二十五庚辰，罷。（新紀、新表、通鑑、兩傳。）〔考證〕。——舊六三、新一〇一有傳。

〔考證〕　舊紀不書罷，而貞觀元年三月癸巳書「尙書左僕射宋國公蕭瑀爲太子少師。」似中間未嘗罷廢卽遷少師者。考舊傳：「太宗卽位，遷尙書左僕射……忤旨廢于家。俄拜特進・太子少師。」新傳略同。皆與新紀表通鑑合。是中間實罷，舊紀失書，貞觀元年三月又書前官耳。

●蕭瑀——貞觀元年六月十二壬辰，由太子少師復爲左僕。（舊紀〔作少保誤〕、新紀〔作甲辰詳右僕卷封德彝條〕、新表、通鑑、兩傳。）時階特進。（兩傳。）十二月四日壬午罷。（兩紀、新表、通鑑、兩傳。）——此再任。

●房玄齡——貞觀三年二月六日戊寅，由中書令遷左僕。（兩紀、新表、通鑑、兩傳、全唐文五授房玄齡左僕射詔。）〔考證〕。九年十一月九日辛丑，加開府儀同三司。（舊紀〔原作十月從校記二改〕、舊傳。）十三年正月十四戊午，加太子少師。（舊紀、新表、通鑑、舊傳。）又嘗領度支。（通鑑。）十六年七月五日戊午，遷司空，（兩紀、新表、通鑑、兩傳。）仍綜朝政。（兩傳。）——舊六六、新九六有傳。

〔考證〕　舊傳：「貞觀元年，代蕭瑀爲中書令。……三年，攝太子詹事兼禮部尙書。明年，代長孫無忌爲尙書左僕射，改封魏國公，監修國史。」新傳省詹事與禮尙，又不云代無忌。按：無忌未嘗爲左僕，舊傳誤。又據舊紀、新表，玄齡以武德九年七月爲中書令，二年七月兼太子少詹事，三年二月遷左僕；舊傳皆差後一年，亦誤。

●長孫無忌——貞觀二十二年正月二十五丙午，以司徒兼檢校中書令・知尙書門下省事。（新表、通鑑、新紀、舊紀〔尙書作中書誤〕。）二十三年六月十日癸未，遷太尉，餘如故。固辭知尙書省事，乃以太尉同中書門下三品。〔考證〕。——舊六五、新一〇五有傳。

〔考證〕　舊紀：二十三年六月「癸未，詔司徒・揚州都督・趙國公無忌爲太尉・兼檢校中書令・知尙書門下二省事。」新紀表同日只云爲太尉。通鑑與舊紀同，續云：「無忌固辭知尙書省事，帝許之；仍以太尉同中書門下三品。」舊傳同。而新傳，七年冊拜司空下有「知門下尙書省事。」蓋誤。

●李勣——貞觀二十三年九月十三乙卯，由開府儀同三司・同中書門下三品遷左僕，仍開府・同三品，是爲僕射帶同中書門下之始。（舊紀〔八月〕、新紀、新表、通鑑、兩傳。）永徽元年十月三日戊辰，罷官，仍以開府同三品。〔考證〕。——舊六七、新九三有傳。

〔考證〕　舊紀：永徽元年九月「己未，尙書左僕射英國公勣固請解職；許之，令以開府儀同三司同中書門下三品。」而新紀表云：「十月戊辰，李勣罷左僕射。」似不再知政事者。檢通鑑，在十月無日，而書事與舊紀同。兩傳書事亦與舊紀同。則事當從舊紀，月日例從新紀表。

●于志寧——永徽二年八月八日己巳，由侍中遷左僕，仍同中書門下三品。（舊紀、新紀、表、通鑑、兩傳、碑。）〔考證一〕。時階光祿大夫。（兩傳、碑。）三年七月十日乙丑，兼太子少師。（舊紀、新表、兩傳、碑。）顯慶元年正月十九甲申，兼太子太傅。〔考證二〕。四年四月十日丙辰，遷太子太師，仍同三品。（舊紀〔己未〕、新紀表、通鑑、兩傳、碑。）——舊七八、新一〇四有傳，萃編五六、八瓊三七、全唐文一三七有令狐德棻撰于志寧碑。

〔考證一〕　舊傳：「遷侍中。……（永徽）二年，……拜尚書左僕射・同中書門下三品。」新傳及碑略同。平津讀碑記云：「傳云二年同中書門下三品。金石錄云，以碑考之，未嘗領中書門下三品。長孫無忌唐律疏議序進于永徽四年十一月十九日，于志寧結銜稱尚書左僕射・兼太子少師・監修國史・上柱國・燕國公，是亦未領中書門下三品，與碑正同。」按：長孫無忌進五經正義表在永徽四年二月二十四日，志寧結銜與疏議表同。然舊紀書此事，「同中書門下三品」下有「猶不入銜」四字，則實同三品，惟不入銜耳。

〔考證二〕　舊紀：顯慶元年正月「甲子，尚書左僕射・兼太子少師・燕國公于志寧兼太子太傅。」而新表作「正月甲申，志寧爲太子太傅。」舊傳亦云：「顯慶元年，遷太子太傅。」新傳同。按此時志寧由兼少師改兼太傅，未罷僕射；傳作「遷」，表作「爲」，均欠妥。惟正月無甲子，表作甲申是。合鈔已正。

●劉仁軌——上元二年八月二十九庚子，由太子左庶子・同中書門下三品遷左僕，仍同三品。（兩紀、新表、通鑑、兩傳。）九月五日丙午，兼太子賓客。（舊紀。）儀鳳二年八月二十一辛亥，爲洮河道行軍鎮守大使；旋卸。（新表、通鑑、兩傳。）開耀元年三月二十二辛卯，兼太子少傅。（舊紀、新表、舊傳〔作太傅誤〕、新傳〔在明年誤〕。）七月二十七甲午，罷左僕，仍以少傅同三品。（新表、通鑑、新紀、兩傳，而舊紀失書。）——舊八四、新一〇八有傳。

●劉仁軌——弘道元年十二月二十一甲戌，由太子少傅・同中書門下三品復遷左僕，仍同三品。（兩紀、新表、通鑑、兩傳。）同日，進階特進。（兩傳。）兼充京師留守。（新表、兩傳。）垂拱元年正月二十二戊辰，薨。（兩紀、新表、通鑑、兩傳。）〔附考〕。——此再任。

〔附考〕　會要二一乾陵陪陵名位條，仁軌銜爲右僕射，誤。

●蘇良嗣——垂拱二年六月三日辛未，由納言遷文昌左相，仍同鳳閣鸞臺三品。（新表、通鑑、舊紀、兩傳。）〔考證一〕。天授元年春一月十日戊子，罷官，進階特進，仍同三品。〔考證二〕。——舊七五、新一〇三有傳。

〔考證一〕　新紀同日云：「蘇良嗣同鳳閣鸞臺三品。」不云爲左相。按：元年五月己酉已書「冬官尙書蘇良嗣守納言。」此又云同三品，明「同」上脫「爲(守)文昌左相」五字。

「考證二」　舊傳：「載初(天授)元年春，罷文昌左相，加特進，仍依舊知政事。」新傳略同。舊紀：天授元年「春一月，蘇良嗣爲特進，武承嗣爲文昌左相，岑長倩爲文昌右相。」新表同月（通本作二月誤，今從百衲本）戊子書事與舊紀同。又云三月丁亥良嗣薨。通鑑，武岑遷官月日同，惟不書良嗣爲特進。然三月丁亥「特進同鳳閣鸞臺三品蘇良嗣薨。」合而觀之，良嗣卽以一月戊子進階特進，罷左相，而承嗣代之也。新紀此日只書承嗣同三品，明年正月戊子始爲文昌左相。誤。詳下條。

●武承嗣——天授元年春一月十日戊子，由納言遷文昌左相，仍同鳳閣鸞臺三品。（新表、通鑑、舊紀、新傳。）〔考證一〕。長壽元年八月十六戊寅，罷爲特進。（新表、通鑑、兩紀、新傳。）〔考證二〕。——舊一八三、新二〇六有傳。

〔考證一〕　新紀，永昌元年三月癸酉已書「天官尙書武承嗣爲納言。」與新表合；而天授元年一月戊子，又書「武承嗣同鳳閣鸞臺三品。」既官納言，不合再云同三品，明「同」上脫「爲文昌左相」五字。其二年正月戊子，又書「武承嗣爲文昌左相」，衍文。又新傳詳明；舊傳脫書納言一歷。

〔考證二〕　通鑑作七月戊寅。按七月無戊寅，月份誤。又按新傳，此時「以特進罷，未幾復鳳閣鸞臺三品。」是也。舊傳：「如意(長壽)元年，授特進，尋拜太子太保，罷知政事。」似授特進時未罷左僕同三品，誤。

●王及善——聖曆二年八月十九庚子，由內史遷文昌左相，仍同鳳閣鸞臺三品。〔考證一〕。時階蓋光祿大夫。（舊傳。）九月二十九庚辰，薨。〔考證二〕。——舊九〇、新一一六有傳。

〔考證一〕　舊紀：聖曆二年「八月，(內史)王及善爲文昌左相，豆盧欽望爲文昌右相，仍並同鳳閣鸞臺三品。」新紀、新表均在八月庚子，欽望事同，而及善爲左相・同平章事。通鑑日同，然均作同三品，與舊紀同。考異云從實錄。又考舊傳，是年由內史爲文昌左相，旬日薨；不云同兩省事。新傳則有「同鳳閣鸞臺三品」一句，則作「同三品」是也。

〔考證二〕　舊紀：聖曆二年十月乙亥，「王及善薨。」新紀新表在九月庚辰。通鑑在九月庚子。按：九月無庚子，十月無乙亥，當從新書。在位四十日，舊傳云「旬日而薨」，小誤。又大唐新語七作文昌左相國，國字衍；朝野僉載四作文昌右相，右字譌。

●豆盧欽望——神龍元年五月二十六甲辰，以特進行左僕。(兩紀、新表、通鑑、兩傳。)〔考證一〕。六月十五癸亥，加平章軍國重事。(兩紀、新表、通鑑、兩傳。)八月，兼檢校安國相王府長史。(新表、兩傳。)二年十二月二十六丙申，罷爲開府儀同三司，依舊平章軍國重事。(舊紀、新表、兩傳。)〔考證二〕。——舊九〇、新一一四有傳。

〔考證一〕　舊紀：神龍元年五月「甲辰，特進・芮國公豆盧欽望爲尚書左僕射，輔國大將軍・酒泉郡公唐休璟爲尚書右僕射，依舊同中書門下三品。」六月「癸亥，尚書左僕射豆盧欽望，軍國重事，中書門下可共平章。」而新紀：同年五月「甲辰，唐休璟爲尚書左僕射，特進豆盧欽望爲尚書右僕射・同中書門下三品。」六月癸亥，「豆盧欽望平章軍國重事。」新表同，惟「三品」作「平章事」。通鑑從新紀表書云：「甲辰，以唐休璟爲左僕射，同中書門下三品如故。豆盧欽望爲右僕射。」六月「癸亥，命豆盧欽望，有軍國重事，中書門下共平章。」是年月日均同。惟舊紀，欽望爲左，休璟爲右；而新紀、新表、通鑑反之。觀其列銜次序，非因左右形近傳寫致譌，乃撰者書事本異也。細考之，當以欽望左僕休璟右僕爲正。此可於數方面獲得證明：

第一：兩傳碑刻等，欽望皆作左僕。　舊傳：「中宗即位，以欽望宮寮舊臣，拜尚書左僕射，知軍國重事。」新傳同。又會要二一陪陵名位條、同書五七左右僕射條及南部新書卷甲皆作左僕。考萃編六三昇仙太子碑陰有神龍二年八月二十七日戊戌安國相王題記一段，欽望書銜爲：

特進・行尚書左僕射・兼檢校安國相□府長史・平章軍國重事・上柱國・芮國公。

又匋齋金石記二一門下省行尚書省文刻石，時在神龍二年四月六日，題尚書省長官云：

特進・行尚書左僕射・平章軍國重事・兼知安國相王府長史・芮國公。

尚書右僕射　　闕

按此兩刻皆作左僕，尤以門下省行尚書省文，僕射兩行並列，欽望在前列題爲左僕射，必原刻如此，絕非拓本模糊移錄致誤，此實欽望爲左僕之鐵證。

第二：兩傳、制、碑等，休璟皆作右僕。　舊新休璟傳皆作右僕，引見右僕卷。舊書九二魏元忠傳云：「代唐休璟爲尚書右僕射，兼中書令。……尋遷左僕射。」新一二二魏元忠傳同。由右遷左，必非字譌。又全唐文二五二蘇頲授唐休璟太子少師制、同書二五三蘇頲封唐休璟宋國公制，題銜皆云：「特進・前行尚書右僕射・同中書門下三品・上柱國……。」同書二五七蘇頲右僕射太子少師唐璿神道碑亦云：「遷特進，尚書右僕射。……冬聽致仕。」新表，景龍三年十二月壬辰，亦書「前尚書右僕射・同三品。宋國公致仕唐休璟爲太子少師・同中書門下三品。」舊書五行志云：「神龍元年七月二十七日，洛水漲，壞百姓廬舍二千餘家，……右僕射唐休璟……上表曰，……臣忝職右樞，致此陰沴。」會要四三水災條同。右樞亦右僕之稱。惟會要三九定格令條，神龍元年六月二十七日刪定垂拱格及格後敕，唐休璟題銜爲左僕。會要字多譌誤，且只此一條，未爲强證。又前引門下省行尚書省文刻石，前行題左僕射芮國公，後行題右僕射闕。匋齋跋云：「謂之闕者，必是此時尚未補人。」其言甚是。按：休璟以三月戊申致仕，至七月魏元忠始爲右僕。此刻在四月，即闕右僕時，亦足爲休璟乃右僕之旁證。

第三：就當時遷補情形論。　神龍元年五月，欽望、休璟爲兩僕，新紀、表與舊紀異。然二年三月戊申，休璟致仕；七月丙寅，魏元忠爲右僕射；十二月丙申，欽望罷爲開府儀同三司，仍平章軍國重事；同日，元忠進爲左僕射；此則兩紀、新表所同者。元忠傳云，代休璟爲右僕，後轉左僕，與此正合。欽望以十二月丙申罷，同日元忠進左僕，其代欽望無疑。

第四：就欽望、休璟原來地位而論。　欽望曾任右僕，休璟僅同三品。二人同是中宗爲太子時之宮官，然欽望爲宮尹，休璟爲左庶子。及拜僕射時，欽望平章軍國重事・兼檢校安國相王府長史，（此爲當時第一重要官職。）休璟仍同三品。二人高低亦甚明。則以情理度之，亦當欽望爲左，休璟爲右。

通觀前列諸證，欽望爲左，休璟爲右，無一不合；反之則無處不悟。則應從舊紀甚明。抑尤有進者，會要五七左右僕射條：「初豆盧欽望自開府儀同三司（當作特進）拜左僕射，既不言同中書門下三品，不敢參議政事，數日後始有詔加知軍國重事。」南部新書卷甲同。通鑑於欽望平章軍國重事下亦云：「先是，僕射爲正宰相；其後多兼中書門下之職。……至是，欽望專爲僕射，不敢預政事，故有是命。」是則欽望初除不同中書門下三品，後數日始加平章軍國重事也。舊紀書事正合此意。而新紀表於五月甲辰，書休璟爲左僕，欽望爲右僕，同中書門下三品。是欽望已同三品。而六月癸亥又書欽望平章軍國重事。上下抵悟殊甚。且新紀新表體例，總書二人以上同三品，「同上」必有「並」字，今又無「並」字，則欽望同三品，休璟反不同三品矣。通鑑有見於此，故甲辰事改書云：休璟爲左僕射，同中書門下三品如故；欽望爲左僕射。意者，新紀新表原不誤，後人誤將欽望、休璟姓名互易位置，致抵悟重重不可通耳。果如此，則姓名顚倒當在通鑑編纂之前，或新紀表及通鑑同據一種史料，此史料姓名卽被傳寫顚倒矣。惟此出臆測，欲得原本校勘絕不可能矣。

〔考證二〕　舊紀：神龍二年十二月「丙申，特進・尙書左僕射・兼安國相王府長史・芮國公豆盧欽望爲開府儀同三司，依舊平章軍國重事。尙書右僕射・兼中書令・知兵部事・齊國公魏元忠爲尙書左僕射。」新表同，惟不書原銜。新紀惟云元忠爲左僕，失書欽望。通鑑並元忠之遷亦失書。

●魏元忠——神龍二年十二月二十六丙申，由右僕・兼中書令・知兵部事遷左僕，仍兼中書令・知兵部事。（舊紀、新紀、表、舊傳。）時階光祿大夫。（舊傳。）景龍元年七月二十七壬戌，進階特進。（新表。）八月二十一丙戌，以特進致仕。（新表、舊紀、新紀、舊傳。）〔考證〕。——舊九二、新一二二有傳。

〔考證〕 通鑑不書元忠爲右僕，亦不書遷左僕；而致仕日書銜作右僕，誤。又新傳亦失書遷左僕。又舊紀八月丙戌書「左僕射兼中書令魏元忠請致仕，授特進。」似此時始進階，亦小誤。

●韋巨源——景龍三年二月十五壬寅，由侍中遷左僕，仍同中書門下三品。景雲元年六月二十庚子夜，誅。（兩紀、新表、通鑑、兩傳。）〔考證〕。——舊九二、新一二三有傳。

〔考證〕 舊傳：「尋遷侍中，中書令，進封舒國公。……景龍三年，拜尚書左僕射，依舊知政事。未幾又拜尚書令，仍同中書門下三品。……及韋庶人之難……爲亂兵所殺。」新傳無中書令及拜尚書令事。據紀表鑑，當以新傳爲正。

●蘇瓌——景雲元年七月十八丁卯，由右僕・同中書門下三品遷左僕，仍同三品。（兩紀、新表、兩傳、碑。）〔考證〕。十一月五日壬子，罷爲太子少傅。（新紀、表、舊紀〔辛亥〕、通鑑、兩傳、碑。）——舊八八、新一二五有傳，萃編六九、全唐文二三八有蘇瓌神道碑。

〔考證〕 舊紀：景雲元年七月「甲子，右僕射許國公蘇瓌……充使冊定陵。丙寅，姚元之兼中書令。丁卯，蘇瓌爲尚書左僕射，仍舊同中書門下三品。」新紀表，拜左僕與元之同在丙寅。按舊紀分書或不誤，故從之。又通鑑，景龍三年九月書瓌爲右僕，景雲元年十一月書左僕蘇瓌罷爲少傅，中間失書由右遷左。

●宋王成器——景雲元年十一月五日壬子，由太子太師・兼雍州牧・揚州大都督遷左僕，仍兼太師、領都督。（舊紀〔辛亥〕、新紀、新表、兩傳。）同月二十二己巳，罷爲司徒，仍兼太師、領都督。（舊紀〔戊辰」、新紀、新表、兩傳。）——舊九五、新八一有傳。

○韋安石——景雲二年十月三日甲辰，由右僕・同中書門下三品遷左僕・充東都留守，罷知政事。時階開府儀同三司。〔考證一〕。自後空除僕射不帶同三品，不是宰相。先天元年蓋八月，貶蒲州刺史。〔考證二〕。——舊九二、新一二二有傳。

〔考證一〕　舊傳：「歷侍中，中書令。景雲二年，加開府儀同三司。……俄而遷尙書左僕射兼太子賓客，依舊同中書門下三品。雖假以崇寵，實去其權。其冬罷知政事，拜特進，充東都留守。……爲御史中丞楊茂謙所劾，出爲蒲州刺史。」新傳作右僕，餘同。是左右不同也。考舊紀：景雲二年八月「己巳，韋安石爲尙書右僕射・同中書門下三品。」十月「甲辰，……韋安石爲尙書左僕射・東都留守，……罷知政事。」是先爲右僕知政事；後遷左僕，罷知政事也。而新紀：同年八月「庚午，韋安石爲尙書左僕射・同中書門下三品。」十月甲辰，韋安石罷。新表同，但云「罷爲特進。」是自始卽爲左僕，後罷爲特進，不再任僕射。與舊傳同。通鑑：景雲二年七月「庚午，以中書令韋安石爲左僕射・兼太子賓客・同中書門下三品。太平公主以安石不附己，故崇以虛名，實去其權也。」十月甲辰，書「上……引韋安石，……宣制，責以……輔佐非才，安石可左僕射・東都留守，……罷知政事。」始任爲左僕・同三品，後以左僕罷知政事。此似折衷舊新兩紀也。今案：會要五七左右僕射條：「景雲二年十月，韋安石除左僕射・東都留守，不帶同一（三）品。自後空除僕射，不是宰相，遂爲故事。」南部新書甲同。又全唐文一八韋安石等罷相制：「安石可尙書左僕射・東都留守，……停知政事。」則罷相後爲左僕無疑，新紀表及兩傳皆誤。惜罷相制不題原銜，不能定八月始拜僕射時爲左抑爲右，然審度制文及會要，仍當以舊紀爲正。

〔考證二〕　兩傳，安石爲東都留守不久卽貶蒲州刺史。又舊書竇懷貞傳：「代韋安石爲尙書左僕射。」按：懷貞以先天元年八月庚戌守左僕，則安石之貶約當其時。

●竇懷貞——先天元年八月十三庚戌，由右僕・兼御史大夫・平章軍國重事遷左僕，仍兼御史大夫・同中書門下三品。開元元年七月三日甲子，誅。（兩紀、新表、新傳。）〔考證〕。——舊一八三、新一〇九有傳。

〔考證〕 通鑑，先天元年七月之拜卽爲左僕，不書八月庚戌一遷，誤。又舊傳亦省右僕一遷，不如新傳詳明。

●劉幽求——開元元年八月二日癸巳，由封州流人前右僕召拜左僕，復階金紫光祿大夫，仍知軍國重事。〔考證一〕。九月十日庚午，加同中書門下三品。（舊紀〔丁卯〕、新紀、新表、通鑑。）十一月五日乙丑，以本官兼侍中。（兩紀、新表、通鑑、兩傳。）十二月二十四癸丑，轉太子少保。（舊紀、新表、新紀、兩傳。）〔考證二〕。——舊九七、新一二一有傳。

〔考證一〕 舊紀：開元元年「八月壬辰，封州流人劉幽求爲尚書左僕射・知軍國重事。」新紀、新表作右僕・知軍國重事。又在癸巳，差後一日。通鑑在癸巳，同新書；作左僕，同舊紀。按舊傳：「先天元年，拜尚書右僕射・同中書門下三品。……流……封州。……太平公主等伏誅。其日，下詔曰：劉幽求……可依舊金紫光祿大夫・守尚書左僕射・知軍國事・監修國史・（勳・封）。……開元初，改尚書左右僕射爲左右丞相，仍授幽求尚書左丞相，兼黃門監。……」與舊紀合。考英華三八五（全唐文二五〇）蘇頲授劉幽求左僕射制：「封州流人劉幽求……可依舊金紫光祿大夫・守尚書左僕射・知軍國大事・監修國史・（勳・封）。」亦作左僕，所謂依舊者謂階勳封等耳。新紀新表作右僕，誤。惟新傳云：「太平公主誅，卽日召復舊官知軍國事。……開元初，進尚書左丞相・兼黃門監。」似初授右僕，改僕射爲丞相乃進爲左。實則，此乃新傳用字欠妥。如裴耀卿爲尚書左丞相，天寶初官號復舊，改稱左僕射。而新傳云：「二十四年，爲尚書左丞相。……天寶初，進尚書左僕射。」此又一例，不可拘。

〔考證二〕 罷爲少保，通鑑月日同，而書云：「右僕射・同中書門下三品劉幽求亦罷爲太子少保。」按通鑑前作左僕，且已書兼侍中。此右字譌，同三品亦誤。

●源乾曜——開元十三年十一月十二壬辰，由侍中遷左丞相，仍兼侍中。（舊紀、新表、通鑑、兩傳。）十七年六月十五甲戌，停兼侍中。（同上。）八月五日癸亥，見在任。（通鑑、會要二九。）同月二十七乙酉，轉太子少傳。（舊紀、兩傳。）——舊九八、新一二七有傳。

○張說——開元十七年八月二十七乙酉，由右丞相·集賢院學士知院事遷左丞相，仍充學士知院事。〔考證〕。時階特進。（舊紀、舊傳、參右僕卷。）十八年正月六日辛卯，進階開府儀同三司。（舊紀傳）。十二月二十八戊申，薨。（舊紀、墓誌、會要二五、兩傳。）——舊九七、新一二五有傳，全唐文二九二有張九齡撰燕國公張公墓誌。

〔考證〕　舊紀：開元十七年二月「庚子，特進張說復爲尙書左丞相。」八月「乙酉，尙書右丞相。開府儀同三司，兼吏部尙書宋璟爲尙書右丞相，尙書左丞相源乾曜爲太子少傳。」二月說爲左丞相，左爲右之譌，詳右僕卷。八月乙酉書宋璟、源乾曜事皆不誤，各詳本條。但「乙酉」下「尙書右丞相」五字殊不可解。考舊書宋璟傳：「授璟開府儀同三司，……復爲留守，俄兼吏部尙書。十七年，遷尙書右丞相，與張說源乾曜同日拜官，勅太官設饌，太常奏樂於尙書省，……玄宗賦詩褒述。」新傳云：「十七年，爲尙書右丞相，而張說爲左丞相，源乾曜爲太子少傳，同日拜。……帝賦三傑詩，自寫以賜。」又舊書張說本傳：「十七年，復拜尙書左（右之譌）丞相·集賢院學士。尋代源乾曜爲尙書左丞相。視事之日，上勅所司供帳，設音樂，內出酒食，御製詩一篇以敍其事……。」新傳亦云：「十七年，復爲右丞相，遷左丞相。」觀此，璟及說兩傳書事正合，則乾曜由左丞相轉少傳，說由右丞相代乾曜爲左丞相，璟卽代說爲右丞相，三人事在同日。今舊紀八月乙酉書璟與乾曜事，原銜上有「尙書右丞相」五字無所屬，其下原必有「張說爲尙書左丞相」八字，傳寫脫誤，致文理不可通耳。仍充學士知院事，見舊傳。

○裴耀卿——開元二十四年十一月二十七壬寅，由侍中·宏文館學士罷爲左丞相，(舊紀、新表、通鑑、兩傳、全唐文二三罷侍中裴耀卿中書令張九齡爲左右丞相制。) 仍充學士。時階金紫光祿大夫。(罷爲左丞相制、全唐文三〇五徐安貞讓皇帝哀冊文。)天寶元年八月二十壬辰，換右僕，階蓋如故。〔考證〕。——舊九八、新一二七有傳。

〔考證〕 舊紀：天寶元年八月「壬辰，吏部尚書兼右相李林甫加尚書左僕射。……尚書左僕射裴耀卿爲尚書左僕射。」新表此日林甫亦加左僕，而舊紀二年耀卿薨書銜爲右僕。考新傳：「遷侍中，……以尚書左丞相罷。……天寶初，進尚書左僕射(進字欠妥)，俄改右僕射，而李林甫代之。上日，林甫至本省，具朝服劍佩，博士導，郎官唱按。禮畢，就耀卿聽事，乃常服，以贊者主事導唱。……」是林甫爲左僕，同日耀卿由左僕換右僕也，則舊紀耀卿下之「左」字乃「右」之形譌。又舊傳：「二十四年，拜尚書左丞相，罷知政事。……天寶元年，改爲尚書右僕射，尋轉左僕射，一歲薨。」元年下「左」「右」互譌。又舊書禮儀志書開元二十七年八月事，耀卿銜左丞相，是也；會要三五作右丞相，亦誤。又讓皇帝哀冊文在天寶元年五月十七，耀卿散官尚爲金紫光祿大夫，後三月換右僕，散官蓋如故。

●李林甫——天寶元年八月二十壬辰，由右相·兼吏尚·集賢院大學士遷左僕，仍兼右相·吏尚 (舊紀、新表、舊傳。) 充大學士。時階光祿大夫。(舊傳、全唐文二五〇蘇頲授李林甫特進制〔非頲文〕。) 尋進階特進。(授特進制。) 四載秋見在任，時銜爲特進·行左僕·兼右相·吏尚·集賢學士。(萃編八七石臺孝經後題名。)六載，進階開府儀同三司。(舊傳、新傳。)〔考證一〕。十載正月十三丁酉，遙領單于安北(兩傳作西)副大都護，充朔方節度使。(新表、兩紀、兩傳。)十一載四月十日丙戌，罷領都護·節度。(新紀、新表、兩傳。)十一月十二乙卯，薨。(舊紀、新紀、新表、通鑑、兩傳。)〔考證二〕。——舊一〇六、新二二三上有傳。

〔考證一〕 萃編八六嵩陽觀聖德感應頌，林甫撰，結銜爲：「開府儀同三司·行尚書左僕射·兼右相·吏部尙書·崇□館大學士·集賢院學士·朔方節度副大使·修國史·（勳·封）。」碑以天寶三載二月五日建，而階已開府儀同三司，何邪？領朔方節度乃十載事，此已入銜，又何耶？

〔老證二〕 林甫薨日，兩紀、新表皆作乙卯，是十二日；通鑑作丁卯，是二十四日。按：兩紀新表，同月庚申，楊國忠爲右相，是十七日。通鑑同。則鑑前書「丁卯」乃傳寫之譌。

安祿山——天寶十三載正月九日乙巳，由平盧范陽河東三節度使加拜左僕，仍充節度。（舊紀、通鑑、兩傳。）同月，又兼閑厩隴右羣牧等都使。（兩傳。）十四載十一月九日甲子，反。（舊紀、通鑑、新紀、兩傳。）〔考證〕。——舊二〇〇上、新二二五上有傳。

〔考證〕 舊紀：十四載十一月戊午朔。丙寅，祿山反。據朔推之，丙寅爲九日。而通鑑作甲子，似差前二日。然陳曆，此月朔爲丙辰，非戊午，則甲子亦九日，丙寅爲十一日，當以九日爲正。又新書楊國忠傳，祿山爲右僕，誤。

●哥舒翰——天寶十五載正月十日甲子，以太子先鋒兵馬元帥加拜左僕·同中書門下平章事。（舊紀、通鑑、兩傳。）時階開府儀同三司。（兩傳。）六月九日辛卯爲部下執降祿山。（舊紀、通鑑、兩傳。）——舊一〇四、新一三五有傳。

○韋見素——至德二載三月十三辛酉，由左相罷爲左僕。（舊紀、新表、兩傳。）時階金紫光祿大夫，或光祿大夫。（舊傳。）五月十七甲子或稍前三數日，徙太子太師。〔考證〕。——舊一〇八、新一一八有傳。

〔考證〕 舊傳：「明年（至德二載），至鳳翔。三月，除左僕射，罷知政事。……五月，遷見素太子太師。」新傳：「會郭子儀亦爲僕射，徙見素太子太師。」按舊紀不書罷僕射，但子儀以五月甲子爲左僕，則見素之罷蓋卽此日或稍前數日也。

●郭子儀——至德二年五月十七甲子，由司空·同中書門下平章事·領關內河東副元帥·朔方節度使貶左僕，仍平章事•領元帥•節度。(通鑑、兩傳、舊紀、新表。) 十二月十五戊午(參戶尚卷李光弼條)，遷司徒，仍兼左僕•平章事•領朔方節度。(舊紀、會要四五功臣條、全唐文四四肅宗收復兩京大赦文、兩傳。) 時階銀青光祿大夫。(會要、全唐文同上。) 乾元元年八月十七丙辰，加中書令。(新表、通鑑、舊紀〔甲辰〕、兩傳。)不知何時卸左僕。〔考證〕。——舊一二〇、新一三七有傳。

〔考證〕 兩傳皆云乾元元年「進中書令」。全唐文四二授郭子儀中書令制：「司徒•兼尚書右(左)僕射•同中書門下平章事•兼靈州大都督府長史•朔方節度使•上柱國•代國公子儀……可中書令。」皆不言是否仍兼左僕，蓋已卸任歟？又大正藏經第二一二〇不空和上表制集卷一大興善寺置大德勅一首，書銜有「司徒•兼中書令•汾陽王使」一行，時廣德二年正月二十三日，則此前已卸任無疑，不待裴冕之繼任也。

●裴冕——廣德二年二月十日戊寅，由澧州刺史•前右僕入遷左僕•(舊紀、傳。) 兼御史大夫•充東都河南淮南江南轉運使。(舊紀。) 永泰元年三月一日壬辰朔，待詔集賢院。(舊紀、通鑑、南部新書甲、會要二六待制官、全唐文四八授裴冕等集賢待制勅、兩傳。)〔考證一〕。大曆二年二月見在任。(舊紀。) 四年十一月十二丙子，以本官同中書門下平章事。(兩紀、新表、通鑑〔作十月誤〕、兩傳。)同月二十九癸巳，兼充東都留守•河南淮南淮西山南東道副元帥。(新紀、舊紀、新傳。)〔考證二〕。十二月四日戊戌，薨。(兩紀、新表、通鑑、兩傳。)——舊一一三、新一四〇有傳。

〔考證一〕 舊傳：「入爲右僕射。永泰元年，與裴遵慶等並集賢待制。代宗求舊，拜冕兼御史大夫，充護山陵使。冕以倖臣李輔國權盛，將附之，乃表輔國親昵(略)劉烜充山陵使判官，……坐貶施州刺史。數月，移澧州刺史，復徵爲左僕射。」按「永泰」至「待制」十四字應在「左僕射」下，新傳亦誤。

〔考證二〕 舊紀：大曆四年十一月「丙子，以左僕射(封)裴冕同中書門下平章事•充東都留守•河南淮南淮西山南東道副元帥。」新表、通鑑只書平章事。新紀：丙子，同平章事。「癸巳，裴冕兼河南淮西山南東道副元帥。」日期差後舊紀，又無留守及淮南。按新傳拜相後云，「俄兼河南江淮副元帥‧東都留守。」則日期差後及留守是也；然作「江淮」，與兩紀又不同。今日據新紀，事據舊紀。

*○崔圓——約大曆二年，（詳右僕卷。）由檢校右僕知省事‧淮南節度使遷檢校左僕知省事，仍領節度。（兩傳、仝唐文四一〇常袞授崔圓左僕射制，參右僕卷。）時階特進。（授制。）三年六月二十八庚子，薨。（舊紀、兩傳、仝唐文四四一韓雲卿崔公廟碑。）——舊一〇八、新一四〇有傳。

*田神功——大曆三年，由檢校右僕知省事‧汴宋節度使遷檢校左僕知省事，仍領節度。時階開府儀同三司。九年正月三日壬寅，薨。——舊一二四、新一四四有傳。

〔考證〕新傳：爲汴宋節度使。「大曆二年來朝，加檢校右僕射，詔宰相百官送至省。又判左僕射知省事，加太子太師，還軍。」舊傳僅書加檢校右僕知省事，不書左僕。按仝唐文三三八顏眞卿八關齋會報德記：「有唐大曆壬子（七年），宋州八關齋會者，此都人士……爲河南節度觀察使‧開府儀同三司‧太子太師‧左右僕射知省事‧兼御史大夫‧汴州刺史‧（勳‧封）田公頊疾良已之所建也。公名神功。」下述官歷有云：「拜御史大夫，加開府，充兗鄆節度。……廣德元年，授戶部尙書。……二年，拜汴宋節度，遷兵部。大曆二年，加右僕射。……五年，兼判左僕射知省事，加太子太師。」是曾判左僕也。萃編九八收此文，「五年」作「三年」。按四年三月裴遵慶已爲右僕，此當以三年爲正。報德記所謂左右僕射，蓋兼前後官言之。舊紀，神功以大曆九年正月壬寅卒，銜爲「汴宋節度使‧太子少師‧檢校右僕射‧兼御史大夫‧汴州刺史。」右蓋左之譌，少則太之誤也。

*馬璘——大曆九年五月二十八丙寅，由檢校右僕‧涇原節度使遷檢校左僕知省事，仍領節度。（舊紀、兩傳。）時階開府儀同三司。（碑。）十一年十二月七日庚寅，薨。（舊紀、舊傳〔作十二年誤〕、新傳、碑。）——舊一五二、新一三八有傳，仝唐文四一九有常袞撰扶風郡王馬璘碑。

○劉晏——大曆十二（參吏尚卷）年十二月，由吏尚知三銓·東都河南江淮荆湖山南東道轉運鹽鐵等使遷左僕，仍知三銓，領使務。（舊紀、通鑑、兩傳、參鹽運使卷。）時階金紫光祿大夫。（全唐文三七八劉晏冊郭子儀尙父文，參吏尚卷引常袞制。）十四年閏五月二十七丙申，加判度支，兼領全國財賦。（舊紀、通鑑、兩傳、舊食貨志、會要八七，參鹽運使卷。）建中元年正月二十八甲午，罷判使。（同上。）二月十四己酉，貶忠州刺史。（舊紀、通鑑、兩傳。）——舊一二三、新一四九有傳。

○楊炎——建中二年七月三日庚申，由中書侍郎·同中書門下平章事罷爲左僕。（舊紀、新表、通鑑、兩傳。）十月十日乙未，貶崖州司馬。（通鑑、舊紀、兩傳。）〔考證〕。——舊一一八、新一四五有傳。

〔考證〕 貶日，舊傳作二年十月。舊紀：二年「十月（百衲本作十一月誤）乙酉，尙書左僕射楊炎貶崖州司馬。」通鑑作十月乙未。月同而日異。按杜陽雜編卷上，亦作十月乙未，而此月無乙酉，則作乙未是也。

○李揆——建中四年七月十九甲午，由禮尙遷左僕·兼御史大夫·充入吐蕃會盟使。（舊紀、通鑑、兩傳、舊一九六上吐蕃傳。）〔考證〕。興元元年四月二十四甲子，還薨鳳州。（舊紀、通鑑、兩傳。）——舊一二六、新一五〇有傳。

〔考證〕 兩傳、吐蕃傳及通鑑，原官皆爲禮尙。而舊紀：建中四年「七月甲申，以國子祭酒李揆爲禮部侍郎，復其爵。甲午，以李揆爲左僕射·兼御史大夫，爲入吐蕃會盟使。」作禮侍。按揆前曾爲禮侍，此則禮尙也，舊紀誤。惟通鑑卽書遷左僕充使於甲申，似亦誤。

●張延賞——貞元元年八月十七己卯，由中書侍郎·同中書門下平章事罷爲左僕。（新表、新紀、通鑑、舊紀〔脫八月合鈔已補〕、兩傳、墓誌。）三年正月十七壬寅，以本官同平章事。（舊紀、新紀表、通鑑、兩傳、墓誌。）七月二十一壬申，薨。（墓誌、兩紀、新表、通鑑、兩傳。）——舊一二九、新一二七有傳。

●賈耽——貞元十六年四月二十一己丑，由右僕・同中書門下平章事遷左僕，仍平章事。〔考證一〕。時階金紫光祿大夫。（碑。） 蓋以貞元末際，遷門下侍郎・守吏尚，仍平章事。永貞元年三月二十一庚寅，檢校司空，復兼左僕，仍平章事。〔考證二〕。十月二日丁酉，薨。（舊紀、新紀、新表、通鑑〔原銜右僕誤〕、碑〔十月一日〕、兩傳。）——舊一三八、新一六六有傳，全唐文四七八有鄭餘慶撰左僕射賈耽神道碑。

〔考證一〕 舊傳：「貞元二年，改檢校右僕射・兼滑州刺史・義成軍節度使。……九年，徵爲右僕射・同中書門下平章事。……順宗卽位，檢校司空・守左僕射，知政事如故。」新傳同。似九年爲右僕拜相，直至順宗卽位始遷左僕者。又新表：貞元九年五月甲辰，「義成軍節度使賈耽爲尚書右僕射・同中書門下平章事。」永貞元年「十月丁酉，耽薨。」似始終未遷官者。新紀、通鑑同。通鑑於薨時且書銜爲「右僕射平章事」。而舊紀：貞元九年五月「甲辰，以義成軍節度使・檢校右僕射賈耽爲左僕射・同中書門下平章事。」 永貞元年三月戊子，「宰相賈耽兼檢校司空。」十月「丁酉，……檢校司空・兼左僕射・同平章事・魏國公賈耽卒。」是又自始卽爲左僕，非右僕也。紀、表、鑑、傳不同如此。考鄭餘慶左僕射賈耽神道碑云：「遷檢校尚書右僕射・充義成軍節度・鄭滑等州觀察處置等使。貞元九年入覲，拜尚書右僕射・同中書門下平章事。……加金紫光祿大夫，轉左僕射，依前平章事。遷檢校司空，依前左僕射・平章事。」則實由右遷左，惟遷官在順宗卽位之前；至順宗卽位，又遷檢校司空，仍兼左僕也；紀表傳及通鑑書事皆欠精密。又考全唐文五〇〇權德輿右僕射姚公（南仲）神道碑云：「爲滑州刺史・鄭滑節度使。……（貞元）十六年，介圭來朝，牢讓師帥。繇是詔魏公以左僕射居相府，命公爲右僕射。」魏公卽賈耽，則耽由右僕遷左僕，而南仲代之也，事必同時。檢舊紀，南仲以貞元十六年四月己丑爲右僕，耽遷左僕卽此時矣。

〔考證二〕 舊紀：永貞元年三月戊子，「宰相賈耽，兼檢校司空；鄭（珣）瑜，吏部尚書；高郢，刑部尚書；韋執誼，中書侍郎。」順宗實錄二，事在庚寅。新表書鄭、高、韋三人事，月日與實錄同，而無躭加檢校司空事。今從實錄作庚寅。惟實錄書事云：「制門下侍郎・守吏部尚書・平章事賈躭可檢校司空・兼左僕射。守門下侍郎・平章事鄭珣瑜可守吏部尚書。（下略）」是躭由門下侍郎・守吏部尚書遷檢校司空・兼左僕射，原非僕射也。又與鄭餘慶撰神道碑不合。考全唐文四八五權德輿代賈相公陳乞表云：「臣躭言，伏奉今日制條，除臣檢校司空・兼左僕射，依前同中書門下平章事。」下云：「臣居鼎飪，十有三年。」又云：「自陛下紹膺寶曆。」是卽此次之遷無疑。表中「依前」二字不在「兼左僕射」上而在「同平章事」上，是亦原非左僕，今始加兼之證。然前引姚南仲碑亦權德輿撰，明謂躭於貞元十六年遷左僕，鄭餘慶亦同時人，當時且在朝廷，記事不應有誤。按唐中葉以後，門下侍郎與中書侍郎之地位雖低於僕射，然此二侍郎同平章事始為正宰相。故宰相官銜由兩僕轉中書門下侍郎兼尚書不為低貶。意者躭以十六年遷左僕・同平章事；貞元末際，卸左僕，正拜門下侍郎・守吏尚，仍平章事；不久，永貞元年三月庚寅，又遷檢校司空・兼左僕，仍平章事。因時間不久，故神道碑略之耳。通鑑書銜為右僕，誤。

李錡——元和二年十月五日己未，由鎮海節度浙西觀察使徵為左僕。（通鑑、舊紀〔作己酉誤〕、兩傳。）同月六日庚申，反。（舊紀、通鑑、兩傳。）十一日乙丑，詔削官爵致討。（通鑑、新紀、舊紀〔壬戌〕、兩傳。）——舊一一二、新二二四上有傳。

王鍔——元和三年九月十日己丑，由檢校司空・淮南節度觀察使入遷左僕。同月十九戊戌，出為檢校司徒・河中晉絳慈隰節度觀察使。——舊一五一、新一七〇有傳。

〔考證〕　舊傳：「淮南節度使。……在鎮四年，累至司空。元和二年來朝，眞拜左僕射。未幾，除檢校司徒・河中節度使。」新傳亦云，入拜左僕，出鎮河中。按舊紀：元和三年「九月己丑，淮南節度使王鍔來朝。……戊戌，……以淮南節度使王鍔檢校司徒・河中尹・河中晉絳慈隰節度使。」通鑑亦在三年九月，均不言爲左僕，誤。又按鍔以貞元十九年三月爲淮南節度，至元和三年九月，時逾五年。故白居易上言云，「鍔在鎭五年。」（通鑑。）舊傳「二年」「四年」爲「三年」「五年」之誤。

○鄭餘慶——元和十三年三月二十四丁未，由太子少師遷左僕。七月二十八庚戌，出爲鳳翔隴右節度觀察使。（舊紀、兩傳）。——舊一五八、新一五六有傳。

韓皐——長慶二年三月二十三甲寅，由右僕遷左僕。（舊紀、舊傳〔四月〕、新傳。）時階金紫光祿大夫。（八瓊七一吐蕃會盟碑側、會要一九百官家廟條。）五月二十七丁巳，見在任。（通鑑、舊一七〇裴度傳。）八月十日戊辰，以本官充東都留守·判尙書省事·東畿汝防禦使。四年正月十四甲子，薨。（舊紀。）〔考證〕。時階如故。（會要家廟條。）——舊一二九、新一二六有傳。

〔考證〕 舊傳：「二年四月，轉左僕射。……其年，以本官東都留守。行及戲源驛，暴卒。年七十九。」新傳：「穆宗以舊傳恩，加檢校尙書右僕射，俄爲眞。又進左僕射。長慶四年，復爲東都留守，卒於道。」年份不同。按舊紀：長慶二年八月「戊辰，以左僕射韓皐爲東都留守·判尙書省事·東畿汝防禦使。」四年正月「甲子，左僕射韓皐卒。」是舊傳據出守東都年，連書道卒；新傳據卒於四年，因謂出守亦在四年。均誤。又按：舊紀卒於左僕。會要一九家廟條：「韓約進狀，請祔亡父金紫光祿大夫·守尙書左僕射·贈太子太保皐神主……」亦左僕爲其終官之證。詳舊傳「以本官東都留守」云云，蓋皐久爲朝廷碩德，且爲穆宗舊傳，故以左僕本官兼充留守，如開元之制歟？

○李絳——寶曆元年四月二日己亥，由檢校司空·劍南東川節度使入遷左僕。（舊紀、兩傳。）〔考證〕。十二月二十六甲子，轉太子少師分司東都。（舊紀、通鑑、兩傳。）——舊一六四、新一五二有傳。

〔考證〕 舊紀，由東川節度入遷左僕。而舊傳云：「長慶元年，……加檢校尙書右僕射·判東都尙書省事·充東都留守。二年正月，檢校本官·兗州刺史·兗海節度觀察等使。三年，復爲東都留守。

四年，就加檢校司空。寶曆初，入爲尚書左僕射。」非由東川入遷。新傳：「歷東都留守，徙東川節度使，復爲留守。寶曆初，拜尚書左僕射。」中間雖曾歷東川，然亦由東都入遷，與舊傳同；均與舊紀異。今姑從紀。

●王播——大和元年六月三日癸巳，由檢校司徒·同平章事·淮南節度觀察使·兼諸道鹽鐵轉運等使入遷左僕·同中書門下平章事，仍領鹽運等使。（舊紀、新紀〔無鹽運使〕、新表〔同〕、通鑑〔同〕、兩傳、全唐文六九加王播左僕射制。）時階銀青光祿大夫。（加左僕制、傳、碑、舊紀。）後進階金紫光祿大夫。（碑）。四年正月十九甲午，薨。（碑、舊紀、兩傳。）——舊一六四、新一六七有傳，全唐文七一四有李宗閔撰王播神道碑。

○竇易直——大和四年九月十五丙戌，由檢校左僕·平章事·山南東道節度使入遷左僕。（舊紀、兩傳。）〔考證〕。五年九月二十四己未，判太常卿事。（舊紀、兩傳。）十一月二十九癸亥，出爲檢校司空·鳳翔隴右節度使。（舊紀、兩傳。）——舊一六七、新一五一有傳。

〔考證〕 舊傳：「大和二年，罷相，檢校左僕射·平章事·襄州刺史·山南西道節度使。五年，入爲左僕射·判太常卿事。」西爲東之誤，五年亦誤。又檢校左僕，新傳作檢校右僕，未知孰是。

○李程——大和六年七月二十九己未，由檢校司空·平章事·河中晉絳節度使入遷左僕。（舊紀、兩傳。）七年七月二十八癸丑，出爲檢校司空·宣武節度使。（舊紀、通鑑、兩傳。）〔考證〕。——舊一六七、新一三一有傳。

〔考證〕 出鎭宣武，舊紀、通鑑同在七月癸丑。而舊傳在「七年六月」。考冊府一四五：「大和七年「七月己酉，勅曰……宜委左僕射李程……疏理諸司囚徒。」是七月二十四日尚在左僕任。舊傳作六月，誤。又會要五七左右僕條：「（元和）十五年，時以僕射上事儀注前後不定，中丞李漢奏定，朝議未允。……諫議大夫（略）王彥威奏論（略）請依元和七年勅爲定。時李程爲左僕射……。」據舊一七一李漢傳及舊一五七王彥威傳，此爲大和六年事。會要作元和十五年，誤也。

○李逢吉——大和八年三月十九庚午，由東都留守·東畿汝防禦使入遷檢校司徒·兼左僕。（舊紀、兩傳。）〔考證〕。時階開府儀同三司。（舊傳。）六月十五甲午見在任。（冊府一四五〔作右誤〕。）十二月二十三己亥，正拜司徒致仕。（舊紀、兩傳。）——舊一六七、新一七四有傳。

〔考證〕兩傳皆作左僕。舊紀十二月條同。而八月條及冊府作右僕，誤。又舊傳作「徵拜左僕射·兼守司徒。」而舊紀作「檢校司徒·兼右（左）僕射。」紀傳不同。按此時慣例常以檢校三公兼僕尙，或檢校僕射兼尙書，或檢校僕尙兼卿監，此處當從紀。

○令狐楚——大和九年十月三日乙亥，由檢校右僕·兼太常卿遷左僕。（舊紀、兩傳、全唐文六〇六劉禹錫相國令狐公集序，參吏尙卷。）十一月十二癸丑，復判太常卿事。（舊紀。）同月二十四乙丑，兼充諸道鹽鐵轉運榷茶使。（通鑑、兩傳、集序、舊食貨志、會要七八、八八。）十二月一日壬申朔，停榷茶法。（舊紀、兩傳、舊食貨志。）開成元年四月二十五甲午，出爲檢校左僕·山南西道節度觀察使。（舊紀、通鑑、兩傳、集序。）〔考證〕。——舊一七二、新一六六有傳。

〔考證〕紀、鑑、兩傳、集序及全唐文六〇六劉禹錫彭城唱和集後引皆作左僕。舊食貨志下：「（大和）九年十二月，左僕射令狐楚奏……」字不誤。又云：「涯以事誅，而令狐楚以戶部尙書、右僕射主之。」右字誤。會要八七轉運鹽鐵總敍條及轉運使條及卷八八鹽鐵使條均作右僕，同誤。而總敍亦云：「（大和）九年，（涯）以事誅，而令狐楚以戶部尙書、右僕主之。」豈其時又兼戶尙耶？待考。

○李程——開成元年閏五月十六甲申，由檢校司徒·河中晉絳節度觀察使入遷左僕·兼判太常卿事。（舊紀、舊傳。）〔考證〕。十一月十九甲申，兼判吏尙，停判太常。（舊紀、舊傳。）二年三月十一甲戌，復出爲檢校司徒·山南東道節度觀察使。（舊紀、舊傳。）——此再任。

〔考證〕 舊傳作「五月」，脫「閏」字。又舊紀三次書事皆作左僕。而舊傳作「右僕射·判太常卿事。」與紀異。新傳只云「再爲僕射」，不著左右。據卓異記三拜左僕射條（詳後第三任引），舊紀作左，是。又考鄭覃自大和九年拜右僕，至開成四年始他遷，則開成元二年間右僕無闕。令狐楚以大和九年拜左僕，開成元年四月二十五日出鎭山南西道，不見有他人繼任左僕。程再爲僕射在元年閏五月，時間正銜屬，當從紀作左僕無疑。

○牛僧孺——開成三年九月二十三戊寅，由檢校司空·東都留守·東畿汝防禦使入遷左僕。（舊紀、會要六七留守條、兩傳、碑、墓誌。）四年八月十四癸亥，復出爲檢校司空·平章事·山南東道節度觀察使。（舊紀、兩傳、碑、誌。）——舊一七二、新一七四有傳，全唐文七二〇有李珏撰丞相牛公神道碑，同書七五五有杜牧撰奇章公墓誌。

○李程——開成五年七月已在左僕任。會昌元年二月仍在任。——此三任。

〔考證〕 舊紀：會昌元年二月，「車駕幸昆明池，賜仇仕良紀功碑，詔右僕射李程爲其文。」冊府六六五同。按卓異記三拜左僕射條云：「彭原公李程。按李程自河中節度使入拜左僕射，……三年此官，不支於右。」年蓋拜之譌，支蓋及之譌。則舊紀冊府「右」必「左」之譌。是會昌元年二月在左僕任。又按卓異記李翺自述云：「時開成五年七月十一日，予在檀溪。」卽此書撰成之年代，則程三任左僕必始於此日以前。

●李德裕——會昌元年，由吏尙·兼門下侍郎·同中書門下平章事遷左僕，仍兼門下侍郎·平章事。二年正月四日己亥，遷司空，仍兼門下侍郎·平章事。時階蓋光祿大夫。——舊一七四、新一八〇有傳。

〔考證〕 紀、傳、表、鑑書德裕始相時之官及其遷轉，頗有歧異。茲先列表於次：

年份	舊紀	舊傳（新傳附）	新表（新紀通鑑附）
開成五年	九月，由檢校左僕射‧淮南節度使入爲吏部尙書‧同中書門下平章事。尋兼門下侍郎。	九月，由淮南節度使爲門下侍郎‧同平章事。（新傳同。）	九月丁丑，由檢校右僕射‧淮南節度使爲門下侍郎‧同中書門下平章事。（新紀、通鑑同。）
會昌元年	三月，進位司空。	兼左僕射。（新傳不書。）	
二年		進位司空。（新傳同。）	正月己亥，爲司空。

按：楊嗣復以開成五年八月由吏部尙書出爲湖南觀察，舊紀書德裕遷吏尙拜相，年月正銜接。又王起傳，以會昌元年爲吏尙，與德裕舊傳卸吏尙爲左僕年份亦切合。新表，德裕以二年正月己亥爲司空，陳夷行亦正以此日遷左僕。故合舊紀、舊傳、新表觀之，則開成五年九月丁丑，德裕始相時官吏尙，實代楊嗣復。會昌元年遷左僕，而王起代爲吏尙。二年正月己亥德裕遷司空，而陳夷行代爲左僕。遷轉官歷既合當時通例，任卸年月亦極銜接。又全唐文七〇〇李德裕上尊號玉冊文：「維會昌二年歲次壬戌，四月乙丑朔，十四日戊寅，攝太尉‧光祿大夫‧守司空‧兼門下侍郎‧同中書門下平章事臣德裕……。」又上尊號玉冊文：「維會昌五年歲次乙丑，正月己酉朔，光祿大夫‧守太尉‧兼門下侍郎‧同中書門下平章事臣德裕……。」則一直均兼門下侍郎，舊紀始遷吏尙平章事，尋兼門下侍郎，爲可信。總上以觀，舊傳年份正確，官歷亦詳，惟失書吏尙；新表月日最詳，惟失書吏尙、左僕；舊紀失書左僕，進司空年份亦誤，而始相以吏尙兼門下侍郎，獨最詳正；詳略互異，不能偏廢也。

●陳夷行——會昌二年正月四日己亥，由門下侍郎·同中書門下平章事遷左僕，仍兼門下侍郎·平章事。（新表、新傳、參全唐文七〇〇李德裕會昌二年四月上尊號玉冊文。）四月十四戊寅，見在任。時階銀青光祿大夫。（上尊號玉冊文。）六月二十一甲申，罷守本官。階如故。〔考證一〕。二年末或三年初，出爲檢校司空·河中晉絳節度觀察使。〔考證二〕。——舊一七三、新一八一有傳。

〔考證一〕 通鑑：會昌二年六月甲申，「門下侍郎·同平章事陳夷行罷爲左僕射。」則罷守本官也。而新表：二年「六月，夷行罷爲太子太保。」新傳同。與鑑不合。考全唐文六七武宗授陳夷行左僕射制：「銀青光祿大夫·守尚書左僕射·兼門下侍郎·同中書門下平章事·監修國史陳夷行，……近者寒暑乖候，步履或艱……輟燮贊於三臺，專儀型于百揆，……可守尚書左僕射，仍賜上柱國。」則通鑑爲正。作太保者誤也。

〔考證二〕 舊紀：會昌三年八月，「以右僕射·平章事陳夷行檢校司空·兼河中尹·御史大夫·充河中節度晉絳慈隰觀察等使。」「右」字譌，「平章事」衍文。其檢校司空出鎭河中，兩傳同。而舊傳作「三年十一月」，與紀異。考通鑑，會昌三年五月，以諸道軍圍守澤潞。「河中節度使陳夷行以步騎一千守翼城，步兵五百益冀氏。辛丑，制削奪劉從諫及子稹官爵。」則五月十三日以前已在河中，不待八月、十一月也。疑舊傳「三年」爲「二年」之譌，舊紀亦誤後一年也。（觀吳表四，李固言卸河中節度不能遲過二年冬。）否則，亦不能遲過三年四月。

王起——會昌三年春，由吏尚·判太常卿·知貢舉遷左僕，仍判太常。〔考證一〕。十二月十七辛未，復特敕以本官知貢舉。（摭言三慈恩寺題名條、會要七六進士條、舊紀、兩傳、南部新書己。）四年四月二十五戊寅，加平章事，出爲山南西道節度觀察使。（通鑑。）〔考證二〕。——舊一六四、新一六七有傳。

〔考證一〕 舊傳：「會昌元年，徵拜吏部尚書，判太常卿事。三年，權知禮部貢舉。明年，正拜左僕射，復知貢舉。」新傳略同。然摭言三慈恩寺題名條：「會昌三年，贊皇公爲上相，其年十一月十九日，敕諫議大夫陳商守本官權知貢擧。後因奏對不稱旨，十二月十七日，宰臣遂奏依前命左僕射兼太常卿王起主文。」則起拜左僕當在三年末以前，非四年也。又考全唐詩第九函第一册，盧肇、丁稜、高退之、孟球、劉耕、裴翻等二十一人各有和主司王起詩，一作奉和主司王僕射答華州周侍郎賀放榜作。按肇等於會昌三年春榜及第，則起遷左僕，不能遲過三年春也。當在放榜稍前後。傳因知四年春貢，混書於四年耳。又據傳，遷左僕前兼判太常；據摭言，十二月仍兼判太常；又會要七六進士條：「會昌四年二月，權知貢擧·左僕射·太常卿王起放及第二十五人。」是始終兼判太常也。

〔考證二〕　通鑑：會昌四年四月「戊寅，以左僕射王起同平章事·充山南西道節度使。」而舊傳云：「其年（四年）秋，出爲興元尹·兼同平章事·充山南西道節度使。」時節與鑑異。今從鑑。

●杜悰——會昌四年八月三十庚戌，由右僕·兼中書侍郎·同中書門下平章事·判度支鹽鐵轉運使遷左僕·兼門下侍郎，仍平章事·判度支·充使職。〔考證一〕。時階光祿大夫。（全唐文七六武宗授杜悰平章事制、同書七〇〇李德裕上尊號玉册文。）五年正月一日己酉朔，見在任。（玉册文。）五月十六壬戌，罷守本官。〔考證一〕。判使之罷蓋即此時或稍前。六年或大中元年，出爲劍南東川節度觀察使。〔考證二〕。——舊一四七、新一六六有傳。

〔考證一〕　關於杜悰拜相官歷及遷左僕事，紀、表、傳、制等書事頗歧，玆先條列如次：

舊傳：「會昌中，拜中書侍郎·同中書門下平章事。尋加左僕射。大中初，出鎭西川。」

新傳：「會昌初，爲淮南節度使。……踰年，召拜檢校尚書右僕射·同中書門下平章事，仍判度支。劉稹平，（事在四年八月。）進左僕射·兼門下侍郎。未幾，以本官罷，出爲劍南東川節度使，徙西川。」

舊紀：會昌四年「七月，以淮南節度使·檢校司空杜悰守尚書右僕射·兼門下侍郎·同平章事，仍判度支·充鹽鐵轉運等使。」五年「夏四月，……宰相杜悰罷知政事。」入相事，册府七四同，惟作六月。

通鑑：會昌四年七月「甲辰，以(淮南節度使)杜悰同平章事・兼度支鹽鐵轉運使。」五年五月壬戌，「門下侍郎・同平章事杜悰罷爲右僕射。」

新表：會昌四年「閏七月壬戌，淮南節度使・檢校尚書右僕射・駙馬都尉杜悰爲尚書右僕射・兼中書侍郎・同中書門下平章事・諸道鹽鐵轉運使。」八月庚戌，「悰爲尚書左僕射・兼門下侍郎。」五年五月壬戌，「悰罷爲尚書右僕射。」新紀，入相事同，惟原銜無「檢校右僕・駙馬都尉。」又不云領使。罷相不云爲何官。

全唐文七六武宗授杜悰平章事制：「淮南節度副大使知節度事・充諸道鹽鐵轉運使・光祿大夫・檢校尚書右僕射杜悰……可檢校尚書右僕射・同中書門下平章事・充度支兼諸道鹽鐵轉運等使。」

同書同卷武宗授杜悰右僕射制：「尚書右僕射・兼門下侍郎・同中書門下平章事杜悰……宜解職三臺，……揆長天臺之右，……可行尚書右僕射。」

按：上列材料牴牾頗甚。始相，兩紀、新表皆云官右僕；而新傳及平章事制皆仍節度淮南時之原官作檢校右僕。檢新表，悰由淮南入相與李紳由右僕出鎮淮南同在閏七月壬戌(十一日)。通鑑，紳之出鎮與表同；而悰之入在七月甲辰(二十三)，差前十八日。考異從實錄，宜可信。則其時紳尚在右僕任，悰不得卽爲右僕。意者杜悰拜相之詔實在七月甲辰，官爲檢校右僕，故制詞有「檢校」二字。至閏七月壬戌紳出鎮，右僕有闕，悰得正拜。新傳從其朔，故有檢校二字，紀表則終言之耳。

又按：兩傳皆云進左僕，新表在四年八月庚戌。新傳云：「劉稹平，進左僕射。」稹卽以八月平，與表正合。考全唐文七〇〇李德裕上尊號玉冊文：「維會昌五年歲次乙丑，正月己酉朔，(銜略)臣德裕，光祿大夫・守尚書左僕射・兼門下侍郎・同中書門下平章事臣(杜)悰，朝議大夫・守尚書右僕射，兼中書侍郎·同中書門下平章事臣(李)讓夷……。」悰爲左僕在前，讓夷爲右僕在後，字決不譌。則新表、兩傳進左僕，極正確。而同年五月罷相爲僕射，新表、通鑑均作右，制詞亦同。然制詞原銜「右僕射」「右」字決爲「左」之誤無疑。觀制詞殊褒美，當不罷相又貶其官，則後文罷行右僕射亦非實。表、鑑同作「右」亦誤，惟新傳云「以本官罷」是也。又當時罷相多守本官，崔鉉與悰同制罷相，鉉原兼戶部尙書，亦卽罷守戶部本官，此亦悰罷守左僕本官之旁證。

〔考證二〕 新傳「以本官罷」下云：「出爲劍南東川節度使，徙西川。」舊傳只云：「大中初，出鎭西川。」考舊紀，大中二年「二月，制劍南西川節度(略)李回責授湖南觀察使。」通鑑在同年正月。通鑑又云，三年十月，「西川節度使杜悰奏取維州。」而二年考異云，二年二月悰爲西川節度。觀員闕宜可信。據新傳，西川前尙有東川一任，則爲東川當在會昌六年，或大中元年矣。

●**崔鉉**——大中九年二月二十五甲戌，由右僕·兼門下侍郎·同中書門下平章事遷左僕，仍兼門下侍郎·平章事。七月九日丙辰，出爲檢校左僕·平章事·淮南節度使。〔考證〕。時階光祿大夫 。(全唐文七九授制。)——舊一六三、新一六〇有傳。

〔考證〕 新表：大中五年四月「乙卯，崔鉉守尙書右僕射·兼門下侍郎。」九年「二月甲戌，鉉爲尙書左僕射。」「七月丙辰，鉉檢校尙書左僕射·同平章事·淮南節度使。」舊傳：「加正議大夫·中書侍郎·同平章事。累遷金紫光祿大夫·守左僕射·門下侍郎·太淸宮使·宏文館大學士·(封·邑)。……九年，檢校司徒·揚州大都督長史·(進封)·淮南節度使。」新傳略同。除「司徒」及失書右僕外，均與表合。而舊紀：大中九年「七月，(略)盧鈞守尙書右僕射。八月，以門下侍郎·守尙書右僕射·監修國史·(封·邑)崔鉉檢校司空·同平章事·兼揚州大都督府長史·充淮南節度副大使知節度事。」作右僕，與表、傳均異。考全唐文七九宣宗授崔鉉淮南節度使平章事制：「光祿大夫·守尙書左僕射·兼門下侍郎·同中書門下平章事·兼宏文館大學士·充太淸宮使·(勳·封·邑)崔鉉可檢校尙書左僕射·同平章事·(略)

淮南節度(略)等使。」亦作左僕，則舊紀誤也。盧鈞右僕亦誤，詳後條。又出鎮之檢校官，表與制皆作左僕，是也；傳作司徒，紀作司空，並誤。

盧鈞——大中九年七月，由檢校司空·河東節度使入遷左僕。〔考證一〕。十年十二月以前，復徙檢校司空·守太子太師。〔考證二〕。——舊一七七、新一八二有傳。

〔考證一〕 舊傳：「大中六年，復檢校司空·太原尹·北都留守·河東節度使。九年詔曰：河東節度使盧鈞……可尚書左僕射。」新傳亦以九年入爲左僕。而舊紀：大中九年「七月，以河東節度使·檢校司空·太原尹·北都留守·(勳·封·邑)盧鈞守尚書右僕射。」作右僕，與兩傳異。按九年七月丙辰，崔鉉由左僕出鎮淮南，鈞卽代鉉，此「右」字誤。

〔考證二〕 舊傳，左僕下云：「常移病不視事，……令狐綯惡之，乃罷僕射，仍加檢校司空·守太子太師。物議……罪綯。……十一年九月，以鈞檢校司徒·(略)充山南西道節度使。」新傳官歷同。考東觀奏記卷下：「大中十一年正月一日，上御含元殿受朝。太子太師盧鈞年八十矣，……稱賀上前，聲容朗緩，舉朝服之。」則卸左僕必在十年十二月以前也。

●**令狐綯**——大中十二年十一月二日己未，由右僕·兼門下侍郎·同中書門下平章事遷左僕，仍兼門下侍郎·平章事。十三年八月二十癸卯，遷司空，仍兼門下侍郎·平章事。——舊一七二、新一六六有傳。

〔考證〕 新表：大中九年二月甲戌，「綯爲門下侍郎。」十年十月戊子，「綯爲尚書右僕射。」十二年「十一月己未，綯爲尚書左僕射。」十三年「八月癸卯，綯爲司空。」十二月丁酉，「綯爲檢校司徒·同平章事·河中節度使。」述官歷最詳。舊紀：大中十三年「十月癸未，制以門下侍郎·守左僕射·同平章事令狐綯守司空。」咸通元年二月，「以門下侍郎·守司徒(空？)·平章事令狐綯檢校司徒·平章事，出鎮河中。」年月視新表差後。今從表。然據紀足知歷右僕、左僕、司空皆兼門下侍郎也。新傳云：「俄同平章事。……懿宗卽位，由尙書左僕射·門下侍郎再拜司空。」亦兼門下侍郎之證。然省書右僕一遷。舊傳云：「同中書門下平章事。……累官至吏部尙書，右僕射(封邑)。(大中)十三年，罷相，檢校司空(徒)·平章事·(略)河中晉絳節度使。」左僕司空並失書。又按大中九、十年間，綯以宰相兼兵尙，時階金紫光祿大夫，則此時最低亦原階也。

●杜悰——咸通二年二月，由右僕·判度支遷左僕·兼門下侍郎·同中書門下平章事，仍判度支。三年二月一日庚子朔，遷司空，仍兼門下侍郎·平章事。——此再任。

〔考證〕舊紀、新表書事頗歧，茲對錄如次：

舊紀	新表
咸通元年二月，「左(右之譌)僕射·諸道鹽鐵轉運使杜悰同平章事。」 二年二月，「右僕射·門下侍郎杜悰爲左僕射，依前知政事。」 三年正月，「左僕射·門下侍郎·平章事 杜悰 率百 寮上徽號。」 五月，「宰臣杜悰兼司空。」	咸通二年「二月，尙書左僕射·判度支杜悰本官·兼門下侍郎·同中書門下平章事，判如故。」(新紀、通鑑同；惟皆不云「判如故。」) 三年「二月庚子，悰守司空。」

按：新傳「復節度劍南西川，召爲右僕射·判度支，進兼門下侍郎·同平章事。……未幾冊拜司空。」與紀表亦互有異同。參互證之，由西川始入朝當爲右僕，然二年二月以後當官左僕矣。而萃編一一七杜國告石刻，悰書銜爲「右僕射·兼門下侍郎·平章事。」時在咸通二年六月十一日。又作右僕，姑存疑。遷司空，紀、表亦異。例從表。拜相亦當從新紀、表、通鑑在遷左僕時，舊紀蓋重出耳。

官歷既明，茲續論入朝爲右僕年代及判使事。悰由西川入朝，各書無記載。會要八七轉運使條：「(大中)十四年，尙書左(右)僕射杜悰復充。」同書八八鹽鐵使條亦云十四年充。則十四年已在朝。按新表，咸通元年十月己亥，夏侯孜出爲西川節度，悰入朝或當爲咸通元年十月亦卽大中十四年十月，與會要合。通鑑大中十三年十二月考異云：「按杜悰以咸通二年十月入朝。」不知何據。或者「二」爲「元」之譌歟？又新傳作右僕・判度支，新紀、新表、通鑑拜相時銜作左僕・判度支。而舊紀及前引會要作僕射・充鹽鐵轉運使。又會要八七轉運鹽鐵總敍，裴休之後云：「尋以柳仲郢、夏侯孜、杜悰迭判之。」按悰於大中十四年入朝，正仲郢及孜之後，繼判鹽鐵當可信。意者悰始入朝本以右僕充鹽運等使，同年改判度支，二年二月遷左僕入相，仍判度支。如此解釋，則前引材料無不洽合矣。

又按：全唐文八五懿宗冊魏王佾文：「維咸通三年，……今遣使門下侍郎・兼吏部尙書・平章事杜悰：…冊爾爲魏王。」佾爲長子，以下冊涼王侹文、冊蜀王佶文，悰銜並爲兼吏尙，非左右僕。與紀、表、鑑、傳均異。考杜審權自三年二月一日遷門下侍郎・兼吏部尙書・平章事，四年始出鎭。此或審權事歟？姑存疑。

●夏侯孜——咸通三年七月八日乙亥，由檢校右僕・平章事・劍南西川節度使入遷左僕・兼門下侍郎・同中書門下平章事。(新表〔無日〕、通鑑、新傳、全唐文八三懿宗授夏侯孜平章事制。)時階光祿大夫。(授平章事制。)五年八月十三丁卯，遷司空，仍兼門下侍郎・平章事。(新表、新傳。)〔考證一〕。〔考證二〕。——舊一七七、新一八二有傳。

〔考證一〕　新表、新傳不云仍兼門下侍郎。按表，五年十一月孜出鎭河中。通鑑書此事原銜作「門下侍郎・平章事。」是遷司空仍兼門下侍郎也。

〔考證二〕　孜事，新表、通鑑、新傳、授制皆合。制云：「劍南西川節度(略)等使・光祿大夫・檢校尙書右僕射・同中書門下平章事・兼成都尹・(勳・封・邑)夏侯孜　，……可尙書左僕射・同中書門下平章事，散官勳封如故。」是新表新傳通鑑決不誤也。而舊紀：咸通五年「四月，右僕射・平章事夏侯孜增爵五百戶。」七年十月，「右僕射·門下侍郎·平章事夏侯孜檢校司空·平章事·兼成都尹·劍南西川節度(略)等使。」舊傳：「懿宗即位，……平章事，……累加左僕射·門下侍郎。……咸通八年，罷相，檢校司空·同平章事·兼成都尹·充劍南西川節度使。」除左僕兼門下侍郎外，其餘官歷年份皆誤。

○杜審權——咸通十年蓋秋後〔考證〕，由檢校司空·平章事·鎮海節度使入遷左僕，仍檢校司空。(舊傳、舊紀、新傳)。十一年正月一日甲寅朔，出爲檢校司徒·平章事·河中晉絳節度觀察使。(舊傳、舊紀、新傳。)時階開府儀同三司。(舊傳。)——舊一七七、新九六有傳。

〔考證〕 舊紀：咸通八年三月，「以浙西觀察使杜審權守尚書左僕射。」合鈔沈氏論曰：「審權傳，龐勛之亂，審權猶在浙西。而本紀八年已遷左僕射，則去九年九月龐勛之反一年有餘，不應遷而未去也。此疑有誤。」按舊傳，鎮海節度下云：「時徐州戎將龐勛……據徐泗，大擾淮南。審權……奉詔出師犄角，……饋運不絕，……賊平，召拜尙書左僕射。」又引授河中節度制云：「頃罷機務，鎮于金陵，值淮夷猖狂，干戈悖起，累發猛士，挫彼賊鋒，廣備糗糧，助茲軍食。」則舊傳賊平入拜，宜可信。勛亂以十年九月平，則審權入朝不能早過是年，或當在秋後也。舊紀年月誤。

●曹確——咸通十一年正月五日戊午，由門下侍郎·兼吏尙·同中書門下平章事遷左僕，仍兼門下侍郎·平章事。(舊紀〔作丙午誤〕、新表。)〔考證一〕。三月，出爲檢校司徒·平章事·鎮海節度使。(舊紀、新表、通鑑。)〔考證二〕。——舊一七七、新一八一有傳。

〔考證一〕 舊傳：「以本官同平章事，……累加右僕射·判度支。」新傳亦作右僕。按：舊紀、新表十一年正月書事，確與路巖同日加僕射，確在前爲左，巖在後爲右，字必不譌。又出鎮時原銜，舊紀、通鑑亦皆作左僕。兩傳誤也。

〔考證二〕出鎭時之檢校官，新表、舊傳均作司徒；舊紀作司空。又出鎭使名，新表、通鑑、兩傳均作鎭海節度使，惟舊紀作浙西觀察使。檢方鎭表，是年於浙西置鎭海節度使。或者置節度在三月之後，確三月出鎭時尙爲觀察使，及置鎭海軍，因進節度使歟？然則檢校官蓋亦先司空進司徒歟？今姑仍從表、鑑、兩傳書之。

●路巖——咸通十一年，由右僕·兼門下侍郎·同中書門下平章事遷左僕，仍兼門下侍郎·平章事。（詳右僕卷。）十二年四月二十七癸卯，出爲檢校司徒·平章事·劍南西川節度使。（新表、舊紀、新傳、舊傳〔作檢校左僕〕。）——舊一七七、新一八四有傳。

●王鐸——咸通十三年二月十七丁巳，由門下侍郎·兼吏尙·同中書門下平章事遷左僕，仍兼門下侍郎·平章事。十一月，遷司徒，仍兼門下侍郎·平章事。——舊一六四、新一八五有傳。

〔考證〕新表：咸通十二年十月，「鐸爲門下侍郎·兼吏部尙書。」十三年二月丁巳，「鐸爲尙書左僕射。」十一月，「鐸爲司徒。」書事甚詳。新傳：「咸通……十二年，繇禮部尙書進同中書門下平章事。加門下侍郎，尙書左僕射。超拜司徒。」與表合。舊傳：「十二年，以本官（禮尙）同平章事。……累兼刑部、吏部尙書。僖宗卽位，加右僕射。」省書司徒；又作右僕，且在僖宗卽位之後，誤。惟兼吏尙一歷與表合，新傳失書。仍兼門下侍郎，表例不書，據通例參兩傳及後引會要二，則當仍兼門下侍郎也。

又按：鐸罷相出鎭宣武，原銜當爲司徒·兼門下侍郎·平章事。而舊紀乾符元年正月乙丑書鐸罷相出鎭，原銜爲「門下侍郎·吏部尙書·平章事。」殊誤。然鐸罷相出鎭年月却當以舊紀爲正：新紀、表、通鑑在咸通十四年六月，蓋誤。會要二帝號條：「懿宗……咸通十四年癸巳七月崩，乾符元年二月甲午葬簡陵，謚曰睿文昭聖恭惠孝皇帝。……謚册文，門下侍郎·平章事王鐸撰。」是其的證。（舊傳亦爲旁證。）若十四年六月已出鎮宣武，何能撰謚冊文，且題宰相銜歟？

蕭倣——咸通十四年，蓋由兵尙·判度支遷左僕。是年十月四日乙未，遷中書侍郎·兼兵尙·同中書門下平章事。——舊一七二、新一〇一有傳。

〔考證〕蕭倣末年官歷，新表、舊紀、兩傳書事歧異特甚，茲先表列於後，然後解析之。

年份	新表（新紀、通鑑附）	舊紀	兩傳
咸通十四年	十月乙未，「尙書左僕射蕭倣爲中書侍郎·兼兵部尙書·同中書門下平章事。」（新紀同，惟省兼兵尙。）（通鑑與紀同，惟「中書」作「門下」，誤。）	四月，「以吏部侍郎蕭倣爲兵部侍郎·同平章事。」	舊傳：「入爲兵部尙書·判度支，轉吏部尙書。……咸通末，復爲兵部尙書·判度支。尋以本官同平章事，累遷中書門下二侍郎，兼戶部兵部尙書。遷左右僕射，改司空，弘文館大學士……罷知政事。」新傳：「以兵部尙書再判度支。進中書侍郎·同中書門下平章事。再遷司空。……卒。」
乾符元年	「十一月，倣爲司空。」（新紀同。）	正月「乙丑，左僕射·門下侍郎·平章事蕭倣兼右僕射。」十一月庚寅，大赦改元。「宰相蕭倣兼司空·宏文館大學士。」	
二年	「五月，倣薨。」（新紀同）		
三年		「正月己卯朔，司空·門下侍郎·同平章事蕭倣以病求免，罷爲太子太傅。」	

按：根據上表可知者：⑴兩傳雖不盡合，但大體無大衝突。⑵舊紀「吏部侍郎」「兵部侍郎」必「吏部尚書」「兵部尚書」之誤。⑶必曾任左僕射。⑷由始相至遷兼司空，中間至少尚有一遷，（新傳亦云再遷司空。）新表失書。綜合此已知之事實，參以當時各官之員闕與唐末宰相序官之常例，其最可能之官歷約略如次：（一）咸通十三四年間在兵尚·判度支任（此再任）。（二）十四年，遷左僕。同年十月乙未，遷中書侍郎·兼兵尚·同平章事。（三）乾符元年正月乙丑，遷門下侍郎兼右僕，仍平章事。（四）同年十一月庚寅，遷兼司空，仍門下侍郎·平章事。

●劉鄴——咸通十四年十月四日乙未，由門下侍郎·兼吏尚·同中書門下平章事遷左僕，仍兼門下侍郎·平章事。乾符元年十月一日丙辰朔，出爲檢校左僕·平章事·淮南節度使。——舊一七七、新一八三有傳。

〔考證〕新表：咸通十三年，劉鄴爲門下侍郎。十四年八月，「鄴兼吏部尚書。」「十月乙未，鄴爲尚書左僕射。」乾符元年「十月丙辰，鄴檢校尚書左僕射·同平章事·淮南節度使。」書事最詳。新傳：「以禮部尚書同中書門下平章事·判度支。僖宗嗣位，再遷尚書左僕射。……蕭倣、崔彥昭得相，罷鄴爲淮南節度使·同平章事。」舊傳：「同平章事，判度支。轉中書侍郎·兼吏部尚書，累加太清宮使，弘文館大學士。僖宗即位，蕭倣、崔彥昭秉政，……罷鄴知政事，檢校尚書左僕射·同平章事·揚州大都督府長史·淮南節度使。」官歷詳略互異，而皆與表合。關於罷相出鎭事。通鑑，乾符元年「冬十月，以門下侍郎·同平章事劉鄴同平章事·充淮南節度使。」年月與新表同。而舊紀，咸通十四年「十月，左僕射·門下侍郎·平章事劉鄴檢校左僕射·同平章事·兼揚州大都督府長史·充淮南節度使。」時間差前一年。按：兩傳皆云鄴爲蕭倣崔彥昭所排故罷相。倣之相，舊紀在咸通十四年四月，新書在同年十月乙未；彥昭之相，舊紀在乾符元年十一月庚寅，新表在同年八月辛未；則鄴之罷相當從新表、通鑑在乾符元年十月，舊紀誤前一年。（合鈔亦云當從新書。）又按仍兼門下侍郎，表例不書，據舊紀、通鑑罷相時所書原銜知之。

●王鐸——乾符二年，由宣武節度使復遷左僕。三年三月，以本官兼門下侍郎·同中書門下平章事。四年閏二月，遷檢校司徒，仍兼門下侍郎·平章事。——此再任。

〔考證〕 舊紀：乾符二年十一月，「左僕射王鐸兼門下侍郎·同平章事，復輔政。」通鑑：三年三月，「以左僕射王鐸兼門下侍郎·平章事。」事同，而年月稍異。按新傳：「以檢校左僕射出爲宣武節度使。僖宗初，以左僕射召。……會河南盜起，鄭畋數言其賢，復拜門下侍郎·平章事。」舊傳：「出爲汴州刺史·宣武節度使。……乾符二年，……復召鐸拜右僕射·門下侍郎·同平章事。」右字譌，而有年份。是兩傳皆由右僕入相，與舊紀、通鑑合。今據紀、鑑書事，而年月例從鑑作三年三月；則舊傳二年入爲左僕亦不誤。而新紀：乾符四年閏二月，「宣武節度使王鐸檢校司徒·兼門下侍郎·同中書門下平章事。」「六月，王鐸爲司徒。」新表全同。由宣武入相，不但與舊書、通鑑不合，亦與新傳抵牾。必誤。蓋四年閏二月由左僕遷檢校司徒，仍兼門下侍郎·平章事，誤爲始相耳。

○劉鄴——乾符六年冬末，由檢校左僕·平章事·淮南節度使復遷左僕。廣明元年十二月二十一庚子，爲黃巢所殺。——此再任。

〔考證〕 舊傳，檢校左僕·平章事·淮南節度使下云：「黃巢渡淮而南，詔以浙西高駢代還。尋除鳳翔尹·鳳翔隴右節度使。以疾辭，拜左僕射。巢賊犯長安，鄴從駕不及，……旬日，……爲賊所害。」新傳略同。按：舊紀、通鑑皆云乾符六年十月，以鎮海節度高駢爲淮南節度。又舊紀，同年十二月，以太子賓客鄭畋爲鳳翔節度使。則鄴由淮南入朝，辭鳳翔節度拜左僕，當即在年末。又新紀：廣明元年十二月丙戌，黃巢陷京師。「庚子……尙書左僕射劉鄴、右僕射于琮……死于黃巢。」舊紀，鄴銜同。而通鑑云左僕于琮、右僕劉鄴，誤。

●蕭遘——中和二年五月，由門下侍郎‧兼吏尚‧同中書門下平章事遷左僕，仍兼門下侍郎‧平章事。時階特進。四年十月，遷司空，仍兼門下侍郎‧平章事。——舊一七九、新一〇一有傳。

〔考證〕新表：中和二年「四月，遘爲門下侍郎‧兼吏部尚書。」五月，「遘爲尚書左僕射。」四年「十月，遘爲司空。」新傳，「累遷司空。」不書左僕。舊傳，「累兼吏部尚書，……尚書右僕射。」作右僕，與表異，未知孰是；姑從表。又據全唐文八六僖宗蕭遘罷度支制，遘爲門下侍郎兼吏尚之前已階特進。關於仍兼門下侍郎事，表例不書。然唐末宰相序官例以中書侍郎、門下侍郎爲宰相正底官，凡爲僕射、尚書及三師、三公者例帶中書侍郎或門下侍郎。故新表於中書侍郎遷門下侍郎則書之，中間只書遷兼僕尚等，不云仍兼兩省侍郎者，省之也。此類仍兼兩省侍郎之事例仍多可考，則考而書之；其不可考者，則以例推而書之，以下不再注明。

●韋昭度——中和四年十月，由門下侍郎‧兼吏尚‧同中書門下平章事遷左僕，仍兼門下侍郎‧平章事。（新表、參吏尚卷。）光啓元年二月，遷司空，仍兼門下侍郎‧平章事。（新表。）——舊一七九、新一五八有傳。

●裴徹——光啓元年三月，由右僕‧兼門下侍郎‧同中書門下平章事遷左僕，仍兼門下侍郎‧平章事。（新表。）二年正月，帝幸興元，徹扈從不及，陷於朱玫爲僞相。明年誅。（舊紀。）——兩書無傳。

●孔緯——文德元年二月二十戊子，由門下侍郎‧兼吏尚‧同中書門下平章事‧充鹽鐵轉運使遷左僕，進階開府儀同三司，仍兼門下侍郎‧平章事‧充使職。四月，遷司空，仍兼門下侍郎‧平章事‧充使職，階如故。——舊一七九、新一六三有傳。

〔考證〕緯事，舊紀、新表、兩傳書之頗詳，而小有歧異，茲表列之：

年份	舊紀	新表	兩傳
光啓三年	三月，「以特進·監修國史·門下侍郎·吏部尚書·平章事孔緯領諸道鹽鐵轉運使。」	三月「緯爲門下侍郎。」 六月「緯兼吏部尚書·充諸道鹽鐵轉運等使。」	舊傳：「王行瑜斬朱玫，平定京城，還門下侍郎·監修國史。從駕還京，駐蹕岐陽，進階特進，兼吏部尚書，領諸道鹽鐵轉運使。」（新傳：「玫平，從帝還，領諸道鹽鐵轉運使。」）
文德元年	二月戊子，「改元文德。宰相（略）孔緯、杜讓能加左右僕射，進階開府儀同三司。」	二月「緯爲左僕射。」 四月「緯爲司空。」 九月「緯兼國子祭酒。」	舊傳：「車駕還京，（事在文德元年二月。）進位左僕射。……僖宗晏駕，（元年三月。）充山陵使……進加司空，……仍兼領國子祭酒。」（新傳同而略。）
龍紀元年	三月壬辰朔，「以右僕射·門下侍郎·同平章事孔緯守司空·太淸宮使·弘文館大學士·延資庫使，領諸道鹽鐵轉運等使。」（右本作左，傳寫之譌，觀下文右僕杜讓能爲左僕可知）	三月「緯爲司徒。」	舊傳：「蔡賊秦宗權伏誅，（事在龍紀元年二月。）進階開府儀同三司，進位司徒。」（新傳：「加司徒。」）

按：觀上表，緯爲左僕在文德元年二月，紀、表、傳皆同，紀又有日，從之。會要二一：「文德元年，僖宗晏駕，以左僕射·平章事孔緯充山陵使。」書銜不誤。遷司空，舊紀在龍紀元年三月，表在文德元年四月，而舊傳所書官歷時間皆與新表切合，與舊紀時間不合。故遷司空年月當從表。舊紀蓋脫書遷司空，又以遷司徒年月爲遷司空耳。然據舊紀此條，知始終領鹽鐵等使。進階開府，舊紀在遷左僕時，舊傳在進司徒時。據杜讓能傳，進階開府儀同三司在爲右僕時，與舊紀較近。按昭宗以二月還京，例大赦進爵，緯與讓能以二月爲兩僕，同時進階開府，宜可信。故從紀。

●杜讓能——文德元年四月，由右僕·兼門下侍郎·同中書門下平章事遷左僕·判度支，仍兼門下侍郎·平章事。時階開府儀同三司。龍紀元年三月，遷司空，仍兼門下侍郎·平章事·判度支，階如故。——舊一七七、新九六有傳。

〔考證〕讓能事，舊紀、新表、兩傳書之亦詳，而小歧。茲表列之：

年份	舊紀	新表	兩傳
光啓三年	三月「以集賢殿大學士·中書侍郎·兵部尙書·平章事杜讓能進封襄陽郡公。」	三月癸未「讓能爲中書侍郎。」 六月「讓能兼兵部尙書。」	舊傳：「京師平，拜特進·中書侍郎·兼兵部尙書·集賢殿大學士，進封襄陽郡開國公。」 （新傳：「京師平，進中書侍郎，徙封襄陽郡公。」） 舊傳：「昭宗纂嗣（卽文德元年三月。）……加開府儀同三司，尙書左僕射，封晉國公。」 （新傳：「昭宗立，進尙書左僕射，晉國公。」） 舊傳：「誅秦宗權，許蔡平，（在龍紀元年二月。）加司空·門下侍郎·監修國史。」 「昭宗郊禮畢，（在同年十一月。）進位司徒·太淸宮使·弘文館大學士·延資庫使·諸道鹽鐵轉運等使」 「明年，（大順元。）冊拜太尉。」 （新傳「累進太尉。」）
文德元年	二月戊子「改元文德。宰相孔緯、杜讓能加左右僕射，進階開府儀同三司。」	二月「讓能爲右僕射。」 四月「讓能爲尙書左僕射。」	
龍紀元年	三月壬辰朔「以右僕射·門下侍郎·集賢殿大學士杜讓能爲左僕射·監修國史·判度支。」 「十二月戊午，宰臣杜讓能兼司空。」	三月「讓能爲司空·兼門下侍郎。」 「十二月戊午，讓能爲司徒。」	
大順二年	正月壬子朔「司徒·門下侍郎·平章事杜讓能進位太尉·太淸宮使·弘文館大學士·延資庫使·領諸道鹽鐵轉運使。」		
景福元年		四月「讓能守太尉。」	
二年	九月「制貶太尉·平章事·晉國公杜讓能爲雷州司戶。」	九月「讓能貶梧州刺史。再貶雷州司戶。」	

綜觀上表，兩傳失書右僕，紀、表遷右僕均在文德元年二月，紀又有日，從之。其餘官歷年月，舊傳、新表均合，（惟遷太尉年份不同。）而舊紀不同。比觀之，新表年月可信。舊紀於文德元年四月失書遷左僕，而繫遷左僕於遷司空年月，繫遷司空於遷司徒年月，致司徒遂不可書。又按讓能判度支，舊紀繫於遷左僕時，今仍繫於左僕下。又舊紀，遷太尉時改充鹽鐵等使；而舊傳充鹽鐵等使在龍紀元年冬進位司徒時。今按：孔緯以光啓三年充鹽鐵等使，直至大順二年正月庚申出鎭時始卸。同日，劉崇望拜相判度支，則讓能由度支改鹽鐵當卽同時，是則舊紀大順二年正月進位太尉或誤，但充使則是也。會要八七轉運使條及同書八八鹽鐵條均云「大順二年，門下侍郎杜讓能充使。」尤爲强證。舊傳在龍紀元年冬末進位司徒時，誤也。又全唐文九〇昭宗貶杜讓能梧州刺史制，原銜爲「（功臣）開府儀同三司・太尉・兼門下侍郎・同中書門下平章事・充太淸宮使・弘文館大學士・延資庫使・兼諸道鹽鐵轉運等使・（勳・封）」。是充使直至貶時也。又關於兼門下侍郎，新表、舊傳皆在龍紀元年春進位司空時。而舊紀由右僕遷左僕時，右僕原銜已兼門下侍郎。是不同。按孔緯、杜讓能於文德元年二月同日爲兩僕，其日韋昭度由侍中爲中書令，張濬由兵部侍郎爲中書侍郎，四相俱備，而門下侍郎僅孔緯一人，尙缺一員，讓能位已尊，必此日已由中書侍郎進門下，濬爲中書侍郎卽代讓能也，新表、舊傳皆誤。

●劉崇望——大順二年十月，由門下侍郎・兼吏尙・同中書門下平章事・判度支遷左僕，仍兼門下侍郎・平章事・判度支。景福元年二月，出爲檢校司徒・平章事・武寧節度使。時階光祿大夫。——舊一七九、新九〇有傳。

〔考證〕　新表：龍紀元年三月，「崇望爲中書侍郎。」十一月「己酉，崇望兼吏部尙書。」大順二年正月庚申，「崇望判度支。」二月，「崇望爲門下侍郎。」「十月，崇望爲尙書右僕射。」景福元年「二月，崇望爲檢校司徒・同中書門下平章事・武寧軍節度使。」舊紀：大順二年正月壬子朔，「以中書侍郎・吏部尙書・平章事劉崇望爲門下侍郎・監修國史・判度支事。」十二月丙子朔，「以光祿大夫

・門下侍郎・右僕射・平章事・監修國史・判度支（略）劉崇望檢校司空・同平章事・（略）充武寧軍節度（略）使。」年月有異同，而均作右僕。舊傳：「昭宗即位，拜中書侍郎・同平章事，累兼兵部、吏部尚書。大順初，……（張）濬黜，崇望代爲門下侍郎・監修國史・判度支。……楊復恭稱兵闕下，（舊紀事在大順二年十月甲申。）……崇望守度支庫，……庫布獲全。……尋加左僕射。……全忠……請以重臣鎮徐州，乃以崇望守本官・充武寧節度使。……行至華陰而還。」新傳亦作左僕，文稍略。是紀、表皆作右僕，而兩傳皆作左僕，未知孰是。但紀、表自崇望以下數僕射左右多誤，而傳爲正；今崇望姑亦從傳。遷僕射前官銜，紀表及兩傳相同，時間亦合；惟舊紀無遷僕射年月。按新表年月多與兩傳切合，故拜罷皆從表；惟據舊紀罷相條，知直至其時始罷判度支，兼知散階。

●**鄭延昌**——乾寧元年二月，由中書侍郎・兼刑尚・同中書門下平章事・判度支遷左僕・兼門下侍郎，仍平章事・判度支。五月三十辛卯，罷守本官。——新一八二有傳。

〔考證〕新傳：「以中書侍郎同中書門下平章事，兼刑部尚書。無它功，以病罷，拜尚書左僕射。卒。」此段官歷年月，舊紀、新表頗有異同。茲表列之：

年份	新表	舊紀
大順二年		十二月「戶部尚書鄭延昌爲中書侍郎・平章事・判度支。」
景福元年	三月「戶部尚書鄭延昌爲中書侍郎・同中書門下平章事。」（新紀同。）	

二年	六月「延昌兼刑部尚書。」	六月戊午「中書侍郎·平章事鄭延昌兼刑部尚書。」 十一月「中書侍郎·刑部尚書·平章事·判度支鄭延昌罷知政事，守尚書左僕射。以病求罷故也。」
乾寧元年	二月「延昌爲尚書右僕射·兼門下侍郎。」 五月「延昌罷爲尚書右僕射。」 （新紀只云罷。）	

按：通鑑拜相官歷年月並與新表、新紀同。又乾寧元年五月「辛卯，中書侍郎同平章事鄭延昌罷爲尚書右僕射。」月同新書，且有日，從之；惟中書侍郎小異耳。據表，罷相前已官僕射。今從之。然觀舊紀可知判度支始末。

又新傳、舊紀皆作左僕，新表、通鑑皆作右僕。今按：新表自大順二年至乾寧二年之五年中，爲僕射者有劉崇望、崔昭緯、鄭延昌、徐彥若四人，崇望、延昌作右，昭緯、彥若作左。兩傳惟彥若作左，與表合；餘皆與表異。舊紀，延昌與傳同，崇望、昭緯與表同。檢新表，昭緯以景福二年爲左僕，至乾寧二年八月，罷相守左僕；而於二年六月又書彥若爲左僕，是同時兩左僕也。彥若作左，紀傳皆同，當不誤；則昭緯當從傳作右僕，表蓋誤。延昌爲僕射在乾寧元年，亦必當從舊紀、新傳作左，而新表又作右，蓋亦誤。

●徐彥若——乾寧二年六月七日癸巳，由中書侍郎·兼吏尚·同中書門下平章事遷左僕·兼門下侍郎，仍平章事。時階光祿大夫。九月三日丙辰，遷司空，進階開府儀同三司，仍兼門下侍郎·平章事。——舊一七九、新一一三有傳。

〔考證〕新表：乾寧元年六月庚申，「御史大夫徐彥若爲中書侍郎·兼吏部尚書·同中書門下平章事。」（通鑑在七月，上下銜同。）二年六月癸巳，「彥若爲尚書左僕射·兼門下侍郎。」同年「九月丙辰，彥若爲司空。」舊紀惟乾寧二年九月丙辰一條，云：「制光綠大夫・守尙書左僕射・門下侍郎・同平章事・監修國史・(勳・封)徐彥若爲司空・門下侍郎・同平章事・太淸宮(略)等使。」與表合。新傳省書左僕。舊傳：「同平章事，進中書侍郎，累兼左僕射，監修國史。扈昭宗，石門；還宮，加開府儀同三司，守司空。」蓋遷司空時由光祿大夫進階開府。

●崔胤——光化三年六月十一丁卯，由新授嶺南淸海節度使遷左僕・兼門下侍郎・同中書門下平章事・判度支。時階特進。八月二十九甲申，進階開府儀同三司。九月二十三戊申，兼充諸道鹽鐵轉運等使。天復元年正月三日丙戌，遷司空，仍兼門下侍郎・平章事・判度支・鹽鐵等使。(詳吏尙卷。)——舊一七七、新二二三下有傳。

○裴贄——天復三年十二月十五辛巳，由中書侍郎・兼戶尙・同中書門下平章事罷爲左僕。(新表、通鑑、新傳。)〔考證一〕。天祐二年二月二十七丙辰見在任。(舊紀、會要一六廟議下。)三月五日甲子或稍前數日，徙司空致仕。〔考證二〕。——新一八二有傳。

〔考證一〕　由中書侍郎・兼戶尙・平章事罷爲左僕，新表在天復三年十二月，通鑑在同年十一月辛巳。按十一月無辛巳，當「十二」之譌。新傳云「罷。俄進尙書左僕射。」有「俄」字，小異。

〔考證二〕　據舊紀及會要一六廟議下書天祐二年二月二十七日丙辰事，銜皆左僕，而裴樞以三月五日甲子爲左僕，則贄卸左僕必在二月丙辰至三月甲子數日間。又傳云：「以司空致仕。」按舊紀，天祐二年四月乙未制司空致仕裴贄等云云，則以司空致仕可信。

○裴樞——天祐二年三月五日甲子，由右僕・兼門下侍郎・同中書門下平章事・充諸道鹽鐵轉運使罷爲左僕，階由銀靑光祿大夫進光祿大夫。(舊紀、新表、通鑑、兩傳、全唐文九三授左僕制。)〔考證〕。五月十五癸酉，貶朝散大夫・登州刺史。(舊紀〔壬申〕、通鑑、兩傳。)——舊一一三、新一四〇有傳。

〔考證〕　罷相，新表、舊紀皆作三月甲子，通鑑作甲申。今從紀表，說詳右僕卷。舊紀書罷相事云：「制以特進・尙書右僕射・門下侍郎・同平章事・太淸宮使・宏文館大學士・延資庫使・諸道鹽鐵轉運使・判度支・(勳・封・邑)裴樞可守尙書左僕射。」而全唐文九三授裴樞左僕射制，原銜散官爲銀靑光祿大夫，後云「可光祿大夫・守尙書左僕射。」是由銀靑進階光祿也；舊紀作特進，誤。又全文授制無「判度支」，餘與舊紀同。按兩傳亦均云諸道鹽鐵轉運使，不云判度支，舊紀亦衍文。

附：尙書令

秦王世民——武德元年六月一日甲戌朔，始還尙書令。(兩紀、通鑑。)十二月二日壬申，加太尉。(兩紀、新表。)四年十月五日己丑，加司徒・天策上將。(新紀、新表、舊紀〔作乙丑形譌〕、通鑑。)八年十一月十三癸卯，加兼中書令。(兩紀、新表、通鑑。)九年六月七日癸亥，冊爲皇太子。(新紀表、通鑑。)〔考證〕。——舊二、新二有紀。

〔考證〕 按世民以六月四日庚申殺皇太子建成，癸亥立爲皇太子。而舊書高祖紀，庚申殺建成下接書立秦王爲太子。誤。又太宗紀，四日殺建成。「甲子，立爲皇太子。」又後新紀、通鑑一日。

雍王适——廣德元年七月十一壬子，以天下兵馬元帥兼尙書令。(舊紀、會要五七尙書令條、新表〔作中書令誤〕。)二年二月一日己巳朔，冊爲皇太子。〔考證〕。——舊一二、新七有紀。

〔考證〕 舊書代宗紀：廣德二年正月「甲子(二十六)，元帥尙書令雍王三上章讓皇太子。……二月己巳朔，冊天下兵馬元帥尙書令雍王适爲皇太子。」而新書代宗紀、新表、通鑑，适爲皇太子在正月乙卯，是十七日。按舊書德宗紀及新書德宗紀皆云廣德二年二月立爲皇太子，蓋正月十七日有立爲太子之詔，至二十六日凡三讓，二月一日始冊拜也。今從舊紀書之。

郭子儀——廣德二年十二月二日乙丑，以關內河東副元帥·中書令加拜尚書令。三表懇讓。八日辛未，罷。（新表、舊紀、通鑑、兩傳。）〔考證〕。——舊一二〇、新一三七有傳。

〔考證〕　會要五七尚書令條：「廣德元年七月十一日，除雍王。十一月三日，除郭子儀。」後又云：「建中二年十一月，除郭子儀；尋亦懇讓而罷。」按前條脫「二年」，月日字亦小譌。後條年號誤，月亦譌。

李茂貞——光化中，以鳳翔節度使加拜尚書令。天復三年五月，降爲檢校太師·守中書令。（舊五代史傳、舊紀。）——舊五代史一三二、新五代史四〇有傳。

唐僕尚丞郎表 卷六

輯考一下 尚書右僕射

●裴寂——武德元年六月一日甲戌朔，由相國府長史遷右僕。（兩紀、新表、通鑑、兩傳。）〔考證〕。六年四月二十八癸酉，遷左僕。（兩紀、新表、通鑑、兩傳。）——舊五七、新八八有傳。

〔考證〕 新紀、新表、通鑑，遷右僕下皆有「知政事」三字。按此時僕射爲宰相正官，官銜不必有此三字。又會要三九及四五，武德元年十一月、三年二月書銜爲左僕，形譌。

●蕭瑀——武德六年四月二十八癸酉，由中書令遷右僕。（兩紀、新表、通鑑、兩傳。）九年七月六日壬辰，遷左僕。（舊紀、通鑑、新紀〔辛卯〕、表〔同〕、兩傳。）——舊六三、新一〇一有傳。

●封德彝（倫）——武德九年七月七日癸巳，由中書令遷右僕。（兩紀、新表、通鑑、兩傳。）〔考證一〕。貞觀元年六月一日辛巳朔，薨。〔考證二〕。——舊六三、新一〇〇有傳。

〔考證一〕 舊傳：「太宗嗣位，瑀遷尚書左僕射，倫爲右僕射。」新傳同。舊紀：武德九年七月壬辰，「尚書右僕射蕭瑀爲尚書左僕射。……中書令封德彝爲尚書右僕射。」新紀、新表，瑀爲左僕在辛卯，德彝爲右僕在癸巳。通鑑，瑀事從舊紀，德彝事從新書。今從鑑。

〔考證二〕 德彝薨，兩傳在貞觀元年。新紀表與舊紀、通鑑雖同在貞觀元年六月，但日有歧異，玆與蕭瑀再爲左僕之日並表於後：

舊紀、通鑑	新表	新紀
辛巳(一日)，封德彝薨。	辛丑(二十一日)，德彝薨。	辛丑(二十一日)，德彝薨。
壬辰(十二日)，蕭瑀爲左僕。	壬辰(十二日)，瑀爲左僕。	甲辰(二十四日)，瑀爲左僕。

據此，舊紀、通鑑同。新紀全異。新表，蕭瑀爲左僕之日與舊紀、通鑑同；而德彝之薨書於十二日壬辰之前而作辛丑(二十一日)，與新紀同，明有誤字。本書體例，此條當從舊紀、通鑑。且考會要五八左右丞條：「貞觀元年，左僕射蕭瑀免官，右僕射封德彝卒。太宗謂尙書左丞戴胄曰：尙書省天下綱維，百司所禀，若一事有失，必受其弊。今無令僕，係之於卿，當稱朕所望也。」舊書七〇戴胄傳同。瑀兩任左僕，第一次罷任在武德九年十月，太宗此語必在德彝卒後瑀再任左僕前。若據新紀，德彝二十一日薨，瑀以二十四日再爲左僕，中間闕僕射者不過兩日，似不必有此語。而據舊紀、通鑑，則闕十一日，宜有此語。此亦當從舊紀、通鑑之强證；新紀誤也。

●長孫無忌——貞觀元年七月二日壬子，由吏尙遷右僕。(兩紀、新表、通鑑、兩傳、全唐文四授制。)二年正月三日辛亥，罷爲開府儀同三司。(通鑑、新紀表、兩傳。)〔考證〕。——舊六五、新一〇五有傳。

〔考證〕　罷日，新紀表、通鑑皆作辛亥，舊紀作辛丑。是月無辛丑，舊紀誤。罷爲開府，見通鑑及兩傳。新紀表只云罷。舊紀作「爲開府儀同三司」，「爲」上脫「罷」字。

●杜如晦——貞觀三年二月六日戊寅，由兵尙·檢校侍中·攝吏尙遷右僕，(舊紀、新紀、新表、通鑑、兩傳、全唐文五授房玄齡杜如晦左右僕射詔。)仍知選事。(兩傳。)十二月十七癸未，罷。(兩紀、新表、通鑑、兩傳。)——舊六六、新九六有傳。

●李靖——貞觀四年八月二十二甲寅，由兵尙遷右僕。(新紀、舊紀〔作左誤合鈔已正〕、新表、通鑑、兩傳、全唐文五授李靖右僕射詔。）時階左光祿大夫。（傳、碑、授右僕詔。）八年十一月三日辛未，罷爲特進。（舊紀〔右僕不誤〕、新表、通鑑、新紀、兩傳、碑、全唐文四加李靖特進制。）〔考證〕。——舊六七、新九三有傳，萃編五一、全唐文一五二許敬宗撰衞景武公碑。

〔考證〕 太宗加李靖特進制：「尙書右僕射代國公靖……以疾固辭，表疏懇至，……宜加優寵，申其雅志，可特進。……患若小瘳，每三兩日至門下中書平章事。患若未除，任在第攝養。」則通鑑、兩傳「三兩日一至門下中書平章事」與加特進同時，是也。新表：「十一月辛未，靖罷爲特進。」而此條前書云：「十月丙寅，詔靖三兩日一至門下中書平章政事。」時日或誤。又新傳作「三日」，脫「兩」字，而「特進」上有「檢校」二字，蓋誤。

●溫彥博——貞觀十年六月十四壬申，由中書令遷右僕。（兩紀、新表、通鑑、兩傳、全唐文五太宗授右僕詔。）十一年六月一日甲寅朔，薨。（兩紀、新表、通鑑、兩傳。）——舊六一、新九一有傳。

●高士廉（儉）——貞觀十二年七月二十七癸酉，由吏尙遷右僕。（兩紀、新表、通鑑、兩傳、全唐文四授高士廉左僕射制〔制云「宜貳端右」則題作左字譌〕。）時階特進。（授制、兩傳、全唐文一三四高儉文思博要序。）〔考證一〕。十五年正月，攝太子少師。〔考證二〕。又特令掌選。（舊傳。）十六年，進階開府儀同三司。（舊傳。）十七年二月二十八戊申，圖形凌煙閣。（舊紀、通鑑、舊傳、會要四五功臣條、全唐文七圖像凌煙閣詔。）六月十九丁酉，罷爲開府儀同三司·同中書門下三品。（通鑑、舊紀、新紀、新表、兩傳。）〔考證三〕。——舊六五、新九五有傳，萃編四八、全唐文一五二有許敬宗撰高士廉塋兆記。

〔考證一〕 舊傳：「五年，入爲吏部尙書，……加特進。……撰氏族志。（紀在十二年正月。）……尋同中書門下三品。十二年，……拜尙書右僕射。」新傳拜右僕前不書同三品。新表亦不書。塋兆記闕文特多，不可知。舊傳蓋誤。

〔考證二〕　舊傳：「拜尙書右僕射，……攝太子少師，特令掌選。十六年，……。」新傳右僕下云「太宗幸洛陽，太子監國，命攝少師。」按太宗以十五年正月幸洛陽。

〔考證三〕　罷僕射月日無歧說，而通鑑書事最明妥，舊紀次之。新紀云：「高士廉同中書門下三品平章政事。」新表云：「士廉爲開府儀同三司・同中書門下三品平章政事。」似未罷僕射者，欠醒。舊傳書解左僕以開府知政事於十七年二月圖形凌煙閣之前，亦誤。又舊二六禮儀志及會要三六修撰條書銜左僕，誤。

●張行成——永徽二年八月八日己巳，由侍中・兼刑尙遷右僕，仍同中書門下三品，猶不入銜。（舊紀、新紀、新表、通鑑、兩傳。）〔考證一〕。三年七月十日乙丑，兼太子少傅。（舊紀、新表、兩傳。）四年九月十三壬戌，薨。（會要四三、新紀、新表、通鑑、舊紀、兩傳。）〔考證二〕。——舊七八、新一〇四有傳。

〔考證一〕　行成爲右僕，而舊紀、兩傳皆作左。然四年薨時，舊紀又銜右僕。按舊紀遷僕射條書事云：「侍中・燕國公于志寧爲尙書左僕射，侍中・兼刑部尙書・北平縣公張行成爲尙書左僕射，並同中書門下三品，猶不入銜。」二人皆作左僕，行成在後，明爲右僕之譌。又舊五〇刑法志、新五八藝文志、會要三九定格令條及全唐文一三六長孫無忌進五經正義表，行成皆次左僕射于志寧之後，書銜右僕射。則作左僕，其誤必矣。

〔考證二〕　薨日，舊紀在四年九月壬寅，而新紀、新表、通鑑作壬戌。按會要四三作九月十三日，正是壬戌。此月無壬寅，舊紀誤。

●褚遂良——永徽四年九月二十五甲戌，由吏尙・同中書門下三品遷右僕，仍同三品。（新表、通鑑、兩紀、兩傳。）知選事。〔考證一〕。時階光祿大夫。（舊傳。）六年九月三日庚午，貶潭州都督。（兩紀、新表、通鑑、兩傳。）〔考證二〕。——舊八〇、新一〇五有傳。

〔考證一〕　拜右僕條，舊紀作「爲尙書右僕射，依舊知政事。」舊傳同。新紀只云「爲右僕射」。新傳同。新表作「爲尙書左僕射(左字譌)‧同中書門下三品，仍知選事。」通鑑亦云同三品，仍知選事。按此時僕射爲宰相正官，無庸贅云「依舊知政事」，蓋「依舊知選事」之誤耳？

〔考證二〕　萃編四九三藏聖教序記，遂良書銜右僕射。同書五〇萬年宮銘碑陰、八瓊三五褚書陰符經序、全唐文一三六長孫無忌進律疏議表，皆書銜右僕射‧監修國史，均在永徽四五年。

●**戴至德**——上元二年八月二十七戊戌〔考證〕，由戶尙‧同中書門下三品遷右僕，(通鑑、新紀、新表、舊傳。)仍同三品。(通鑑。)九月五日丙午，兼太子賓客。(舊紀。)調露元年正月二十九庚戌，薨。(兩紀、新表、通鑑、兩傳、會要四四木氷條。)——舊七〇、新九九有傳。

〔考證〕　遷右僕日，新紀、新表皆在八月庚子，與劉仁軌遷左僕同日。而通鑑，八月「戊戌，以戴至德爲右僕射；庚子，以劉仁軌爲左僕射；並同中書門下三品如故。」至德早仁軌二日，當有據，今從之。

●**韋待價**——垂拱二年六月三日辛未，由天尙‧同鳳閣鸞臺三品遷文昌右相，(新表、通鑑、舊紀、兩傳。)仍同三品。〔考證一〕。時階金紫光祿大夫。(舊傳。)三年十二月二日壬辰，爲安息道行軍大總管擊吐蕃。永昌元年五月五日丙辰，與吐蕃戰，敗績。〔考證二〕。七月二十六丙子，流繡州。(新紀、新表、通鑑、舊紀、兩傳。)——舊七七、新九八有傳。

〔考證一〕　兩傳，遷文昌右相，皆云同三品。舊紀與兩傳同，新紀失書遷文昌右相事。新表：垂拱元年「六月，天官尙書韋待價同鳳閣鸞臺三品。」二年「六月辛未，良嗣守文昌左相‧同鳳閣鸞臺三品，待價守文昌右相。」通鑑同。皆不云同三品，失之。豈因上年已書同三品，今省之耶？然亦非例。

〔考證二〕　新紀：垂拱三年「十二月壬辰，韋待價爲安息道行軍大總管，……擊吐蕃。」永昌元年「五月丙辰，韋待價及吐蕃戰于寅識迦河，敗績。」新表垂拱三年條同，永昌元年五月丙辰條作「待價爲安息道行軍總管。」通鑑，永昌元年「五月丙辰，命文昌右相韋待價爲安息道行軍大總管擊吐蕃。」舊紀亦書於是年五月，與通鑑同。各處不同如此；而新表且似前後重出。按：舊傳，垂拱二年「六月，拜文昌右相。」「明年，……拜安息道行軍大總管。……」是在三年。又通鑑垂拱三年末亦書：「太后欲遣韋待價將兵擊吐蕃，鳳閣侍郎韋方質奏請如舊制遣御史監軍。太后曰，……以下制上，非令典也。……遂罷之。」則始爲大總管當在垂拱三年十二月，至永昌元年五月乃戰期，非始任期也。舊紀通鑑誤書於戰期。新表則重書矣。

●岑長倩——天授元年春一月十日戊子，由內史遷文昌右相，仍同鳳閣鸞臺三品。（舊紀、新表、通鑑、兩傳。）〔考證〕。二年六月四日癸卯，加輔國大將軍。（新表、兩傳。）蓋同時進階特進。（兩傳。）十月十二己酉，被殺。（新紀、新表、通鑑、舊紀〔衍譌作左〕、兩傳。）——舊七〇、新一〇二有傳。

〔考證〕 新紀是日書云：「岑長倩同鳳閣鸞臺三品。」按前已書爲內史，此明脫「爲文昌右相」五字。又新表百衲本作一月戊子，而通本作二月戊子。二月無戊子，通本誤。

●豆盧欽望——聖曆二年八月十九庚子，由太子宮尹遷文昌右相·同鳳閣鸞臺三品。（新紀、新表、舊紀、兩傳。）久視元年二月十五乙未，罷爲太子賓客。（新表、新紀、兩傳。）〔考證〕。——舊九〇、新一一四有傳。

〔考證〕 新表已書拜罷年月日如上。而神功元年又書「八月……庚子，欽望自太子宮尹爲文昌右相·同鳳閣鸞臺三品。」聖曆元年又書「二月乙未，欽望罷爲太子賓客。」月日全同，而年份差前兩年，明爲重出無疑；通鑑仍從新表兩書之，何耶？

●唐休璟（璿）——神龍元年五月二十六甲辰，由輔國大將軍·同中書門下三品遷右僕，仍同三品。（舊紀、新紀〔作左誤詳左僕卷豆盧欽望條〕、新表〔同上〕、通鑑〔同上〕、兩傳、碑。）時階特進。（兩傳、碑。）十月一日丁未朔，充京師留守，仍判尚書省事。（新表、舊傳、碑。）俄加檢校吏尚。（兩傳。）二年三月五日戊申，致仕。〔考證〕。階如故。（全唐文二五三蘇頲封唐休璟宋國公制。）——舊九三、新一一一有傳，全唐文二五七有蘇頲撰唐璿神道碑。

〔考證〕 舊紀：神龍二年三月甲辰，「蘇瓌爲侍中·京留守。乙巳，……唐休璟請致仕，許之。」新紀、新表，瓌事月日同，而休璟致仕在戊申。通鑑卽書於甲辰蘇瓌爲侍中之下。今從新紀表。兩傳皆作景龍二年，景字誤。又舊傳右僕後云：「尋遷中書令，充京師留守。」新傳、神道碑皆無中書令一遷。且蘇頲封唐休璟宋國公制，休璟銜作「特進·前尚書右僕射·同中書門下三品。」知舊傳必誤。又封宋國公，舊傳在加檢校吏尚後致仕前，新傳且在檢校吏尚之前，惟碑在致仕後。觀封宋國公制，知碑是，而傳誤。

●魏元忠——神龍二年七月二十五丙寅，由中書令兼兵尚遷右僕，仍兼中書令。（舊紀、新紀、新表、兩傳。）知兵部事。（詳兵尚卷。）時階光祿大夫。（舊傳。）十二月二十六丙申，遷左僕，仍兼中書令。知兵部事，（舊紀、新紀、新表、舊傳。）階如故。（舊傳、參左僕卷。）——舊九二、新一二二有傳。

●楊再思——景龍三年二月十五壬寅，由中書令遷右僕，仍同中書門下三品。新紀、新表、通鑑、兩傳。）〔考證一〕。同時，進階光祿大夫。（舊傳。）六月十八癸卯，薨。〔考證二〕。——舊九〇、新一〇九有傳。

〔考證一〕 通鑑，此日韋巨源爲左僕射，楊再思爲右僕射，並同中書門下三品。新紀表同，惟脫「並」字。而舊紀此日書云：「韋巨源爲尙書左僕射並同中書門下三品。」無再思，而有「並」字，蓋傳寫脫再思事。（合鈔已補。）又下文六月再思薨，書銜僕射，亦前條脫書之證。然冊府七二書事與今本舊紀同，則舊紀脫譌北宋已然矣。舊傳：「爲中書令，吏部尙書。景龍三年，遷尙書右僕射。」新傳無「吏部尙書」，右僕下有「仍同三品。」是也。舊傳誤。

〔考證二〕 薨日，舊紀作六月癸卯。新紀同。新表作癸巳。通鑑無日。今從兩紀。舊紀，薨日書銜左僕。觀上文二月及下文十一月韋巨源兩事書銜，巨源爲左僕未嘗中罷；又云九月戊辰，蘇瓌爲右僕，卽代再思；此「左」必「右」之譌無疑。合鈔已正。

●蘇瓌——景龍三年九月十五戊辰，由吏尙遷右僕・同中書門下三品。（舊紀、新表、通鑑、新紀〔作左譌〕、兩傳、碑。）〔考證〕。時階金紫光祿大夫。（碑。）景雲元年七月十八丁卯，遷左僕，仍同三品。（兩紀、新表、通鑑、傳、碑。）——舊八八、新一二五有傳，全唐文二三八有盧藏用撰蘇瓌神道碑。

〔考證〕　會要五一識量上謂瓌以神龍三年九月爲右僕射。「神龍」爲「景龍」之譌。

●韋安石——景雲二年八月二十七己巳，由中書令遷右僕，仍同中書門下三品。（舊紀、參左僕卷。）時階開府儀同三司。（舊傳、舊紀五月事。）十月三日甲辰，罷爲左僕，階如故。（左僕卷。）——舊九二、新一二二有傳。

●竇懷貞——先天元年七月八日乙亥，由左御史大夫・同中書門下三品遷右僕，仍兼御史大夫・平章軍國重事。（舊紀〔庚午〕、新紀、新表、通鑑〔作左誤〕、新傳。）八月十三庚戌，遷左僕，仍兼御史大夫・同中書門下三品。（兩紀、新表、兩傳。）——舊一八三、新一〇九有傳。

●劉幽求——先天元年八月十三庚戌，由侍中遷右僕，仍同中書門下三品　。（兩紀、新表、通鑑〔戊申〕、兩傳。）同月二十六癸亥，流封州。（舊紀、通鑑、新紀〔戊午〕、新表〔同〕、兩傳。）——舊九七、新一二一有傳。

●張說——開元十三年十一月十二壬辰，由中書令遷右丞相，仍兼中書令。（舊紀、新表、兩傳。）時爲集賢院學士知院事。（兩傳。）十四年四月十二庚申，停兼中書令　。（舊紀〔原銜作尙書右丞，脫相字〕、新表、新紀、兩傳、全唐文二八三張九齡停張說中書令制。）時階特進。（停中書令制。）十五年二月二日乙巳，致仕。（通鑑、舊紀、兩傳。）〔考證〕。——舊九七、新一二五有傳。

〔考證〕　致仕原銜，舊紀作左丞相，左字譌。又日，鑑作乙巳，紀作己巳。按「乙」「己」必有一誤。舊紀前後無日，是否有譌不可知。通鑑本月「乙巳」(二日)下有「乙卯」(十二日)，則「乙巳」非傳寫之譌，今從之。

○張說——開元十七年三月十日庚子，復爲右丞相·集賢院學士知院事。時階特進。〔考證〕。八月二十七乙酉，遷左丞相，仍充學士知院事，階如故。(詳左僕卷。)——此再任。

〔考證〕 舊紀：開元十七年二月「庚子，特進張說復爲尙書左丞相。」校記四：張宗泰云，「庚子上當補三月。」是也。按此時源乾曜在左丞相任，此「左」當爲「右」之譌。會要二九：「開元十七年八月五日，左丞相源乾曜、右丞相張說等上表，請以是日爲千秋節。」通鑑同。是說爲「右」之證。新傳：「十七年，復爲右丞相，遷左丞相。」是也。舊傳：「十七年，復拜尙書左丞相，集賢院學士，尋代源乾曜爲尙書左丞相。」上「左」字乃「右」之譌。

○宋璟——開元十七年八月二十七乙酉，由吏尙遷右丞相。時階開府儀同三司。(舊紀、兩傳、碑。)二十年七月六日丁未，見在任，階如故。(避暑錄下引李暹汾州刺史告身。)二十一年十一月二十五戊子，致仕。(舊紀、通鑑、碑、兩傳。)〔考證〕。——舊九六、新一二四有傳，萃編九七、全唐文三四三有顏眞卿撰宋璟碑。

〔考證〕 致仕，紀、鑑、碑皆在二十一年。而兩傳作二十年；脫誤。通鑑作十月戊子。十月無戊子，亦脫誤。又書銜作左，蓋形譌。

○蕭嵩——開元二十一年十二月二十四丁巳，由吏尙·兼中書令罷爲右丞相。〔考證〕。時階金紫光祿大夫。(舊傳，參後階及吏尙卷。)二十二年五月二十七丁亥，見在任，階如故。(曲江文集附錄載加銀青光祿大夫中書令制。)二十四年十一月二十七壬寅，徙太子太師。(舊紀、兩傳。)——舊九九、新一〇一有傳。

〔考證〕 由吏部尙書兼中書令遷任，詳吏尙卷。舊紀在十二月丁未，新表、新紀在同月丁巳，通鑑作十月丁巳。當從新書。又通鑑此條作左丞相。二十二年「二月壬寅，秦州地震，……命左丞相蕭嵩賑恤。」亦作左。按舊紀新表兩傳皆作右；卽往秦州賑恤事，亦見舊紀及五行志，均作右；惟通鑑特異。考四部叢刋本曲江文集附錄載加銀青光祿大夫中書令制，後有尚書省官書銜云：「尚書左丞相。金紫光祿大夫・守尚書右丞相・集賢院學士・脩國史・上柱國・徐國公嵩。」時爲「開元二十二年五月二十七日。」又二十三年二月五日考課，嵩銜亦爲「金紫光祿大夫・守尚書右丞相。」則作「右」爲正。且加中令制，散官上有「尚書左丞相」五字。此五字原爲一行，下有「闕」字，錄鈔時與嵩銜連書之，又略「闕」字耳。大正藏經第二一二〇不空三藏和上表制集所收制敕數十通，多如此格式，而錄者連寫，又脫「闕」字。又學津討原本避暑錄卷下引汾州刺史李暹告身，尚書省書銜：「尚書左丞相闕。開府儀同三司・行尚書右丞相云云璟。」而津逮秘書本無「闕」字。與此式正同。左丞相闕在前，嵩銜右丞相在後，「右」字決不誤，是嵩爲右丞相之鐵證。通鑑作左，誤也。

○張九齡——開元二十四年十一月二十七壬寅，由中書令・集賢院學士知院事罷爲右丞相。（舊紀、新表、通鑑、曲江文集附錄載充右丞相制、兩傳、碑。）時階金紫光祿大夫。（充右丞相制。）二十五年四月二十甲子，貶荆州大都督府長史，（舊紀、通鑑、曲江文集附錄載赴荆州長史制、兩傳、碑。）階如故。（赴長史制。）——舊九九、新一二六有傳，全唐文四四〇有徐浩撰張公神道碑。

○裴耀卿——天寶元年八月二十壬辰，由左僕換右僕。時階金紫光祿大夫。（詳左僕卷。）二年七月十九丙辰，薨。（舊紀、碑、兩傳。）〔考證〕。——舊九八、新一二七有傳，萃編一〇六、全唐文四七九有許孟容撰右僕射裴公神道碑。

〔考證〕　舊紀：天寶二年七月「丙辰，尚書右僕射裴耀卿薨。」而神道碑云：「右僕射(闕)天寶三載七月十八（闕文十八字）震悼……。」按二年七月丙辰卽十九日，與碑云七月十八云云正合；而三年七月無丙辰，又兩傳皆云爲右僕一歲薨，知碑「三年」乃「二年」之誤。蓋拓本不顯，辨字偶疏耳。

○裴冕——至德二載三月十三辛酉，由中書侍郎·同中書門下平章事罷爲右僕。（舊紀〔失書中郎〕、新表、通鑑、兩傳。）時階銀青光祿大夫。（全唐文四四肅宗收復兩京大赦文、會要四五功臣條。）十二月十五戊午，進階開府儀同三司。（同上。）〔考證一〕。乾元二年六月一日乙未朔，出爲劍南西川節度使。（舊紀、兩傳。）〔考證二〕。——舊一一三、新一四〇有傳。

〔考證一〕 此爲收復兩京大赦日，會要四五功臣條云二載十二月朔日，舊紀作十二月戊午朔。實爲十五日戊午，朔字誤，詳戶尙卷李光弼條。

〔考證二〕 舊一九五回紇傳：「乾元元年……秋七月丁亥，……寧國公主出降，……特差重臣開府儀同三司·行尙書右僕射·冀國公裴冕送至界首。」全唐文四二寧國公主下降制作左僕，誤。通鑑亦誤。

○裴冕——上元元年三月十一壬申稍前後，由劍南西川節度使復入遷右僕。〔考證〕。寶應元年九月二十丙申，貶施州刺史。（舊紀、通鑑〔作左誤〕、兩傳。）——此再任。

〔考證〕 冕由右僕射出爲西川節度，復入爲右僕射，貶刺施州，兩傳書之甚明。舊紀前書由右僕射出鎭西川，後書由右僕射貶施州，中間失書由西川復爲右僕射事。考舊一〇七奉天皇帝琮傳：「肅宗元年（寶應元）建寅月九日，詔……改葬於華淸宮北齊陵，以尙書右僕射·冀國公裴冕爲其使。」則由西川入朝再爲右僕射當在寶應元年一月以前。又舊紀上元元年「三月壬申，以京兆尹李若幽爲成都尹·劍南節度使。」則由西川節度復爲右僕當卽此時前後也。

郭英乂——廣德元年，由東都留守入遷右僕。（舊傳、新傳、碑。）〔考證〕。二年十二月，見在任。（舊紀。）永泰元年三月一日壬辰朔，待詔集賢院。（舊紀、通鑑、會要二六、全唐文四八代宗授裴冕等集賢待制勅。）五月二十二癸丑，出爲劍南節度使。（舊紀、通鑑、碑、兩傳。）——舊一一七、新一三三有傳，全唐文三六九有元載撰郭英乂神道碑。

〔考證〕　舊傳：「英乂權爲東都留守。……廣德元年，……徵拜尙書右僕射。」按舊紀不書拜右僕。惟實應元年「十月……乙亥，雍王奏收東京。……乙酉，陝西節度使郭英乂權知東都留守。」乙亥爲十月三十日，乙酉當爲十一月十日，其上脫「十一月」。（合鈔已補。）則舊傳云廣德元年入拜右僕射爲可信。

*○崔圓——大曆元年六月十四戊戌，由檢校吏尙·淮南節度使遷檢校右僕知省事，仍領節度。〔考證〕。蓋二年，遷檢校左僕知省事·領節度。（兩傳、全唐文四一〇常袞授崔圓左僕制。）時階特進。（授制。）

——舊一〇八、新一四〇有傳，全唐文三一八有李華撰淮南節度使崔公頌德碑。

〔考證〕　圓在淮南所加檢校官多知省事，而傳、碑、授制稍有歧異，茲先節錄於次：

全唐文三一八李華淮南節度使崔公（圓）頌德碑：「乃統江淮，……加工部尙書，……轉吏部尙書。……六歲在鎭，心馳王幄，……至於京師，……加尙書左僕射，遂淮南之請。」

又贈太子少師崔公神道碑：「嗣子圓……爲工部尙書·揚州長史·浙江東西三道觀察使，吏部尙書知省事，餘如故。又轉尙書右僕射。」

舊傳：「拜（略）淮南節度觀察使，加檢校右僕射·兼御史大夫，轉檢校左僕射知省事。大曆三年六月，薨。」

新傳：「徙淮南節度使。在鎭六年，請朝京師。吏民乞留，詔檢校尙書右僕射還之。久乃檢校左僕射，入知省事。大曆中卒。」

全唐文四一〇常袞授崔圓左僕射制：「特進·檢校尙書右僕射（原作左形譌）知省事·兼揚州大都督府長史·御史大夫·充淮南節度觀察處置等使·（勳）崔圓……可檢校尙書左僕射，餘並如故。」

綜合上列材料，其在淮南官歷，原爲檢校工尙，遷檢校吏尙（惟神道碑云知省事與崔寓年代衝突），在鎭六年，遷檢校右僕知省事，又遷檢校左僕知省事。按舊紀，圓以上元二年二月出鎭淮南。在鎭六年，加檢校右僕知省事，當是大曆元年。又檢舊紀，是年「六月戊戌，以淮南節度使崔回檢校尙書右僕射。」卽崔圓之譌（合鈔已正），且省「知省事」耳。圓以三年六月卒，紀、碑、傳均同，其由右遷左姑定在二年。

*田神功——大曆二年四月二十七丙午，由汴宋節度使加檢校右僕（舊紀、兩傳。）知省事。（舊傳，詳左僕卷。）時階開府儀同三司。（全唐文三三八顏眞卿八關齋會記。）三年，遷判左僕知省事（齋會記，參左僕卷。）——舊一二四、新一四四有傳。

○裴遵慶——大曆四年三月四日壬申，由吏尙遷右僕，（舊紀、兩傳、碑。）仍知選事。（碑、兩傳。）時階蓋金紫光祿大夫。（碑。）十年十月二十九己丑，薨。（舊紀、碑、兩傳。）——舊一一三、新一四〇有傳，萃編一〇〇、全唐文三三一、八瓊六四有楊綰撰裴遵慶碑。

*李忠臣——大曆十年，以淮西節度使加檢校右僕知省事。〔考證〕。時階開府儀同三司。（全唐文四一〇常袞授李忠臣右僕制。）十一年十二月二十七庚戌，遷檢校司空・平章事，仍領節度。（舊紀、舊傳。）——舊一四五、新二二四下有傳。

〔考證〕 常袞授李忠臣右僕制：「淮西節度觀察處置等使・開府儀同三司・檢校工部尙書・（略）西平郡王李忠臣，……可檢校尙書右僕射知省事，餘如故。」舊傳：爲淮西節度使，「大曆三年，加檢校工部尙書。五年，加蔡州刺史。七年，檢校右僕射知省事。……十一年十一月，加檢校司空・平章事。」按十年右僕始闕，「七」當爲「十」之譌。

*侯希逸——大曆十二年，以檢校右僕加知省事。〔考證〕。建中元年八月二十二癸丑，見在任。時階開府儀同三司。（朱巨川起居舍人告身。）〔考證二〕。二年七月三日庚申，徙司空。是日卒。（新紀、新表、兩傳、舊紀。）——舊一二四、新一四四有傳。

〔考證一〕　新傳：「肅宗因以希逸爲平盧淄青節度使，……加檢校工部尚書，賜實戶，圖形淩煙閣。希逸始得青，治軍務農有狀。後稍怠肆，……夜與巫家野次，李正己因衆怨，閉關不納，遂奔滑州。召還，檢校尚書右僕射知省事。大曆末，進封淮陽郡王。」書事簡而不誤。而舊傳：「爲平盧淄青節度使。……寶應元年，……加檢校工部尚書，賜實封，圖形淩煙閣。以私艱去職。大曆十一年九月，起復，檢校尚書右僕射，上柱國，封淮陽郡王。後漸縱恣……軍州苦之。永泰元年，因與巫者夜宿於城外，軍士乃閉之不納。希逸奔歸朝廷，拜檢校右僕射。久之，加知省事。」年代先後顯誤。據舊紀，永泰元年七月爲軍州所逐，不誤。大曆十一年，在永泰元年之後十一年，何能仍在淄青任內？綜觀舊紀、兩傳，則舊傳「以私艱去職。大曆十一年九月起復檢校尚書右僕射，上柱國，封淮陽郡王。」一段，當在下文「久之」之後，則文詳而事順矣。然則加知省事當在十年九月以後。前條李忠臣以十一年十二月二十七日卸右僕知省事，希逸當繼忠臣者，不能早過此時，或當十二年也。

〔考證二〕　萃編一〇二顏魯公書朱巨川行起居舍人告身第一行「尚書左僕射闕。」第二行「開府儀同三司·尚書左僕射知省事·上柱國·臣希逸。」時在建中元年八月二十二日，此即侯希逸無疑。而作左僕非右僕。王氏跋以爲兩傳作右僕誤。耕望按：第一行既書左僕闕，第二行例應爲右僕，蓋臨刻有誤，不可據以駁兩傳及新紀、新表。且作右僕，前承李忠臣，後爲崔寧所承，年月日均極銜接，若作左僕，則與劉晏年代相抵觸，此亦作右之强證。

崔寧——建中二年七月三日庚申，由檢校司空·平章事·京畿觀察使·兼靈州大都督·單于鎭北大都護·朔方節度使入遷右僕。（通鑑、兩傳。）〔考證一〕。四年十月十一乙卯，被殺。（新紀、通鑑、兩傳。）〔考證二〕。——舊一一七、新一四四有傳。

〔考證一〕　通鑑是日書「以(楊)炎爲左僕射，罷知政事。……以朔方節度使崔寧爲右僕射。」舊紀只書炎事，不書寧。按舊書楊炎傳，建中二年二月稍後，寧尚在外統兵，其入朝當在後。兩傳皆云寧罷節鎮爲右僕乃炎之計。又據舊紀、通鑑，李懷光以是年七月辛巳(二十四)爲朔方節度，實代寧任，則寧爲右僕不得遲於炎之罷相可知，通鑑卽書於同日，宜可信。

〔考證二〕 通鑑書事月日與新紀同，而銜爲「右僕射·同平章事」。同下四字衍文。又寧爲右僕，新紀、通鑑、兩傳無異文。舊書吐蕃傳下：「(建中四年)七月，……命(略)右僕射崔寧(略)等與區頰贊等會盟。」新紀事在七月壬辰，時在被殺前只數十日。是終於右僕無疑。而舊紀十月乙卯書「賜檢校司空崔寧死。」不云右僕。按中葉以後常以檢校三公兼兩僕，寧原爲檢校司空，其爲右僕蓋仍以檢校司空兼任歟？否則舊紀既失書爲右僕，此時又誤書前銜耳。

李叔明——貞元二年四月，由檢校右僕·守太子太傅·劍南東川節度使正拜右僕，仍太子太傅（全唐文四六二陸贄授李叔明右僕制、兩傳。）〔考證〕。時階金紫光祿大夫。（授制。）旋以太子太傅致仕。（兩傳。）——舊一二二、新一四七有傳。

〔考證〕 原檢校官，兩傳作左僕，今從制。又兩傳皆作太傅，而制作少傅。按舊紀與元元年五月亦云加叔明太傅，今姑作太傅。據授制及兩傳，叔明由東川節度遷右僕，改太子太傅致仕。而舊紀，貞元二年四月「丁未，以劍南東川節度使李叔明爲太子太傅。」書事顯誤。豈朝廷有右僕之詔，實未履任卽固辭改太傅歟？

●賈躭——貞元九年五月二十七甲辰，由檢校右僕·義成節度使正拜右僕·同中書門下平章事。十六年四月二十一己丑，遷左僕，仍平章事。時階金紫光祿大夫。（詳左僕卷。）〔附考〕。——舊一三六、新一六六有傳。

〔附考〕 會要三六修撰條：「貞元十四年十月，左僕射·平章事賈躭撰郡國別錄六卷上之。」按時爲右僕，左字譌。

姚南仲——貞元十六年四月二十一己丑，由義成節度使入遷右僕。（舊紀、兩傳、碑。）〔考證〕。十九年七月二十七乙亥，薨。（碑、舊紀、兩傳。）時階中散大夫。（碑。）——舊一五三、新一六二有傳，全唐文五〇〇有權德輿撰中散大夫右僕射姚公神道碑。

〔考證〕 原職，舊傳及神道碑作鄭滑節度使，新傳作義成節度使，其實一也。而舊紀此日書銜作「昭義軍節度使」，乃「義成軍」之誤。（合鈔已正。）南仲爲右僕，又見新七四下世表、舊二五禮儀志五。而舊二六禮儀志六：「（貞元）十九年三月，……時左僕射姚南仲等獻議……。」會要一四禘祫條同作左。皆誤。

伊愼——永貞元年十二月九日甲辰，由檢校右僕·奉義（安黃）節度使正拜右僕。（通鑑、兩傳、碑。）時階光祿大夫。（全唐文六二七呂溫代伊僕射奏請女正度狀。）元和元年正月二十乙酉，見在任。（舊紀。）二年，遷檢校左僕·兼右金吾衞大將軍。（舊傳、新傳、碑。）——舊一五一、新一七〇有傳，全唐文四九七有權德輿撰南充郡王伊公神道碑。

裴均——元和三年四月二十五丁丑，由檢校右僕·荆南節度使正拜右僕·判度支，（舊紀、通鑑、新傳、全唐文五〇〇權德輿度支郎中裴倩神道碑。）進階金紫光祿大夫。（裴倩碑。）五月及年秋皆見在右僕·判度支任。（會要五七、舊書李吉甫傳。）九月十一庚寅，出爲檢校左僕·平章事·山南東道節度使。（舊紀〔己丑〕、通鑑、新傳。）——新一〇八有傳。

嚴綬——元和四年三月九日乙酉，由檢校司空·河東節度使入遷右僕，仍檢校司空。〔考證一〕。時階金紫光祿大夫。（舊傳。）六年三月十三丁未，出爲檢校司空·荆南節度使。〔考證二〕。階如故。（行狀。）——舊一四六、新一二九有傳，全唐文六五五有元稹撰金紫光祿大夫檢校司徒兼太子少傅鄭國嚴公行狀。

〔考證一〕 舊傳：「遷綬……檢校工部尚書·兼太原尹·御史大夫·北都留守·充河東節度支度營田觀察處置等使。……加綬檢校尚書左僕射。尋拜司空，進階金紫。……在鎭九年，……（元和）四年，入拜尚書右僕射。」新傳同而略。鄭國嚴公行狀，河東字譌作河南，「拜司空」作「檢校司空」，「眞拜尚書右僕射」下有「依前檢校」四字，是以檢校司空兼右僕射也。而通鑑四年三月乙酉以河東節度使嚴綬爲左僕射，左字誤。

〔考證二〕 舊紀：元和六年三月「丁未，以檢校右僕射嚴綬爲江陵尹・荊南節度使。」按兩傳及行狀皆由右僕出鎭荊南。前考綬在朝官「檢校司空兼右僕射」此當脫「司空兼」三字。又其出鎭荊南仍檢校司空，見行狀。

○蕭俛——長慶元年正月二十五壬戌，由門下侍郎・同中書門下平章事罷爲右僕。（舊紀、新表、通鑑、兩傳〔作左僕誤〕、全唐文六四穆宗授蕭俛守右僕射制。）時階朝議大夫。（舊紀、制。）二月六日癸酉，轉吏尚。（舊紀、兩傳、册府四六四白氏長慶集三二英華三八六全唐文六六二蕭俛除吏部尚書制。）階如故。（册府四六四。）——舊一七二、新一〇一有傳。

韓皐——長慶元年二月七日甲戌，由檢校右僕・兼吏尚正遷右僕。（舊紀、舊傳〔作正月〕、新傳、元稹授韓皐左〔右〕僕制。）〔考證〕。時階金紫光祿大夫。（授制。）十月十日癸酉，見在任，（舊書吐蕃傳、新書吐蕃傳、八瓊七一吐蕃會盟碑側。）階如故。（會盟碑側。）二年三月二十三甲寅，遷左僕，（舊紀、舊傳〔作四月〕、新傳。）階如故。（會要一九百官家廟條。）——舊一二九、新一二六有傳。

〔考證〕 元氏長慶集四四（英華三八五，全唐文六四八）授韓皐尚書左僕射制：「惟爾金紫光祿大夫・檢校尚書右僕射・兼吏部尚書韓皐，……日者銓覈羣才，兼勞揆務；頗煩掄擬，有異優崇，罷去職勞，正名端揆，……可守尚書左僕射，餘如故。」按舊紀、兩傳皆由檢校右僕兼吏部尚書正拜右僕，後遷左僕；會盟碑、吐蕃傳，中間亦爲右僕；此制左僕必右僕之譌。

○李夷簡——長慶二年三月二十三甲寅，由檢校左僕・平章事・淮南節度使召除右僕。（舊紀、新傳。）辭不拜。（新傳。）——新一三一有傳。

○裴度——長慶二年六月五日甲子，由司空・兼門下侍郎・同中書門下平章事罷爲右僕。〔考證〕。時階光祿大夫。（全唐文六四穆宗授裴度守尙書右僕射制。）三年八月二十一癸卯，守司空，出爲山南西道節度使。（通鑑、新表、兩傳。）——舊一七〇、新一七三有傳。

〔考證〕　度爲僕射，各方面之材料左右不同。茲詳列如次：

舊傳：「（長慶二年）五月，……未幾，……罷度爲左僕射。……俄出度爲山南西道節度使。」新傳亦作左僕。

新表：長慶二年「三月戊午，度守司空・兼門下侍郎・平章事。」「六月甲子，度罷爲尙書左僕射。」

舊紀：長慶二年「六月甲戌朔。甲子，司徒・平章事裴度守右僕射。」（不云罷相誤。）十二月「辛卯，上於紫宸殿御大繩牀，見百官。……左僕射裴度……。」

通鑑：長慶二年「六月甲子，度及元稹皆罷相，度爲右僕射。」三年八月「癸卯，以左僕射裴度爲司空・山南西道節度使。」

全唐文六四穆宗裴度守尙書右僕射制：「光祿大夫・守司空・兼門下侍郎・同中書門下平章事・（勳・封）裴度……俾居右揆，非謂左遷，……可守尙書右僕射，散官勳封如故。」

按綜觀上引材料，兩傳、新表均作左僕，舊紀、通鑑始罷相爲右僕，其後題銜爲左僕，制詞罷相亦爲右僕。以當時員闕衡之，長慶二年三月韓臯自右僕遷左僕，五月二十七日見在任，八月以本官充東都留守。與臯遷左僕同時，李夷簡遷右僕，但未拜，此後兩年皆不見別有任右僕者。故自三月以後，右僕有闕，左僕無闕，參之制詞「右揆」云云，則度爲右僕斷可言矣，作左僕者殆皆誤也。（本書長編稿以二年八月戊辰臯爲東都留守卽卸左僕，故此條考證云：「六月始罷相爲右僕無疑。及八月戊辰，臯旣出爲東都留守，度爲一時物望，當有由右僕遷左僕之可能，故舊紀通鑑先爲右僕，其後書銜又爲左僕矣。」今按：臯以左僕本官兼充留守之證據較强，故改以臯終左僕，度未遷左，以待强證。）

●李逢吉——長慶四年六月七日乙酉，由門下侍郎・同中書門下平章事遷右僕，仍兼門下侍郎・平章事。

（新表、兩傳。）〔考證〕。寶曆二年十一月二十一甲申，出爲檢校司空·平章事·山南東道節度使。（舊紀、新表、兩傳。）——舊一六七、新一七四有傳。

〔考證〕 紀、表、傳各本均作右僕射；惟新表百衲本作左僕，誤。又全唐文六八敬宗受尊號赦文，「撰冊文官，左僕射·平章事李逢吉……」 左字誤。

●竇易直——寶曆二年十二月二十七庚申，由門下侍郎·同中書門下平章事遷右僕，仍〔兼門下侍郎？〕平章事。（新表。）大和元年秋，見在任。（會要一帝號條。）二年十月二十一癸酉，出爲檢校左僕·平章事·山南東道節度使。（新表、舊紀。）——舊一六七、新一五一有傳。

●王涯——大和四年九月九日庚辰，由檢校司空·兼吏尚·領鹽鐵轉運等使遷右僕，仍領使職。（舊紀、舊傳〔作左誤〕、新傳。）七年七月十七壬寅，以本官同中書門下平章事，（兩紀、新表、通鑑、兩傳、全唐文六九文宗授王涯平章事制。） 合度支鹽鐵轉運爲一使，兼領之。（授制、通鑑、新傳、舊紀。）時階金紫光祿大夫。（授制、舊紀。）八年三月七日戊午，遷檢校司空·兼門下侍郎，仍平章事·（新表、舊傳〔作正月〕、新傳。） 充度支鹽鐵轉運等使。（詳鹽鐵使卷。）階如故。（全唐文六九文宗授王涯榷茶使制。）——舊一六七、新一七九有傳。

●鄭覃——大和九年十月三日乙亥，由刑尚遷右僕。（舊紀、百衲本舊傳〔通本誤爲左〕、新傳。）十一月十二癸丑，判國子祭酒事。（舊紀、兩傳。）同月二十三甲子，以本官同中書門下平章事。（新紀、新表、通鑑、舊紀〔作癸亥，又誤作左僕〕、兩傳、全唐文七四七歸融授鄭覃平章事制。） 時階銀青光祿大夫。（平章事制、舊紀。）開成元年正月二十四甲子，兼門下侍郎（新表、兩傳。）弘文館大學士。（兩傳。）八月十二己酉，兼國子祭酒。（新表。）三年三月十二庚午，加太子太師。（新表、兩傳。）〔考證一〕。十二月二十二丙午，落太師，餘如故，仍三五日一入中書。（舊紀、新表〔三五作五〕、舊傳、新傳〔同表〕。）四年五月十六丙申，罷守本官。〔考證二〕。蓋會昌元年，徙司空。〔考證三〕。——舊

一七三、新一六五有傳。

〔考證一〕 舊傳作二月，與表小異。表作「爲太子太師」。舊傳作「進位太子太師。」新傳作「再遷太子太師。」用字皆未妥，「再遷」尤誤。觀舊紀三年十二月書銜及全唐文六四三王起莊恪太子哀册文書銜，皆爲「太子太師·兼右僕射·門下侍郎·國子祭酒·平章事。」則此時加太師耳，非遷也。又萃編一〇九新加九經字樣開成二年八月十二日牒，覃銜爲「右僕射·兼門下侍郎·國子祭酒·平章事。」八瓊七三鄭覃進石經狀：「（缺）年十月十三日，銀青光祿大夫·守尚書右僕射·兼門下侍郎·國子祭酒·同中（缺）事·太清宮使·監修國史·（勳·封·邑）臣覃狀進。」上缺文爲「開成二」。（舊紀，開成二年十月「癸卯，宰臣判國子祭酒鄭覃進石壁九經一百六十卷。」癸卯正是十三日。）全唐文六四三王起莊恪太子哀册文：「維大唐開成三年歲次戊午，……十一月乙卯朔，二十四日戊寅，命册使太子太師·兼右僕射·門下侍郎·國子祭酒·平章事鄭覃……持節册謚。」官銜年月均與紀、表、傳書事次第合，可參證。

〔考證二〕 舊紀：開成四年五月「丙申，鄭覃、陳夷行罷知政事，覃守左僕射。」新表同。兩傳亦云罷相守左僕射。惟通鑑作右僕。今按覃爲宰相期間官右僕觀上考證一可知。牛僧孺爲左僕，似直至是年八月始出鎮，若覃罷相爲左僕，則與僧孺抵觸。今姑從通鑑作右。

〔考證三〕 罷相爲僕射後，舊傳云：「會昌二年，守司徒致仕，卒。」新傳云：「武宗初，……乃授司空致仕，卒。」亦小異。按會昌元年李德裕爲左僕射，李固言爲右僕射，則覃爲僕射無論左右，其卸任不能遲過會昌元年。又據新表，李德裕以會昌二年正月爲司空，三年六月爲司徒。意者，覃蓋以元年卸右僕爲司空，二年正月遷司徒，德裕司空司徒皆繼覃歟？故兩傳雖異而均不誤。

〇李固言——會昌元年冬，由檢校左僕·劍南西川節度使入遷右僕。二年正月四日己亥，卸。——舊一七三、新一八二有傳。

〔考證〕　新傳：「爲西川節度使，……檢校尙書左僕射。……武宗立，召授右僕射。會崔珙、陳夷行以僕射爲宰相，改檢校司空·兼太子少師·領河中節度使。」舊傳西川節度檢校左僕下云：「會昌初，入朝，歷兵戶二尙書。」蓋先右僕，後二尙書也。按新表：會昌元年「十一月癸亥，（崔）鄲檢校吏部尙書·（略）劍南西川節度使。」二年正月己亥，陳夷行、崔珙以宰相兼左右僕射。則固言之入不能早過元年冬，其卸則在二年正月己亥也。

●崔珙——會昌二年正月四日己亥，由中書侍郎·同中書門下平章事·諸道鹽鐵轉運使遷右僕，仍兼中書侍郎·平章事·充使職。〔考證一〕。時階銀青光祿大夫。（舊傳。）四月十四戊寅，見在任，時階金紫光祿大夫。（全唐文七〇〇李德裕上尊號玉冊文。）〔考證一〕。三年二月十二辛未，罷守本官。（通鑑、新表、新傳。）蓋同時罷使職。（鹽運使卷。）蓋五月二十二庚戌，卸右僕。〔考證二〕。——舊一七七、新一八二有傳。

〔考證一〕　新表：會昌二年「正月己亥，（陳）夷行爲尙書左僕射，（崔）珙爲尙書右僕射。」珙原官爲中書侍郎·同中書門下平章事。兩傳皆作左僕與表異。又新傳作中書侍郎，舊傳作門下侍郎。舊紀：二年四月，李德裕崔珙等上尊號，珙銜爲「銀青光祿大夫·守右僕射·門下侍郎。」則不但左右僕不同，兩省侍郎亦異也。考全唐文七〇〇李德裕上尊號玉冊文：「維會昌二年歲次壬戌。四月乙丑朔。十四日戊寅，攝太尉·光祿大夫·守司空·兼門下侍郎·同中書門下平章事臣德裕，銀青光祿大夫·守尙書左僕射·兼門下侍郎·同中書門下平章事臣夷行，金紫光祿大夫·尙書右僕射·兼中書侍郎·同中書門下平章事臣珙……。」觀名次，珙銜右僕兼中書侍郎，必不誤。舊紀二年四月條卽書此事，作門下侍郎，必誤，階作銀青，亦誤也。又全唐文七八武宗加尊號赦文：「攝中書令·讀冊官·右僕射·兼中書侍郎·平章事崔珙賜一子出身。」通鑑三年二月罷相時原銜亦作「中書侍郎·同平章事。」亦均作中書侍郎之證。至於左僕，僅見兩傳，其餘新表、舊紀、玉冊文、赦文無不作右僕，而新表及上尊號玉冊文陳夷行在前作左，崔珙在後作右，尤爲的證。兩傳作左，皆誤。

〔考證二〕　新表、通鑑皆以三年二月罷相守右僕射。不知何時罷右僕。惟新表，三年五月「庚戌，(李)紳爲尙書右僕射。」則珙卸右僕可姑定於此時。舊紀：會昌四年「六月，金紫光祿大夫・尙書右僕射・中書侍郎・同平章事・判度支崔珙貶澧州刺史。」按珙早已罷相此書舊銜，又誤鹽鐵使爲判度支。

●李紳——會昌二年五月二十二庚戌，由門下侍郎・同中書門下平章事遷右僕，仍兼門下侍郎・平章事。(新表、兩傳〔門下在右僕後〕。)四年閏七月十一壬戌，出爲檢校右僕・平章事・淮南節度使。(新表、舊紀〔作七月檢校司空〕、舊傳〔作十一月〕、新傳。)時階銀青光祿大夫。(舊紀。)——舊一七三、新一八一有傳。

●杜悰——會昌四年閏七月十一壬戌，由檢校右僕・兼中書侍郎・同中書門下平章事・判度支・充鹽鐵轉運等使正拜右僕，兼中書侍郎以下並如故。時階光祿大夫。八月三十庚戌，遷左僕，仍兼中書侍郎・平章事・判度支・鹽運等使。(詳左僕卷。)——舊一四七、新一六六有傳。

●李讓夷——會昌四年八月三十庚戌，由中書侍郎・同中書門下平章事遷右僕，仍兼中書侍郎・平章事。〔考證〕。時階朝議大夫。(李德裕上尊號玉冊文。)六年四月二十一辛卯，遷司空・兼門下侍郎，仍平章事。(新表、新傳。)——舊一七六、新一八一有傳。

〔考證〕　新表：會昌二年「七月，尙書左丞・兼御史中丞李讓夷爲中書侍郎・同中書門下平章事。」四年「八月庚戌，讓夷爲檢校尙書右僕射・兼中書侍郎。」新傳：「拜中書侍郎・同中書門下平章事。潞州平，檢校尙書右僕射。」舊傳：「累遷檢校尙書右僕射，俄拜中書侍郎・同平章事。」皆作檢校右僕，不言眞拜。考全唐文七〇〇李德裕上尊號玉冊文：「維會昌五年歲次乙丑，正月己酉，(銜略)臣德裕，光祿大夫・守尙書左僕射・兼門下侍郎・同中書門下平章事臣悰，朝議大夫・守尙書右僕射・兼中書侍郎・同中書門下平章事臣讓夷，(銜略)臣鉉……。」此云守右僕，銜必不誤。時去四年八月庚戌不過三個月，蓋庚戌卽眞拜也，表傳均誤。又按舊傳，檢校右僕射在中書侍郎平章事前。或者原以檢校右僕兼中書侍郎平章事，此時正拜，表誤書之歟？

○李固言——宣宗初，復官右僕。（新傳。）——此再任。

●白敏中——大中三年三月，由中書侍郎·兼刑尙·同中書門下平章事遷右僕，（新表、兩傳。）進階金紫光祿大夫，（舊傳。）仍兼中書侍郎〔考證一〕·平章事。（新表、兩傳。）五年三月十一甲申，遷司空·兼門下侍郎·同平章事·南山平夏党項行營兵馬都統制置使·兼邠寧節度使，（新表、新傳。）進階特進。〔考證二〕。——舊一六六、新一一九有傳。

〔考證一〕 新表、新傳，遷右僕射前原官皆爲中書侍郎·兼刑部尙書。惟新傳右僕後續云：「門下侍郎，……會党項數寇邊……敏中以司空·平章事兼邠寧節度·招撫制置使。」是遷司空充南山都統前已爲門下侍郎。而新表五年遷司空時始兼門下侍郎，照表例，其遷右僕時仍兼中書侍郎也。舊傳云「加右僕射」亦仍兼原官之證。

〔考證二〕 舊傳：「七年，進位特進·成都尹·劍南西川節度使。」今據新表書之。

〔附考〕 會要一帝號條：憲宗，「大中三年十二月追崇尊號。……謚冊文，左僕射平章事白敏中撰。」左字譌。

●崔鉉——大中五年四月十三乙卯，由中書侍郎·同中書門下平章事遷右僕·兼門下侍郎，仍平章事。九年二月二十五甲戌，遷左僕，仍兼門下侍郎·平章事。（新表、詳左僕卷。）〔考證〕。——舊一六三、新一六〇有傳。

〔附考〕 舊紀及會要三六修撰條皆云：大中七年十月，左僕射崔鉉進續會要四十卷。左字譌。

●令狐綯——大中十年十月十八戊子，由門下侍郎·兼兵尙·同中書門下平章事遷右僕，仍兼門下侍郎·平章事。時階蓋金紫光祿大夫。（詳兵尙卷。）十二年十一月二日己未，遷左僕，仍兼門下侍郎·平章事。(詳左僕卷。)——舊一七二、新一六六有傳。

○杜悰——咸通元年蓋十月，由劍南西川節度使復遷右僕‧充諸道鹽鐵轉運等使。旋改判度支。二年二月，遷左僕‧兼門下侍郎‧同中書門下平章事，仍判度支。(詳左僕卷。)——此再任。

封敖——咸通初或大中末，蓋曾官右僕。——舊一六八、新一七七有傳。

〔考證〕 舊傳：「歷左散騎常侍。(大中)十一年，拜太常卿。出爲淄靑節度使。入爲戶部尙書，卒。」新傳：「爲太常卿。……徙國子祭酒。復拜太常。進尙書右僕射。……卒。」詳略互異。而新七一下世表亦作戶尙，與舊傳合。豈右僕爲檢校官耶？無他證，姑作正拜書之。按舊紀：大中十一年八月，「以銀靑光祿大夫‧守散騎常侍，(勳‧封‧邑)封敖爲太常卿。」年份與傳合。又會要六五太常寺條：「大中十二年十月，太常卿封敖左授國子祭酒。舊式，太常卿上事，庭設九部樂。時敖拜命後，欲便于觀閱，移就私第視事，爲御史所擧，遂有此責。」據此，拜命不久卽左授祭酒，則此「十月」卽十一年之十月，「二」字譌。然則敖爲戶尙右僕年月雖不可確知，要在大中末咸通初，可斷言也。

●楊收——咸通六年六月，由門下侍郎‧兼刑尙‧同中書門下平章事遷右僕仍兼門下侍郎‧平章事。(新表、舊傳、新傳。)七年十月一日壬申朔，出爲檢校工尙‧宣歙觀察使。(新表、通鑑〔作甲申〕、舊傳〔作八年十月〕、新傳。)〔考證〕。——舊一七七、新一八四有傳。

〔考證〕 收罷相出鎭宣歙，新表、通鑑、兩傳無歧說。檢校工部尙書見新表、舊傳。原官右僕兼門下侍郎，見新表；兩傳皆爲右僕，通鑑作門下侍郎。而舊紀：咸通八年三月，「制以門下侍郎‧兼戶部尙書‧平章事‧(勳‧封‧邑‧賜)楊收檢校兵部尙書‧充浙西觀察使。」年代前後官歷全不合，必誤。

●路巖——咸通十一年正月五日戊午，由門下侍郎‧兼戶尙‧同中書門下平章事遷右僕，仍兼門下侍郎‧平章事。(舊紀〔作丙午誤〕、新表。)同年，遷左僕，仍兼門下侍郎‧平章事。〔考證〕。——舊一七七、新一八四有傳。

〔考證〕新表：咸通十一年正月「戊午，確加尚書左僕射，巖加右僕射。」舊紀事同。確在前作左，巖在後作右，字必不誤。然兩傳皆云累兼左僕射，罷相爲西川節度。舊紀：十二年「四月，以左僕射·門下侍郎·同平章事路巖檢校司徒·兼成都尹·劍南西川節度等使。」原銜亦作左僕。而新表不書遷左僕事。按舊紀：十一年三月，左僕射·門下侍郎·平章事曹確罷爲浙西觀察。新表同。則此時左僕已闕，巖爲首相，序遷左僕，亦極有可能，故舊紀前爲右僕，後銜左僕，非必字譌。兩傳累兼左僕射，乃終言之，字亦不譌。惟新表脫書左僕一遷耳。

●于琮——咸通十一年末或十二年，由中書侍郎·兼戶尚·同中書門下平章事遷右僕·兼門下侍郎，仍平章事。十三年二月十七丁巳，出爲檢校司空·山南東道節度使。（舊紀。）〔考證〕。——舊一四九、新一〇四有傳。

〔考證〕新表：咸通八年「七月甲子，兵部侍郎·諸道鹽鐵轉運使·駙馬都尉于琮本官同平章事。」十三年「二月丁巳，琮檢校尚書左僕射·山南東道節度使。」（通本作三月，誤。今從百衲本。通鑑同誤。）中間五年不書遷官。通鑑同，而十三年二月丁巳出鎮時且書原銜爲「兵部侍郎·同平章事。」似中間五年果未遷官者。而舊紀書事中間尚有數遷，玆條列於次：

咸通八年三月至九月間書云：「兵部侍郎于悰（琮）本官同平章事。」

同年十月「兵部侍郎·平章事于悰（琮）爲中書侍郎。」

十一年正月甲寅朔丙午，「宰相中書侍郎于悰（琮）可兼戶部尚書。」

十三年二月「丁巳，以尚書右僕射·門下侍郎·同平章事于琮檢校司空·襄州刺史·充山南東道節度觀察處置等使。」

新傳亦云：

「咸通中，……轉兵部侍郎·判戶部。八年，同中書門下平章事。進中書侍郎·兼戶部尚書。爲韋保衡所構，檢校司空・山南東道節度使。」（舊傳失書此段。）

按新表書事例較兩紀、兩傳爲詳，且多正確，新傳書事亦多與表相應。獨琮事，表書官歷極簡，而新傳轉與舊紀相應合，惟少右僕一遷耳。琮以十一年正月兼戶部尙書，至十三年二月罷相時已官右僕，宜可信。新傳省書。新表、通鑑自八年以兵侍入相至十三年罷相，中間五年不遷官，必無是理；且據本表兵侍卷，此五年中兵侍二員常滿無闕，亦琮必遷他官之強證。是表、鑑脫書遷中書侍郎、兼戶尙、遷右僕三官歷無疑，不足據此以疑舊紀、新傳也。又前引舊紀十一年正月丙午，「中書侍郎于悰（琮）可兼戶部尙書」。乃與曹確兼左僕射路巖兼右僕同制。此月無丙午，檢新表，確巖事在是年正月戊午，是五日也。舊紀「丙午」字誤。

●**韋保衡**——咸通十三年二月十七丁巳，由門下侍郎・兼兵尙・同中書門下平章事遷右僕，仍兼門下侍郎・平章事。〔考證一〕。時階特進。（舊傳。）十一月，遷司空，（新表、新紀。）仍兼門下侍郎・平章事。〔考證二〕。——舊一七七、新一八四有傳。

〔考證一〕　新傳：「以兵部侍郎同中書門下平章事，……又進門下侍郎，尙書右僕射。……僖宗立，進司徒。」舊傳亦以兵侍入相，不云爲右僕。新表書保衡官歷云：

咸通十一年「四月丙午，翰林學士承旨・兵部侍郎・駙馬都尉韋保衡本官同中書門下平章事。」（兩紀同。）

十三年二月（從百衲本通本作三月誤）丁巳，「保衡爲右僕射。」

同年「十月，保衡爲門下侍郎・兼兵部尙書。」

同年「十一月，保衡爲司空。」

十四年「八月乙卯，保衡爲司徒。」

按：唐末宰相序官例由六部侍郎，而中書門下侍郎兼六部尙書，而僕射，而司空，而司徒，而太尉；

決無由六部侍郎一躍而爲僕射，又由僕射轉爲門下侍郎兼尙書者。今觀新表書保衡事顯違此例，且新傳，門下侍郎固在右僕射之前，足證新表次序有誤。今檢本書兵尙卷，十二年七月兵部尙書出闕，蓋「十月保衡爲門下侍郎兼兵部尙書。」一條當在十二年，則序次井然，與傳亦合，今本新表蓋誤後一年，既與傳歧，又失常例矣。

〔考證二〕　新紀、新表，十一月爲司空，例不書仍兼門下侍郎·平章事。考舊紀十四年七月書事，保衡銜爲「司空·門下侍郎·平章事。」可證。

○蕭鄴——咸通十三年冬或十四年，由吏尙遷右僕。〔考證〕。十四年十一月，加平章事，出爲河東節度使。（通鑑、新傳。）——新一八二有傳。

〔考證〕　通鑑：咸通十四年十一月，「以右僕射蕭鄴同平章事·充河東節度使。」按新傳：「懿宗初，罷爲荊南節度使，……徙劍南西川，……山南西道觀察使。歷戶部、吏部二尙書，拜右僕射，還以平章事節度河東。」是由吏尙爲右僕，官歷年代亦與通鑑略合。復考舊紀，咸通十一年三月、十二年三月、十三年三月均以吏部尙書蕭鄴考試宏詞選人，則遷右僕當即在十三四年。

又按蕭鄴爲吏尙右僕亦見舊紀。然舊紀書事前後自相矛盾，且與新表不合，謬誤殊多。茲先就紀表書事對列如次：

年份	舊紀	新表
大中十一年	六月「以（略）尙書兵部侍郎·判度支（略）蕭鄴本官同平章事判度支。」	七月庚子，書事與舊紀同。
	十一月「蕭鄴兼工部尙書。」	十一月己未，鄴爲工部尙書。
十二年		四月己酉「鄴爲中書侍郎·兼禮部尙書。」

十三年	三月「宰相蕭鄴罷知政事，守吏部尚書。」 十月癸未「門下侍郎・兵部尚書・同平章事蕭鄴兼尚書右僕射。」	八月癸卯「鄴爲門下侍郎……兼兵部尚書。」 十一月戊午「鄴檢校尚書左僕射・同平章事・荊南節度使。」
咸通二年	二月「吏部尚書蕭鄴檢校尚書右僕射・河東節度(略)使。」	

據此，舊紀書事五條，大中十一年兩條與新表同，十三年兩條自相矛盾，咸通二年條亦與大中十三年十月條不相應，亦均與新表不合，書事顯有譌誤無疑。

檢通鑑：大中十三年「十一月戊午，以門下侍郎・同平章事蕭鄴同平章事・充荊南節度使。」新傳：「以工部尚書・同中書門下平章事。懿宗初，罷爲荊南節度使。」又全唐文八三懿宗授蕭鄴荊南節度使制云：「銀青光祿大夫・守門下侍郎・兼工部尚書・同中書門下平章事・監修國史・(略)蕭鄴……可檢校右僕射・同中書門下平章事・兼江陵尹・充荊南節度等使。」(新表先爲工尚，遷禮尚，後遷兵尚，他人遞補亦歷歷，當不誤。此「工部」當爲「兵部」之譌。)則新表大中十三年十一月罷相出鎮荊南，是也；舊紀咸通二年罷相出鎮河東，誤。然據本條考證首段引通鑑、新傳，咸通末鄴曾由右僕出鎮河東，舊紀罷相爲河東節度，蓋卽因此致誤歟？

又按：鄴於大中末在相位時，雖未嘗官吏尚、右僕；然據首段所引新傳及通鑑，咸通末鄴實亦嘗官吏尚、右僕。據舊紀，咸通末鄴在吏部且甚久，至十三四年遷任右僕，十四年十一月又由右僕出鎮河東。然則舊紀大中十三年及咸通二年之吏尚、右僕及河東節度諸官歷，皆爲鄴咸通末年之官歷，誤移於大中末年耳。

●蕭倣——乾符元年正月五日乙丑，由中書侍郎・兼兵尚・同中書門下平章事遷右僕・兼門下侍郎，仍平章事。十一月五日庚寅，遷司空，仍兼門下侍郎・平章事。(詳左僕卷。)——舊一七二、新一〇一有傳。

●崔彥昭——乾符三年六月，由門下侍郎·兼刑尙·同中書門下平章事·判度支遷右僕，仍兼門下侍郎·平章事·判度支。九月，進階特進。四年正月五日丁丑，遷司空，仍兼門下侍郎·平章事。——舊一七八、新一八三有傳。

〔考證〕 彥昭在相位一段官歷甚複雜，玆綜合考論之。

舊傳：「(咸通)十二年正月，加檢校刑部尙書·(略)河東節度(略)使。……十五年三月，召爲吏部侍郎(新書、舊紀、通鑑、會要均作兵侍、此蓋誤) 充諸道鹽鐵轉運等使。乾符初，以本官同平章事·判度支……。二年，因其轉官，僖宗誡曰：彥昭……涉於六月，秉是一心，……可中書侍郎，依前判度支。……累遷門下侍郎·兼刑部尙書。……三加兼官，皆領度支如故，進階特進。累兼尙書右僕射罷。歷方鎭。」 新傳亦云：「徙河東。……僖宗立，授兵部侍郎·諸道鹽鐵轉運使。俄同中書門下平章事，仍判度支。……不六月，遷門下侍郎，帝因下詔……丁寧，以成其美。……累拜兼尙書右僕射，以疾去位。」官歷大同而小異。惟舊紀、新表屢次遷官年月頗歧，玆簡表於次：

年份	舊紀	新表
乾符元年	「三月，以河東節度使(略)崔彥昭爲尙書兵部侍郎·充諸道鹽鐵轉運等使。」「四月，崔彥昭以本官同平章事，領使如故。」十一月庚寅「兵部侍郎崔彥昭爲中書侍郎。」	「八月辛未，兵部侍郎·判度支崔彥昭爲中書侍郎·同中書門下平章事。」(新紀、通鑑同。) 十一月「彥昭爲門下侍郎·兼刑部尙書。」
二年		六月「彥昭爲尙書右僕射·兼門下侍郎。」

三年	三月「門下侍郎崔彥昭爲太淸宮使・弘文館大學士。」 六月「以門下侍郎・刑部尙書・平章事・太淸宮使・弘文館大學士・判度支崔彥昭兼左(右)僕射。」 九月「右僕射・門下侍郎・平章事崔彥昭加特進。」	
四年		正月丁丑「彥昭爲司空。」 閏二月「彥昭罷爲太子太傅。」
五年	十月「司空・平章事崔彥昭罷爲太子太傅。」	

綜觀上表，舊紀新表官歷大抵相同，而年月無一相合。據舊傳引僖宗詔誡，是原以本官同平章事，六個月後遷中書侍郎。舊紀，元年四月始相，十一月進中書侍郎，中間正踰六七個月，與誡語合，宜可信。又誡語云：「軍食所入，餘剩於明年，郊廟所供，克辦於今歲。頗符神化，眞謂廟謀。」是此詔誡下於年冬之明證。益證舊紀月份之可信。新紀新表通鑑始相卽爲中書侍郎，誤矣。又拜相在八月，遷門下侍郎在十一月，中間只得兩三個月，與「涉於六月」亦不合，新傳「不六月遷門下侍郎」因下誡云云，實屬牽强。然則爲門下侍郎當在二年矣。爲右僕，舊紀在三年六月，新表在二年六月，時間相差一年。意者舊紀拜相遷中書侍郎及遷右僕年月最可信，惟失書遷門下侍郎兼刑尙及遷司空年月耳。新表始相卽誤爲中書侍郎，遂誤以遷中書侍郎之月爲遷門下侍郎兼刑尙之年月，又誤以遷門下侍郎兼刑尙之年月爲遷右僕之年月矣。（撰此條後年餘始撰兵侍卷，若彥昭任兵侍至乾符元年十一月五日，則十月至十一月五日間有三兵侍，於員闕不合。按彥昭以四月入相，遷中書侍郎時誡語云「涉於六月」，正當是十月，則與員闕合。或者彥昭卸兵侍遷中書侍郎實在十月，舊紀亦誤後一個月歟？）

又據舊紀、兩傳，彥昭以乾符元年三月由河東節度入爲兵部侍郎充鹽鐵等使。會要八七轉運使條、同書八八鹽鐵使條亦均云乾符元年二月以崔彥昭爲兵侍充使，月份小歧，實蓋不誤。惟舊紀拜相後仍領鹽鐵等使，而兩傳皆云入相卽判度支，新紀新表通鑑則拜相前卽判度支，事殊歧異。據僖宗誡語「可中書侍郎，依前判度支事。」則始相卽判度支無疑。今姑以始相爲斷，前充使，後判度支。又舊傳云：「三加兼官，皆領度支。」蓋指遷中書侍郎遷門下侍郎兼刑尙及遷右僕而言，至遷司空則罷判耳。

○于琮——乾符末，由前山南東道節度使復爲右僕。〔考證〕。六年五月，見在任。（通鑑、舊書鄭畋傳，皆作左。）廣明元年十二月二十一庚子，爲黃巢所殺。（新紀、通鑑、新傳。）——此再任。

〔考證〕 新傳：「僖宗以太子少傅召，未幾復爲山南節度使，入拜尙書右僕射。黃巢陷京師，……害之。」按通鑑：乾符元年正月，「以太子少傅于琮同平章事•充山南東道節度使。」而三年八月，「仙芝陷陽翟、郟城，……詔山南東道節度使李福選步騎二千守汝鄧要路。」則此前琮已卸節度任。然此時崔彥昭尙兼右僕，則琮卸節度後蓋數月始爲右僕射也。又新傳作右僕。新紀，爲黃巢所殺時書銜，劉鄴在前作左，于琮在後作右。舊紀，鄴亦作左，琮只云「故相」。而通鑑，琮在前作左，鄴在後作右；六年五月事亦作左。舊書鄭畋傳同。當以右爲正。參左僕卷劉鄴條。

○趙隱——中和元年蓋春，由吏尙遷右僕。〔考證〕。五月薨。時階特進。（舊紀。）——舊一七八、新一八二有傳。

〔考證〕 舊紀：中和元年五月，「特進•尙書右僕射趙隱卒。」按舊傳：「進階特進。……乾符中，罷相，檢校兵部尙書•（略）浙西觀察等使。入爲太常卿，轉吏部尙書，累加尙書左僕射。廣明中卒。」是由吏尙遷，但作左。新傳：「除太常卿。廣明初，爲吏部尙書。居母喪卒。」不言僕射。檢舊五代史五八趙光逢傳：「父隱，右僕射。」則當從紀作右。又廣明只一年，且其時于琮爲右僕，則卒年亦當從紀。

○王徽——中和三年五月，由兵尙遷右僕。時階光祿大夫。旋爲大明宮留守•京畿安撫制置修奉園陵等使。四年九月，轉御史大夫・權知京兆尹事。——舊一七八、新一八五有傳。

〔考證〕 舊傳：「廣明元年十二月三日，改戶部侍郎・同平章事。……爲賊所得，……竄之河中。……詔授光祿大夫・守兵部尙書。……代北軍（李克用）至……收復京師，以功加尙書右僕射（通本作左今據百衲本）。……時京師收復之後，宮寺焚燒，園陵毀廢，故車駕久而未還。乃以徽爲大明宮留守・京畿安撫制置修奉園陵等使。……進位檢校司空・御史大夫・權知京兆尹事。」新傳略同，字亦作右。就兩傳考之，遷右僕在收復京師之後。據兩紀，復京師在中和三年四月，舊紀以五月論功行賞，徽遷右僕蓋其時。又兩傳進位檢校司空・御史大夫・權知京兆尹事，蓋同時卸右僕。考舊紀：中和四年十二月一日，「大明宮留守・權知京兆尹・御史大夫・京畿制置等使王徽……上表請車駕還宮。」是卸右僕在此前。又通鑑：中和四年九月，「以右僕射・大明宮留守王徽知京兆尹事。」此其月份可知者，惟失書遷御史大夫耳。又通鑑：中和二年，「以右僕射・租庸使王徽同平章事・充昭義節度使。……辭不行。……詔以徽爲大明宮留守・京畿安撫制置修奉園陵使。」考異引實錄，中和四年五月「以右僕射・租庸使王徽同平章事・充昭義節度使。」而引舊傳辯此事在二年，不在四年。今按考異辯其事甚是。然據新傳，爲昭義節度在右僕前，兩傳租庸使亦在昭義後，不得云以右僕租庸使爲昭義節度也。

裴璩——中和四年九十月間，曾官右僕。——兩書無傳。

〔考證〕 新七一上世表，南來吳裴氏「璩字挺秀，檢校司空。」即其人，不云爲僕射。新二二五下黃巢傳：「至巢敗，……命大明宮留守王徽衞諸門，撫定居人。詔尙書右僕射裴璩修復宮省。」據此，則璩爲右僕不能早過中和三年秋，亦不能遲過四年冬。

又考益州名畫錄卷上常重胤條，僖宗幸蜀回鑾日，蜀民奏請留寫御容於大聖慈寺。乃令重胤寫御容及從駕臣寮於中和院。就中有「尙書左僕射裴璩。」按黃巢以中和四年七月被殺，十月方鎮請還京，十二月下詔以來年正月還京，（舊紀書事如此。然十二月下詔，明年正月卽發駕，爲時太促。考桂苑筆耕集卷一有代高駢作賀表十通，有賀收復京闕表，賀殺黃巢表，最後爲賀廻鑾日不許進歌樂表。據同書卷二〇石峰詩原注：「中和甲辰年冬十月，奉使東泛。」是中和四年十月致遠已東歸，則此表必作於十月以前，是第一次還京之詔在十月前之證，非十二月也。）光啓元年正月發成都，三月至京師，則此畫年代不能早過中和四年秋，不能遲過光啓元年春，此不待考而可知者。是璩官右僕必亦在此數月中。然自中和二年至光啓二年，左僕射皆由宰相兼任，無缺時，則新書黃巢傳璩官作右僕是也，此處「左」必「右」之譌。

此畫年代已略如上說。復按臣寮最前三人爲「西川節度使·制置指揮諸道兵馬兼供軍使·太師·中書令·潁川郡王陳敬瑄」、「義成軍節度使·中書令王鐸」、「門下侍郎韋昭度」。考舊紀，中和四年十一月，「以義成軍節度使·檢校太師·中書令（略）王鐸爲滄州刺史·義昌軍節度使。」十二月遇害。通鑑同。新表，中和三年七月，韋昭度爲門下侍郎。四年十月，遷左僕射。通鑑，中和四年十二月，「陳敬瑄表辭三川都指揮招討制置安撫等使。從之。」則此畫之作不能遲過四年十月也。又有「翰林學士承旨·守兵部尙書樂朋龜。」按朋龜於此年八九月尙官兵部侍郎，此畫已官尙書，是不能早過九十月，又可知也。（又此畫，陳敬瑄書銜太師，杜讓能書銜禮部尙書·翰林學士。新陳敬瑄傳：「車駕東，敬瑄供億豐餘，又進檢校太師。」舊杜讓能傳：「充翰林學士，……遷戶部侍郎，從駕還京，加禮部尙書。」此雖時間小異，然巢平之後，蓋普遍進官，時亦不能早過中和四年八月。）然則此畫之作卽在中和四年九十月間矣。復檢王徽自三年夏爲右僕，至四年九月卸，裴徹於四年十月以宰相兼右僕，至光啓元年三月卸，則右僕亦惟中和四年九十月間有闕，與上考作畫年月合若符契。是裴璩任右僕，必在九十月間，而上考作畫之年月又得一强證矣。

●裴徹——中和四年十月，由中書侍郎·兼兵尙·同中書門下平章事遷右僕·兼門下侍郎，仍平章事。光啓元年三月，遷左僕，仍兼門下侍郎·平章事。（新表、參兵尙卷。）——兩書無傳。

●杜讓能——文德元年二月二十戊子，由中書侍郎·兼兵尙·同中書門下平章事遷右僕·兼門下侍郎，進階開府儀同三司，仍平章事。四月，遷左僕，仍兼門下侍郎·平章事。（詳左僕卷。）——舊一七七、新九六有傳。

盧渥——文德、龍紀中，由檢校司空·兼太常卿遷右僕。——兩書無傳，全唐文八〇九有司空圖撰太子太師盧公神道碑。

〔考證〕神道碑云：「徒步扈從于寶雞，至褒中，岐蜀阻兵，……乃拜公戶部尙書，領興元留後·知節度使事。……至京，尙以檢校司空·太常卿疇庸，遷尙書右僕射，……累授保傅。尋以檢校司徒致仕。」按扈從寶雞岐蜀阻兵，指光啓二年春田令孜劫帝西幸、朱玫追駕而言。通鑑光啓二年三月戊戌，以尙書左丞盧渥爲戶部尙書·充山南西道留後，是也。通鑑又云，三年正月，以楊守亮爲山南西道節度使。則渥在興元亦不久。碑云還京檢校司空·太常卿，遷右僕。按還京在文德元年二月，則渥爲右僕當在文德、龍紀中。

○王徽——約龍紀元年二三月，由吏尙遷檢校司空·兼右僕。〔考證〕。大順元年十二月，薨。（舊紀、舊傳、新傳。）——此再任。

〔考證〕舊傳：襄王僭僞事平。「車駕還宮，……復授太子少師。及便殿中謝，昭宗……曰，王徽神氣尙强，安可自便。乃改授吏部尙書。……徽從初注擬，便置手曆，一一檢視，人無擁滯，內外稱之。進位檢校司空·守尙書右僕射。（此據百衲本，通本作左誤。）大順元年十二月，卒。」新傳亦云昭宗立拜吏尙遷右僕，大順元年卒。按舊紀，大順元年十二月「尙書右僕射王徽卒。」是薨卒年月無問題。據此可上推始任年月。又按舊紀，文德元年二月，帝還長安。三月崩。昭宗立。徽爲吏部尙書當在三四月或稍後。據兩傳敍其銓選有績，則可能經是年冬選，其遷右僕當在龍紀元年。而自龍紀元年三月至大順元年二年，張濬、劉崇望相繼爲吏尙，則徽卸吏尙爲右僕當卽在龍紀元年二三月。

●張濬——大順元年冬，由中書侍郎·兼兵尙·同中書門下平章事遷右僕·判度支，仍兼中書侍郎·平章事。（詳吏尙卷，參後考證。）二年正月九日庚申，出爲檢校右僕·鄂岳觀察使。時階光祿大夫。〔考證〕。——舊一七九、新一八五有傳。

〔考證〕　全唐文九〇昭宗貶張濬鄂岳觀察使制：「光祿大夫·守尙書右僕射·兼中書侍郎·同中書門下平章事·集賢殿大學士·判度支·兼(略)充河東諸道行營兵馬招討指揮制置等使·河東節度(略)等使·(勳·封)張濬，……可檢校尙書右僕射·充鄂岳觀察等使。」按新表：大順元年「五月，濬爲河東行營都招討制置宣慰使。」二年「正月庚申，濬罷爲檢校尙書右僕射·鄂岳觀察使。」此制當卽行於其時。而舊紀濬之統兵亦在元年五月，云：「制特進·中書侍郎·兵部尙書·同平章事·集賢殿大學士(略)張濬爲太原四面行營兵馬都統。」其貶在同年十二月丙寅，云：「制特進·中書侍郎·同平章事張濬可檢校兵部尙書·(略)充鄂岳觀察使。」十二月無丙寅，官階均與全文制詞大異。又舊傳載制云：「光祿大夫·門下侍郎·兼戶部尙書·同中書門下平章事·(勳·封)·充河東行營諸道兵馬招討制置等使張濬，……宜罷樞軸之務，仍停度支之司，……可檢校戶部尙書·鄂州刺史·武昌軍節度觀察等使。」復與紀及全文均不同。今姑據全文新表書之俟考。

○韋昭度——大順末、景福中，蓋曾官右僕。——舊一七九、新一八五有傳。

〔考證〕　舊傳：「以檢校司空充東都留守，召還爲右僕射。景福二年冬，宰相杜讓能爲鳳翔所殺，復委昭度知政事。」舊紀：龍紀元年正月，「以劍南西川節度(略)使韋昭度檢校司空爲東都留守。」大順元年十二月，「李克用……上表訴冤，……左僕射韋昭度等議曰……。」景福二年十一月，「以特進·行右僕射韋昭度爲司空·門下侍郎·平章事。」而新傳：「爲西川節度使，……罷昭度爲東都留守。杜讓能既被害，以司徒·門下侍郎·平章事。」新表：景福二年「九月壬辰，檢校司徒·東都留守韋昭度爲司徒·兼門下侍郎·同中書門下平章事。」按：上引材料，舊紀、舊傳，東都留守與再相間有僕射一歷；而新表、新傳則由留守入相，非由右僕入相。通鑑與新表同。今姑據舊紀傳書之，其爲僕射當在大順末或景福中，但非由僕射入相耳。又舊傳作右僕，舊紀兩條一左一右，今姑從傳作右。

●崔昭緯——景福二年六月，由門下侍郎·兼吏尙·同中書門下平章事遷右僕，仍兼門下侍郎·平章事。十月，充諸道鹽鐵轉運使。乾寧二年八月二十八壬子，罷守本官。十月三日丙戌，貶梧州司馬。——舊一七九、新二二三下有傳。

〔考證〕 舊傳：「昭宗朝，……戶部侍郎、同平章事。……太原之師誅(王)行瑜，(奪官爵在乾寧二年八月辛丑，誅在十一月。)罷相，授右僕射。後又以託附汴州，再貶梧州司馬。」新傳以戶侍入相，與舊傳同。下云：「居位凡八年，累進尙書右僕射。……會誅行瑜，罷昭緯爲右僕射。……貶梧州司馬。」是罷相前已官右僕。新表、舊紀、通鑑互有異同，表列如下：

年份	新表	舊紀	通鑑
大順二年	二月，爲中書侍郎。 十二月，兼吏部尙書。		
景福元年	八月，爲門下侍郎。		
二年	六月，爲尙書左僕射。 十月，充諸道鹽鐵轉運使。	六月戊午「門下侍郎·吏部尙書·平章事崔昭緯進階光祿大夫。」 十一月「以門下侍郎·吏部尙書·平章事·監修國史崔昭緯兼尙書左僕射·充諸道鹽鐵轉運使。」（會要八七、八八略同。）	

乾寧二年	八月壬子，罷爲尚書左僕射。	八月「壬子，司空·門下侍郎·平章事·監修國史·諸道鹽鐵轉運使崔昭緯罷知政事，爲太子賓客。」	八月「壬子，司空·兼門下侍郎·同平章事崔昭緯罷爲右僕射。」 十月丙戌「貶右僕射崔昭緯爲梧州司馬。」

按兩傳、通鑑作右，新表、舊紀作左。字當作右，說詳左僕卷鄭延昌條。遷僕射年月亦異同歧出，今從新表、新傳。由右僕貶梧州，月日但見通鑑。

○張濬——乾寧四年三月三日戊寅，由兵尚(？)領天下租庸使遷右僕，進階特進，仍領使職。同年，罷使職，旋以左僕致仕。——此再任。

〔考證〕 舊傳：「乾寧二年，三鎭殺韋昭度，帝召孔緯，欲大用，亦以濬爲兵部尚書，又領天下租庸使。三年，天子幸華州，罷濬使務，守尚書右僕射。上疏乞致仕；授左僕射致仕。」新傳：「及韋昭度死，復用(孔)緯爲宰相，故濬亦拜兵部尚書，領天下租庸使。……乾寧中，罷使，拜尚書右僕射。上疏乞骸骨，遷左僕射致仕。」與舊傳全同。通鑑：乾寧二年六月癸巳，「以張濬爲兵部尚書·諸道租庸使。」與兩傳合。又三年二月，「朱全忠薦兵部尚書張濬。上欲便相之。」惟不書遷右僕罷使事。舊紀：乾寧二年六月，「以太子賓客張濬復光祿大夫·行兵部尚書·(勳·封·邑)。濬在長水，亦不至京師。」遷兵尙，與兩傳、通鑑合；惟失書充使。舊紀又云：四年三月「戊寅，制韓建進封昌黎郡王。……以光祿大夫·兵部尙書·(勳·封·邑)張濬爲尙書左(右)僕射，依前充租庸使。」似與兩傳在華下罷使守本官者不合。考全唐文八三三有錢珝授張濬特進守右僕射依前充諸道租庸使制。制詞云：「雖聚財之任不欲允煩大臣，而復國所資，安可有稽征賦，薦居端右，兼陟崇階。」是遷右僕時未罷使務也，足爲舊紀之强證。又按，乾寧三年七月，李茂貞犯京師，帝幸華州依韓建，濬親建者，當時雖以李克用之故不克再相，然帝既依建，似不得遽罷濬使務。舊紀，乾寧四年三月戊寅，制進建爲郡王，同日濬進官右僕進階特進仍領使務。其事似轉可信。又觀錢珝制所謂「復國所資安可有稽征賦」一語，亦切合時情，（帝以光化元年八月始還長安。）與珝知制誥時代亦不悟。（看舊書錢徽傳、王摶傳。）則舊紀書事甚確。今從之。然舊紀：光化三年九月「辛亥，以光祿大夫·尚書右僕射·租庸使張濬罷租庸使守本官。」則濬後實罷使守本官，是兩傳亦不誤，惟傷略耳。又下條王摶爲右僕，若「右」非「左」之譌，則濬罷使及以左僕致仕當在乾寧四年：舊紀書於光化三年，亦誤。又據兵尚卷員闕，濬卸兵尚當在乾寧三年，豈中間尚有他官一轉耶？

●王摶——光化元年正月，由門下侍郎·兼吏尚·同中書門下平章事·諸道鹽鐵轉運使遷右僕，仍兼門下侍郎·平章事，（新表、新傳、參吏尚卷。）蓋仍充使職。二年，蓋兼判度支。（鹽運使卷。）十一月，遷司空，仍兼門下侍郎·平章事·判度支·充使職。（新表、新傳、詳鹽運使卷。）——新一一六有傳。

趙崇——天復三年正二月，見在右僕任。——兩書無傳。

〔考證〕 唐摭言六公薦篇：「韓偓，天復初入翰林。其年冬，車駕出幸鳳翔。……反正初，上面許偓爲相。奏曰：……當用重德鎭風俗，臣座主右僕射趙崇可副陛下是選。」而梁主不可，因貶偓。按：舊紀，昭宗以天復三年正月二十七己巳由鳳翔駕返京師，而岑氏補昭宗朝翰學記據通鑑及偓出官經硤石縣詩注，偓貶濮州司馬在二月十一日。則天復三年正二月之際，崇在右僕任。

●裴樞——天祐元年閏四月十四戊申，由門下侍郎·兼吏尚·同中書門下平章事·諸道鹽鐵轉運使遷右僕，仍兼門下侍郎·平章事·充使職。二年三月五日甲子，罷爲左僕。〔考證〕。階由銀青光祿大夫進光祿大夫。（詳左僕卷。）——舊一一三、新一四〇有傳。

〔考證〕 舊傳：「復拜門下侍郎·監修國史。累兼吏部尚書·判度支。……從昭宗遷洛陽，駐驆陝州，（事在天祐元年四月。）進右僕射·弘文館大學士·太淸宮使·充諸道鹽鐵轉運使。哀帝初嗣位，罷樞相位，和陵祔享，拜尙書左僕射。」新傳無吏部尙書·判度支，餘略同。新表、舊紀大同小異，列表於下：

年份	新表	舊紀
天復三年	二月乙未，樞爲門下侍郎·同中書門下平章事。	二月乙未，「裴樞爲門下侍郎·吏部尙書·平章事·監修國史。」
天祐元年	正月乙巳，判左三軍事·諸道鹽鐵轉運等使。閏四月己卯，爲尙書右僕射。	閏四月戊申，「宰相裴樞兼右僕射·諸道鹽鐵轉運等使。」九月「己巳，勅右僕射·門下侍郎·禮部尙書·平章事裴樞宜充大行皇帝山陵禮儀使。」
二年	三月甲子，罷爲尙書左僕射。	三月甲子，「制以特進·尙書右僕射·門下侍郎·平章事·太清宮使·弘文館大學士·延資庫使·諸道鹽鐵轉運等使·判度支（略）裴樞可守尙書左僕射。」（全唐文九三有制，無判度支散官由銀青進光祿。）

按：遷右僕，紀在閏四月戊申，是十四日。表作己卯，此月無己卯，蓋乙卯之譌，是二十一日。然兩紀皆云閏四月甲辰昭宗至自西京，乙巳(十一)大赦，改元天祐。則十四、二十一皆有可能，而十四日似更切時情。罷相爲左僕，紀、表同，而通鑑在甲申。考全唐文九三有哀帝授裴樞崔遠左右僕射制，是二人同時罷相分爲左右僕也。舊紀二人事均在甲子；通鑑均在甲申，差後二十日；新紀、新表，樞罷在甲子，遠罷在甲申。舊紀、通鑑未知孰是。新書分在兩日，欠妥。今姑從舊紀。

○崔遠——天祐二年三月五日甲子，由中書侍郎·兼兵尙·同中書門下平章事罷爲右僕。（新表、全唐文九三授裴樞崔遠左右僕制、舊紀、兩傳。）〔考證一〕。時階光祿大夫。（舊紀、授制。）五月十五癸酉，貶朝散大夫·萊州刺史。（舊紀、通鑑。）〔考證二〕。——舊一七七、新一八二有傳。

〔考證一〕 罷相爲右僕日，新表、通鑑均作甲申，今從舊紀，已詳上條。原官，新表作中書侍郎兼兵部尙書。而舊傳作中書侍郎兼吏部尙書。新傳省書尙書。舊紀：天祐元年正月，「以兵部尙書崔遠爲中書侍郎·同平章事。」二年三月甲子，制「以光祿大夫·中書侍郎·同平章事·（勳·封）崔遠可守尙書右僕射。」是亦不兼尙書也。據授制，以表爲正，舊傳兼吏尙誤。

〔考證二〕 貶日，舊紀作壬申，今從通鑑。紀、鑑皆貶萊州刺史，旋再貶白州司戶；兩傳作白州長史，誤。

唐僕尙丞郎表卷七

輯考二上　尙書左丞

崔善爲——武德元年十一月四日乙巳至十二月間，由內史舍人遷左丞。五年十二月已前，徙大理卿。——舊一九一、新九一有傳。

〔考證〕　舊傳：「武德中，歷內史舍人，尙書左丞，甚得時譽。……貞觀初，拜陝州刺史。……後歷大理、司農二卿。」新傳同。按：會要三九定格令條：「武德元年……十一月四日，……令尙書左(右)僕射裴寂……內史舍人崔善爲等更撰定律令。」同書三八奪情條：「武德二年正月四日，尙書左丞崔善(脫「爲」字)奏曰……。」據此則由舍人遷左丞當在武德元年十一月四日之後，二年正月四日之前。又會要六三修前代史條：「武德五年十二月二十六日，詔……大理卿崔善爲、中書舍人孔紹安……可修梁史。」又八四移戶條：「貞觀元年，朝廷議戶殷之處聽徙寬鄉，陝州刺史崔善爲上表曰……。」則爲大理卿在陝州刺史之前，兩傳次序均誤；且可證五年十二月前已卸左丞。大唐新語七容恕類述善爲爲左丞，「高宗謂之曰」，乃高祖之譌。

令狐德棻——武德五年或稍後，以秘書丞攝左丞。——舊七三、新一〇二有傳，萃編五七、全唐文九九一有令狐德棻碑。

〔考證〕　碑云：「以從□京城之□，加銀青光祿大夫。……武德之始，拜起居舍人，……仍□□□供奉(闕九字)禁□甜麟臺□遊於文雅，……以本官攝尙書左丞。□幾，封彭陽縣開國男，……尋授□□侍郎。及詔修五代史書，命公專修周史。」按舊傳：「武德元年，轉起居舍人。……五年，遷秘書丞。……貞觀三年，……修周史。六年，累遷禮部侍郎。」新傳略同，皆不言爲左丞。然傳云：「五年，遷秘書丞。」卽碑「□甜麟臺。」則攝左丞當在五年或稍後。

獨孤義順——武德中，官至左丞，階光祿大夫。（全唐文三九三獨孤及潁川郡長史河南獨孤公靈表。）——兩書無傳。

李瑊——武德中，曾官左丞。——舊六〇、新七八附河間王孝恭傳。

〔考證〕 舊傳：「弟瑊，武德中，爲尙書右丞，封濟北郡王，卒於始州刺史。」新傳同，惟作左丞。例從新書。

戴胄——貞觀元年蓋夏，由右丞遷左丞。六月上旬已見在任。〔考證〕。後又領諫議大夫。（兩傳。）二年四月，見在任。（會要八八常平倉條、舊四九食貨志下。）九月四日丁未，仍見在任。（舊紀、通鑑、會要三出宮人條〔作七月誤〕。）三年，遷民尙．兼檢校太子左庶子。（兩傳。）——舊七〇、新九九有傳。

〔考證〕 舊傳：「貞觀元年，遷大理少卿。……其年，轉尙書右丞，尋遷左丞。……時尙書左僕射蕭瑀免官，（右）僕射封德彝又卒，太宗謂胄曰：尙書省天下綱維，百司所稟，……今以令僕繫之於卿，當稱朕所望也。」新傳無右丞，餘略同。據會要六六大理寺條，胄以貞觀元年二月二十八日除大理少卿，則遷右丞當在三月以後。又舊傳太宗語胄事在元年六月上旬，考詳右僕卷封德彝條，則爲右丞不久卽遷左丞也，故傳云「尋遷」。

賀若孝義——約貞觀初，官至左丞。——兩書無傳。

〔考證〕 姓纂九：賀蘭氏，「孝義，唐尙書左丞。」岑校謂「蘭」爲「若」之誤。是也。又引山右石刻六慶唐觀銘，武德三年，孝義官晉州長史。則官左丞當在貞觀初。

楊纂——貞觀八年，由吏侍遷左丞。九年或十年，復爲吏侍。（詳吏侍卷。）——舊七七、新一〇六有傳。

唐皎——貞觀中，官至左丞。——舊八五、新一一三有傳。

〔考證〕 兩傳皆云官至吏侍，卒益州長史。而新七四下世表：「皎字本明，尙書左丞，益州長史。」姑取之。按八年在吏侍任，則爲左丞當亦貞觀中。

權萬紀——貞觀十年至十五年間，由御史中丞遷左丞，出爲西韓州刺史。——舊一八五上、新一〇〇有傳。

〔考證〕新傳：「由御史中丞進尚書左丞，出爲西韓州刺史。」舊傳亦官左丞，遷歷不詳。按新傳，西韓州刺史下云：「徙吳王長史。王畏其直，善遇之。齊王祐不奉法，……乃徙爲祐長史，……祐……謀殺之。」據紀及祐傳，祐以貞觀十年正月徙封齊王，十七年三月殺萬紀，參以萬紀爲中丞前之官歷，其任左丞約當在十年至十五年間。

馮長命——貞觀中蓋前葉，官至左丞。——兩書無傳。

〔考證〕姓纂一：京兆馮氏，「隋有兵部尚書馮業，生長命，唐尚書左丞。」岑氏校記一：「長命曾爲御史大夫（貞觀初以前），貞觀初官荆州長史，見舊書六〇李瓌傳；又嘗爲岐州刺史，見廣記二二一引定命錄；貞觀十三年十二月時官爵爲少府監·安昌縣開國男，見張彥遠法書要錄四；貞觀十四年秋，少府監馮長命，見珠林七九引冥報記。」據此官歷，則官左丞蓋在貞觀前葉。

韋琮——貞觀十四年十一月，見在左丞任。——兩書無傳。

〔考證〕舊七五孫伏伽傳：「（貞觀）十四年，拜大理卿。」新一〇三同傳續云：「時司農市木橦，倍直與民，右丞韋琮劾吏隱沒，事下大理。」大唐新語九從善類亦作右丞。通鑑書此事於十四年十一月，作左丞。會要四〇臣下守法條同，惟省月份。左右不同如此。按唐制，左丞轄吏戶禮三部，右丞轄兵刑工三部，若一闕則兼轄之，今姑依恆制，當作左。又按新七四上世表，琮弟「憬，尚書左丞。」而姓纂作吏部郎中。岑校二：「疑涉憬而誤。按憬爲吏郎見郎官石柱。」

裴熙載——貞觀中，官至左丞。（舊傳。）——附見舊八六高宗諸子傳附裴居道傳。

狄孝緒——貞觀中，官至左丞。——附見舊八九狄仁傑傳。

〔考證〕舊傳：「祖孝緒，貞觀中，尚書左丞。」姓纂一〇狄氏，仁傑之祖「孝緒，尚書左丞、臨潁男。」新七四下世表同。又萃編六九邛州刺史狄公碑：「(缺)緒，唐行軍總管、大將軍、金紫光祿大夫、尙書左丞、使持節汴州諸軍事，……嚴持左轄，八座澄淸。」云云。全唐文九九三收此碑，「緒」上有「父孝」二字。

李行廉——貞觀中，曾官左丞。(朝野僉載五。)——兩書無傳。

楊纂——貞觀末，由太常少卿・雍州別駕復遷左丞。時階銀青光祿大夫。(舊傳。)二十年正月十四丁丑，以本官巡察四方。(册府一六一。)旋徙太僕卿，仍檢校雍州別駕。(舊傳，參行成年月。)——此再任。

●張行成——貞觀二十年三四月至七月間，以太子少詹事・同掌機務兼檢校左丞。〔考證〕。旋進階銀青光祿大夫。(舊傳。)二十三年五月二十七庚午，遷兼侍中。(舊紀、新紀、新表、兩傳。)——舊七八、新一〇四有傳。

〔考證〕　舊傳：「轉……太子少詹事。太宗東征，……駕還京，爲河南巡察大使，還稱旨，以本官兼檢校尙書左丞。是歲，太宗幸靈州，太子當從，行成上疏曰……。」新傳同。按兩紀：十九年二月，行成以少詹事同掌機務；二十年三月己巳，駕自遼東還至京師；八月己巳(十日)，幸靈州。又行成以詹事(脫少字)巡察四方在正月十四日丁丑，見册府一六一。則兼檢校左丞當在三四月至七月間。

盧承慶——永徽元年或貞觀二十三年，由雍州別駕遷左丞。永徽元年十月以前，出爲益州大都督府長史。——舊八一、新一〇六有傳。

〔考證〕　舊傳：「累遷民部侍郎，……兼檢校兵部侍郎。……俄歷雍州別駕，尙書左丞。永徽初，爲褚遂良所構，出爲益州大都督府長史。遂良俄又求索承慶在雍州舊事奏之，由是左遷簡州司馬。」新傳略同。按：遂良以永徽元年十一月貶同州刺史，三年正月復相，六年九月又貶潭州都督。傳既云永徽初貶出，則當在永徽元年十月稍前。又承慶以貞觀二十一年遷民侍，二十二年二月兼檢校兵侍，詳戶侍卷，則遷左丞或當在二十三年歟？

盧承業——永徽元年，以雍州長史繼承慶兼檢校左丞。其年貶忠州刺史。——舊八一、新一〇六附兄承慶傳，芒洛冢墓遺文四編卷三有盧承業墓誌。

〔考證〕 舊傳：「貞觀末，官至雍州長史・檢校尙書左丞。兄弟相次居此任，時人榮之。俄坐承慶事左遷忠州刺史。顯慶初，復爲雍州長史。」新傳云：「承業繼爲雍州長史・尙書左丞。」盧承業墓誌：「今上（高宗）嗣曆，拜雍州司馬，仍遷長史，又兼左丞。……以公事出爲忠州刺史。」按：據前引承慶事，先出爲益州大都督府長史，未爲重貶；遂良又苛求其罪，再貶簡州司馬。承業蓋於承慶出爲益州長史時繼任左丞，後以兄罪重，亦連累也。

段寶元（乾）——顯慶元二年間，官左丞。（詳右丞卷。）——兩書無傳。

李孝友——約高宗初，官至左丞。（詳工尙卷李珍條。）——舊六〇、新七八附見父淮安王神通傳。

李雲將——蓋太宗高宗世，不能遲過高宗中葉，官至左丞。——舊七二附見父玄道傳。

〔考證〕 舊傳：「房玄齡卽玄道之從甥也。……玄道……爲常州刺史……（貞觀）三年，表請致仕。……尋卒。子雲將知名，官至尙書左丞。」據此，玄道以貞觀初卒，年蓋七十以上，則雲將任職當不能遲過高宗中葉。又新七二上世表作右丞，與舊傳異。姑從傳。表又云玄孫「逢吉相憲宗。」以三十年一世計，時次亦合。

源直心——龍朔二年五月八日丙申，由左肅機徙奉常正卿。（冊府六九，參同書四。）——舊九八、新一二七附見子乾曜傳。

崔餘慶——龍朔二年五月十五癸卯，見在左肅機任。（大正藏經第二一〇八集沙門不應拜俗事卷三。）三年六月十五丁酉，仍在左肅機任。（會要五七尙書省條。）——兩書無傳。

鄭欽泰——麟德元年十二月十五戊子，由左肅機流貶。——兩書無傳。

〔考證〕 通鑑：麟德元年十二月丙戌，「(上官)儀下獄，……右相劉祥道坐與儀善，罷政事。(略)左肅機鄭欽泰等朝士流貶者甚衆。」按儀被殺，祥道坐貶，舊紀亦同書於丙戌。新紀表，儀被殺在丙戌，而祥道之貶在戊子，差後二日，似近理，今從之。

盧承業——麟德二年，由右肅機遷左肅機‧兼掌司列選事。時階銀青光祿大夫。蓋總章中，出爲陝州刺史。——此再任。

〔考證〕 舊傳，貶忠刺下云：「顯慶初，復爲雍州長史，……三遷左肅機‧兼掌司列選事，賜爵魏縣子。總章中，卒於楊州大都督府長史。」此任在龍朔二年二月改官名後無疑。新傳不書再任。墓誌，忠刺下云：「復爲雍州司馬，頃除長史。……又兼邢州刺史，……拜同州刺史。……使還，詔爲銀青光祿大夫‧行右丞。俄轉左丞。……屬慶洽射牛，禮昭疏爵，封魏縣開國子，食邑三百戶。久之，除陝州刺史。……又詔爲銀青光祿大夫‧行楊州大都督府長史。方劭題輿，俄悲易簀。……咸亨二年，龍集辛未，八月廿四日，薨於官舍。」官歷視舊傳爲詳。按册府一五一：「麟德二年三月戊午，詔曰：兩京及東都諸司雍洛二州見禁囚徒宜準龍朔元年盧囚例處分。……其……東都，令右肅機盧承慶充使。」全唐文一二高宗遣使慮囚詔同，惟無年月。新紀，同日，「遣使慮京師諸司及雍洛二州囚。」與册府合。舊紀在正月戊子，誤。然此時承慶不爲左右肅機，而與承業任右肅機年代正合，此詔「承慶」必「承業」之譌。則麟德二年三月十六戊午承業在右丞任，其由同州入拜當在此前。又此數年中之大禮惟乾封元年正月封禪泰山，從駕羣臣賜爵加階，則誌「慶洽射牛禮昭疏爵」云云，即指封禪而言。是由右遷左即在麟德二年，與誌「俄」字亦合。「久之」出爲陝州，則不能早過總章中。

馬載——蓋總章亨咸中，官左丞。——新九八附父周傳。

〔考證〕 新七二下世表：馬周子載，「尚書左丞，吏卽侍郎。」按載任吏侍始於咸亨上元中，在任甚久，其任左丞或當在前。

○趙仁本——咸亨元年十月二十六乙未，由太子右中護・兼攝正諫大夫・同東西臺三品罷爲左肅機。（舊紀〔作丙申〕、通鑑、新表、新紀、舊傳。）蓋二年，卒官。（舊傳。）——舊八一有傳。

○許圉師——約咸亨末，由相州刺史入遷左丞。四年，最遲上元元年，見在任。〔考證〕。上元二年八月二十九庚子，遷戶尙。（舊紀。）——舊五九、新九〇有傳。

〔考證〕　舊傳：「轉相州刺史。……上元中，再遷戶部尙書。」新傳略同。舊紀：上元二年八月庚子，「左丞許圉師爲戶部尙書。」則傳云「再遷」，卽省左丞一遷也。考王子安集八（全唐文一八〇）有上許左丞啓。按新二〇一王勃傳：「沛王……署府修撰。……勃戲爲文檄英王鷄，高宗怒……斥出府。勃既廢，客劍南，……聞虢州多藥草，求補參軍。……官奴曹達抵罪，匿勃所；懼事洩，輒殺之。事覺，當誅。會赦除名。父福時繇雍州司戶參軍坐勃故左遷交阯令，勃往省，度海溺水，痵而卒。」舊一九〇上勃傳，往交趾省父在上元二年。又據新傳，此年九月九日道過鍾陵，作滕王閣序。本集秋日楚州郝司戶宅餞崔使君序：「上元二載高秋八月……。」則首途必在八月稍前。舊紀上元元年八月大赦，二年六月五日戊寅又大赦，而傳「會赦除名，」當爲二年六月，則始任虢州參軍最遲當在元年末或二年春。又據本集入蜀紀行詩序，勃以總章二年五月入蜀，梓潼南江泛舟序以咸亨二年六月癸巳（二十八日）作，其還京當在後。今觀本集半是蜀中作，寓蜀必甚久，自總章二年五月至咸亨二年六月僅二年，其北還當在三年以後。又本集收上啓凡十篇，第十篇上郎都督啓，時其父南貶將行，則不能早過上元二年春。第八篇上明員外啓，述檄鷄造謗被黜，遠遊蜀川，乞員外薦擧；是在爲參軍以前。此下第九篇卽上許左丞啓，亦云：「自違隔恩華，嬰纒風恙，守愚空谷，斂跡仙臺，……望芝蘭之漸遠，覺鄙悋之都生，所以暫下松邱，言遊洛邑。……」則亦自蜀還洛尙未得官時所作。可能在咸亨三四年，決不能遲過上元元年。則咸亨四年，最遲上元元年，圉師見在左丞任也。

鄧惲——蓋上元末，官左丞。——兩書無傳。

〔考證〕新一一二韓思彥傳：「上元中，復召見。思彥……拜忘蹈舞，又詆外戚擅權；后惡之。中書令李敬玄劾思彥，……徙朱鳶丞。……始思彥在蜀，引什邡令鄧惲右坐曰，公且貴，願以子孫諉公。比其斥，而惲已爲文昌左丞。」按傳云「上元中」。若泥敬玄題銜，則當在儀鳳元年十一月稍後，若泥文昌之名，則當在光宅以後，今姑置上元末。

崔知悌——由中書侍郎遷左丞。（新傳。）儀鳳元年十二月二十五戊午，以本官充江南道巡撫大使。（舊紀、通鑑、冊府一六一〔作二年誤〕。）調露元年四月九日戊午，遷戶尚。（舊紀、新傳。）——舊一八五上、新一〇六附弟知溫傳。

韋仁約（思謙）——調露元年夏，遷左丞。蓋開耀中，遷御史大夫。——舊八八、新一一六有傳。

〔考證〕舊傳：「韋思謙……本名仁約，字思謙，以則天父諱，故稱字焉。……永淳初，歷尚書左丞、御史大夫。時武侯將軍田仁會與侍御史張仁禕不協……。」新傳官歷同，惟無「永淳初」。會要五八左右丞條：「儀鳳四年，韋仁約除尚書左丞。」此處書年宜可據，傳云永淳初者蓋指在御史大夫任內爲侍御史張仁禕辯護事而言耳。參照下條，知卸左丞當在開耀元年前後。又按儀鳳四年六月改元調露，會要尚稱儀鳳，則任左丞當在六月改元之前，四月九日後也。會要書名仁約，唐語林三亦云「韋仁約……爲左丞。」其時不以字行，故仍書名仁約。

馮元常——永淳中，遷左丞。光宅元年八月十一庚寅稍前，貶隴州刺史。——舊一八五上、新一一二有傳。

〔考證〕舊傳：「永淳中，爲尚書左丞。……嘗密奏中宮權重，宜稍抑損。……則天聞而惡之。及臨朝，四方承旨多獻符瑞，嵩陽令樊文進瑞石。……元常奏言狀涉諂僞。……則天不悅，出爲隴州刺史。俄而，天下岳牧集乾陵會葬，則天不欲元常赴陵所，中途改授眉州刺史。」新傳同，惟多「帝（高宗）委遇特厚。帝不豫。詔平章百司奏事。」一節。大唐新語六友悌類與兩傳同。按高宗以弘道元年即永淳二年十二月崩，則此前已在左丞任。又高宗以光宅元年八月庚寅葬乾陵，則元常貶出又在此稍前也。通鑑即於此日高宗葬乾陵下書元常事，與兩傳、新語同。又朝野僉載六亦云，元常位至尚書左丞；而新語云歷官左右丞。豈先嘗任右丞耶？待考。又按姓纂一馮氏，「元常，右丞，兵部侍郎。」今從兩傳作左，官兵侍當在前。

●魏玄同——光宅元年八月十一庚寅稍前，或以後，由黃門侍郎·同中書門下三品遷左丞，仍同三品。〔考證〕。垂拱元年七月五日己酉，遷鸞臺侍郎，仍同三品。（新表、通鑑、兩傳。）——舊八七、新一一七有傳。

〔考證〕 新表於高宗武后之際書魏玄同事有下列數條：

永淳元年「四月丁亥，（略）吏部侍郎魏玄同並與中書門下同承受進止平章事。」

弘道元年十二月戊寅，「玄同（爲）黃門侍郎·同中書門下三品。」

垂拱元年「七月己酉，玄同自文昌左丞遷鸞臺侍郎。」

二年「三月丙辰，玄同爲地官尚書。」

按鸞臺侍郎即黃門侍郎。垂拱元年條書法特殊，非常例，若非衍文，即玄同前曾由黃門侍郎遷左丞，作者不知其年月，故於復遷鸞臺侍郎時變例書之如此。

檢舊紀有永淳元年及弘道元年兩條，書事與新表同。（惟弘道元年條作十二月甲戌。）通鑑有永淳元年及垂拱元年兩條。其垂拱元年書云：「七月己酉，以文昌左丞魏玄同爲鸞臺侍郎·同鳳閣鸞臺三品。」改官與新表同，而始同三品則異。蓋所取材料與新表非同一來源，益證是時由左丞改鸞臺侍郎爲可據。復檢舊傳云：「累遷至吏部侍郎。弘道初，轉文昌左丞·兼地官尚書·同中書門下三品。則天臨朝，遷太中大夫·鸞臺侍郎，依前知政事。」 新傳云：「再遷吏部侍郎。永淳元年，詔與中書門下同承受進止平章事。進拜文昌左丞，鸞臺侍郎，同鳳閣鸞臺三品，遷地官尚書。」兩傳雖小有歧異，（舊傳「弘道初轉文昌左丞。」自誤。)然在相位期間曾由左丞遷鸞臺侍郎，則與新表、通鑑均合。是新表垂拱元年七月條書事甚確，非衍文也。弘道元年條書事，既有舊紀佐證，當亦不誤。然則弘道元年十二月至垂拱元年七月間，玄同曾由黃門侍郎遷左丞，新表作者不知此遷年月，故於垂拱元年七月復爲鸞臺侍郎時變例書之耳。參照前條馮元常卸左丞年月，則玄同爲左丞不能早過光宅元年八月庚寅稍前，必矣。

盧獻——永昌元年三月二十癸酉，兩丞進爲從三品。獻是日在左丞任。(會要五八左右丞條。)蓋不久卽卸。〔考證〕。——舊一九三附見崔繪妻盧氏傳。

〔考證〕 舊傳：「父獻，……則天時，歷鸞臺侍郎，文昌左丞。天授中，爲酷吏來俊臣所陷，左遷西鄉令卒。」按永昌元年三月見在左丞任，事見會要，無問題。而據舊傳，似任職直至天授中貶出者。考通鑑：長壽元年春一月，「來俊臣羅告同平章事任知古、狄仁傑、裴行本、(略)前文昌左丞盧獻……謀反。……庚午，貶知古，江夏令；仁傑，彭澤令；……獻，西鄉令。」(新表知古仁傑貶日同。)獻銜爲「前文昌左丞」，則先已卸任，與張行廉、周興事不抵觸。又舊一八六來俊臣傳：「如意元年，……文昌左丞盧獻等六人並爲羅告。」新語一二載此事云天授中。如意元長壽元皆天授三年之改元，故得通稱之。獻爲左丞，又見朝野僉載三。

張行廉——天授元年八月二十癸亥，被殺。時官左丞。(通鑑、舊紀。)〔考證〕。——兩書無傳。

〔考證〕 通鑑：天授元年八月「癸亥，殺尚書左丞張行廉。」涵芬樓影宋本、雙鑑樓百衲宋本及通本並同。而舊紀百衲本及通本均作右丞。今姑從鑑。

周興——天授元年九月，由秋侍遷左丞。(舊傳、新傳。)二年十一月，下獄。二月，流嶺表。(舊傳、通鑑。)〔考證〕。——舊一八六上、新二〇九有傳。

〔考證〕 舊傳：「累遷司刑少卿，秋官侍郎……。天授元年九月，革命，除尚書左丞。……二年十一月，……下獄，當誅；則天特赦之，徙於嶺表。在道爲讐人所殺。」新傳同而略。按：武后以天授元年九月九日壬午革唐命，與任左丞蓋此日或稍後。又通鑑天授二年，「或告文昌右丞周興。……二月，流興嶺南。」此時以建子月爲歲首，蓋十一月下獄，至二月流嶺南。惟作右丞，與兩傳不合。考舊一九二史德義傳：「天授初，江南道宣慰使文昌左丞周興表薦之。」亦作左。今從兩傳。

●**姚璹**——長壽元年八月十六戊寅，由檢校天侍遷左丞・同鳳閣鸞臺平章事。〔考證一〕。二年九月十五辛丑，罷爲司賓少卿。〔考證二〕。——舊八九、新一〇二有傳。

〔考證一〕　新紀：長壽元年八月戊寅，「檢校天官侍郎姚璹爲文昌左丞……同鳳閣鸞臺平章事。」舊紀同，惟無日。新表日同；不云遷左丞，誤。通鑑書事與兩紀同，但云秋七月戊寅。按七月無戊寅，七字誤。舊傳：「召拜天官侍郎。……長壽二年，遷文昌左丞・同鳳閣鸞臺平章事。」年份誤。新傳無年；而天侍上有「檢校」二字，是也。

〔考證二〕　新紀：長壽二年九月「辛丑，姚璹罷。」通鑑：同日，「以文昌左丞・同平章事姚璹爲司賓卿，罷知政事。」而新表於元年九月辛丑書：「璹罷爲司賓少卿。」視新紀通鑑恰差前一年。按舊傳，長壽二年，遷左丞・同平章事。下云：「是歲九月，坐事轉司賓少卿，罷知政事。」是亦二年。又按會要二九祥瑞上：「長壽二年正月元日，……文昌左丞姚璹對白……」，又六三史館雜錄上：「長壽二年，修時政記，……文昌左丞姚璹……表請也。」又六四史館雜錄下：「長壽二年，宰相姚璹……請……撰……時政記。」據此諸證，皆與新紀、通鑑合，新表誤前一年耳。（元年九月辛丑爲十日。沈炳震云此年九月無辛丑，亦未照。）至於罷守之官，新表及兩傳皆作少卿，通鑑無「少」字，蓋誤。

顧琮——武后中葉，久視元年稍前，官左丞。舊七三、新一〇二附父胤傳。

〔考證〕　姓纂八：露氏，「允……生琮，尚書左丞，天官侍郎・平章事。」岑校云，此爲顧氏條文。是也。按琮以久視元年爲天官侍郎・平章事，長安二年卒。則爲左丞當稍前。

孫彥高——神功元年，由左丞出爲定州刺史。——兩書無傳。

〔考證〕通鑑：聖曆元年八月「癸丑，默啜寇飛狐。乙卯，陷定州，殺刺史孫彥高。」考異引朝野僉載：「文昌左丞孫彥高……出爲定州刺史。歲餘，默啜賊至，圍其郛郭。」則出刺當在神功元。

○宗楚客——聖曆元年正月三日丙寅，由夏侍·同鳳閣鸞臺平章事罷爲左丞。（新表、新傳。）〔考證〕。二年臘月二日戊子，貶播州司馬。（通鑑、新傳。）——舊九二、新一〇九有傳。

〔考證〕新傳：「檢校夏官侍郎·同鳳閣鸞臺平章事。……自文昌左丞貶播州司馬。」舊傳無左丞。新表原官亦檢校夏官侍郎·平章事。聖曆元年「正月丙寅，楚客罷爲文昌左丞。」（通本作左相誤，此據百衲本。）新紀例不書罷爲何官。通鑑，正月甲子朔，「夏官侍郎宗楚客罷政事。」日小異，亦失書罷爲何官。而二年臘月戊子書：「文昌左丞宗楚客……貶播州司馬。」與新表、新傳實合。又全唐文二四六有李嶠爲左丞宗楚客謝知政事表。似由左丞拜相，豈另一次耶？姑存疑。

○韋巨源——久視元年臘月二十庚子，由左丞遷納言。（新紀〔丞誤作相〕、新表〔誤同又脫臘月〕、通鑑〔並考異〕。）——舊九二、新一二三有傳。

○陸元方——久視元年，由太子右庶子遷左丞。〔考證〕。長安元年二月七日庚戌，卒官。（墓誌、兩傳。）——舊八八、新一一六有傳，全唐文二三一有張說撰陸元方墓誌

〔考證〕舊傳：「拜鸞臺侍郎·平章事。責授太子右庶子，罷知政事。」新傳及墓誌同。按元方再相，新紀新表均在聖曆二年八月。新紀，久視元年臘月庚寅罷司禮卿。新表失書。通鑑「罷」下有「爲」字，即始罷相爲司禮卿，與兩傳墓誌不同。然遷左丞仍必即在此年，明年二月七日即卒矣。又舊傳「拜鸞臺侍郎」上云，「轉天官侍郎、尚書左丞。」是前後兩任左丞也。然新紀、新表、新傳、墓誌均由天侍遷鸞臺侍郎·平章事，無此「左丞」一遷。待考。

崔玄暐——長安元年冬，由天侍遷左丞。月餘，復換天侍。（通鑑、兩傳。）——舊九一、新一二〇有傳。

薛季昶——長安二年四月稍後，由雍州長史遷左丞。不久，出歷魏陝二州刺史。——舊一八五、新一二〇

有傳。

〔考證〕　舊傳：「久視元年，季昶自定州刺史入爲雍州長史。……俄遷文昌左丞，歷魏陝二州刺史。長安末，爲洛州長史。」新傳同。按通鑑：長安二年「三月庚寅，突厥破石嶺，寇并州，以雍州長史薛季昶攝右臺大夫充山東防禦軍大使。……四月，以幽州刺史張仁愿專知幽平嬀檀防禦，仍與季昶相知，以拒突厥。」新紀、新突厥傳年月書銜均同，則遷左丞當在此稍後。

●李嶠——長安二年六月稍後，以成均祭酒·東都留守兼檢校左丞，進階通議大夫。三年閏四月十日庚午，正兼左丞·同鳳閣鸞臺平章事。〔考證一〕。同月十九己卯，知納言事。（新表、通鑑、兩傳。）蓋四年四月，卸。〔考證二〕。——舊九四、新一二三有傳。

〔考證一〕　舊傳：「久視元年，……轉成均祭酒，罷知政事。嶠尋檢校文昌左丞·東都留守。長安三年，嶠復以本官平章事，尋知納言事。明年，遷內史。嶠固辭煩劇，復拜成均祭酒，平章事如故。」新傳同，云：「罷爲成均祭酒。俄檢校文昌左丞，留守東都。」按：舊紀、新表均於久視元年閏七月書嶠罷爲成均祭酒。檢校左丞必在其後。據兩傳，最遲又不在留守東都後。考全唐文二四六李嶠謝加授通議大夫表：「臣嶠言，伏奉恩制，加臣通議大夫·守成均祭酒·兼檢校文昌左丞，餘如故。」又云：「臣嶠……蜉蝣之衣，久慚於忝竊。屬秦人望幸，虞帝卜征，萬騎時巡，不陪遊於渭北，四關留鎮，獨延欷於周南，劬勞異羈靮之臣，寵渥均廟堂之士。」則先因車駕西幸關中，嶠爲東都留守，此時奉制加檢校文昌左丞也。據兩紀、通鑑，武后以長安元年十月西入關，大赦改元。通鑑，二年「六月壬戌，召神都留守韋巨源詣京師，以副留守李嶠代之。」蓋西幸時，嶠始爲副留守，二年六月爲留守，不久加檢校文昌左丞，事當在二年。而新表，久視元年閏七月，「嶠罷爲成均祭酒。」長安三年「閏四月庚午，嶠兼左丞·同鳳閣鸞臺平章事。」兼左丞實在二年，此處似誤。然通鑑，長安三年閏四月「丁丑，命韋安石留守神都。己卯，改文昌臺爲中臺，以中臺左丞李嶠知納言事。」安石爲留守蓋代嶠任。蓋嶠前在神都只兼檢校左丞，此時卸留守西入京始兼正耳。新紀拜相時題銜成均祭酒，省書兼左丞。會要五八司勳員外條：「長安二年閏四月十二日，文昌丞李嶠奏加一員。」按二年四月不閏，乃三年之譌。

〔考證二〕　兩傳，入相後尋知納言，明年遷內史。卸兼左丞可能在遷內史時。按舊紀、新紀、新表、通鑑，四年四月壬戌韋安石知納言事，嶠知內史事。

●韋安石——長安四年四月六日壬戌稍後，以知納言事加檢校中臺左丞．兼太子左庶子。八月一日甲寅朔，兼檢校揚州大都督府長史。不知何時卸左丞。——舊九二、新一二二有傳。

〔考證〕　安石以長安四年四月壬戌知納言事，見兩紀、新表、通鑑。八月甲寅，兼檢校揚州大都督府長史，神龍元年二月甲戌，罷爲刑部尚書，皆見舊紀、新表、通鑑。新傳官歷年代合，均無左丞。舊傳：「尋知納言事。是歲，又加檢校中臺左丞．兼太子左庶子。……四年，出爲揚州大都督府長史。神龍初，徵拜刑部尚書。」書事小異，而有檢校左丞，今姑據書左丞。

蘇瓌——神龍元年六月二十七乙亥後不久，由右丞遷左丞。時階銀青光祿大夫。十月二十五辛未至十一月二十五辛丑間，遷戶尚。（詳右丞卷。）——舊八八、新一二五有傳。

○張錫——神龍二年或景龍元年正月，由左丞遷工尚。（詳工尚卷。）——舊八五、新一一三有傳。

宋璟——神龍二年蓋夏秋，以黃門侍郎兼攝左丞。十月，兼檢校幷州大都督府長史；未行，改檢校貝州刺史。——舊九六、新一二四有傳，萃編九七、全唐文三四三有顏眞卿撰廣平公宋璟碑。

〔考證〕　宋璟碑：「神龍之復興也，……拜朝散大夫．吏部侍郎．兼諫議大夫，遷黃門侍郎。……俄而，兼攝尙書左丞。中宗將幸西京，深虞北鄙，乃兼檢校幷州大都督府長史，又改兼貝州刺史。」兩傳均失書兼左丞，兼檢校幷州長史亦未行。按：中宗以神龍二年十月己卯車駕發東都；戊戌，至西京。則十月尙在任。又舊傳遷黃門侍郎在韋月將上書訟武三思前，通鑑書月將事於二年四月，則遷黃門在四月前。

元暕——景龍二年四月，在左丞任。時階銀青光祿大夫。（全唐文二五七蘇頲撰章懷太子良娣張氏神道碑。）〔考證〕。——兩書無傳。

〔考證〕張良娣碑作左丞，全唐文二六八武平一東門頌序亦稱前荆州長史、尙書左丞元暕。而姓纂四，元氏「暕，尙書右丞、右常侍。」蓋誤。

○崔元綜——中宗時，曾官左丞。（舊傳。）——舊九〇、新一一四附豆盧欽望傳。

○崔湜——景龍三年五月以後，由襄州刺史入遷左丞。年冬，遷吏侍。——舊七四、新九九有傳。

〔考證〕舊傳：「轉中書侍郎·同中書門下平章事，與鄭愔同知選事，銓綜失序。……中宗……授湜襄州刺史。未幾，入爲尙書左丞。韋庶人臨朝，復爲中書侍郎·同中書門下平章事。」新傳同；惟後拜相官爲吏部侍郎，與舊傳異。據舊紀、新紀、新表，當以新傳爲正。按：貶襄州刺史在其年五月，而景雲元年正月五日又已在吏侍任，則左丞時代可見。

薛謙光（登）——景雲元年，由左丞遷御史大夫。〔考證〕。時階銀青光祿大夫。（舊傳。）——舊一〇一、新一一二有傳。

〔考證〕舊傳：「累遷……刑部侍郎，加銀青光祿大夫。再遷尙書左丞。景雲中，擢拜御史大夫。時僧惠範恃太平公主權勢，逼奪百姓店肆，……謙光……奏彈之，反爲太平公主所構，出爲岐州刺史。」據通鑑，謙光以景雲二年五月忤惠範，由御史大夫出刺岐州。參以左丞員闕，謙光爲左丞約在崔湜第一任前後。今姑置兩任間。

齊景胄——蓋中睿之世，或開元六年稍後，曾官左丞。——兩書無傳。

〔考證〕姓纂三，成都齊氏「唐黄門侍郎璿生景曹，左丞，刑部侍郎。」岑校：「曹，庫本作胄，此誤。」勞考三，齊景胄下亦引此條。元龜一六二，先天二年，少府監齊景胄宣撫關內河東。同書一七二，開元六年二月，以少府監齊景胄爲益州長史。開元三年前景胄官晉州刺史，見全文三一八李華李景暉碑。」據此推之，爲刑侍當在中宗之世，爲左丞當在中睿世或開元六年稍後也。

○崔湜——景雲元年七月十三壬戌，由吏侍·同中書門下平章事復罷爲左丞。（新表、通鑑。）〔考證一〕。二年十月以前，徙太子詹事。〔考證二〕。——此再任。

〔考證一〕　舊紀：景雲元年七月「癸亥，吏部侍郎崔湜爲尙書右丞，罷知政事。」新表：同年七月「壬戌，湜罷爲尙書左丞。」通鑑與新表同。新紀同日只云罷。今從新表、通鑑。兩傳皆云：「睿宗立，出爲華州刺史。」不云罷爲左丞。按新表、通鑑，是年六月壬寅（表）或癸卯（鑑），貶蕭至忠、韋嗣立、趙彥昭、崔湜爲刺史，湜爲華州。戊申，皆復相，湜仍以吏侍平章事。舊紀，癸卯出爲刺史，無湜；而戊申停刺史，有湜。蓋癸卯失書也。然則罷刺華州不過五日，復以原官相，兩傳書暫罷之官，不書後罷，欠妥。

〔考證二〕　兩傳，「出爲華州刺史」下續云：「俄除太子詹事」。按舊紀：景雲二年十月，「太子詹事崔湜爲中書侍郎·同中書門下三品。」新紀、新表同。蓋由左丞轉詹事也。兩傳書事亦不醒。

○張說——景雲二年十月三日甲辰，由中書侍郎·同中書門下平章事罷爲左丞。蓋先天元年八九月，分司東都。——舊九七、新一二五有傳。

〔考證〕　舊紀：景雲二年正月，「中書侍郎張說同中書門下平章事。」四月，「爲兵部侍郎，依舊同中書門下平章事。」十月甲辰，「兵部侍郎·兼左庶子張說爲尙書左丞，罷知政事。」新紀、新表、通鑑，是年正月，以中書侍郎拜相，與舊紀同；皆無四月兵侍一轉。按：兩傳亦皆以中書侍郎同平章事，無兵侍一轉；舊紀蓋誤。罷爲左丞，新表、通鑑月日並與舊紀同。而舊傳：景雲二年，以中書侍郎·同平章事。「明年，又制皇太子卽帝位（玄宗），俄而太平公主……以說不附己，轉爲尙書左丞，罷知政事，仍令往東都留司。……及至忠等誅，徵拜中書令。」新傳同；惟罷政事下作「東都留守」。是先天元年八月玄宗卽位以後始罷相爲左丞分司東都，與紀、表、鑑均不合；蓋誤。然通鑑先天元年八月紀事云：崔湜「與公主謀，罷說政事，以左丞分司東都。」開元元年六月紀又云：「左丞張說自東都遣人遺上佩刀」云云。則分司東都爲可信。蓋景雲二年十月甲辰，說罷相爲左丞，明年卽先天元年八月玄宗卽位後始分司東都歟？又舊紀：開元元年七月癸丑，「尙書左丞張說爲檢校中書令。」按：七月無癸丑；新紀、新表、通鑑作乙亥，是。表不書衔；鑑作左，是；新紀作右，誤。

張廷珪——開元元年，以禮侍兼判左丞事。時階正議大夫。二年夏或前後一個月，遷黃門侍郎。（詳禮侍卷。）〔考證〕。——舊一〇一、新一一八有傳。

〔考證〕朝野僉載一：「開元二年，……被御史李全交致其罪，勅令處盡。而刑部尙書李知白、左丞張廷珪、崔玄昇、侍郎程行諶咸請之，乃免死。」李知白爲李日知之譌。觀日知、行諶在刑部尙書及侍郎之年份，此「二年」蓋「元年」之譌，詳刑尙卷李日知條。

張暐——開元二三年中，以太子詹事判左丞事。（詳右丞卷。）——舊一〇六、新一二一附王琚傳。

陸餘慶——開元初，四年以前，以宗正卿判左丞事。後換大理卿。——舊一四五附見孫長源傳。

〔考證〕全唐文二五一蘇頲授陸餘慶大理卿制：「宗正卿·上柱國·廣平郡開國公·判尙書左丞陸餘慶……可大理卿，勳封如故。」在授張暐鴻臚卿制前。按暐事在開元二三年。頲知制誥亦在開元初。四年十二月爲相後不知制誥。則餘慶此事不能遲過四年。而舊陸長源傳：「開元天寶中，尙書左丞、太子詹事餘慶之孫。」時間稍誤。又朝野僉載二：「尙書右丞陸餘慶轉洛州長史。」作右，不知字譌抑嘗爲右丞。

韋玢——開元三年十二月，由左丞出爲冀州刺史。（通鑑。）〔考證〕。——兩書無傳。

〔考證〕姓纂二：「韋玢，尙書右丞。」新書世表作司農卿。

源乾曜——開元三年十二月，或四年正月，由戶侍·兼御史中丞遷左丞。〔考證〕。時階正議大夫。（蘇頲授制。）四年十一月二十四丙申，遷黃門侍郎·同紫微黃門平章事。（舊紀〔作甲午〕、新紀、新表、通鑑、兩傳。）——舊九八、新一二七有傳。

〔考證〕　舊傳：「開元初，……遷戶部侍郎・兼御史中丞。無幾，轉尚書左丞。四年冬，拜黃門侍郎・同紫微黃門平章事。」新傳省戶侍、御丞。考全唐文二五〇（英華三八五）蘇頲授源乾曜等尚書左丞等制：「正議大夫・行尚書戶部侍郎・（勳・封）・兼御史中丞源乾曜……可尚書左丞，勳封如故。」同制，倪若水由紫微舍人遷尚書右丞。按若水於四年二月已由右丞出爲汴州刺史，則二人始任兩丞不能遲過四年正月。又前條韋玢於三年十二月始由左丞出刺冀州，則乾曜繼任亦不能早過三年十二月也。

盧從愿——開元五六年，由工侍遷左丞。〔考證一〕。六年至七年三月十九戊申，見在任。（會要三九定格令條、舊五〇刑法志、新五八藝文志。）七年或八年夏秋以前，遷中書侍郎。〔考證二〕。——舊一〇〇、新一二九有傳。

〔考證一〕　舊傳：「拜吏部侍郎。……開元四年，……以注擬非才，左遷豫州刺史。無幾，入爲工部侍郎，轉尚書左丞。又與楊滔及吏部侍郎裴漼（略）刪定開元後格。」新傳同。按刪定開元後格，始於六年，上於七年三月。據此推求，其任左丞必在五六年間。

〔考證二〕　兩傳由左丞遷中書侍郎。考八瓊六九重刻十哲贊碑：言偃子游贊，盧從愿撰，銜爲「太中大夫・守中書侍郎・上柱國。」按十哲贊撰於八年五月丁卯稍後，九月之前，詳下裴漼條。則遷中書侍郎不能遲過夏秋。

裴漼——開元八年夏秋以前，或上年，由吏侍遷左丞。八年夏秋，見在任。蓋以八年末或九年，遷黃門侍郎。——舊一〇〇、新一三〇有傳。

〔考證〕　八瓊六九重刻十哲贊碑：卜商子夏贊，裴漼撰，銜爲「尚書左丞・上柱國。」據會要三五褒崇先聖條，十哲贊作於開元八年三月十八日稍後。今檢十哲贊撰人書銜：閔損子騫贊，源乾曜撰，銜爲「銀青光祿大夫·守侍中。」冉雍仲弓贊，張嘉貞撰，銜爲「銀青光祿大夫·守中書令。」端木賜子貢贊，韋抗撰，銜爲「黃門侍郎·兼鴻臚卿。」據兩紀、新表，乾曜、嘉貞以八年五月丁卯爲侍中、中書令；舊紀，韋抗以是年九月由黃門侍郎爲御史大夫：則十贊之作不能早於五月丁卯，不能遲於九月，是八年夏秋間灌在左丞任。舊傳：「開元五年，遷吏部侍郎，典選數年，多所持拔。再轉黃門侍郎，代韋抗爲御史大夫。」新傳亦不書左丞。蓋由吏侍遷左丞，又遷黃門侍郎，故云再遷。按七年三月，灌尙在吏侍任，詳彼卷：則遷左丞當在七年夏至八年夏之間。又舊九二韋抗傳：「八年，……代王晙爲御史大夫，……尋以薦御史非其人，出爲安州都督，轉蒲州刺史。十一年，入爲大理卿。」據舊紀，抗以八年九月爲御史大夫。則灌由黃門侍郎遷御史大夫當在九年或十年，由左丞遷黃門侍郎當在八九年也。又其名，諸處皆作「灌」，惟重修十哲贊碑作「灌」，蓋模刻之誤。

崔泰之——約開元十年前後，曾官左丞。（詳工尙卷。）——舊一八五上、新一〇六附見父知溫傳。

源光裕——約開元十年，由戶侍遷左丞。十一年二月，見在任。同年，蓋徙大理卿。——舊九八、新一二七有傳。

〔考證〕 舊傳：「爲中書舍人，與楊滔、劉令植等同刪定開元新格。歷刑部、戶部二侍郎，尙書左丞，累遷鄭州刺史。」新傳前半同；左丞下云：「會選諸司長官爲刺史，光裕任鄭州。」新七五上世表：源光裕，尙書左丞。考全唐詩第一函第三冊祭汾陰樂章，其第十一順章篇本注：「尙書右丞源光裕作。」按祭汾陰事在開元十一年二月，則此時光裕在任。（又其五太和篇，吏部尙書王晙作。按晙以開元十一年正月始任吏尙，四月遷兵尙·同三品；亦諸篇作於此時之證。）此時王丘在右丞任，則全詩作「右」誤。然十一年十一月蕭嵩已在左丞任，是光裕卸任亦卽在十一年。又按：通鑑，開元十三年二月乙亥，「上自選諸司長官有聲望者大理卿源光裕、尙書左丞楊承令……等十一人爲刺史。」則由大理出刺鄭州，非由左丞，舊傳有「累遷」二字，是。然則十一年卸左丞卽徙大理卿歟？

蕭嵩——開元十一年十一月二十六戊子，在左丞任。（通鑑、會要七二府兵條、新五〇兵志。）十二年，轉兵侍。〔考證〕。——舊九九、新一〇一有傳。

〔考證〕　舊傳：「歷宋州刺史，三遷爲尚書左丞、兵部侍郎。」新傳省兵侍。十一年十一月尾，嵩旣在左丞任，參以後條楊承令事，則嵩卸左丞不能遲過十二年。按：通鑑十一年十一月戊子云：「命尚書左丞蕭嵩與京兆蒲同岐華州長官選府兵及白丁一十二萬，謂之長從宿衞。」新書兵志及會要七二同。蓋此時嵩受命整理兵事，旋即正授兵侍歟？

楊承令——開元十三年二月二十一乙亥，由左丞出爲汾州刺史。（通鑑、冊府六七一選任。）〔考證〕。——兩書無傳。

〔考證〕　新七一下世表：觀王房楊氏，「承令，尚書右丞。」今從通鑑、冊府作左。

袁仁敬——開元十三四年，官至左丞。——兩書無傳。

〔考證〕　姓纂四：襄陽袁氏，「狀云，袁術敗後，子孫分散，因居襄陽。唐尚書左丞袁仁敬。」又舊九九張九齡傳：「與中書侍郎嚴廷之、尚書左丞袁仁敬（下略）結交友善。」考會要六六：「（開元）二十一年七月，大理卿袁仁敬暴卒，繫囚聞之皆慟哭。」則官左丞當在開元二十年以前。復考全唐詩三函三冊孟浩然秦中苦雨思歸贈袁左丞賀侍郎云：「苦學三十載。」按：浩然，襄陽人，年四十遊京師，不得意歸山南，開元末病疽卒。此詩不能早過開元十年。開元中袁姓官左丞可考者惟仁敬，賀氏官侍郎可考者惟知章，此詩當即贈仁敬、知章者。知章以開元十三年遷禮侍，十四年換工侍，旋卸任，是其時仁敬在左丞任也。

王丘——開元十四年正二月，或上年十二月，由懷州刺史·分知吏部選事遷左丞。〔考證〕。不知何時丁父憂免。（兩傳。）——舊一〇〇、新一二九有傳。

〔考證〕　舊傳：「拜黃門侍郎，……爲懷州刺史，……分知吏部選事。入爲尚書左丞。」新傳同。

考新一二八齊澣傳，東封太山還，「中書令張說擇丞轄，以王丘爲左，澣爲右。」舊一九〇中齊澣傳，丘亦由懷州入拜。按：玄宗以十三年十一月十日庚寅封泰山，十二月二十日己巳還至東都。據通鑑，途過懷州，「刺史王丘餼牽之外一無他獻。」帝嘉之，還都，以爲尙書左丞。則不能早過十三年十二月。又新一三四宇文融傳：「封太山還，融以選限薄冬，請分吏部爲十銓。有詔融與（略）懷州刺史王丘分總。」會要七四論選事條，事在十三年十二月。丘，兩傳知吏部十銓亦在拜左丞前。則遷左丞又可能遲至十四年正二月。

趙昇卿——開元中葉，官至左丞。——兩書無傳。

〔考證〕 姓纂七：「尙書左丞、華州刺史趙昇卿，林（臨）汝人。」考郎官柱，吏中有昇卿，其前張敬忠、慕容珣，其後爲李元紘。按：敬忠以開元七年拜平盧節度使，（新書張仁愿傳。）珣以開元六七年官吏侍，元紘以開元十二年由兵侍遷吏侍，則昇卿官達爲左丞當亦即開元中葉。

韋虛心——開元十四年至二十年間某時，曾官左丞。——舊一〇一、新一一八有傳，全唐文三一三有孫逖撰東都留守韋虛心神道碑。

〔考證〕 舊傳：「遷御史中丞、左右丞、兵部侍郎，荆揚潞長史兼採訪使，……歷戶部尙書．東都留守，卒。」新傳無兩丞、兵侍，而戶作工。考神道碑云：「肅肅王度，憲臺是式，命公作侍御史，以至於中丞；長人之官，以視百姓，命公作歙曹二州刺史、荆潞揚三州長史，以至於太原尹；司會之府，允釐庶績，命公作倉部左司二員外、戶部兵部右司三郎中、左右丞、兵部侍郎，以至於工部尙書。……享年七十，以開元二十九年……薨於東都。」觀舊傳，似左右丞在三州長史之前。比觀碑文，乃以類分敍，舊傳據碑約舉各類之最高官守而已，非遷轉之次序也。又按：虛心官兵侍在二十一二三年間，詳兵侍卷；而十三年冬，虛心參十銓，時官荆州長史，尤足證任兩丞不必在三長史前，即不必在十三年前也。本表十四年以前左丞甚多，以後缺人，姑置十四年至二十年間，亦與任兵侍時間相應。

皇甫翼——開元二十一年二月，以檢校左丞充河南淮南宣慰使。——兩書無傳。

〔考證〕　册府一六二：「(開元)二十一年二月，以簡較尚書右丞相皇甫翼充河南淮南道宣慰使。」考姓纂五，壽春皇甫氏，「翼，尚書左丞。」岑校：「英華四一七張九齡制又稱檢校尚書左丞。」按：此時韓休在右丞任，字不誤；册府衍「相」字，又譌「左」爲「右」耳。

嚴挺之——開元二十二年春夏間，由太府卿遷吏侍・兼左丞。五月二十七丁亥，見在任。時階朝議大夫。〔考證一〕。是年或明年，遷中書侍郎。〔考證二〕。——舊九九、新一二九有傳。

〔考證一〕　舊傳：「(開元)二十年，……擢爲刑部侍郎，……改太府卿。與張九齡相善，九齡入相，用挺之爲尚書左丞・知吏部選。」新傳同。按：舊紀，開元二十二年正月「辛未，太府卿嚴挺之：：於河南存問賑給。」又張九齡以二十一年十二月入相。則挺之遷左丞知選必在二十二年正月以後。考四部叢刊本曲江文集附錄載授中書令制，後署嚴挺之銜爲「吏部侍郎・朝議大夫・守尚書左丞・賜紫金魚袋。」時「開元二十二年五月二十七日。」則遷任必在二十二年春夏間。

〔考證二〕　舊傳續云：「及挺之囑蔚州刺史王元琰，……以此九齡罷相，挺之出爲洺州刺史。」新傳同。似由左丞出刺。然通鑑二十四年十一月，挺之由中書侍郎貶洺州刺史，非由左丞。又舊九九張九齡傳亦云，「與中書侍郎嚴挺之(略)結交友善。」則中間固曾遷任中書侍郎，兩傳均失書中書侍郎一遷。據吏侍卷員闕，挺之卸吏侍不能遲過二十三年。

席豫——開元二十八年或前一年，由吏侍遷左丞。(詳吏侍卷。)二十九年五月，見在任。(册府一六二作右誤」。)約天寶元年，遷檢校禮尚。〔考證〕。——舊一九〇中、新一二八有傳。

〔考證〕　舊傳：「爲吏部侍郎，……典選六年，……天寶初，改尚書左丞。尋檢校禮部尚書。……七載，卒於位。」新傳：「典選六年。……天寶六載，進禮部尚書。」不言爲左丞。考石臺孝經，豫題名書銜爲「通議大夫・檢校禮部尚書。」則四年九月以前已遷檢校禮尚。新傳六載進禮尚，必誤。

又二年，陸景融由左丞換吏侍。則豫卸左丞遷禮尙當在元年矣。

陸景融——天寶二載，由左丞換吏侍。——舊八八、新一一六有傳。

〔考證〕 舊傳：「歷……滎陽郡太守，河南尹，兵、吏部侍郎，左右丞，工部尙書·東都留守。」考全唐文三〇八孫逖授陸景融吏部侍郎制：「守尙書左丞陸景融……可守吏部侍郎。」在授李彭年吏侍制、授韋陟吏侍制之前。按景融由滎陽太守遷右丞在天寶元年二月稍後，李彭年爲吏侍在二年冬，韋陟爲吏侍在二年或三年，各詳本卷。又據石臺孝經，天寶四載九月景融見在工部尙書·東都留守任。合而觀之，則由左丞換吏侍必在二年無疑。

宋遙——天寶三載，由戶侍遷左丞。是年或明年春，卸。——兩書無傳。

〔考證〕 姓纂八：扶風宋氏，「遙，禮戶吏侍郎，左丞。」岑校引上黨大都督府長史宋遙誌，天寶六載卒於上黨。述官歷云：「戶部、禮部、吏部、再戶部四侍郎，左丞。」觀「再戶部」云云，知此卽遷官次序。按遙以二載春由吏侍貶武當太守，則官戶侍左丞必在三四五年，不能早過二年。據員闕，左丞惟三載有闕，其卸不能遲過四年春，其爲戶侍當在二三年也。

崔翹——天寶四載春夏或上年，由右丞遷左丞。四年九月一日乙卯，見在任。時階通議大夫。〔考證一〕。五載三月二十四丙子，以本官充黜陟使。〔考證二〕。蓋七載，遷禮尙。（詳禮尙卷。）——舊九四、新一一四附父融傳。

〔考證一〕 萃編八七石臺孝經，經文後上截刻天寶四載九月一日（略）臣李齊古上表。下截諸臣題名，崔翹銜「通議大夫·守尙書左丞·（勳·封）。」是四年八九月已在左丞任也。或疑題名未必在九月一日以後。今按：李適之以五載四月庚寅罷相，陳希烈以四月丁酉由門下侍郎同平章事。而此題名適之銜爲「光祿大夫·行左相·兼兵部尙書」，未罷相；希烈銜爲「光祿大夫·行門下侍郎」，尙未相；是不能遲於五載四月也。又陳希烈題名階爲光祿大夫，而全唐文三八冊壽王韋妃文，希烈爲副使，階尙爲金紫光祿大夫，時在天寶四載七月二十六日，則題名必在四載八月以後矣。然則，據題名本身推測，決不能早於四年八月或遲於五載二三月，今姑從李齊古表作四載九月一日爲妥。又天寶初約三年曾官右丞，詳右丞卷，蓋左丞之前官。

〔考證二〕 舊紀：天寶五載正月「丙子，遣禮部尙書席豫、左丞崔翹……等七人分行天下，黜陟官吏。」此下卽記四月事。冊府一六二亦作正月。而新紀是年「三月丙子，遣使黜陟官吏。」按正月三月皆有丙子，均爲二十四日，蓋以新紀作三月爲正。

韋濟——天寶七載蓋秋冬，由河南尹入遷左丞。〔考證〕。後出爲馮翊太守。（兩傳。）——舊八八、新一一六有傳。

〔考證〕 舊傳：「天寶七載，又爲河南尹，遷尙書左丞。」新傳：「天寶中，授尙書左丞。」考杜工部集有奉寄河南韋尹丈人、贈韋左丞丈濟、奉贈（一作呈）韋左丞丈二十二韻，三詩。黃鶴注謂三詩皆天寶七載作，而第二詩在年冬。按：第二詩云：「左轄頻虛位，今年得舊儒。」又云：「歲寒仍顧遇，日暮且踟躕。」是濟始任左丞之年冬所作，自屬無疑。又第三詩：「騎驢十三載，旅食京華春。」云云。仇兆鰲云：「諸本作三十載，盧注作十三載。……公兩至長安，初自開元二十三年赴京兆之貢，後以應詔到京，在天寶六載，爲十三載也，他本作三十載斷誤。」耕望按：仇說是也。甫此時年才三十餘，何能謂騎驢三十載耶？甫自稱忤下考功第，則其赴貢舉不能遲過二十三年冬，過此則貢擧屬禮部矣。是此詩不能遲過天寶七載之强證。蓋是年濟爲河南尹，卽是年秋冬入爲左丞也。

蔣洌——天寶末，曾官左丞。——舊一八五上、新一〇六附見高智周傳。

〔考證〕 舊傳：「蔣洌歷禮吏戶三侍郎，尙書左丞。」新傳作冽，左丞同。又舊一二七蔣鎭傳：「尙書左丞冽之子也。」又云：「父冽，……當祿山思明之亂，並授僞職。」今按十四載三月冽在吏侍任，左丞亦姑置天寶末。

張倚——天寶十四載春夏，由左丞・兼文侍遷御史大夫。——兩書無傳。

〔考證〕　全唐文三一六李華御史大夫廳壁記：「尊號加孝德之明年，樂成公自尙書左丞・兼文部遷，崇德也。昭融禮經，嗣續文雅，張仲孝友，山甫明哲。」下云「天寶十四載六月十五日記。」此人當姓張，此時在大夫任。同卷李華御史中丞廳壁記：「天寶中，……以尙書左丞張公爲大夫，少府大卿庾公爲中丞。」下云：「天寶十四載九月十日記。」此張公亦由左丞遷大夫，時代亦同。又大夫壁記云：「公……謂華嘗備屬僚，」中丞壁記亦云「華……故吏也。」則此張公卽樂成公張某無疑。考通鑑，天寶十三載二月「甲戌，羣臣上尊號曰開元天地大寶聖文神武證道孝德皇帝。」而會要一帝號上，加尊號在十二載十二月七日。按舊紀：十二載十二月「庚寅，行從官憲部尙書張均等請上尊號爲開元天地大寶聖文神武孝德證道皇帝。」十三載二月「乙亥，御興慶殿受徽號。禮畢，大赦天下。」則通鑑爲是；會要只書奏請日期，欠妥。大夫壁記云，「尊號加孝德之明年。」是十四載，當在春夏間耳。又考張倚於天寶十二載冬至十三載見在文侍任，詳彼卷；則此張公卽倚歟？

苗晉卿——天寶十四載，由工尙・東都留守遷憲尙・兼左丞。十二月致仕。——舊一一三、新一四〇有傳。

〔考證〕　新傳：「徙扶風郡，……遷工部尙書・東都留守，召爲憲部・兼左丞。安祿山反，竇廷芝棄陝郡不守……授陝郡太守・陝虢防禦使。……以老辭，忤旨，聽致仕。」舊傳省書左丞。據通鑑、舊紀，祿山以十四載十二月陷東都，陝郡太守竇廷芝棄郡奔河東，則晉卿忤旨致仕必其時。

陽浚——蓋至德元載，或稍後，曾官左丞。——兩書無傳。

〔考證〕　摭言一四主司稱意條：「天寶十二載，禮部侍郎湯浚四榜共放一百五十人。後除左丞。」

按浚由十二載知貢舉至十五載，則爲左丞不能早過至德元載。

李麟——至德元載八月，由國子祭酒遷戶侍・兼左丞。時階銀青光祿大夫。是年冬，遷憲尙。——舊一一二、新一四二有傳。

〔考證〕　舊傳：「遷銀青光祿大夫·國子祭酒。……玄宗幸蜀，麟奔赴行在。旣至成都，拜戶部侍郎·兼左丞，遷憲部尚書。至德二年正月，拜同中書門下平章事。」新傳不書戶侍兼左丞。按：玄宗以天寶十五載七月二十八庚辰至蜀，則始拜左丞不能早過八月。新表，麟以禮尚入相在本年十一月，則遷憲部當在年冬。

李峴——至德二載，由鳳翔太守入遷左丞，又遷禮尚；遷卸均不出本年春至秋。（詳禮尚卷。）——舊一一二、新一三一有傳。

薛伉——蓋肅宗前後，官至左丞。——兩書無傳。

〔考證〕　新七三下世表：薛氏，「伉，尚書左丞。」存誠之伯祖也。按存誠以元和中爲給事、中丞，暴卒。存誠子庭老，以開成三年卒。推其世次，則伉爲左丞當在肅宗前後。

鄧景山——上元二年七月，由淮南節度使入遷左丞。約九十月，出爲河東節度使。——舊一一〇、新一四一有傳。

〔考證〕　舊傳：「遷揚州長史·淮南節度。……上元二年十月，追入朝，拜尚書左丞。太原尹·北都留守王思禮……薨，以管崇嗣代之，委任左右，失於寬緩，數月……召景山代崇嗣。……檢覆軍吏隱沒者，衆懼，……遂殺景山。」新傳同。按：舊紀，上元二年五月，以鴻臚卿管崇嗣爲河東節度。通鑑亦云，崇嗣在任數月，以景山代之。則景山代崇嗣不能早過二年秋末也。又新紀、通鑑，寶應元年建卯月（卽春二月）癸丑，河東軍亂，殺節度使鄧景山。則景山代崇嗣又不能遲過寶應元年子丑月卽上元二年之十一二月也。今姑定在九十月。又按舊紀：上元元年十一月，「劉展赴鎭揚州，揚州長史鄧景山以兵拒之，爲展所敗。」二年正月乙卯，「田神功生擒劉展，揚潤平。」二月癸亥，以崔圓爲淮南節度使。則景山由淮南入朝不應遲至十月。通鑑，二年六月徵鄧景山還京。則舊傳「十月」蓋「七月」之譌。又姓纂九作右丞。岑校引宋本辯證作左丞。是也。

李廙——肅代之際，曾官左丞。——兩書無傳。

〔考證〕 新七〇下世表：恒山王房，承乾曾孫「尙書左丞廙。」按：國史補上：「李廙爲尙書左丞，有淸德。其妹劉晏妻也，晏方秉權……。」按：晏自上元元年爲戶侍·判度支，至大曆末皆任重職，則廙任左丞必在肅代之世。又按語林四：「李右（左）丞廙，年二十九，爲尙書右（左）丞。」上元寶應之際，晏年已四十有餘，廙不能太小於晏，則廙任職必當晏當政之初，今姑置於肅代之際寶應元年。又全唐文五八九柳宗元邕管經略使李公墓誌銘：「文皇帝……別子曰承乾，……繼別曰象，……大宗曰玼，……生廙，尙書左丞。……公丕承之。……」以元和十三年卒，年五十七。則此李某卽廙之子，當以寶應元年生。設其時廙年二十九，亦無不合。

〇崔渙——肅代之際，曾官左丞。（詳右丞卷。）——舊一〇八、新一二〇有傳。

皇甫侁——蓋代宗初葉，官至左丞。——兩書無傳。

〔考證〕 姓纂五：樂陵皇甫氏「侁，尙書左丞。」狀云，由安定徙滄州。考全唐文五二一梁肅新鄭縣尉皇甫君墓誌：「君……尙書左丞侁之愛弟，」以興元元年卒，享年七十七。又同書四〇九崔祐甫廣喪朋友議：「安定皇甫政字公理，故尙書左丞之子。」據姓纂，政卽侁之子也。按舊紀：至德二載二月，「永王璘兵敗，奔於嶺外，爲洪州刺史皇甫侁所殺。」通鑑書侁銜爲「江西採訪使」。侁任左丞當在此前後。通鑑，肅宗怒侁擅殺璘，「遂廢侁不用。」則爲左丞似應在前，然未必永不敍用，則亦可能在至德以後。然廣喪朋友議，大曆七年作，已稱「故」，則在大曆七年以前，今姑置代宗初葉。

賈至——廣德元年，由中書舍人遷左丞。二年五月二十四庚申至九月二十五己未間，轉禮侍。——舊一九〇中、新一一九有傳。

〔考證〕 舊傳：「天寶末，爲中書舍人。……寶應二（廣德元）年，爲尙書左丞。時禮部侍郎楊綰上疏請依古制……舉孝廉。……詔令左右丞、諸司侍郎……等參議。至議曰（略）……。廣德二年，轉禮部侍郎，……奏請兩都試舉人。」新傳同。廣德元年，至與議貢舉事，又見冊府六四〇、通鑑、楊綰傳、新四四選舉志，銜皆作左丞；惟會要七六孝廉條作中書舍人。通鑑系於六月一日癸酉，會要云六月二十日。若作左丞爲是，則遷任在六月前；若作中舍爲是，則遷任在六月後。又楊綰以廣德元年三月至五月間由太常少卿遷禮侍，其授制爲至所作，則至遷左丞不能早過三月，且由中舍直遷也。復考通鑑：廣德二年五月「庚申，禮部侍郎楊綰奏……。」舊紀：同年「九月己未，尚書左丞楊綰知東京選，（當作「西京舉」，詳禮侍卷。）禮部侍郎賈至知東都舉。」則至自左丞轉禮侍必在二年五月至九月間。

楊綰——廣德二年五月二十四庚申至九月二十五己未間，由禮侍遷左丞。〔考證〕。永泰元年十一月二十丁丑，見在任。時階朝議大夫·充集賢院學士副知院事·兼修國史。（大正藏經第二一二〇大廣智三藏不空和上表制集卷一贈金剛三藏開府及號制〔名譌作館〕、同書同卷拜不空三藏特進試鴻臚卿制〔作右誤〕。）大曆二年春夏間，遷吏侍。〔考證〕。其散官·學士副知院·兼修國史並如故。（常袞授楊綰吏部侍郎制。）——舊一一九、新一四二有傳。

〔考證〕 舊傳：「遷禮部侍郎，……再遷吏部侍郎。」新傳同，惟「再遷」作「俄遷」，皆不書左丞。據前賈至條引廣德二年通鑑及舊紀，五月庚申銜爲禮部侍郎，九月己未銜爲尚書左丞，非吏侍。又全唐文四一一常袞授楊綰吏部侍郎制云：「朝議大夫·守尚書左丞·集賢殿學士副知院事·兼修國史楊綰……可尚書吏部侍郎，餘如故。」益足證禮侍、吏侍間尚有左丞一遷，故舊傳云「再遷吏部侍郎」；新傳改「俄遷」，欠妥。由禮侍遷左丞，當在廣德二年五月至九月間，與賈至互相其官，此觀前引通鑑、舊紀已明。茲再考其由左丞遷吏部侍郎之年月。

考全唐文三九三獨孤及爲楊右（左之譌）丞等祭李相公文云：「年月日，尚書右（左之譌）丞楊綰、吏部侍郎李季卿、吏部侍郎王延昌、刑部侍郎魏少遊、工部侍郎徐浩謹以清酌少牢之奠，敬祭於故相國李公之靈。」（嘉慶十九年原刊本及光緒辛丑歲廣雅書局刊本皆作「右丞」。而明隆慶元年刊文苑英華九八〇收此文，作「左丞」，是也。但無「吏部侍郎李季卿」七字，故仍據全唐文抄錄。）按：徐浩任工侍始於大曆二年春，詳工侍卷。又舊紀：大曆二年四月己亥（二十日），「刑部侍郎魏少遊爲洪州刺史・兼御史大夫・江西觀察團練等使。」同月（實已五月）「癸酉，以工部侍郎徐浩爲廣州刺史・嶺南節度觀察使。」據此，則祭文之作當在大曆二年春，不能遲過四月中旬。據李季卿、王延昌任職時代亦略合。〔又按：祭文有云：「宗祏儲祉，降神生公，……負荷大業，儀刑本枝。」又云：「兩登臺司。」是宗室而兩相者。考唐宗室爲宰相者惟林甫、適之、麟、峴、勉、夷簡、宗閔、程、石、回、知柔十一人。林甫、適之皆相玄宗，卽卒於玄宗世；（本傳。）麟相肅宗，卒於乾元二年；（本傳。）勉相德宗，卒於貞元四年；夷簡以下六人時代更後；皆非此李相國也。惟峴相肅宗，又相代宗，以永泰二年（卽大曆元年）七月卒，（舊書本傳。）正値其時；則此卽祭相國李峴之文無疑。〕亦卽綰卸左丞不能早過大曆二年春也。又舊紀：大曆二年九月乙丑，「命左丞李涵宣慰河北。」左丞只一員，是綰由尚書左丞遷吏部侍郎，又必在此稍前。復考全唐文三九三獨孤及爲吏部楊侍郎祭李常侍文：「某官某乙……敬祭於故散騎常侍、贈禮部尚書李公之靈。」又云：「公自司翰持衡，觀風執法。」又云：「官不至三事，年不及六十。」按：李季卿傳及獨孤及右散騎常侍贈禮部尚書李季卿墓誌，兩任中書舍人，是司翰也；遷吏部侍郎，是持衡也；兼御史大夫奉使河南江淮宣慰，是觀風執法也；以大曆二年七月丁卯卒於右散騎常侍，年五十九，贈禮部尚書，是年不及六十，最後官銜及贈官皆與此李公同。楊綰與李季卿友善，此蓋獨孤及爲綰所作以祭季卿之文也。是則綰由左丞遷吏部侍郎又在大曆二年七月丁卯稍前矣。總上推論，綰由左丞遷吏部侍郎當在大曆二年春夏間。

李涵——大曆二年七月稍前，由前右丞・河北宣慰使遷左丞。時階銀青光祿大夫。〔考證〕。九月十八乙丑，以本官復宣慰河北。（舊紀、常袞李涵河北宣慰制、冊府一三六。）三年正月二十九甲戌，轉兵侍。

(舊紀。)——舊一二六、新七八有傳。

〔考證〕　舊傳：「除給事中，遷尙書左丞。以幽州之亂，充河朔宣慰使。」新傳省書。按：舊紀，大曆二年九月乙丑，「命左丞李涵宣慰河北。」三年正月甲戌，「左丞李涵、右丞賈至並爲兵部侍郎。」則左丞官歷不誤。又全唐文四一四常袞授李涵河北宣慰制：「銀青光祿大夫・行尙書左丞・(封)李涵……可兼御史大夫・充河北宣慰使，本官勳封如故。」檢冊府一三六，大曆二年九月有詔，正與此制同，則此制卽行於二年九月乙丑也。此時在左丞任決無疑。考全唐文四一〇常袞授李季卿右散騎常侍李涵尙書右(左)丞制：「銀青光祿大夫・前行尙書右丞・兼御史大夫・充河北宣慰使・(封)李涵……外除過禮，且聞於踰月，可尙書右(左)丞，散官封如故。」按：李季卿以大曆二年由吏部侍郎遷右散騎常侍，其年七月丁卯卒，見獨孤及李季卿墓誌銘，則此制必在二年，且在七月以前，則此所謂宣慰河北乃二年九月乙丑前之另一次。(前引常袞宣慰制有云：「再令宣撫，皆合事經。……今秋冬在候，傜戍勤止。」則此宣慰制乃是第三次。據兩傳，實應元年，以左庶子充河北宣慰使，是第一次；則授右(左)丞制所云宣慰河北，乃第二次也。其後大曆三年閏六月朱希彩之亂，復宣慰河北，乃第四次。李涵前後蓋四次宣慰河北。)前考二年九月已在左丞任，字不誤。此授右丞制行於七月以前不久，前後銜均作右丞，則後銜「右」必「左」之譌，題亦譌。蓋原以右丞充河北宣慰使，使還遷除左丞也。

蔣渙——大曆三年正月二十九甲戌，由工侍遷左丞。(舊紀。)時階銀青光祿大夫。(詳工侍卷。)八月見在任。(舊紀、新一二〇崔玄暐傳。)九月十三甲申，出爲華州刺史・鎭國軍潼關防禦使，(舊紀。)階如故。(詳刑尙卷。)——舊一八五上、新一〇六附見高智周傳。

張重光——大曆三年九月十九庚寅，由前華州刺史・鎭國軍潼關防禦使遷左丞。(舊紀、全唐文四一一常袞授張重光尙書左丞制。)時階銀青光祿大夫。(授制。)——兩書無傳。

崔倫——大曆四年，由前太子右庶子遷左丞。(新傳、冊府六五四、全唐文四一一常袞授崔倫左丞制。)

〔考證〕。進階銀青光祿大夫。(授制。)後徙太子賓客。(新傳。)——舊一八八、新一六四附子衎傳。

〔考證〕 倫官至左丞，又見舊傳及萃編一〇六(全唐文四三八)竇從直盧公夫人崔氏墓誌。前官，舊一九六上吐蕃傳作左庶子，今從新傳及授制。據册府，事在四年，新傳年代亦合，而文苑英華及全唐文此制皆編於張重光制前，欠妥。

田季羔——大曆中，官至左丞。——兩書無傳。

〔考證〕 舊一二五柳渾傳：貞元初拜相，「奏故尚書左丞田季羔公忠正直，先朝名臣。」新傳同。稱先朝，則其官左丞當在大曆中。

薛邕——大曆十四年七月，由宣歙觀察使入遷左丞。(全唐文九九〇宣州刺史薛公去思碑，參通鑑建中元年紀。)建中元年十月九日己亥，貶連山尉。(舊紀〔作甲午〕、通鑑、舊一三七于邵傳、新一三九李泌傳。)時階蓋銀青光祿大夫。〔考證〕。——兩書無傳，見新七三下世表。

〔考證〕 萃編一〇二顏魯公書朱巨川行起居舍人試知制誥，尚書省官書銜有銀青光祿大夫・行尚書左丞某未上，時在建中元年八月廿二日，在邕任內，蓋邕階銀青歟？距貶出不過月餘。

庾準——建中二年二月六日乙未，由前荆南節度使入遷左丞。(舊紀、兩傳。)三年正月，見在任。(會要五七尚書省條。)六月六日丁巳，卒官。(舊紀、兩傳。)——舊一一八、新一四五有傳。

趙涓——建中三年六月二十七戊寅，由前衢州刺史遷左丞。(舊紀、兩傳、語林六，官左丞又見會要五七。)旋知吏部選事。(兩傳。)興元元年四月二日壬寅，卒官。(舊紀、兩傳。)——舊一三七、新一六一有傳。

鄭叔則——貞元初，由前東都留守遷左丞。(墓誌。)〔考證〕。二年四月二十五甲申，以本官充淮西宣慰使。(舊紀、全唐文四六三陸贄誅李希烈後授陳仙奇節度制、同書七八五穆員為淮西宣慰使鄭右丞祭顏太師文〔作右謁〕。)使回，徙太常卿。(墓誌。)——兩書無傳，全唐文七八四有穆員撰福建觀察使鄭公叔則墓誌。

〔考證〕誌云：「廉問東夏，俄領東都留守兼河南尹，就加戶部侍郎。……罷鎭歸省，轉尙書左丞。未幾，兼御史大夫，撫淮夷反側之俗。」是爲左丞不久卽宣慰淮西也。而吳表八據舊紀通鑑，叔則爲東都留守在建中二三年，蓋非由留守直遷左丞也。今書於貞元初。

薛播——貞元二年，由河南尹入遷左丞。同年轉禮侍。（兩傳，參禮侍卷。）——舊一四六、新一五九有傳。

董晉——貞元二年八月十三己巳，由左金吾大將軍遷左丞。〔考證一〕。十二月見在任。約三年春，徙太常卿。〔考證二〕。——舊一四五、新一五一有傳，全唐文五六七有韓愈撰董晉行狀。

〔考證一〕舊紀：貞元二年七月「己巳，以金吾大將軍董晉爲尙書右丞。」按七月無己巳。合鈔此上有八月是也。又按舊傳：「遷左金吾大將軍，改尙書左丞。時右丞元琇領度支，爲韓滉所擠貶黜，晉嫉之，見宰相極言非罪。」新傳及行狀並同，又舊一二九、新一二六韓滉傳敍琇貶事，亦皆晉左琇右，則舊紀「右」字誤也。

〔考證二〕琇之貶在本年十二月，是其時晉尙在左丞任。傳云「復拜太常卿。」觀下暢悅條，晉徙太常當在十二月後不久，蓋明年春。

暢悅——貞元三年五月十四丁酉，由左丞出爲湖南觀察使。（舊紀。）——兩書無傳。

杜佑——貞元三年五月二十三丙午，由嶺南節度使入遷左丞。（舊紀〔作右誤〕、舊傳、新傳〔作右誤〕、遺愛碑、墓誌。）四年六月九日乙酉，出爲陝虢觀察使。（舊紀、舊傳、碑、誌。）——舊一四七、新一六六有傳，全唐文四九六有權德輿撰岐國公杜公淮南遺愛碑，同書五〇五有同人撰丞相太保杜公墓誌銘。

裴郁——貞元五年末及六年春，見在左丞任。——兩書無傳。

〔考證〕舊一六七趙宗儒傳：「貞元六年，領考功事。……尙書左丞裴郁……考中上，宗儒貶之中中。」新傳同。而冊府六三六謂五年正月，又作右丞。作右與趙憬抵觸，兩傳爲正。年份不知孰是。按唐制，考功例以年冬命使，明年二月考竟，宗儒貶郁考或當在六年春，而始事則在五年也。

趙憬——貞元七年八月以前或六年，由右丞遷左丞。〔考證〕。八年四月十一乙未，遷中書侍郎·同中書門下平章事。（舊紀、新紀、新表、通鑑、兩傳、神道碑。）——舊一三八、新一五〇有傳，全唐文四九八有權德輿撰相國貞憲趙公神道碑。

〔考證〕　舊傳：「拜給事中。貞元四年，……咸安公主降回紇，……關播充使，憬以本官兼御史中丞爲副。……使還，遷尚書左丞。……八年四月，……與陸贄並拜中書侍郎·同中書門下平章事。」新傳同，惟云「使未還，尚書左丞缺。帝曰趙憬堪此，遂以命之。」神道碑同。會要八一考上：「貞元七年八月……尚書左丞趙憬……請降其考。」同書五八考功郎中條同。又八年四月入相，兩紀、新表、通鑑書其原官亦皆左丞。其官左丞，又見舊一四六盧徵傳、全唐文五二二梁肅常州刺史獨孤公行狀。而語林六：「趙憬……拜給事中。……會有和戎事，……關播爲大使，……憬爲副使。未至西蕃，右丞有闕，……德宗曰，趙憬堪爲此官，進拜右丞。不數月，遷尚書左丞，平章事。」是先爲右丞，後進左丞也。據舊紀，關播奉使在貞元四年十一月，則憬拜尚書丞當在五年，然六年春裴郁在左丞任，則語林由右遷左爲可信。且語林言之鑿鑿，必有據。當在六年或七年八月以前，傳碑略之耳。

顧少連——約貞元十二年，由吏侍遷左丞。（詳禮侍卷。）十三年十二月，見在左丞·權知貢擧任。（會要七五明經條、冊府六四〇。）十四年四月尚在任。（全唐文四九二權德輿送三從弟長孺歸覲序。）蓋年冬，復換吏侍。（詳禮侍卷。）——新一六一有傳，全唐文四七八有杜黃裳撰東都留守顧公神道碑。

樊□——貞元末，曾官左丞。

〔考證〕　全唐文五七一柳宗元爲樊左丞讓官表：「伏奉今月二十八日制，除臣尚書左丞。」又云「左轄」。時在貞元末，可能爲樊澤；若果，則當在十四年以前。

●韋執誼——永貞元年二月十一辛亥，由吏部郎中擢左丞·同中書門下平章事。〔考證〕。時階朝議郎。（舊傳、全唐文五五授制。）三月二十一庚寅，遷中書侍郎，仍平章事。（韓愈順宗實錄、新表、舊紀。）——舊一三五、新一六八有傳。

〔考證〕　舊傳：「王叔文用事，……乃自朝議郎·吏部郎中·騎都尉·賜緋魚袋授尚書左丞·同平章事，仍賜紫。」新傳亦由吏部郎中遷左丞·平章事。全唐文五五授韋執誼尚書左丞平章事制，上下全銜與舊傳全合。通鑑永貞元年二月「辛亥，以吏部郎中韋執誼爲尚書左丞·同平章事。」是也。舊紀同月「辛卯，以吏部郎中韋執誼爲尚書右丞相·同中書門下平章事。」「辛卯」「右」字誤，又衍「相」字。新紀同月辛亥書此事，左丞不誤，而原官爲「吏部侍郎」。新表同。與兩傳、授制、舊紀、通鑑均異。按韓愈順宗實錄此年二月「辛亥，詔吏部侍郎韋執誼守左丞·同中書門下平章事，賜紫。」（四部叢刊朱文公校昌黎外集卷六及全唐文五六〇收此錄均作左丞，而叢書集成據海山仙館排印本作右丞，但三月書事又作左丞，明右字誤。）新紀表蓋本之實錄。按：唐制，散官朝議郎正六品上，勳級騎都尉視從五品，賜緋亦大多爲五品以下之職官。侍郎正四品上，郎中正五品上，觀散官勳賜，知此處「郎中」確不誤，作「侍郎」誤也。韓愈爲當時史臣，理不應誤，諒係後人傳寫之譌，或以郎中位低不當爲相而臆改，歐陽尊韓，遂沿誤歟？不知唐世宰相只是皇帝幕僚長，本不如漢世宰相之尊嚴，只要皇帝信任，不論原來地位。卽以韋執誼前後事爲例：貞元二年，給事中崔造、中書舍人齊映並以本官同中書門下平章事；十二年，給事中趙宗儒以本官同平章事；永貞元年十二月，中書舍人鄭絪爲中書侍郎·同平章事；元和四年，給事中李藩爲門下侍郎·同平章事；此皆由正五品官爲相，其他不可勝擧，正不必四品之侍郎也。

●鄭餘慶——永貞元年五月十五癸未，由舊相郴州司馬入遷左丞。（舊紀、順宗實錄三〔作甲申〕、兩傳。）八月二十七癸亥，以本官同中書門下平章事。（舊紀、新紀、新表、通鑑、兩傳、會要五三宰相雜錄、授制。）〔考證一〕。時階朝議大夫。（授制，而舊紀作朝請。）元和元年五月十七庚辰，罷爲太子賓客。（舊紀、通鑑、兩傳。）〔考證二〕。——舊一五八、新一六五有傳。

〔考證一〕兩紀、新表、通鑑、兩傳、會要皆以左丞本官同平章事。而全唐文五六授鄭餘慶平章事制云「可中書侍郎門下平章事。」按同書五〇三權德輿李伯康墓誌：「今相國左丞鄭君頃移佐玆郡（郴州）。」又云「時永貞元年十月。」益證以左丞本官入相，非遷中書侍郎也。授制「侍郎」二字衍。

〔考證二〕舊紀此日，「左丞·同平章事鄭餘慶爲太子賓客，罷知政事。」通鑑同。兩傳亦均罷爲太子賓客。新紀、新表均云，十一月庚戌由宰相罷爲河南尹。據舊紀舊傳，由賓客遷國子祭酒，此日出爲河南尹；新紀表誤以尹河南月日爲罷相耳。

鄭元——元和元年末，由河中節度使入遷左丞。（舊傳。）〔考證〕。二年正月見在任。（會要五七尙書省條、冊府五〇七。）是年轉戶侍·判度支。（舊傳。）——舊一四六有傳。

〔考證〕據員闕，知不能早過元年。而會要：「元和二年正月，尙書左丞鄭元璹請取河中羨餘三千貫，充助都省厨本錢。從之。」冊府同，惟無「璹」字，是。則其時卸河中必不久，故書元年末。

段平仲——元和六年秋冬或七年正月，由給事中遷左丞。〔考證〕。七年二月見在任。（會要五七僕射條。）後轉太子左庶子。（兩傳。）——舊一五三、新一六二有傳。

〔考證〕舊傳：「轉給事中，……轉尙書左丞。」新傳同，字作右。按姓纂九作左丞，會要五七、五代會要一四亦均作左，則新傳作「右」誤。又據會要五七僕射條，元和七年二月在左丞任。而同書六九州府加減官員條：「元和六年六月，宰臣李吉甫奏請減職員，……遂命給事中段平仲（略）同詳定。」則遷左丞當在六年秋冬或七年正月也。

呂元膺——元和八年冬或明年正月，由鄂岳觀察使入遷左丞。九年二月見在任。〔考證〕。十月二十五戊辰，出爲檢校工尙·東都留守。（舊紀、通鑑、會要六七留守、兩傳。）——舊一五四、新一六二有傳。

〔考證〕　舊傳：「除鄂岳觀察使，入爲尚書左丞。度支使潘孟陽與太府卿王遂迭相奏論，孟陽除散騎常侍，遂爲鄧州刺史，皆假以美詞。元膺封還詔書。」新傳同。按元膺此次封還制書，又見舊一六二王遂傳。孟陽之貶在九年二月朔，會要五六云十五年，誤，詳戶侍卷郗孟陽條。則元膺遷左丞不能遲過九年正月。又舊紀，五年十二月元膺爲鄂岳觀察，八年十月十一庚寅以柳公綽爲鄂岳蘄安黃觀察使。則元膺入遷左丞當在八年冬也。

許孟容——約元和十一年，由太常卿遷左丞。八月，以本官充汴宋河陽諸軍宣慰使。〔考證〕。十二年閏五月十日己亥，出爲東都留守·都畿防禦使。（舊紀〔譌作河東留守又五月上脫閏字，參校記七〕、兩傳。）——舊一五四、新一六二有傳。

〔考證〕　舊傳：「由太常卿爲尚書左丞，奉詔宣慰汴宋陳許河陽行營諸軍。」新傳省太常。按冊府一三六：「元和十一年……八月，命尚書右丞許孟容宣慰汴宋（略）諸軍。」作右丞，今從紀傳。是十一年八月已在任也。又按十年六月孟容尚在吏侍任，則由太常遷左丞當在十一年。國史補中及語林二政事下述武元衡遇害時事，孟容已書銜左丞，蓋以一生最高官位書之也。

衞次公——元和十二年約夏秋間，由兵侍遷左丞。（兩傳，參員闕。）十月二十八甲申，出爲檢校工尚·淮南節度使。（舊紀、兩傳。）——舊一五九、新一六四有傳。

張賈——元和末，官至左丞。——兩書無傳。

〔考證〕　唐詩紀事五九張洪靖條：「洪靖爲太原節度使，有山亭懷古詩。」和者有給事中陸瀍、左金吾大將軍胡証、尚書左丞張賈。本注：「賈，洪靖從姪也。」按弘靖以元和十一年爲太原節度，十四年五月卸；胡証以十三年爲金吾大將軍，長慶三年遷工尚；賈之左丞似亦當時本官，則亦元和末也。

韋綬——元和十五年四月，由虔州刺史入遷左丞。（冊府一六二、兩傳。）〔考證〕。未幾，加集賢學士。

(冊府一六二、兩傳。)七月六日丙午，見在任。(舊紀、舊傳。)長慶元年三月十四庚戌，遷禮尙。(舊紀、兩傳、白居易授制。)——舊一六二、新一六〇有傳。

〔考證〕兩傳皆作右丞；而冊府由虔州入拜左丞，舊紀十五年七月事及長慶元年三月事書衡均爲左丞，皆與兩傳異。又白氏長慶集三二有韋綬從右丞授禮部尙書(略)制，全唐文六六三同；而全唐文三六六賈至集誤收此文，作左丞，英華三八七同。則作「左」作「右」正難判斷，惟其年月與右丞張正甫衝突，蓋當從舊紀冊府作左。

崔從——長慶元年十月二十六己丑，由山南西道節度使入遷左丞。二年三月二十六丁巳，出爲檢校禮尙・鄜坊節度使。(舊紀、兩傳。)——舊一七七、新一一四有傳。

〔考證〕從爲左丞，又見白居易授庾承宣尙書右丞制，詳右丞卷。又舊一六五柳公綽傳：「爲吏部侍郎，與舅左丞崔從同省。」年代亦合。

孔戣——長慶二年，由右散騎常侍遷左丞。(墓誌、兩傳、全唐文六六三白居易授孔戣左丞制。)時階正議大夫。(授制。)三年四月，遷禮尙，致仕，(會要六七致仕官條、墓誌、兩傳。)階如故。(墓誌。)——舊一五六、新一六三有傳，全唐文五六三有韓愈撰正議大夫左丞孔公墓誌銘。

柳公綽——長慶三年，由御史大夫換左丞。(舊傳。)，五月十八壬申，出爲檢校戶尙・山南東道節度使。(通鑑、兩傳、全唐文七一九蔣防授柳公綽襄州節度使制。)時階銀青光祿大夫。(授制。)——舊一六五、新一六三有傳。

○段文昌——長慶四年三月十八丁卯，以刑尙判左丞事。(舊紀。)寶曆元年閏七月二十七戊戌，遷兵尙，仍判左丞事。(舊紀、舊傳。)大和元年正月八日庚午，遷御史大夫。(舊紀、舊傳。)——舊一六七、新八九有傳。

錢徽——大和元年二月二十四丙辰，由華州刺史・潼關防禦鎭國軍使入遷左丞。十二月六日癸巳，復出爲華州刺史・潼關防禦鎮國軍使。——舊一六八、新一七七有傳。

〔考證〕　舊紀兩傳官歷年份均合。惟舊紀作正月丙辰、十一月癸巳；而舊傳復刺華州在十二月。按十一月己未朔「癸巳」已是十二月六日；傳是，紀失書「十二月」。又正月癸亥朔「丙辰」已是二月二十四日；紀亦失書二月。合鈔均已補。又入遷條作右丞，亦誤。

韋弘景——大和二年二月一日丁亥朔，由陝虢觀察使入遷左丞。三年九月二十一戊戌，遷禮尚。（舊紀、兩傳。）——舊一五七、新一一六有傳。

〔考證〕　兩傳，左丞任內駁吏部授官不當者六十人。舊一七六楊虞卿傳作左丞韋景休，即弘景。又會要七四掌選善惡條作左丞崔宏景，字誤。

○元稹——大和三年九月二十一戊戌，由浙東觀察使入遷左丞。（舊紀、兩傳、墓誌。）四年正月二十六辛丑，出爲檢校戶尚・武昌節度使。（舊紀〔作杜元穎誤合鈔校記皆已正〕、兩傳、墓誌。）——舊一六六、新一七四有傳，全唐文六七九有白居易撰元稹墓誌銘。

王起——大和四年正月二十八癸卯，由前陝虢觀察使遷左丞。四月十六庚申，遷戶尚・判度支。（舊紀、兩傳。）——舊一六四、新一六七有傳。

庾承宣——大和四年十一月二十三癸巳，由左丞出爲兗海沂密等州節度使。——兩書無傳。

〔考證〕　此見舊紀，而姓名爲「康承宣」。惟合鈔作庾承宣。按長慶中有庾承宣爲右丞，大和中有庾承宣爲吏部侍郎、京兆尹、太常卿；此康承宣必庾承宣之誤無疑。

王播——大和四年十二月十六丙辰，由京兆尹遷左丞。〔考證〕。五年十二月十四戊寅，兼判太常卿事。（舊紀、兩傳。）六年八月五日乙丑，出爲檢校禮尚・浙西觀察使。（舊紀〔誤右〕、兩傳。）——舊一六九、新一七九有傳。

〔考證〕　舊紀：大和四年十二月「丙辰，以工部侍郎崔琯爲京兆尹代王播爲尚書左丞。」按播爲宰相，本年正月已卒於位，此非播可知。考舊王璠傳：「(大和)四年七月，拜京兆尹兼御史大夫。十二月，遷左丞判太常卿事。」新傳官歷同。舊紀此條王播官歷年月與璠傳正合，「播」爲「璠」之形譌無疑。又據舊紀體例，璠下又脱「以璠」二字。合鈔均已正補。

楊嗣復——大和七年三月三日庚寅，由前戶侍起爲左丞。七月二十乙巳，出爲檢校禮尙·劍南東川節度使。(舊紀、兩傳。)——舊一七六、新一七四有傳。

庾敬休——大和七年七月二十乙巳。由戶侍遷左丞。(舊紀、舊傳〔由工侍誤詳戶侍卷〕、新傳。)九年三月二十五庚午，卒官。(舊紀、兩傳。)——舊一八七下、新一六一有傳。

〔考證〕 敬休爲左丞，舊紀兩傳無歧說，又見全唐文七八〇李商隱白居易墓誌銘；且舊紀七年七月乙巳書事，以左丞楊嗣復爲東川節度使，以戶侍庾敬休爲左丞，是代嗣復者，嗣復爲左丞，紀傳亦無異說，則敬休爲左丞，決無疑。王璠第三次爲尙書丞在八年至九年五月，各處記載「左」「右」不同，據敬休事，可定璠必爲右無疑。

鄭澣(涵)〔考證〕——開成元年四月一日庚午朔，由河南尹入遷左丞。(舊紀、舊傳。)二年正月十一乙亥，遷刑尙，仍判左丞事。(舊紀、舊傳。)十一月二十七丁亥，出爲檢校戶尙·山南西道節度使。(舊紀、兩傳。)——舊一五八、新一六五有傳。

〔考證〕 舊傳：「瀚本名涵，以文宗藩邸時名同，改名瀚。」新傳作「澣」。按：舊紀自大和八年至開成二年，名凡四見，皆作「澣」。又八瓊七二杜行方墓誌，「尙書吏部侍郎鄭澣撰。」寶刻類編五，「翰林學士院新樓記，大和八年，河南尹鄭澣書。」字皆作「澣」，當從之；舊傳作「瀚」，誤。

崔珦——開成二年，(據員闕。)以吏侍權判左丞事。(舊傳。)是年眞拜左丞。(舊傳。)以本官權判兵部西銓·吏部東銓事。(兩傳。)三年十月一日乙酉朔，出爲檢校戶尙·東都留守·東畿汝都防禦使。(舊紀、兩傳。)——舊一七七、新一八二有傳。

狄兼謨——約開成五年或明年，由河東節度使入遷左丞。會昌二年八月，轉益王傅。——舊八九，新一一五有傳。

〔考證〕舊傳：「開成初，……遷御史中丞，……轉兵部侍郎。明年，檢校工部尚書•太原尹•充河東節度使。」新傳同，續云：「還爲尚書左丞。武宗子峴封益王，命兼謨爲傅。」按舊紀，開成三年九月兼謨在中丞任，十二月辛丑由兵侍出爲河東節度使。吳表四列於三年至五年，略可信。峴封益王，紀在會昌二年八月，傳有年無月。

孫簡——會昌二年，由河中節度使入遷左丞。十月，見在任。——新二〇二有傳。

〔考證〕新傳：「進中書舍人。……會昌初，遷尚書左丞，建言班以品秩爲等差(下略)。歷河中、興元、宣武節度使。」芒洛冢墓遺文四編卷六孫讜墓誌亦云：「烈考府君諱簡，……歷刑、吏侍郎，尚書左丞。」考會要五八左右丞條及同書二五朝謁班序條，皆書會昌二年十月左丞孫簡爭左丞朝會班位，則其時在左丞任。而同書九三諸司本錢條：「會昌元年六月，河中晉絳隰等州觀察使孫簡奏……。」則河中節度在左丞前。按左丞位崇，決不能由中舍直遷，蓋先爲河中節度，入遷左丞耳。

高元裕——會昌四年五月以前或三年，由兵侍遷左丞•知吏尚銓事。五月四日丙戌，見在任。五年五月十四庚申至十二月間，出爲宣歙池觀察使。——舊一七一、新一七七有傳，萃編一一四、八瓊七五、全唐文七六四有高元裕碑。

〔考證〕新傳：「累擢尚書左丞領吏部選，出爲宣歙觀察使。」碑云：「進尚書右丞，改京兆尹。未幾，授左散騎常侍，遷兵部侍郎，轉尚書左丞，知吏部尚書銓事。會恭僖皇太后陵寢有日，充禮儀使。……尋改宣歙池等州觀察使。」按舊紀及新七七后妃傳，恭僖皇太后以會昌五年正月崩，則其時在左丞任，出爲宣歙亦在五年。吳表五引樊川集宣州觀察使韋溫墓誌，「會昌五年五月四日，年五十八，薨於位。」又引樊川集上吏部高尚書狀，「幸以屬郡，祇事廉車。」而龔軺墓誌，「會昌五年十二月，牧自池刺睦。」則元裕出爲宣歙觀察卽繼韋溫，在五年五月十四日後，十二月之前，無疑。又考萃編四八高士廉碑側題記有「大唐會昌四年五月四日，六代孫尙書右丞元裕（闕六字）。」按元裕始任右丞在開成五年或四年末，中間數改官始爲左丞，任右丞不應如此之久，此必「左」字，蓋拓本模糊，誤辨爲右耳。則由兵侍遷左丞又在四年五月以前也。

鄭涯——會昌六年五月，在左丞任。（舊二五禮儀志五、會要一二廟制條。）——兩書無傳。

崔鉉——會昌末，由前天平節度使遷左丞。蓋與鄭涯相先後；但不能遲過大中元年春夏間。——舊一一七、新一四四有傳。

〔考證〕 新傳：「開成中，爲戶部侍郎，……歷平盧、天平軍節度使，終尙書左丞。」按鉉爲戶侍在開成四五年，其左丞不能早過會昌世。又全唐文七二六崔嘏授崔鉉尙書左丞制，原官「前天平軍節度使。」與傳合。考新一八〇李德裕傳：「德裕之斥，中書舍人崔嘏……坐書制不深切，貶端州刺史。……嘏歷邢州刺史，劉稹叛，使其黨裴向戍于州，嘏說使聽命，改考功郎中，時皆謂遴賞。至是作詔不肯巧傅以罪。」則入爲考功不能早過會昌三年末或四年，中間當由知制誥正拜中舍。其貶端州，當在大中元年七月德裕貶崖州時，非會昌六年四月出鎭荆南時，此觀傳文已足審知。又全唐文同卷有崔嘏授蕭鄴翰林學士制、授宇文臨翰林學士制、授沈詢翰林學士制，據翰學壁記皆在大中元年二月至五月，尤爲强證。然則鉉爲左丞不能早過會昌四五年，亦不能遲過大中元年春夏也。

李景讓——由浙西觀察使入遷左丞。（舊傳。）大中五年五月，在左丞任。（通鑑、新二一六吐蕃傳〔誤爲三年〕。）後出爲天平節度使。（舊傳。）——舊一八一、新一七七有傳。

徐商——約大中五年，由戶侍遷左丞。七年，出爲河中節度使。——舊一七九、新一一三有傳。

〔考證〕 舊傳：「戶部侍郎判本司事。檢校戶部尙書・襄州刺史・山南東道節度等使。」略左丞事。全唐文七二四李騭徐襄州碑：「宣宗以北邊將帥懦弱不武，戎狄侵叛。公時爲尙書左丞，詔以公往制置安撫之。歸奏稱旨。尋授河中節帥，又移襄陽。」新傳與碑同。碑又云：「大中十年春，今丞相東海公自蒲移鎭於襄。」則任左丞當在十年春之前。又吳表四河中卷引會要、東觀奏記，大中五年鄭光見在任，至七年卸。又舊崔瑑傳，大中七年由河中入爲左丞。蓋光卸河中，而瑑繼之，瑑爲左丞可能與商互換，則在七年也。又按左丞班高於戶侍，蓋由戶侍遷左丞。然戶侍不能遲於五年（詳彼卷），且據通鑑，大中五六年西北常有邊患，則謂五年遷左丞安撫北疆，七年由左丞出鎭河中，蓋可信。

崔瑑——大中七年，由檢校兵尚·河中節度使入遷左丞·（舊傳。）兼御史中丞。（授刑尚制。）七月，遷刑尚。（舊紀、全唐文七四八杜牧崔瑑除刑尚制、舊傳。）時階正議大夫。（舊紀、授制。）——舊一七七、新一八二有傳。

〔考證〕舊傳「左丞」下云「再遷刑部尚書。」與舊紀、授制異。按授制中間敍官歷有云「分鎭股肱之郡，」謂河中也；「涉處綱曹，副以中憲，」謂以左丞兼御史中丞也。舊傳誤以兼中丞爲一遷，故云「再遷」耳。

蘇滌——大中七年七月，由兵侍·知制誥·翰林學士遷左丞，出院。時階銀青光祿大夫。（舊紀、全唐文七四八杜牧崔瑑除刑尚蘇滌除左丞制。）——兩書無傳。

蔣係——由吏侍遷左丞。大中八年九月以前，出爲山南西道節度使。——舊一四九、新一三二有傳。

〔考證〕舊傳：「轉吏部侍郎，改左丞，出爲興元節度使，入爲刑部尚書。」新傳省左丞。按通鑑：大中六年二月，山南西道節度使封敖奏巴南妖賊云云。舊紀：大中十一年十月，「以山南西道節度使·中散大夫·檢校禮部尚書·興元尹·（勳·賜）蔣係權知刑部尚書。」則任左丞必在六年至十一年間。吳表四：「李商隱劍州重陽亭銘序，侯蔣氏名侑，文曰『伯氏南梁，重弓二矛，古有魯衞，惟我之曹。大中八年九月。』按伯氏謂蔣係，南梁謂興元。」因置係於八年。近之。

楊知溫——約咸通四年或前後一年，（詳戶侍卷。）由戶侍遷左丞。（舊傳。）六年五月，出爲河南尹。（舊紀〔作左丞相誤〕、舊傳。）——舊一七六、新一七五有傳。

鄭薰——咸通七年七月十一癸丑，在左丞任。（全唐文七六五杜宣猷鄭左丞祭梓華府君碑陰記。官左丞亦見新傳。）——新一七七有傳。

李當——咸通十二年秋冬，或明年春，由吏侍遷左丞。（八瓊六〇朝陽巖魏深書事、舊紀，詳吏侍卷。）十三年五月十二辛巳，貶道州刺史。（舊紀、通鑑、魏深書事。）——兩書無傳。

李璋——咸通十三年七月二十七乙未，由左丞出爲宣歙觀察使。（通鑑。）——舊一六四、新一五二附父絳傳。

〔考證〕新傳：子璋「咸通中，累官尙書右丞，湖南、宣歙觀察使。」今姑從鑑作左。

鄭延休——咸通十四年八月二十二甲寅，由兵侍・知制誥・翰林學士承旨遷左丞，進階金紫光祿大夫，仍知制誥・充承旨。乾符元年正月十三癸酉，出爲檢校禮尙・河陽三城節度使。（翰學壁記，參岑注。）——兩書無傳。

韋蟾——乾符六年三月，在左丞任。（古刻叢鈔知鹽鐵嘉興監事張中立墓誌。）五月仍在任。〔考證〕。——舊一八九下附父表微傳。

〔考證〕舊一七七豆盧瑑傳：「乾符中，累遷戶部侍郎・學士承旨。六年，與吏部侍郎崔沆同日拜平章事。……左丞韋蟾往賀之。」丁氏翰林學士壁記原脫，岑氏補之，謂拜相在六年五月八日丁酉，（新書通鑑在五年五月丁酉，舊紀新傳在六年五月，岑氏補文從六年說，詳吏侍卷崔沆條。）則五月仍在任也。蟾爲左丞，又見摭言一三敏捷條。又舊傳，「蟾進士登第，咸通末爲尙書左丞。」乃「乾符」之誤。

張讀——乾符六年十月，由禮侍遷權知左丞事。（舊紀、舊傳。）——舊一四九、新一六一附張薦傳。

王徽——廣明元年，（據員闕。）由兵侍・知制誥・翰林學士承旨遷左丞，仍知制誥・充承旨。（舊傳。）十二月五日甲申，遷戶侍·同中書門下平章事。（新紀、新表、通鑑、舊紀〔戶侍本官入相誤〕、舊傳〔作三日誤〕。）——舊一七八、新一八五有傳。

崔厚——中和元年五月以後，由左丞徙太常卿。（舊二五禮儀志五、會要一六廟議下。）——兩書無傳。

盧渥——中和四年七月以前或三年，以御史中丞兼左丞。四年九十月間，見在左丞·兼中丞任。光啓二年三月十九戊戌，遷戶尚·充山南西道節度留後。——兩書無傳，全唐文八〇九有司空圖撰太子太師盧渥神道碑。

〔考證〕神道碑：「大駕南幸，……由漢陰詣蜀，舟行迂滯，尚以後至，授國子祭酒。公論逾鬱，拜御史中丞·兼左丞。……駕廻未幾，又徙步扈從于寶雞。至褒中，岐蜀阻兵，……乃拜公戶部尚書·領興元留守·知節度使事。」通鑑：光啓二年三月戊戌，「以尚書左丞盧渥爲戶部尚書·充山南西道留後。」時代正合。又考崔致遠桂苑筆耕七與盧紹給事別紙云：「近睹除書，恭承賢兄左丞榮膺寵命。」據神道碑，渥介弟名紹。且渥以廣明元年十月由陝虢觀察入爲禮部侍郎，十二月黃巢陷長安，故未果主文，後由中丞進兼左丞。而別紙云：「賢兄左丞……頃遇分憂，暫作甘棠太守，尋聆徵詔，請爲仙桂主人。此時也，歡聲則風振儒林，喜氣則雲鋪筆陣，……蓬島靈珠，想離頷下，荆山瑞玉，待入掌中。而屬鶯谷藏春，鳳城陷寇，不見孔門盛事，唯傷魏闕餘災。今者遠從行朝，久臨憲府，既躡清資於侍極，榮升重位於肅機。」此與渥官歷行事合若符契，則「賢兄左丞」必指渥無疑。按：此別紙乃代高駢而作。致遠掌駢書記，始於中和元年，止於四年七月，詳吏侍卷裴瓚條。則此文不能遲於四年夏，是卽渥除左丞不能遲過四年夏也。

渥任左丞始於中和四年夏以前，其卸任又在光啓二年三月，已考證如上。而益州名畫錄上常重胤條，僖宗幸蜀回鑾日，令重胤於中和院寫隨駕臣僚，有「尚書左丞·知中朝御史中丞盧澤。」此畫作於中和四年九十月，詳右僕卷裴璩條，正渥在左丞兼御史中丞任內，則此「澤」必「渥」之譌。又渥爲左丞亦見唐闕史卷下。

李藻——蓋昭宗初，官至左丞。——兩書無傳。

〔考證〕 新七二上世表，李氏「當，刑部尙書。」子「藻，尙書左丞。」按當以咸通末官左丞、刑尙，藻爲左丞當在昭宗世，今姑據員闕置初年。

趙光逢——乾寧二年三月，由兵侍・知制誥・翰林學士承旨遷左丞，仍知制誥・充承旨。（舊紀、舊傳。）是年或明年初，卸。〔考證〕。——舊一七八，新一八二有傳。

〔考證〕 舊傳：「改兵部侍郎、尙書左丞，學士如故。乾寧三年，從駕幸華州，拜御史中丞。」似由左丞換中丞。而舊紀：乾寧三年十二月「以前翰林學士承旨・左丞・知制誥趙光遠（逢之誤）爲御史中丞。」則早卸左丞矣。按陸扆以三年正月稍後卽遷左丞，則光逢卸任不能遲過三年初。

陸扆——乾寧三年正月稍後，由兵侍・知制誥・翰林學士承旨遷左丞，仍知制誥・充承旨。（舊傳，參舊紀。）。時階銀青光祿大夫。（舊傳。）七月二十七丙午，遷戶侍・同中書門下平章事。（兩紀、新表、通鑑、兩傳、全唐文八一九楊鉅授陸扆平章事制。）時階如故。（授制。）——舊一七九、新一八三有傳。

〔考證〕 翰林學士院舊規：「光院例，承旨・尙書左丞・知制誥陸扆撰。」此其見官。又舊傳：「充翰林學士。……乾寧初轉戶部侍郎。二年改兵部，進階銀青光祿大夫。……三年正月，宣授學士承旨，尋改左丞。其年七月，改戶部侍郎・同平章事。」所書官歷年月甚詳。三年七月由左丞遷戶侍平章事，兩紀新表通鑑無歧說，且有授制。又舊紀：二年五月「以翰林學士・戶部侍郎・知制誥陸扆爲兵部侍郎，充職。」亦與舊傳年份合。足證舊傳詳而且確。而舊紀：三年二月壬子朔「以銀青光祿大夫・戶部尙書・嘉興縣子・食邑五百戶陸扆爲兵部尙書。」此與前後文及舊傳均不合，且據本書戶尙卷兵尙卷，此戶尙與王摶抵牾，兵尙與張濬抵牾，則舊紀此條決誤無疑。又按舊傳，扆以兵侍充學士。「三年正月宣授學士承旨。尋改左丞。」疑舊紀此條乃由兵部侍郎改尙書左丞，誤爲由戶尙遷兵尙耳。

鄭璘——約光化中，曾官左丞。——兩書無傳。

〔考證〕岑氏補三朝翰學記鄭璘條，引韓內翰別集，璘曾官左丞。按岑氏據全唐文八三七薛廷珪授考功員外郎鄭璘充史館修撰制，謂璘於大順末官考外；又據全唐文八二一收璘文六首，考其年月，最早者在乾寧三年，最遲者在光化元年，其中四首，英華四五八入翰林制誥內，是此數年中嘗充翰林學士也。按左丞位尊蓋出院後所官，縱在院內，亦必末期，故置光化中或更後也。

楊涉——天祐元年正二月，在左丞任·知貢擧事。十月仍在左丞任。旋復換吏侍。——舊一七七、新一八四有傳。

〔考證〕舊傳：「昭宗朝，累遷吏部郎中，禮刑二侍郎。乾符（寧）四年，改吏部侍郎。天祐初，轉左丞。從昭宗遷洛陽，改吏部尚書。輝王卽位，本官同平章事，加中書侍郎。」新傳：「昭宗時，仕至吏部侍郎。哀帝時，進同中書門下平章事。」兩傳官歷不同。按：新表，天祐二年三月甲申，「吏部侍郎楊涉同中書門下平章事·判戶部。」新紀、通鑑同，惟省「判戶部」。全唐文九三哀帝授楊涉平章事制云：「金紫光祿大夫·守尙書吏部侍郎·（勳·封）楊涉……可尙書吏部侍郎·同中書門下平章事·充集賢殿學士·判戶部事，散官勳封並如故。」與新紀、表、傳、通鑑正合。舊傳由吏尚本官拜相。按自天祐元年閏四月昭宗遷洛，至二年五月，陸扆在吏尙任，明見紀、傳。此「尙書」必「侍郎」之譌，則亦與新書、通鑑及授制合。而舊紀：天祐二年三月甲子，制「以銀靑光祿大夫·行尙書左丞·（勳·封）楊涉爲中書侍郎·同平章事·集賢殿大學士·判戶部事。」與新書、通鑑、授制不合，與舊傳亦不相應；必誤。然舊紀，天祐元年十月丙申制：「皇帝卽位，行事官左丞楊涉進封開國伯。」又徐考二四引宋尹洙集：「陝郡開元寺建初院有進士登科題名二記在焉。其二題云：天復四年左丞楊涉下進士二十六人，實唐昭宗改元天祐歲駐蹕于陝，楊涉丞相所放進士榜第十四人王公諱澥之嗣子工部追書也。」摭言一四主司稱意條亦云：「天祐元年，楊涉行在陝州放榜。」（紀，正月車駕次陝，閏四月發陝至洛。）則天祐元年實在左丞任，與舊傳相應。蓋天祐元年正二月（或前一年冬已受命）涉實在左丞知貢舉任，十月仍在左丞任，後復遷吏部侍郎，至二年三月甲申以本官同平章事，時階金紫光祿大夫，旋遷中書侍郎耳。又舊傳：「乾符四年，改吏部侍郎。天祐初，轉左丞。」乾符明乾寧之譌。舊紀，乾寧四年九月癸酉朔，「以刑部侍郎楊涉爲吏部侍郎。」是明證。然乾寧四年至天祐元年中間凡七年，當時政變頻繁，官遷至速，涉在吏侍決不能如此之久。蓋中間曾任他官，至天祐初爲左丞，史略之耳；故今不書由吏侍遷左丞。

趙光逢——天祐二年春或上年冬，由吏侍復遷左丞。三年或上年，徙太常卿。——此再任。

〔考證〕 舊傳：「昭宗遷洛，起爲吏部侍郎，復爲左丞，歷太常卿。鼎沒於梁，累官至宰輔。」舊五代史五八本傳省左丞一遷。摭言一五雜文條：「光化二年，趙光逢放柳璨及第。光逢後三年不遷，時璨自內庭大拜，光逢始以左丞徵入，未幾璨坐罪誅死。」「三年」蓋「五年」之譌。按昭宗以天祐元年閏四月至洛，柳璨以此年正月拜相，二年十二月貶死；則光逢爲吏侍左丞當在元年閏四月以後至二年中。又舊紀，天祐元年十月丙申制：「皇帝即位，行事官左丞楊涉進封開國伯，……吏部侍郎趙光逢進開國公。」則光逢遷左丞當在元年冬或明年春，即代涉者。又三年有薛廷珪，則光逢徙太常當在前。而舊紀，天祐四年三月將禪位於梁，「乙酉，乃以中書侍郎·平章事張文蔚充冊使，禮部尚書蘇循爲副；……御史大夫薛貽矩爲押金寶使，左丞趙光逢爲副。」通鑑同，惟日作甲辰。此在廷珪後，豈太常後復任左丞耶？抑史書前銜歟？姑存。

薛廷珪——天祐三年，由禮侍遷左丞。（詳禮侍卷。）——舊一九〇下、新二〇三附父逢傳。

趙光逢——天祐四年三四月，見在左丞任？（舊紀、通鑑、詳再任條。）——此三任。

唐僕尚丞郎表 卷八

輯考二下 尚書右丞

裴晞——武德元年六月一日甲戌朔，由相國府錄事參軍遷右丞。（宋本通鑑。）〔考證〕。——兩書無傳。

〔考證〕涵芬樓宋紹興本及雙鑑樓百衲宋本皆作右丞，今從之。而鄱陽胡氏重雕元初本及普通本均作左丞，蓋誤。

戴胄——貞觀元年三月以後，由大理少卿遷右丞。六月上旬以前，遷左丞。（詳左丞卷。）——舊七〇、新九九有傳。

魏徵——貞觀元年夏秋間，由諫議大夫遷右丞。（新傳、舊傳。）〔考證〕。仍兼諫議大夫。（新傳。）九月十二辛酉，見在任。（舊紀。）二年六月，見在任。（通鑑、會要三二雅樂上。）三年二月六日戊寅，遷秘書監·參預朝政。（舊紀、新紀、新表、通鑑、新傳、舊傳〔作二年誤〕。）——舊七一、新九七有傳。

〔考證〕據兩傳敘事，其爲右丞當在貞觀元年。舊七〇杜正倫傳：「貞觀元年，尚書右丞魏徵表薦正倫。」是亦元年在任之證。參以戴胄事及舊紀貞觀元年九月條，則徵任右丞當在夏秋間。又新傳作右丞，舊傳作左丞。按前引杜正倫傳及舊紀元年條皆作右；又三年二月入相事，舊紀、新紀、新表、通鑑書銜皆作右；又二年六月事，會要、通鑑書銜亦作右；則舊傳作左，誤。冊府四六〇云貞觀二年拜尚書左丞，「二」「左」皆誤。

杜正倫——貞觀三年，由給事中·兼知起居注遷右丞。四年，遷中書侍郎。——舊七〇、新一〇六有傳。

〔考證〕舊傳：「（貞觀）二年，拜給事中兼知起居注。……四年，累遷中書侍郎。六年，正倫與御史大夫韋挺……上封事稱旨。」新傳略同。皆不云爲右丞。而舊七四劉洎傳，上疏曰：「貞觀之初，未有令僕……左丞戴胄、右丞魏徵並曉達吏方，質性平直。……及杜正倫續任右丞，頗亦厲下。」則正倫嘗繼徵爲右丞，舊傳「四年累遷中書侍郎」，蓋卽由右丞，史傳略之耳。

韋挺——約貞觀四年，遷右丞。是年或明年，遷吏侍。——舊七七、新九八有傳。

〔考證〕 舊傳：「太宗在東宮，徵拜主爵郎中。貞觀初，王珪數擧之，由是遷尙書右丞。俄授吏部侍郎，轉黃門侍郎，進拜御史大夫。」新傳略同。按舊傳後云：「挺爲大夫時，馬周爲監察御史。」考舊七四馬周傳：「(貞觀)六年，授監察御史，……尋除侍御史。」又舊七〇杜正倫傳：「六年，正倫與御史大夫韋挺……上封事。」會要八三嫁娶條：「貞觀六年，御史大夫韋挺上表。……」則貞觀六年挺已在御史大夫任。據此推論，參以右丞員闕，挺任右丞當在四五年。

劉洎——貞觀十年或十一年，由治書侍御史遷右丞。〔考證〕。十三年十一月三十戊辰，遷黃門侍郎‧參知政事。（新紀、新表、通鑑、兩傳〔失書知政事〕。）——舊七四、新九九有傳。

〔考證〕 舊傳：「貞觀七年，累拜給事中。……十五年，轉治書侍御史。上疏曰：尙書萬機，實爲政本。……貞觀之初，……左丞戴胄、右丞魏徵並曉達吏方，質性平直，事應彈擧，無所迴避。……比者，綱維不擧，……宜精簡……左右丞……。書奏未幾，拜尙書右丞。十三年，遷黃門侍郎。」新傳同而略。兩傳皆作右丞，而十三年入相事，新紀、新表、通鑑書銜皆作左丞。按新傳拜右丞下云：「洎健于職，於是尙書復治如徵時。」則「右」字非譌，今從之。又十三年遷黃門侍郎，則舊傳十五年爲侍御史，「五」字必誤。考會要五八左右丞條：「十年，治書侍御史劉洎上書曰……。」卽舊傳此疏。則舊傳衍「五」字，其遷右丞亦當卽十年或十一年。

宇文節——貞觀十九年二十年，在右丞任。——舊一〇五、新一三四附孫文融傳。

〔考證〕 舊傳：「祖節，貞觀中爲尙書右丞。……太宗……勞之曰，朕所以不置左右僕射者，正以卿在省耳。」新傳同。會要五八敍其事在二十年，又作左丞。又釋門自鏡錄下，貞觀十九年有左丞宇文節。按會要及大藏經錯字甚多，今從傳。

段寶元（乾）——永徽初，由刑侍遷右丞。〔考證〕。二年閏九月十四甲戌，見在任。（會要三九定格令條、舊五〇刑法志、新五八藝文志，參後條。）三年五月以前，徙大理卿。時階太中大夫。（詳後條。）——兩書無傳。

〔考證〕 萃編八一北嶽神廟碑，王氏引授堂金石跋云：「碑陰第一層紀段使君德政。……首序段公諱悟……王父乾字寶元，唐刑部郎中，遷給事中，刑部侍郎，尚書左右丞，洛州刺史。建都，授洛州長史。」則寶元名乾，以字行也。其遷右丞當卽在永徽初。又按二年閏九月在右丞任，三年五月在大理任；而册府一六一，顯慶元年正月寶玄（元）尙在大理卿任，則左丞當在後。又改洛陽爲東都事在顯慶二年十二月，則爲左丞當在顯慶元二年歟？

劉燕客——永徽三年春，或上年冬，由刑侍繼寶元爲右丞。三年五月至四年十一月十九丁卯，見在任。時階朝議大夫。——兩書無傳。

〔考證〕 會要三九定格令條：「永徽二年閏九月十四日，上新刪定律令格式。（長孫無忌等略）尙書右丞段寶元……刑部侍郎劉燕客……等同修。」舊五〇刑法志云永徽初，新五八藝文志云三年上，二人官銜同。按舊紀，永徽二年閏九月辛未（十一日）「頒新定律令格式於天下。」則新志「三年」誤。又會要同條云「三年五月詔……撰律疏成三十卷。（長孫無忌等略）大理卿段寶元、尙書右丞劉燕客（略）等同撰。四年十月九日上之。」新藝文志僅云永徽四年上，銜同會要。舊刑法志詔撰在三年，撰上在四年十月，與會要同，而寶元銜爲「太中大夫•守大理卿」，燕客銜爲「朝議大夫•守尙書右丞。」全唐文一三六長孫無忌進律疏議表云四年十一月十九日上，二人銜同舊志。按舊紀頒新律疏在十一月癸丑（五日），與表爲近。今以詔撰在三年五月，從會要；撰上在四年十一月，從進表及舊紀。據此，則寶元卸右丞爲大理、燕客卸刑侍爲右丞均當在二年冬或三年春矣。

辛茂將——約永徽五六年至顯慶三年間，曾官右丞。——兩書無傳。

〔考證〕姓纂三：辛氏「茂將，右丞，侍中。」岑校：「舊書四，顯慶三年，大理卿辛茂將爲侍中，四年十一月卒。永徽二年官大理少卿，見珠林七九引冥報記。」據此官歷，參之員闕，則官右丞年份略可曉。

韋思齊——蓋永徽、顯慶中，曾官右丞。——兩書無傳。

〔考證〕新七四上世表：韋氏「思齊，尙書右丞，司稼正卿。」按父匡伯仕隋，子巨源相武后、中宗，參以司稼之名，則爲右丞當在永徽顯慶中。

崔餘慶——顯慶五年五月二十八戊辰，以右丞總護三總管討奚。（通鑑。）——兩書無傳。

楊昉——龍朔二年，見在右肅機任。——新一〇六附楊弘禮傳。

〔考證〕會要五八左右丞條：「龍朔二年，有宇文化及子孫理資蔭，……右肅機楊昉……命案立判之……。」而新楊弘禮傳：「楊昉，武后時爲肅機」，下即書此事。考新七一下世表：楊氏「昉，尙書右丞，工部尙書。」同輩「弘武，相高宗。」仍以會要龍朔年爲强。蓋高宗朝武后擅權，故史傳往往以爲武后時也。又大唐新語一一述此事，昉爲左丞。按龍朔二年五月崔餘慶已在左丞任，至明年尙見在任；則似作「右」爲强，故從會要、新表作右。

盧承業——約麟德元年，由同州刺史入遷右肅機，進階銀靑光祿大夫。二年三月十六戊午，見在任。是年遷左肅機。（詳左丞卷再任條。）——舊八一、新一〇六有傳。

李敬玄——乾封末，由西臺舍人·弘文館學士遷右肅機·檢校太子右中護。〔考證〕。總章二年二月十二辛酉，遷西臺侍郎·同東西臺三品。（通鑑、新紀、新表、新傳。）——舊八一、新一〇六有傳。

〔考證〕新傳：「歷西臺舍人·弘文館學士，遷右肅機·檢校太子右中護，拜西臺侍郎·同東西臺三品。」舊傳：「乾封初，歷遷西臺舍人·弘文館學士。總章二年，累轉西臺侍郎·兼太子右中護·同東西臺三品。」省右肅機，又中護在西臺侍郎後。據通鑑，中護在西侍上，右肅機下，是也。又按：麟德二年，敬玄在司刑少常伯任。據官歷，似應由西舍遷刑侍，又遷右丞；非由西舍直遷也。姑存疑。

皇甫公義——總章二年四月，在右肅機·兼檢校沛王府長史任。（冊府一六一〔義作議〕。）〔考證〕。咸亨元年閏九月二十一辛酉，仍在右肅機任。（八瓊四五引續古文苑唐孝明皇后碑，碑又見全唐文二三九武三思集。）——兩書無傳。

〔考證〕冊府本作「左」，而孝明皇后碑作「右」。考舊八八韋思謙傳：「左肅機皇甫公義檢校沛王府長史，引思謙爲同府倉曹。」亦作左。案咸亨元年十月二十六日趙仁本爲左丞，若公義爲左，則見碑後逾月卽卸，似嫌抵觸，故從碑作右。

高審行——高宗中葉，不能遲過上元前後，曾官右丞。——新九五附父士廉傳。

〔考證〕芒洛冢墓遺文續編卷下高嶸墓誌：「父審行，皇尙書右丞，雍州長史，戶部侍郎，渝州刺史。」按審行以永隆元年秋由戶侍貶渝州，則任右丞當不能遲過上元前後。又其兄履行貞觀末已宦達爲民部侍郎，則審行宦達亦可能在高宗中葉。

崔知溫——永隆元年四月二十四戊辰稍前，或前一兩年，由右丞遷黃門侍郎。——舊一八五上、新一〇六有傳。

〔考證〕新傳：「累遷尙書左丞，轉黃門侍郎，脩國史。永隆初，以秩卑，特詔同中書門下三品，兼脩國史。」舊傳文稍略。而芒洛冢墓遺文四編卷五崔孝昌墓誌：「父知溫，皇朝英府司馬·兼尙書右丞，黃門侍郎·同中書門下三品，監修國史。」作右，與兩傳異。今從誌。按永隆元年四月戊辰，知溫以黃門侍郎同中書門下三品，見兩紀、新表，則由右丞遷黃門當在稍前也。

柳範——高宗世，曾官右丞。——舊七七、新一一二有傳。

〔考證〕舊傳：「高宗時，歷位尙書右丞，揚州大都督府長史。」新傳同。新七三上世表：柳氏

「範，尚書右丞。」姓纂七同。又舊一〇七延王玢傳：「母卽尚書右丞柳範孫也。」新傳同。又芒洛冢墓遺文卷中（唐文拾遺六五）薛夫人河東郡君柳墓誌，夫人以開元六年卒，年七十六。「父範，皇朝尚書右丞，高蔚淄雅麥五州刺史，揚州大都督府長史。」時代與傳亦合。

韋行詮——蓋高宗世，官至右丞。——兩書無傳。

〔考證〕姓纂二：「韋行詮，尚書右丞。」新七四上世表同。按行詮族弟方質相武后，行詮官達或當在高宗世。岑校：「行詮贈禮尚，見長安志八。」

張光輔——垂拱初，蓋曾官文昌右丞。——舊九〇有傳。

〔考證〕舊傳：「累遷司農少卿，文昌右丞。以討平越王貞之功，拜鳳閣侍郎·知政事。永昌元年遷納言。」按舊紀，垂拱三年四月，「夏官侍郎張光輔爲鳳閣侍郎·同鳳閣鸞臺平章事。」新紀新表在同年五月丙寅，前後官與舊紀同；皆不言由右丞。又討越王貞事在四年九月，亦與舊傳異。今姑據舊傳書之，時當在垂拱初。

狄仁傑——垂拱四年六七月，由冬侍遷文昌右丞。九月或稍後，出爲豫州刺史。——舊八九、新一一五有傳。

〔考證〕舊傳：「徵爲冬官侍郎，充江南巡撫使。吳楚之俗多淫祠，仁傑奏毀一千七百所……。轉文昌右丞，出爲豫州刺史。時越王貞稱兵汝南，事敗，緣坐者六七百人，……仁傑……緩其獄。」新傳同。按舊紀，仁傑出巡江南在垂拱四年二月；通鑑，奏毀淫祠在六月；題銜均爲冬官侍郎。則仁傑由冬侍遷右丞不能早過四年六月。又通鑑同年九月「以文昌左丞狄仁傑爲豫州刺史，時治越王貞黨與……」云云。按越王貞本爲豫州刺史，本年八月舉兵反；九月丙辰命宰相張光輔討之，貞自殺，仁傑蓋卽其時繼貞任，通鑑書於九月是也。惟銜作左丞，與兩傳異。按仁傑由冬侍遷，冬官地位低，今姑從兩傳作右。

李景諶——永昌元年三月二十癸酉，文昌兩丞進爲從三品。此日景諶在右丞任。明日甲戌，換天侍。——兩書無傳。

〔考證〕 會要五八左右丞條：「永昌元年三月二十日，勅曰……文昌左右丞進爲從三品階，其盧獻、李景諶並宜三品依舊任。」又吏侍條：「永昌元年三月二十一日又加一員，以李景諶爲之。」則是年三月二十日原在右丞任，明日換吏侍也。

●李元素——長壽元年八月十六戊寅，由檢校地侍遷文昌右丞・同鳳閣鸞臺平章事。（新紀、舊紀、通鑑。）〔考證〕。九月二十二癸丑，流嶺南。（新紀、新表、通鑑。）——舊八一、新一〇六附兄敬玄傳。

〔考證〕 此事，新紀書事最確。舊紀無日，又無「檢校」二字。通鑑書事與新紀同，但作七月戊寅，誤。新表不遷右丞，更誤。兩傳失書此任。

●韋巨源——長壽中，由司府卿遷文昌右丞。（舊傳。）二年九月十五辛丑，以本官同鳳閣鸞臺平章事。（兩紀、通鑑〔作左誤〕、新表〔作癸丑〕、舊傳。）延載元年三月，轉夏侍，仍平章事。（舊紀、舊傳。）〔考證〕。——舊九二、新一二三有傳。

〔考證〕 舊紀：長壽三（延載元）年三月「韋巨源爲夏官侍郎，依舊知政事。」明年（天冊萬歲元年）春一月戊子，貶鄜州刺史。舊傳：「轉司府卿，文昌右丞・同鳳閣鸞臺平章事。三年，轉夏官侍郎，依前平章事。……證聖初，出爲麟州刺史。」年份官歷與紀合，惟麟字異。新傳云：「累遷夏官侍郎・同鳳閣鸞臺平章事。……坐李昭德累貶麟州刺史。」雖省右丞一歷，然由夏侍貶出與舊紀亦合。而新紀、新表由右丞入相後不書夏侍一轉，而天冊萬歲元年正月戊子貶刺史，與舊紀同；通鑑與新紀、新表同，惟「鄜」作「麟」，又無日；皆似任右丞直至貶時，與舊紀及兩傳均不合。按延載元年十月李元素見爲右丞，新表亦書之，明此年脫書巨源夏侍一轉無疑。又舊豆盧欽望傳：「證聖元年，（李）昭德坐事左遷涪陵尉，……韋巨源自右丞爲鄜州刺史。」亦誤。（又云「陸元方自秋官侍郎爲綏州刺史。」按長壽二年九月，元方已由秋侍遷鸞臺侍郎平章事，此亦前官，誤。）又按出貶之州，「鄜」「麟」不同，月亦有「正」「二」之異，今本書兵侍卷姑定作正月戊子貶鄜州。

○李元素——延載元年，復爲文昌右丞。十月二十二壬申，遷鳳閣侍郎·同鳳閣鸞臺平章事，進階銀青光祿大夫。——此再任。

〔考證〕新紀：延載元年「十月壬申，文昌右丞李元素爲鳳閣侍郎……同鳳閣鸞臺平章事。」新表通鑑同。舊紀：同年「十月，文昌右丞李元素爲鳳閣鸞臺平章事。」「爲」下蓋脫「鳳閣侍郎同」五字。神功元年正月元素誅，舊紀題銜亦爲鳳閣侍郎，是其證。舊傳：「延載元年，自文昌左丞遷鳳閣侍郎·鳳閣鸞臺平章事，加銀青光祿大夫。」新傳亦作左。均誤。

宋玄爽——聖曆元年五月見在右丞任。（全唐文二一一陳子昂上蜀川安危事〔名爽〕。）九月二十一戊寅，以文昌右丞充河北道行軍元帥長史。（通鑑、新二一五上突厥默啜傳。）〔考證〕。——兩書無傳。

〔考證〕姓纂八：扶風宋氏「元爽，尚書左丞，秋官侍郎。」作左，與通鑑、新突厥傳及全唐文異。按此時宗楚客在左丞任，姓纂誤。又據此知官秋侍當在聖曆元年前後。

韋安石——久視元年，由鄭州刺史入遷文昌右丞。（兩傳。）十月十三丁巳，遷鸞臺侍郎·同鳳閣鸞臺平章事。（新紀、新表、通鑑、舊紀〔無日又作左〕、兩傳。）——舊九二、新一二二有傳。

張知泰——長安三年閏四月稍後，由益州大都督府長史入遷中臺右丞。是年蓋換兵侍。——舊一八五下、新一〇〇有傳。

〔考證〕舊傳：「知泰爲夏官、地官侍郎，益州長史，中臺右丞。……及神龍元年中宗踐極，……知泰自兵部侍郎授右御史大夫，加銀青光祿大夫。」新傳官歷同，惟作左，姑從舊傳。按長安三年閏四月始改文昌臺爲中臺，知泰當在此後；然參之敬暉事，知泰卸右丞必卽三年也，蓋轉夏侍歟？神龍元年二月四日，官名復舊，故由兵侍授御史大夫當在二月以後。

敬暉——長安三年，由洛州長史・東都副留守遷中臺右丞。（兩傳。）〔考證一〕。進階銀青光祿大夫。（舊傳。）神龍元年正月二十二癸卯稍前，遷右羽林將軍。〔考證二〕。——舊九一、新一二〇有傳。

〔考證一〕 新傳作「二年」。按三年閏四月始改文昌臺爲中臺，又此年有張知泰，則當從舊傳作三年。

〔考證二〕 舊傳：「神龍元年，轉右羽林將軍，以誅張易之、昌宗功，……擢拜侍中。」新傳同。按新紀、通鑑，誅二張事在神龍元年正月二十二癸卯。（舊紀作癸亥。按正月無癸亥，合鈔已正。）又據通鑑，臨事前不久，暉始由右丞改羽林將軍，蓋即在正月也。

蘇瓌——神龍元年，（兩傳。）由陝州刺史入遷右丞。（碑、舊傳〔由揚州長史〕、新傳〔由同州〕。）六月二十七乙亥，見在任。（會要三九定格令條、冊府六一二、新五八藝文志〔無月日〕。）旋進階銀青光祿大夫。（舊傳、碑。）十月以前，遷左丞。〔考證〕。——舊八八、新一二五有傳，全唐文二三八、萃編六九有盧藏用撰蘇瓌神道碑。

〔考證〕 碑云：「入爲尚書右丞，加銀青光祿大夫，遷尚書左丞，戶部尚書。」舊傳加銀青光祿大夫下云「是歲再遷戶部尚書，奏計帳所管戶時有六百一十五萬六千一百四十一。」新傳亦云再遷戶尚，均省左丞一遷也。按會要八四戶口數條：「神龍元年十一月二十五日，戶部尚書蘇瓌奏計戶云云（數同）」而是年十月二十五日楊再思始卸戶尚任，則瓌由左丞遷戶尚必在十月二十五日至十一月二十五日之間，而由右丞遷左丞必在十月以前矣。

裴元質——蓋景龍三年稍後，官至右丞。——兩書無傳。

〔考證〕 新七一上世表：中眷裴氏「元質，尚書右丞。」按郎官考八引成都志：「景龍二年，以御史中丞裴元質領益州大都督府長史。」據官歷，右丞當稍後。

●**劉幽求**——景雲元年六月二十五乙巳，由中書舍人・參知機務遷右丞，進階銀青光祿大夫，仍知政事。

二年二月十一丙戌，罷爲戶尚。——舊九七、新一二一有傳。

〔考證〕　舊傳：「擢拜中書舍人，令參知機務……。睿宗卽位，加銀青光祿大夫，行尚書右丞，仍舊知政事。……景雲二年，遷戶部尚書，罷知政事。」新傳同。舊紀：景雲元年六月辛丑，「劉幽求爲中書舍人・參知機務。……乙巳，……中書舍人劉幽求爲尚書左丞（封戶），依前知政事。」二年二月「丙戌，劉幽求爲戶部尚書，罷知政事。」官歷與兩傳同，惟作左。今從傳。新表拜罷月日官名並同，惟失書右丞一遷。通鑑罷日書云：「中書舍人・參知機務劉幽求罷爲戶部尚書。」亦無右丞一遷。今從舊紀、兩傳書之。

陽嶠——景雲二年，遷右丞。六月八日壬午，分置二十四都督府，嶠爲涇州都督。尋停不行。——舊一八五下、新一三〇有傳。

〔考證〕　舊傳：「景龍末，累轉國子司業。……睿宗卽位，拜尚書右丞。時分建都督府，……以嶠爲涇州都督。尋停不行。」新傳同。按舊紀，二年六月壬午，分置二十四都督府；七月停。

盧藏用——先天元年冬或開元元年春，由工侍遷右丞。時階蓋正議大夫。〔考證一〕。開元元年七月六日丁卯，流嶺南。〔考證二〕。——舊九四、新一二三有傳。

〔考證一〕　舊傳：「遷黃門侍郎，兼昭文館學士，轉工部侍郎，尚書右丞。先天元年，坐託附太平公主，配流嶺南。」新傳同。考全唐文九二三史崇妙門由起序：「太淸宮主臣史崇……與銀青光祿大夫・檢校中書令・兼太子右庶子（略）崔湜，……銀青光祿大夫・右散騎常侍・昭文館學士・（略）臣徐彥伯，……正議大夫・行工部侍郎・昭文館學士・柱國臣盧藏用，……朝散大夫・守中書侍郎・崇文館學士臣王琚……」云云。檢新表，湜以先天元年八月庚戌檢校中書令。舊九四徐彥伯傳：「景雲初，加銀青光祿大夫，遷右散騎常侍，太子賓客，仍兼昭文館學士。先天元年，以疾乞骸骨，許之。」舊一〇六王琚傳：「先天元年……八月，擢拜中書侍郎。」則此序必作於先天元年，在八月以後，其時藏用尚在工侍任，則遷右丞不能早過是年冬。而據工侍卷員闕，亦不能遲過二年春也。通鑑景雲二年十二月紀，藏用書銜爲左丞。是書後官，左字亦誤。

〔考證二〕　兩傳，先天中由右丞流嶺南。舊七四崔湜傳：「與尙書右丞盧藏用同流配。」朝野僉載三，事銜並同。按通鑑，開元元年七月甲子，誅太平逆黨，右丞盧藏用流瀧州，中書令崔湜流竇州。舊紀（睿宗玄宗兩紀），先天二年（卽開元元）七月甲子，誅太平公主；丁卯，崔湜、盧藏用長流嶺南，藏用銜作左丞，誤。新表，湜南流在庚子。今從舊紀。

崔昇（玄昇）——開元元年，見官右丞。——舊九一附見兄玄暐傳。

〔考證〕　朝野僉載一：「開元二年，……被御史李全交致其罪，勅令處盡；而刑部尙書李知白（日知倒誤）、左丞張廷珪、崔玄昇、侍郎程行諆咸請之。乃免死。」按「二年」當作「元年」，詳刑尙卷李日知條及刑侍卷程行諆條。又按：此時張廷珪官左丞不誤，則玄昇當爲右丞。又考玄暐傳云：「弟昇，官至尙書左丞。」新七二下世表，玄暐弟「昇字玄樂，刑部侍郎。」按玄暐以神龍二年卒，年六十九，其弟以開元初官尙書丞，時代正合。則玄昇卽昇，昇其名又字玄昇耳。左字蓋亦右之譌，或此時爲右丞，後遷左丞耶？

劉知柔——開元二年或前一年，由戶侍遷右丞。時階銀青光祿大夫。二年，徙鴻臚卿，階如故。——舊一〇二、新二〇一有傳，全唐文二六四有李邕撰劉知柔神道碑。

〔考證〕　舊傳：「歷荆、揚、曹、益（略）等州長史、刺史，戶部侍郎，國子司業，鴻臚卿，尙書右丞，工部尙書·東都留守，卒。」新傳惟工尙。神道碑云：「出荆府長史，復戶部。」全唐文二五〇蘇頲授劉知柔尙書右丞制：「銀青光祿大夫·行尙書戶部侍郎·（勳·封）劉知柔……可行尙書右丞，散官勳封如故。」同卷又有授工尙制，實由鴻臚卿。則由荆州入爲戶侍，遷右丞，鴻臚，工尙；舊傳官次誤。按由鴻臚遷工尙，事在開元三年。神道碑云：「冢卿有九，公自屬國二年。」在鴻臚任兩年，則由右丞徙鴻臚必在開元二年。又觀右丞、戶侍員闕，由戶侍遷右丞當亦在二年，不能早過元年，始遷戶侍卽在元年。

張暐——開元二三年中，以太子詹事兼右丞。時階銀青光祿大夫。後徙鴻臚卿。——舊一〇六有傳，新一二一附王琚傳。

〔考證〕　舊傳：「其年十二月改元開元，以雍州爲京兆府，長史爲尹。暐首遷京兆尹，……遷太子詹事。判尙書左右丞，再遷左羽林大將軍。」新王琚傳同。按全唐文二五一蘇頲授張暐鴻臚卿制：「銀青光祿大夫・詹事・兼尙書右丞・(勳・封)張暐……可鴻臚卿。」在授陸餘慶大理卿制後。參看左丞卷。

倪若水——開元三年十二月，或四年正月，由紫微舍人遷右丞。(兩傳、全唐文二五〇蘇頲授源乾曜尙書左丞等制，行制年月詳左丞卷。)時階正議大夫。(授制。)四年二月二十四辛未，出爲汴州刺史・兼河南採訪使。(通鑑、兩傳。)——舊一八五下、新一二八有傳。

倪若水——開元七年，由戶侍復遷右丞。卒官。(兩傳。)——此再任。

王丘——開元十年冬或稍前，由吏侍轉右丞。十一年五月，見在任。是年秋冬或明年春，遷黃門侍郞。——舊一〇〇、新一二九有傳。

〔考證〕　舊傳：「轉吏部侍郞，……換尙書左丞。十一年，拜黃門侍郞。其年，山東旱儉，朝議選朝臣爲刺史，……於是以丘爲懷州刺史。」新傳無左丞一轉，餘並同。考通鑑，丘以開元十二年六月由黃門侍郞出刺懷州，則舊傳「十一年」「其年」必有一誤，意者「十一年」爲「十二年」之誤之可能性較大，是遷黃門當在十二年春。又摭言六公薦條王冷然上相國燕公書有「今尙書右丞王邱」云云。此書作於開元十一年五月，詳吏侍卷楊滔條，則縱「十一年」不誤，亦必在秋冬也。由吏侍轉任年份參吏侍卷。又舊傳作左丞，摭言作右丞。按丘於十四年曾官左丞，傳或因涉後文而誤同歟，今姑從摭言。

齊澣——開元十四年正二月，或上年十二月，由汴州刺史入遷右丞。十四年冬或稍後，遷吏侍。——舊一九〇中、新一二八有傳。

〔考證〕舊傳：「（開元）十二年，出爲汴州刺史。……中書令張說擇左右丞之才，舉懷州刺史王丘爲左丞，以澣爲右丞。李元紘、杜暹爲相，以開府廣平公宋璟爲吏部尙書，又用戶部侍郎蘇晉與澣爲吏部侍郎，當時以爲高選。……貶高州良德丞。」新傳同；惟右丞在東封之後，是。兩傳皆云與王丘爲左丞同時。按丘事在十三年十二月或明年正二月。又舊一〇〇蘇晉傳：「歷戶部侍郎。……開元十四年遷吏部侍郎。時開府宋璟兼尙書事，晉及齊澣遞於京都知選事。」是澣遷吏侍卽在十四年也。然元紘以十四年四月拜相，暹以同年九月拜相，則澣遷吏侍又當在九月以後，至於貶良德丞則在十七年。

韋虛心——開元中葉，蓋十五六年間，曾官右丞。（詳左丞卷。）——舊一〇一、新一一八有傳。

韓休——開元十七年秋，由工侍・知制誥遷右丞。（兩傳，詳工侍卷。）二十一年三月十六甲寅，遷黃門侍郎・同中書門下平章事。（兩紀、新表、通鑑、兩傳、全唐文二三三授制〔作左誤〕。）——舊九八、新一二六有傳。

席豫——開元二十一年三月十六甲寅稍後，由鄭州刺史入遷右丞。（全唐文三〇五徐安貞授制、新傳，詳吏侍卷。）時階朝散大夫。（授制。）同年或二十二年五月二十七丁亥以前，遷吏侍。（詳吏侍卷。）——舊一九〇中、新一二八有傳。

姚奕——開元二十六年，由禮侍遷右丞。天寶元年八月，貶永陽太守。——舊九六、新一二四附父崇傳。

〔考證〕舊一〇三牛仙客傳：「爲相。「天寶元年……七月，卒。初，……姚崇孫宏……自云能通鬼道，仙客頗信惑之。及疾甚，……遂逼仙客，令作遺表，薦宏叔尙書右丞奕及兵部侍郎盧奐堪代己。……仙客……署字不成。其妻因中使來弔，以其表上。玄宗覺而怒之，左遷奕爲永陽太守，盧奐爲臨淄太守。」舊姚崇傳：「少子奕，少而修謹。開元末，爲禮部侍郎，尙書右丞。」下敍天寶元年貶永陽太守事，視仙客傳稍略。按兩紀、通鑑，仙客以七月二十九辛未薨（表作辛丑誤），則奕之貶必八月也。其由禮侍遷右丞年份詳禮侍卷。又通鑑於至德元載敍玄宗西幸時事，云「姚崇之子尙書右丞奕」，書前官也。

陸景融——天寶元年，由滎陽太守入遷右丞。旋遷左丞。——舊八八、新一一六有傳。

〔考證〕　舊傳：「歷大理正，滎陽太守，河南尹，兵、吏部侍郎，左、右丞，工部尙書。」考全唐文三〇八孫逖授陸景融尙書右丞制，原銜爲滎陽太守；又有授景融吏部侍郎制，原銜爲左丞；蓋由右丞遷左丞，又遷吏侍也。按孫逖以天寶五載罷知制誥，（舊一九〇中本傳。）是此制不能遲過五載。又天寶元年二月始改諸州爲郡，刺史爲太守，則始任右丞不能早過元年二月。然二載已由左丞換吏侍，則爲右丞當卽在元年，旋遷左丞也。

張紹貞——天寶初，蓋陸景融後，由劍南節度使留遷右丞。時階朝議大夫。——舊一六二附見孫正甫傳。

〔考證〕　舊張正甫傳：「祖紹貞，尙書右丞。」其官右丞，又見全唐文三一九李華荊州南泉大雲寺蘭若和尙碑，時在天寶十載以前。考全唐文三〇八孫逖授張紹貞尙書右丞制：「朝議大夫・守益州大都督府長史・持節劍南節度支度營田副大使知節度事・兼採訪處置使・攝御史中丞・上柱國張紹貞……亟踐方州，咸推課最，爰施密令，且寄專征；而紀綱一臺，彌綸百事，缺官斯久，選衆尤難。宜輟南轅，用昇右轄。可尙書右丞，散官勳如故。」按此制在授陸景融右丞制後，授宋鼎右丞制前，今姑依原次置此。又據制，紹貞雖授劍南，實未之任，卽改右丞，時章仇兼瓊正在劍南，無礙也。吳表六，置於開元二十三年。時逖尙未爲中舍，吳表誤。

宋鼎——天寶三載或上年，由刑侍遷右丞。時階通議大夫。三年或明年春夏，換兵侍。時階正議大夫。——

——兩書無傳。

〔考證〕　全唐文三〇八孫逖授宋鼎尚書右丞郭虛己戶部侍郎制：「紀綱一臺，爰資右轄。……通議大夫·尙書刑部侍郎·借紫金魚袋宋鼎……可守尙書右丞，……散官如故。」此制在授張紹貞右丞制後，授崔翹右丞制前。按鼎與虛己皆見石臺孝經後題名，時在四年秋冬，鼎銜已進爲正議大夫·行兵部侍郎，虛己仍官戶部侍郎，惟散官由朝議大夫進中散大夫。則此制當作於天寶初，不能遲過三年。

崔翹——天寶初，由河南太守·河南採訪處置使入遷右丞。時階太中大夫。四年春夏或三年，遷左丞。

——舊九四、新一一四附見父融傳。

〔考證〕　全唐文三〇八孫逖授崔翹尙書右丞制：「大中大夫·守河南郡太守·本道採訪處置使·上柱國崔翹……可守尙書右丞，散官如故。」（明本文苑英華三八五亦作右丞）此制緊接宋鼎右丞制後。按石臺孝經題名有翹，銜爲「通議大夫·守尙書左丞。」蓋四載九月以前已由右丞遷左丞，進階通議歟？

李道邃——天寶八載九月，在右丞任。其始任不能早過上年。——舊六四、新七九附魯王靈夔傳。

〔考證〕　舊傳：「道邃……天寶中爲右丞，大理宗正二卿，卒。」新傳云「終尙書右丞。」據舊一〇五楊愼矜傳，天寶六載十一月，道邃在大理卿任；其官右丞當在此時前後。而據新傳，右丞當在大理後。考冊府三三三：「天寶八載九月，命（略）尙書右丞李通遷祭河瀆。」時間與道邃相當，「通遷」殆「道邃」之形誤耳。是始任不能早過七年。

韋見素——天寶八載冬或九載，（據員闕。）由工侍遷右丞。九載遷吏侍，進階銀青光祿大夫。（舊傳。）

——舊一〇八、新一一八有傳。

盧奐——天寶十載前後，由南海太守入遷右丞。時階銀青光祿大夫。卒。——舊九八、新一二六有傳。

〔考證〕　舊傳：「除兵部侍郎。天寶初，爲晉陵太守。……特授奐南海太守，人用安之，以爲自開元已來四十年廣府節度淸白者有四，謂宋璟、裴迪先、李朝隱及奐。……加銀青光祿大夫。經三年，入爲尙書右丞。卒。」新傳同。新七三上世表作左丞，誤。按舊牛仙客傳，奐以天寶元年八月貶臨淄太守，（詳前姚奕條。）蓋中經晉陵，換南海，入遷右丞，度其時不出天寶十載，與「開元以來四十年」云云亦相應。

李憕——天寶十一載冬，或十二載冬，由河南太守•河南採訪使入遷右丞。約十三載，遷京兆尹。——舊一八七下、新一九一有傳。

〔考證〕　舊傳：「十一載，累轉河南太守•本道採訪使。謁於行在，改尙書右丞，京兆尹。十四載，轉光祿卿，東京留守。」按此時玄宗未至東都，惟自六載以後，每年十月幸華淸宮，十二月或明年正月還京，此行在卽指華淸宮也。時當卽十一載冬或十二載冬，其遷京兆當在十三載歟？

劉彙——天寶末，蓋卽十三四載，由給事中遷右丞。又徙左散騎常侍。——舊一〇二、新一三二附父子玄傳。

〔考證〕　舊傳：第三子彙，「給事中，尙書右丞，左散騎常侍，荆南、長沙節度。」新傳省給中、右丞。而姓纂五作左丞。按通鑑，至德元載七月，上皇制以「盛王琦充廣陵大都督•領江南東路及淮南河南等路節度都使，以前江陵都督府長史劉彙爲之傳。」則爲右丞必在天寶末，十三四年也。全唐文三一六李華杭州刺史廳壁記，永泰元年七月二十五日作，述歷任刺史有云：「韋太原、崔河南、劉右丞、侯中丞節度方隅。」是此劉右丞嘗爲節鎭之任也。永泰以前劉姓右丞之可考者惟知柔、彙、秩三人。據舊傳，秩未至方鎭；知柔嘗爲節鎭，然官至工尙，記例當稱劉尙書，與此不合；惟彙最高官位爲右丞，又兩任節鎭，豈其人歟？勞格讀書雜誌七杭州刺史考及岑仲勉前輩唐集質疑杭州刺史廳壁記條均失書。

劉秩——至德二載，曾官右丞。——舊一〇二、新一三二附父子玄傳。

〔考證〕 舊傳：第四子秩，「給事中，尙書右丞，國子祭酒。」新傳：「至德初，遷給事中。久之，出爲閬州刺史。」省右丞。而新七一上世表：「秩，尙書右丞。」與舊傳合。按舊一一一房琯傳，加持節招討使，以「給事中劉秩爲參謀。」事在至德元載十月。稍後又題銜「庶子」，時琯未罷相。二載五月，琯罷爲太子少師。乾元元年六月，琯貶邠州刺史，又貶「前國子祭酒劉秩爲閬州刺史。」則秩官右丞當在至德二年。

徐浩——至德二載，以中書舍人·集賢殿學士加兼右丞。（神道碑、兩傳、全唐文三六六賈至授徐浩兼左丞制〔作左誤〕。）〔考證〕。是年冬至乾元元年四月二十八辛丑，見在中書舍人·兼右丞·集賢殿學士任。（全唐文四四〇徐浩徐氏山口碣石題刻。）乾元元年三月十二甲申，仍在中舍·兼右丞·集賢學士副知院事任，時階中大夫。（大正藏經第二一二〇三藏不空和上表制集卷一制許搜訪梵夾祠部告牒）。旋徙國子祭酒。〔考證〕。——舊一三七、新一六〇有傳，萃編一〇四、全唐文四四五有張式撰東海徐公神道碑。

〔考證〕 碑於中舍兼右丞後云：「李輔國憑寵恃勳……有命將授左散騎常侍。……公敷陳曰：……名不可假……期不奉制。有命改授大詹事。……浸潤之譖竟中於多言，因除國子祭酒，遂貶廬州長史。」據舊一八四李輔國傳，加太子詹事在至德二載。其時已忤輔國，料貶國子祭酒卽在乾元元年也。

裴遵慶——乾元元二年間，在右丞任。二年春夏以前，換兵侍。——舊一一三、新一四〇有傳，萃編一〇〇、全唐文三三一、八瓊六四有楊綰撰裴遵慶碑。

〔考證〕 碑云：「貶守符□。……至德初，拔自賊庭，將趨行在，故太尉淸□□□□□□□賀於朝，遽拜給事中，累遷尙書右丞、兵部、戶部，□授吏部侍郎。……年，除黃門侍郎·平章事。」（萃編及全文收此碑多闕文，今據八瓊校補如此。）舊傳無兵部戶部兩歷，右丞上又無「累遷」二字。新傳又省右丞。據新表，遵慶以上元二年四月始由吏侍遷黃門侍郎·平章事，其任右丞當在至德二載至乾元二年之三年間，然不知究在何時。考全唐文三二五王維裴右丞寫眞讚云：「大盜振駭，羣臣困蒙，忘身徇節，歷險能通，仁者之勇，義無失忠。」按此當爲維之同時前輩。維以乾元二年七月卒，此讚當作於至德二載至乾元二年之三年中。又觀其序次在爲相國王公（嶼）紫芝木瓜讚之後。木瓜讚作於乾元二年春，則此讚之作似又不出同年春夏，或不能早過乾元元年末也。維之同時前輩裴姓任右丞又與此讚年代相當者，惟遵慶一人，（舊傳，維以乾元二年卒，年六十一，遵慶以大曆十年卒，年九十餘，長維十餘歲。）觀「忘身徇節歷險能通」之語亦與碑敍事相應，可斷其必讚遵慶無疑。則乾元二年春或上年冬，遵慶尙在右丞任。然維亦爲右丞，以二年七月卒，蓋卽繼遵慶者，則遵慶遷兵侍必在乾元二年春夏以前矣。

王維——乾元二年，由給事中遷右丞。七月卒。——舊一九〇下、新二〇二有傳。

〔考證〕　舊傳：「乾元中，遷太子中庶子，中書舍人，復拜給事中，轉尙書右丞。……乾元二年七月卒。」新傳同，惟云「上元初卒，年六十一。」今姑仍從舊傳。新七二中世表作左丞，誤。（今按佛祖歷代通載一三：「上元辛丑，尙書左丞王維卒。」是上元二年。似當改從新傳。惟表已付印，只好仍舊。）

崔寓——乾元二年，由都統浙江淮南節度使入遷右丞。〔考證〕。上元元年二月一日癸巳朔，出爲蒲同晉絳等州節度使。（舊紀。）——兩書無傳。

〔考證〕　舊紀：乾元二年正月「乙丑，以御史中丞崔寓都統浙江淮南節度處置使。」明年卽上元元年「二月癸巳朔，以右丞崔寓爲蒲州刺史·充蒲同晉絳等州節度使。」寓寓必卽一人，乾元二年又由浙江淮南節度入遷右丞也。考全唐文三五〇李白武昌宰韓君去思頌碑：「尙書右丞崔公禹稱之於朝，相國崔公渙特奏授鄱陽令。」則作寓是也；作寓，誤。又按渙以至德元載七月相，二載八月罷爲餘杭太守，則韓君授鄱陽必在此一年中，時在寓任右丞前兩年餘。按碑後云「新宰王公……接武比德，弦歌連聲……願揚韓公之遺美。」則作碑時去韓公卸武昌任不久。蓋作碑時，寓任右丞，非薦韓公時官右丞也。

蕭華——上元元年二月，由試秘書少監遷右丞。四月二十八戊午，出爲河中晉絳節度使。——舊九九、新一〇一有傳。

〔考證〕 舊傳：「相州兵潰，華歸京，仍以僞命所汚，降試授秘書少監。……尋遷尚書右丞。乾元二年，出爲河中尹·河中晉絳節度使。」新傳同，惟無年月。按舊紀：乾元三年(卽上元元)四月「戊午，以右丞蕭華爲河中尹·兼御史中丞·充同晉絳等州節度觀察處使(「同」當作「河中」)。」會要六八諸府尹條：「乾元三年二月二十三日改爲河中府，以蕭華爲尹。」與紀合，舊傳誤前一年。又按相州兵潰在乾元二年三月，又其卸右丞年月與崔寓甚近，蓋卽是年二月繼寓者。

盧元裕(正己)——蓋乾元二年或上元元年蕭華前後，曾官右丞。——兩書無傳，全唐文四二〇有常袞撰太子賓客盧君墓誌。

〔考證〕 墓誌：「太子賓客盧正己……本諱元裕，以聲協上(代宗)之尊稱，……改賜焉。」大曆五年二月卒。敍官歷云：「拜(略)劍南節度採訪等使，大理卿，刑部侍郎，工部尙書，東都留守，太子賓客。」又云：「五遷藩鎭，三踐臺郎，一處右轄，再兼中憲，以至九卿，元戎，師賓，居守，小司寇，冬官卿。」又云：「公之議刑也，先帝(肅宗)以天下初定，禁網疏濶。」是爲刑侍在肅宗世。會要四〇定贓估條：「上元二年正月二十八日勅……」本注：「刑部尙書盧正己奏。」按誌云小司寇，乃刑侍，非刑尙，又全唐文五一一郭雄忠孝寺碑述盧正己一生官歷亦有刑侍無刑尙，則會要「尙書」必「侍郎」之譌，是上元二年正月二十八日在刑侍任也。又册府六一二：「代宗寶應元年九月，刑部侍郎盧元裕奏准式。」云云。是其時尙在刑侍任。而同年末或明年已由太府遷工尙。(詳彼卷。)照一般官歷次序，右丞當在刑侍與太府、工尙之間，時間似太促。復按元裕於至德二年已官至劍南節度使，（墓誌及通鑑。）則置右丞於刑侍之前亦無不可。據員闕當在蕭華前後。又正己原名元裕，避代宗諱改，今右丞及始任皆在肅宗世故從舊名。又據誌，官至工部尙書。而新七三上世表作刑尙，亦誤；又書正己父名元裕，更誤。

杜鴻漸——上元二年，由戶侍遷右丞。其年，最遲不過寶應元年正二月，遷吏侍。——舊一〇八、新一二六有傳，全唐文三六九有元載撰杜鴻漸碑。

〔考證〕舊傳：「遷荆州大都督府長史·荆南節度使。襄州大將康楚元、張嘉延……據襄州城叛……南襲荆州，鴻漸聞之，棄城而遁。……歲餘，徵拜尙書右丞，吏部侍郎，太常卿·充禮儀使。二聖晏駕，鴻漸監護儀制。山陵畢，加光祿大夫。」新傳略同。按通鑑，乾元二年九月甲午，張嘉延襲破荆州，節度使杜鴻漸棄城走。則徵入朝當在上元元年末或二年。然據元載撰杜鴻漸碑，荆南之後又鎭會稽。吳表五浙東卷引嘉泰會稽志：「杜鴻漸自湖州刺史爲浙東，召拜戶部侍郎。」又引獨孤及豫章冠蓋盛集記：「辛丑（上元二年）春正月，有事於淮西，越州刺史杜公鴻漸至自會稽。」均與碑合。其時劉展陷淮南，亂兩浙，鴻漸蓋其時離任。然則綜上觀之，鴻漸於乾元二年秋棄荆南，徙爲湖州刺史，遷浙東觀察，上元二年春入朝爲戶部侍郎，遷右丞、吏侍也。又按太上皇及肅宗皆以寶應元年四月崩，其時鴻漸已在太常卿任，則遷吏侍當在上元二年末，最遲不得過寶應元年正二月。

○崔渙——肅代之際，曾官右丞。姑置寶應元年。——舊一〇八、新一二〇有傳，全唐文七八四有穆員撰相國崔公墓誌。

〔考證〕墓誌：「太子賓客，大理卿，坐失繫囚，移信王府傅，轉尙書左右丞，吏部侍郎，御史大夫。」舊傳：「授正議大夫·太子賓客。乾元三年正月，轉大理卿，再遷吏部侍郎，檢校工部尙書·集賢院待詔，……遷御史大夫。」新傳略同。皆不書兩丞。按舊紀，上元元年四月甲辰，「太子賓客崔渙爲大理卿。」則舊傳「正月」爲「四月」之譌。又渙以檢校工尙待詔集賢院在永泰元年三月，見舊紀。則任兩丞當在寶應元年廣德二年間。

顏眞卿——廣德元年十月十二辛巳稍後數日，由新除荆南節度使遷右丞。(行狀、墓誌、兩傳、全唐文三三八顏眞卿乞御書題額恩敕批答碑陰記。)〔考證〕。時階金紫光祿大夫。(行狀。)二年正月五日癸卯，遷檢校刑尙·充朔方行營汾晉等州宣慰使；未行，留知省事。(行狀、恩敕批答記、墓誌、兩傳、舊紀、通鑑。)——舊一二八、新一五三有傳，全唐文五一四有顏亮撰顏魯公行狀，同書三九四有令狐峘撰顏眞卿墓誌。

〔考證〕傳、誌、行狀官歷年代均無歧說，惟都無月日。按行狀云：「充荆南節度使，……未行。……代宗幸陝，公扈從至行在，除尙書右丞。……及鑾駕還宮，公曾建議先謁廟。」據兩紀，代宗以廣德元年十月七日丙子，出幸陝州；十二日辛巳，至陝州。十二月，還京。則眞卿拜右丞當在到陝後不久。又眞卿爲丞，又見舊一二一僕固懷恩傳及會要一七廟災變條，皆作右，是。而通鑑廣德元年十二月紀及語林五作左，誤。

李涵——大曆元年或上年，由給事中遷右丞。卽以大曆元年，以本官充河北宣慰使。時階銀靑光祿大夫。——舊一二六、新七八有傳。

〔考證〕舊傳：「寶應元年，初平河朔，……遷左庶子·兼御史中丞·河北宣慰使。會丁母憂，起復本官而行。……使還，請罷官終喪制。……服闋，除給事中，遷尙書左丞。」不云右丞。然大曆二年春夏間涵由前右丞遷左丞，有制，詳左丞卷；是傳省右丞一歷也。據傳，爲給事中不能早過永泰元年，而自大曆元年至三年正月賈至在右丞任，則涵遷卽右丞均不能遲於大曆元年，故制云「前尙書右丞。」充使及散官並詳左丞卷引授左丞制。

賈至——大曆元年，由禮侍遷右丞。〔考證〕。二年七月，見在任。(全唐文三九一獨孤及右散騎常侍李公墓誌。)三年正月二十九甲戌，換兵侍。(舊紀。)——舊一九〇中、新一一九有傳。

〔考證〕　舊傳：「廣德二年，轉禮部侍郎。……永泰元年，加集賢院待制。大曆初，改兵部侍郎。」新傳同。皆不書右丞。據李公墓誌，大曆二年七月在右丞任；據舊紀，三年正月由右丞爲兵侍。則兩傳禮侍兵侍間省右丞一歷也。據禮侍卷員闕，至卸禮侍不能遲過元年冬，蓋卽其時遷右丞。

韋元甫——大曆三年正月二十九甲戌，由蘇州刺史·浙西觀察使入遷右丞。（舊紀〔原作江西誤合鈔已正〕、舊傳。）閏六月十八庚申，出爲淮南節度使。（舊紀、舊傳。）——舊一一五有傳。

韓滉——大曆五年或四年，由給事中·知兵部選事遷右丞。〔考證〕。六年，遷戶侍·判度支。（舊傳、通鑑、新傳、全唐文三〇八孫逖授滉戶侍判度支制〔非逖文〕。）時階正議大夫。（授制。）——舊一二九、新一二六有傳。

〔考證〕　舊傳：「大曆中，改吏部郎中，給事中，……遷尚書右丞。五年，知兵部選。六年，改戶部侍郎·判度支。」新傳：「遷給事中，知兵部選，……遷右丞·知吏部選，以戶部侍郎判度支。」官歷同，而知選事前後稍異，未知孰是。然授戶侍制云「久司臺轄」，則遷右丞當不能遲過五年也。

庾準——大曆中，由御史中丞遷右丞。十二年三四月，貶汝州刺史。——舊一一八、新一四五有傳。

〔考證〕　舊傳：「宰相王縉驟引至職方郎中·知制誥，遷中書舍人。……尋改御史中丞，遷尚書左丞。縉得罪，出爲汝州刺史。」新傳略同；惟作右丞。按準於建中初嘗爲左丞，兩傳皆同，此處姑從新傳作右。又按縉以大曆十二年三月辛巳貶括州刺史，準出刺蓋其時。

孟皞——建中元年八月十六丁未，由右丞出爲涇州刺史·知涇原節度留後。（舊紀。）〔考證〕。——兩書無傳。

〔考證〕　姓纂九：孟氏「皞，右丞，京兆尹。」

柳載（渾）——建中三年六月二十七戊寅，由太子庶子（紀作右，行狀作左。）遷右丞。（舊紀、行狀、兩傳。）〔考證一〕。進階銀青光祿大夫。（行狀。）興元元年春，徙右散騎常侍。〔考證二〕。——舊一二五、新一四二有傳，全唐文五九一有柳宗元撰右散騎常侍柳公行狀。

〔考證一〕　行狀、新傳作右丞，舊傳及通鑑建中四年十月書事均作左丞。按舊紀：建中三年六月戊寅，「趙涓爲尙書左丞，右庶子柳載爲右丞。」先後次序，此右不誤，作右是。

〔考證二〕　舊傳：「及駕在奉天，微服徒行，……踰旬方達行在，扈從至梁州，改左散騎常侍。」新傳、行狀作右，從之。按幸梁州在興元元年正月，七月還京，則徙官當在春。

元琇——貞元二年二月十四甲戌，由戶侍・判諸道鹽鐵酒榷事遷右丞，罷判。(舊紀〔作左誤〕、通鑑、舊一三〇崔造傳，參戶侍卷。)十二月五日庚申，貶雷州司戶。(舊紀〔原衔右丞下衍度支〕、通鑑、新劉晏傳。)——新一四九附劉晏傳。

〔考證〕　又按姓纂四亦作右丞。舊一二九韓滉傳及舊一四五董晉傳皆云其時晉爲左，琇爲右，尤爲的證。

趙憬——貞元五年，由給事中遷右丞。六年或七年八月以前，遷左丞。(詳左丞卷。)——舊一三八、新一五〇有傳。

韓臯——貞元七年或上年，由御史中丞遷右丞。七年冬，或八年春夏，換兵侍。——舊一二九、新一二六有傳。

〔考證〕　舊傳：「遷中書舍人，御史中丞，尙書右丞，兵部侍郎，皆稱職。改京兆尹。」新傳省右丞。按舊紀：貞元十一年四月，「以兵部侍郎韓臯爲京兆尹。」合觀右丞兵侍兩卷員闕，則臯爲右丞當在憬、邁之間，邁以八年七月之前任右丞，而兵侍於七年十一月有闕，則臯由右丞換兵侍必在七年冬至八年夏之間。

●**盧邁**——由給事中遷右丞。(兩傳、行狀。)貞元八年七月，見在任。(冊府五九〇〔作左〕，會要二三〔作左丞相衍相字〕。)閏十二月十七丁卯，見在任。(會要五九比外郎條。)九年五月二十七甲辰，以右丞本官同中書門下平章事。（新紀、新表、通鑑、舊紀〔作左〕、兩傳、行狀。）十一年正月六日乙亥，遷中書侍郎，仍平章事。（新表、兩傳、行狀。）——舊一三六、新一五〇有傳，全唐文五〇七有權德輿撰朝議大夫太子賓客盧公行狀。

〔考證〕　上引材料有作左丞者。又全唐文五二德宗黜于公異詔：「其擧公異官尙書左丞盧邁」，事又見舊一三七于公異傳，亦作左，時八年十年間。又全唐文五五七韓愈河南府同官記：「河南盧公，……後由尙書左丞至宰相。」朱文公校昌黎外集注云盧邁，是也。作左蓋誤。惟自八年至十一年時間甚久，且入相，衡以唐制，蓋無久滯不遷之理，或先爲右丞後遷左丞歟？

崔儆——貞元十一年或明年，由大理卿遷右丞。——舊一六三、新一六〇附子元略傳。

〔考證〕　舊傳：「父儆，貞元中，官至尙書左丞。」新傳同，惟名作敬。而新七二下世表：博陵大房崔氏「儆，尙書右丞。」舊一三八趙憬傳：「崔儆，……及憬爲相，拔儆自大理卿爲尙書右丞。」新一五〇趙憬傳亦同。作右作左不同，今姑作右。按趙憬以貞元八年四月相，十二年八月薨，十一年正月以前盧邁在右丞任，則儆當在十一二年矣。

袁滋——約貞元十二三年〔考證〕，由諫議大夫遷右丞，（兩傳、全唐文五六一韓愈袁氏先廟碑。）知吏部選事。（兩傳。）十六年三月十四壬子，出爲華州刺史·潼關防禦鎭國軍使。（舊紀〔原脫三月合鈔已補〕、兩傳、先廟碑。）——舊一八五下、新一五一有傳。

〔考證〕　舊紀：貞元十六年三月壬子（原脫「三月」），滋由右丞出鎭華州。而舊傳：「貞元十九年，韋皐始通西南夷，酋長異牟尋貢琛請使，……滋……以本官兼御史中丞持節充入南詔使。未行，遷祠部郎中，使如故。來年夏，使還，擢爲諫議大夫。俄拜尙書右丞，知吏部選事。出爲華州刺史·兼御史中丞·潼關防禦使。」新傳無「十九年」。按此年份與紀顯牾。考萃編一〇四軒轅鑄鼎原銘，「華州刺史陳郡袁滋書」，「貞元十□年歲次辛□□月□□朔□日建。」按貞元十年以後惟十七年干支紀年之第一字爲「辛」，授堂續跋據此銘證紀是而傳非，是也。又按舊一九七南詔傳：貞元四年，韋皐「令蠻寓書於牟尋，……遣使……三輩致書於韋皐。……歲中，三使皆至京師。……明年，……以祠部郎中兼御史中丞袁滋持冊南詔。……十一年三月，遣清平官尹輔酋隨袁滋來朝。」舊紀，袁滋爲冊南詔使在十年六月。是南詔始通在九年，滋出使在十年，十一年三四月始歸。舊傳作「十九年」，衍「十」字，餘並合。由諫議大夫遷右丞，傳作「俄拜」，則當在十二三年。

李元素——貞元十六年春夏，由給事中遷右丞。九月九日甲辰，出爲義成節度使。——舊一三二、新一四七有傳。

〔考證〕 舊傳：「遷給事中，……遷尙書右丞。數月，鄭滑節度使盧羣卒，遂命元素兼御史大夫出鎭鄭滑。」全唐文六一五庾承宣義成節度使李公(元素)二州慰思述，官歷正同。新傳省右丞。舊紀：貞元十六年九月「戊辰，以左丞李光(元)素爲滑州刺史・兼御史大夫・義成軍節度使。」通鑑：同年「九月癸卯(八日)，義成節度使盧羣薨。甲戌，尙書左丞李元素代之。」作左丞，皆非。又紀作戊辰，鑑作甲戌。按是年九月無此二日；而紀、鑑此下皆書庚戌(十五日)貶鄭餘慶；則元素出鎭必在八日癸卯至十五日庚戌間。此間惟九日「甲辰」與「戊辰」「甲戌」字形相近，且各同一字，必「甲辰」之譌無疑。且會要二五輟朝條：「貞元十五年……九月，義成軍節度使盧羣卒。……故事，……先廢朝，然後除代：……至是先除尙書右丞李光(元)素，然後輟朝。」則元素之除距羣死訊極近，今定爲八日羣卒(卽死訊至京日)，九日元素除代，正合。惟作十五年，與紀、鑑不合。考慰思述云：「一貫其道，七年有初，今皇帝纂統之二歲，元和紀號，黃霸赴召。」由元和元年上推至貞元十六年適得七年；會要誤前一年無疑。復考全唐文五〇九權德輿祭奚吏部文：「維貞元十五年歲次己卯十二月庚午朔，二十六日乙未，……給事中許孟容、李元素……等敬祭」云云。則終十五年在給事中任。蓋十六年三四月繼袁滋爲右丞也。

韓皋——永貞元年五月一日己巳朔，由杭州刺史復遷右丞。（實錄三〔作左朱注云或作右〕、舊紀〔四月戊辰差前一日〕、兩傳。）同月十七乙酉，出爲鄂岳沔蘄觀察使。（實錄、舊紀、兩傳。）〔考證〕。——此再任。

〔考證〕日從實錄。而舊紀作甲辰。按五月無甲辰，而乙酉前一日爲甲申，舊紀爲右丞亦早一日，此「辰」蓋「申」之譌。舊紀、兩傳皆爲觀察使，而實錄作「鄂岳觀察武昌節度使。」按新傳觀察使下云「叔文敗，卽拜節度。」則實錄綜後事書之耳。又舊一五五竇羣傳，皋由吏部侍郎出鎭武昌，誤。

李鄘——元和元年二月四日戊戌，由京兆尹換右丞。八月二十六丙戌，復遷京兆尹。（舊紀、兩傳。）——舊一五七、新一四六有傳。

裴佶——元和二年秋後，或三年，由中書舍人遷右丞。三年，遷吏侍。——舊九八、新一二七有傳。

〔考證〕舊傳：「爲中書舍人，遷尙書右丞。時兵部尙書李巽兼鹽鐵使，將以使局置於本行，經構已半，會佶拜命……令撤之。……就拜吏部侍郎。」新傳同而略。會要五八左右丞條書佶爲左丞撤使局事於八年六月。按舊紀，佶以元和八年六月乙酉卒，傳亦在八年，則會要誤以卒日爲撤使局日也。考李巽於元和二年三月遷兵尙充使，明年遷吏尙充使，四年五月卒，則佶遷右丞當在二三年。又會要作左丞，然由中舍遷，且兵部亦屬右丞，則當從傳作右。

許孟容——元和三年，（參刑侍卷。）由刑侍遷右丞。（兩傳。）四年七月二十四戊辰，遷京兆尹。（舊紀、兩傳。）——舊一五四、新一六二有傳。

衛次公——元和四年秋冬，或五年，由太子賓客遷右丞‧兼判戶部事。〔考證〕。六年二月二十八癸巳，出爲陝虢觀察使。（舊紀、舊傳。）——舊一五九、新一六四有傳。

〔考證〕舊傳：「會鄭絪罷相，次公左授太子賓客，改尙書右丞‧判戶部事。」按絪以四年二月罷相，則次公爲右丞可能卽在七八月，繼孟容；遲則在五年。

孔戣——元和七八年，以給事中權知右丞。明年，正除。九年六月二十一丙申，出爲華州刺史·潼關防禦鎭國軍使。——舊一五四、新一六三有傳，全唐文五六三有韓愈撰正議大夫左丞孔公墓誌銘。

〔考證〕舊傳：「元和初，改諫議大夫。……俄兼太子侍讀，遷吏部侍郎，轉左丞。……九年，……出爲華州刺史·潼關防禦等使。」新傳兼侍讀下云：「改給事中，……再遷尚書左丞。」不言吏侍。舊紀：元和九年六月「丙申，以左丞孔戣爲華州刺史·潼關防禦鎭國軍等使。」按兩傳、舊紀皆作左丞，舊傳由吏侍遷，新傳由給事中再遷，亦不同。考萃編一〇七(全唐文五六一)韓愈南海神廟碑：「元和十二年，始詔用前尚書右丞國子祭酒魯國孔公爲廣州刺史·兼御史大夫，以殿南服。」又墓誌銘：「遷江州刺史，諫議大夫，……加皇太子侍讀，改給事中，……權知尚書右丞。明年，拜右丞，改華州刺史。」兩碑皆作右，又其時左丞無缺(有呂元膺)，右丞有缺。當從碑作右丞。又由給事中遷任，非由吏侍，蓋戣後由吏侍改右散騎常侍遷左丞，舊傳誤重於前耳。又據舊傳，兼侍讀在元和六年十月。又全唐文六六一白居易除孔戣等官制：「諫議大夫孔戣……可給事中。」「吏部員外郞王涯……可兵部員外郞·知制誥。」檢舊一六九王涯傳，由吏外改兵外·知制誥在元和七年；則戣遷給事中亦在七年，卽權知右丞不能早過七年，據墓誌又不能遲過八年。

●**韋貫之**——元和九年六月二十一丙申至二十六辛丑間，由禮侍遷右丞。〔考證〕。十二月二十五戊辰，以本官同中書門下平章事。(兩紀、新表、通鑑、兩傳、全唐文五七憲宗授平章事制、語林三。)時階中大夫。(舊紀、授制。)十一年二月九日乙巳，遷中書侍郞，仍平章事。(新表、兩傳。)——舊一五八、新一六九有傳。

〔考證〕兩傳皆由禮侍遷右丞。舊傳在禮侍「凡二年」。按貫之知元和八年九年兩春貢擧，詳禮侍卷，則遷右丞卽在九年。上條孔戣以六月二十一卸右丞，而六月二十六日禮侍又另除他人，則貫之由禮侍遷右丞必卽六月二十一至二十六日間。下距入相不過半年，新傳「俄」拜相，語林三云「不久」入相，是也；舊傳「明年」入相，小誤。

崔從——元和十二年末，或明年春，由陝虢觀察使入遷右丞。〔考證一〕。十三年四月，以本官充鎭州宣慰使。〔考證二〕。八月七日戊午，出爲山南西道節度使。（舊紀、兩傳。）——舊一七七、新一一四有傳。

〔考證一〕舊傳：「（裴）度作相，用從自代爲中丞。……改給事中。數月，出爲陝州大都督府長史·陝虢團練觀察使（略）。入爲尚書右丞。」新傳同。按度以十年六月入相，從蓋其時爲中丞。又會要九三：「元和十一年八月，……右御史中丞崔從奏」云云，則遷給事中不能早過十一年末，出鎭陝虢不能早過十二年春夏，（吳表四，置於十年至十三年，誤。）入爲右丞不能早過十二年秋也。而十三年四月已以右丞出使，是遷任又不能遲過十三年春矣。

〔考證二〕兩傳皆以右丞使鎭州宣慰。又舊一四三王承宗傳，請割德棣二州贖罪，朝命右丞崔從宣慰，事在十三年三月。會要五八左右丞條，有年無月。舊紀，承宗割州乞贖在三月，詔復官爵在四月（原脫四月據朔推知）。則從出使在四月也。

張正甫——元和十五年或上年，由河南尹入遷右丞。十五年或明年春，出爲同州刺史。——舊一六二有傳。

〔考證〕舊傳：「改河南尹，由尙書右丞爲同州刺史，入拜左散騎常侍。」全唐文六六三白居易張正甫可同州刺史制，亦由右丞。考全唐文五四九韓愈舉張正甫自代狀，「臣蒙恩除尙書兵部侍郎。」時在長慶元年七月。其時正甫銜爲「通議大夫·守右散騎常侍（略）」，則由右丞出刺同州不能遲過是年春。又考舊一五六于頔傳：「元和十三年……八月卒，……諡曰厲。其子季友……訴於穆宗，賜諡曰思，右丞張正甫再封勑……。」此當在元和十五年，則始任右丞年份亦約略可知。

庾承宣——長慶二年春，由刑侍遷右丞。時階朝議大夫。十一月十二丁卯，出爲陝虢觀察使。——兩書無傳。

〔考證〕 舊紀：長慶二年「十一月丁巳，朔。丁卯，尚書左丞庾承宣爲陝虢觀察使。」考全唐文六六二白居易庾承宣可尚書右丞制：「勅朝議大夫・守尚書刑部侍郎・驍騎尉庾承宣。……吾前命崔戎（一作從）持左綱，今命承宣操右轄，……可守尚書右丞，散官勳如故。」則紀作「左」決誤。崔戎當以一作「從」爲正。從以長慶元年十月己丑爲左丞，二年三月二十六日卸任，故承宣由刑侍爲右丞當在元年十月乙丑後，二年三月二十六日前。然薛放自元年三月遷刑侍，十一月末尚在刑侍任，則承宣遷刑侍不能早過元年十二月，由刑侍遷右丞不能早過二年春。

衞中行——長慶二年十二月二十九乙卯，由前陝虢觀察使遷右丞。（舊紀。）三年見在任。約是年卸。〔考證〕。——兩書無傳。

〔考證〕 全唐詩六函二冊劉禹錫送張盥赴擧詩引：「尚書右丞衞大受，兵部侍郎武廷碩，二君者當時偉人。」按武儒衡字廷碩，以長慶三年權知兵侍，月餘丁憂免，明年卒。則衞大受卽中行也，三年亦在任，而據員闕是年卽卸。又舊紀，寶曆二年正月，「以國子祭酒衞中行爲福建觀察使。」豈由右丞徙祭酒耶？

韋顗——約長慶三年，（據闕。）由給事中遷右丞。（舊傳。）四年三月七日丙辰，換戶侍。（舊紀、舊傳。）——舊一〇八、新一一八有傳。

〔考證〕 舊紀作右丞，舊傳作左丞。按由給事中遷任，似應作右。

丁公著——蓋長慶四年三月十五甲子，由河南尹入遷右丞。〔考證〕。寶曆二年五月十七甲申，換兵侍。（舊紀、舊傳。）——舊一八八、新一六四有傳。

〔考證〕 舊傳：「授浙江西（東之誤）道都團練觀察使。二年，授河南尹。……改尚書右丞，轉兵部吏部侍郎。」按吳表五引舊紀，公著以長慶元年十月爲浙東。又引嘉泰會稽志，以三年九月追赴闕。舊傳在任二年，正合。則爲河南尹卽在三年冬。又舊紀，長慶四年三月甲子（十五），「太子賓客令狐楚爲河南尹。」適在韋顗卸右丞後數日，蓋楚卽代公著，公著遷右丞歟？

沈傳師——寶曆二年五月十七甲申，由湖南觀察使入遷右丞。（舊紀〔作左誤合鈔已正〕、兩傳。）大和二年十月二十一癸酉，出爲江南西道觀察使。（舊紀、兩傳。）——舊一四九、新一三二有傳。

王璠——大和二年十月二十七己卯，由河南尹入遷右丞。（舊紀、兩傳。）三年冬，遷吏侍。（舊傳，冬詳吏侍卷。）——舊一六九、新一七九有傳。

溫造——大和三年十二月二十七癸酉，由御史中丞遷右丞。（舊紀、兩傳。）進階太中大夫。（舊傳、全唐文七一文宗授溫造山南西道節度詔。）四年二月十五庚申，出爲檢校右散騎常侍·山南西道節度使。（通鑑、舊紀〔作左誤〕、授節度詔、兩傳。）階如故。（授詔。）——舊一六五、新九一有傳。

●宋申錫——大和四年七月七日己卯，由中書舍人·翰林學士遷右丞。（翰學記、舊傳〔作左誤〕、新傳。）同月十一癸未，以本官同中書門下平章事。（兩紀、新表、通鑑、兩傳、全唐文六九授制。）階由朝議郎進正議大夫。（舊紀、授制。）五年三月二日庚子，罷爲太子右庶子，（新表、舊紀〔作二月庚子誤〕、通鑑〔同誤〕、兩傳、全唐文六九有制。）階如故。（制。）——舊一六七、新一五二有傳。

崔琯——大和五年五月二十九丙寅，由京兆尹遷右丞。（舊紀〔作左誤〕、舊傳〔作四月誤〕、新傳。）六年十二月十日戊辰，出爲荆南觀察使。（舊紀、兩傳。）〔考證〕。——舊一七七、新一八二有傳。

〔考證〕　舊紀作「江陵尹·荆南都團練觀察使。」而兩傳皆作節度使。按新六七方鎮表，大和六年，「廢荆南節度使，置都團練觀察使。」開成三年，「復置荆南節度使。」琯出鎮荆南已是大和六年十二月，當從紀作觀察使，兩傳均誤。

李固言——大和七年四月二十三庚辰，由工侍遷右丞。（舊紀、舊傳〔作左誤〕、新傳。）七月十九甲辰，見在任。（舊紀。）八年三月二十八丙子，出爲華州刺史。（舊紀、兩傳。）——舊一七三、新一八二有傳。

李虞仲——大和八年，由左散騎常侍·兼秘書監遷右丞。九年換兵侍。（舊傳。）——舊一六三、新一七七有傳。

王璠——大和九年春，由浙西觀察使復遷右丞。〔考證〕。五月二十四戊辰，遷戶尚·判度支。（舊紀、通鑑〔作左誤〕、兩傳。）——此再任。

〔考證〕 舊傳：「檢校禮部尚書·潤州刺史·浙西觀察使。（大和）八年，李訓得幸，累薦於上，召還，復拜右丞。……九年五月，遷戶部尚書·判度支。」新傳作左丞。通鑑大和八年十二月紀末書云：「璠又與李訓善，於是訓注共薦之，自浙西觀察使徵爲尚書左丞。」九年五月「戊辰，以左丞王璠爲戶部尚書判度支。」舊紀不書拜；遷戶部事月日同，但作右丞。又舊一七四、新一八〇李德裕傳述九年三月事，璠銜均左丞。按璠凡三爲尚書丞，第一次右，第二次左，此爲第三次，論其資歷，當從新傳、通鑑及兩書李德裕傳作左。然八年至九年三月，庾敬休尚在左丞任，無歧說，（詳彼卷。）則璠此任當從舊紀傳作右。然據李德裕傳，知九年三月已在任，以員闕推之，其任右丞，卽在年春。

鄭肅——大和九年八九月，由刑侍遷右丞·權知吏部銓事。（兩傳，參刑侍卷吏侍卷。）開成元年五月十九丁巳，出爲陝虢觀察使。（舊紀、兩傳。）——舊一七六、新一八二有傳。

盧載——開成三年二月二十三辛亥，由右丞出爲同州刺史。——兩書無傳。

〔考證〕 舊紀：開成三年二月「辛亥，左丞盧載爲同州防禦使。」按此當脫「同州刺史」四字。又按自元年末崔琯以吏侍判左丞，二年眞拜，三年十月始出鎭東都。琯前曾官右丞，資歷高，此次爲尚書丞，兩傳舊紀皆作左，當不誤。載爲左丞惟見舊紀，正琯任內，疑「右」之譌。

韋溫——開成三年九月，由給事中遷右丞。四年五月尚在任。稍後，換兵侍。——舊一六八、新一六九有傳，全唐文七五五有杜牧撰宣州觀察韋公墓誌。

〔考證〕墓誌：「遷給事中，……莊恪太子得罪，上……廢之。……公獨進曰，陛下唯一子，不教，陷之至是，太子豈獨過乎？上意稍平。不數日，遷尙書右丞，朱衣魚章，遷兵部侍郎。亟請丞相願爲治人官。出爲陝州防禦使。」兩傳略同，惟省兵侍一遷，蓋在任極促也。按舊紀，太子之廢在開成三年九月壬戌。通鑑同，又云「給事中韋溫曰……」云云。壬戌爲七日，證以墓誌，則遷右丞卽在九月。兩傳，右丞任內奏劾張文規。據舊一二九張弘靖傳，事在開成三年十一月。則九月遷右丞益可信。又兩傳，右丞任內不放姚勗入省；册府四六九，在四年；通鑑在四年五月；銜均右丞。其遷兵侍必在稍後。舊紀，四年八月姚合爲陝虢觀察使。吳表四，置溫於五年，蓋可信。

高元裕——開成五年或上年末，由御史中丞遷右丞。約會昌元年，遷京兆尹。——舊一七一、新一七七有傳，萃編一一四、全唐文七六四有蕭鄴撰高元裕碑。

〔考證〕碑云：「充侍講學士。……未幾，擢拜御史中丞，兼金章紫綬之賜，……進尙書右丞，改京兆尹。未幾授左散騎常侍，遷兵部侍郎，轉尙書左丞。」舊傳：「開成三年，充翰林侍講學士。……四年，改御史中丞。……會昌中，爲京兆尹。」不云爲兩丞。新傳有左無右。按元裕爲左丞在會昌三四年，合碑傳觀之，則遷卸右丞，年份當如此。

李讓夷——會昌二年夏以前或上年末，由戶侍遷右丞。二年七月，遷中書侍郎・同中書門下平章事。——舊一七六、新一八一有傳。

〔考證〕舊傳：「開成……二年，拜中書舍人。……終文宗世官不達。及德裕秉政，驟加拔擢，歷工戶二侍郎，轉左丞，累遷檢校尙書右僕射，俄拜中書侍郎・同平章事。」新傳作右丞，檢校右僕在平章事下。新紀：會昌二年七月，「尙書右丞・兼御史中丞李讓夷爲中書侍郎・同中書門下平章事。」通鑑亦作右。而新表作左。按其遷工侍不能早過開成五年冬，則遷尙書丞不能遲過會昌二年夏，亦不能早過元年秋冬也。此時狄兼謨正在左丞任，則讓夷事作「左」者，誤。

蘇滌——大中四年十二月二十四丁卯，以右丞充翰林學士。其月十八日〔考證〕，加知制誥。五年六月五日丙午，換兵侍‧知制誥，仍充學士。（翰學壁記。）——兩書無傳。

〔考證〕「其月十八日」與上文「十二月二十四日」日序不符。蓋「十四」上衍「二」字，或「十八」上奪「二」字。

周敬復——約大中七年，或前後一年，由檢校右散騎常侍‧江南西道觀察使入遷右丞。時階光祿大夫。——兩書無傳。

〔考證〕全唐文七三三楊紹復授周敬復尚書右丞制：「江南西道都團練觀察處置等使‧檢校右散騎常侍周敬復……可尚書右丞。」按舊紀：大中四年「十二月，以華州刺史周敬復爲光祿大夫‧檢校左散騎常侍‧兼洪州刺史‧江南西道團練觀察使，賜金紫。」則遷右丞不能早過五年。又通鑑：大中九年十二月，「江西觀察使鄭祗德……求散地。甲午，以祗德爲賓客分司。」參以右丞員闕，則敬復卸江西遷右丞決不能遲過八年。今姑置於七年。

盧懿——大中九年三月，以右丞權判吏部東銓。（舊紀。）——兩書無傳。

夏侯孜——大中十年，由刑侍‧兼御史中丞遷右丞，仍兼中丞。〔考證〕。十一年正月七日丙午，遷戶侍‧判戶部事。（通鑑、舊紀、舊傳〔作二月誤〕。）階由朝請大夫（舊紀。）進朝議大夫。（舊傳。）——舊一七七、新一八二有傳。

〔考證〕舊傳：「轉給事中。（大中）十年，改刑部侍郎。十一年，兼御史中丞，遷尚書右丞。（勳賜）。十一年二月，遷通議大夫‧守戶部侍郎‧判戶部事。」據舊紀，遷右丞仍兼御史中丞。「二月」爲「正月」之誤，刑侍下「十一年」衍。孜爲右丞又見東觀奏記下及語林三。

鄭憲——蓋大中咸通中，官至右丞。——兩書無傳。

〔考證〕　唐闕史下：「有滎陽鄭氏詟爲愚言……故尚書右丞諱憲……至改元開成之二年……登上第。」憲故駙馬都尉顥之兄也。按據及第年份推之，其官右丞當在大中咸通中。

鄭薰——約咸通二年，或前後一年，曾官右丞。——新一七七有傳。

〔考證〕　舊一七八鄭畋傳：「咸通中，令狐綯出鎮；劉瞻鎮北門，辟爲從事，入朝爲虞部員外郎。右丞鄭薰，令狐之黨也，……不放入省，畋復出爲從事。五年，入爲刑部員外郎，轉萬年令。」新一八五鄭畋傳，同；惟無「劉瞻鎮北門，辟爲從事」九事。岑氏翰學壁記注補劉瞻條引各家考證，瞻未嘗鎮北門，新傳是。然畋爲虞外爲鄭薰所阻蓋可信。按令狐綯罷相在大中十三年十二月，則畋入爲虞外當在咸通元二三年，是其時薰在右丞任也。而新書薰傳云：「爲宣歙觀察使……貶棣王府長史。……懿宗立，召爲太常少卿，擢累吏部侍郎。……宰相杜悰才其人，擬判度支，辭；又擬刑部兼御史中丞，固辭，乃免。久之，進左丞。」左丞在七年，見祭梓橦華府君碑陰記，與前引鄭畋傳薰爲右丞年代不合，非字誤。碑陰記亦云：「自（闕）王傅改太常少卿，揚歷數四，備極華顯，今鳳翔司徒相公（謂杜悰）頃在臺庭，……俾司邦計。……」則右丞蓋在太常少卿以後，與吏部侍郎相先後，故傳云「擢累」，碑云「歷揚數四」耳。考杜悰以咸通二年二月相，四年閏六月節度鳳翔，是又右丞在咸通三年以前之證，與鄭畋傳薰爲右丞年代正合，新傳省書耳。據會要，元年十二月見在吏侍任，今姑置右丞於二年。

李蔚——咸通六年，由禮侍遷右丞。（兩傳、會要四八議釋教。）尋遷京兆尹。（兩傳。）——舊一七八、新一八一有傳。

裴坦——咸通中，蓋六七年，曾官右丞。——舊一八二有傳。

〔考證〕　通鑑：咸通十年「二月，端州司馬楊收長流驩州。尋賜死。……初尚書右丞裴坦子娶收女，資送甚盛，……坦……立怒壞之。已而收竟以賄敗。」按收以咸通四年五月爲相，七年十月坐贓出爲宣歙觀察使，八年八月貶端州司馬。坦子娶收女疑在收爲相末期。

獨孤庠——蓋咸通中，曾官尙書丞；不知左右。——舊一六八、新一六二附父郁傳。

〔考證〕新傳：郁，「(元和)九年，以疾辭禁近，徙秘書少監，屛居鄠。卒。年四十。……子庠……喪父始十歲，……後擧進士，仕至尙書丞。」舊傳略同，又云：「庠……大中後官達亦至侍郎。」則爲尙書丞當亦大中後。又按郁以元和十年稍後卒，時庠年十歲，則大中末才五十餘，咸通中年六十左右，任丞郎固宜，今姑置咸通中。

孔溫裕——咸通十三年三月，以右丞權判吏侍考試宏詞選人。(舊紀。)——舊一五四、新一六三附父戣傳。

李景溫——約乾符二年，見在右丞任。——舊一八七下、新一七七附兄景讓傳。

〔考證〕新傳：「徙華州刺史，以美政聞。累遷尙書右丞。盧攜當國，弟隱由博士遷本(水)部員外郎，材下資淺……景溫不許入省。」按攜以乾符元年十月始相，五年五月罷；六年十二月再相，明年又罷；則景溫爲右丞必在乾符元年十月以後。又語林七：「盧隱從兄攜。……及攜爲丞相，除右司員外郎。時崔沆方爲吏部侍郎，謁攜於私弟。……沆曰盧員外入省，時議未息，今復除糺司員外郎，省中所不敢從。……隱卽放出。……隱初自太常博士除水部員外郎，爲右丞李景溫抑焉。迨左司之命，景溫弟景莊復右轄，又抑之。」按崔沆爲吏侍在乾符四五年，景莊爲右丞與沆爲吏侍同時，必亦在四年或五年五月盧攜罷相之前，景溫又在此前。然三年夏以後右丞有崔蕘、崔沆，故置景溫於二年。

崔蕘——乾符三年夏秋間，由吏侍轉右丞。(舊紀，詳吏侍卷。)九月，復遷權知吏侍。(舊紀、舊傳。)——舊一一七、新一四四有傳。

〔考證〕舊五代史五八崔協傳作左丞，誤。

崔沆——乾符三年九月，由禮侍遷右丞。(舊紀。)約四年，遷吏侍。(吏侍卷。)——舊一六三、新一六〇有傳。

李景莊——乾符五年五月以前或四年，曾官右丞。（詳前景溫條。）——舊一八七下、新一七七附兄景讓傳。

張禕——中和二年，由工侍・知制誥・翰林學士遷右丞，仍知制誥・充學士。三年，以本官判戶部事出院。四年三月八日己巳，見在任。九十月間尚在任。——舊一六二有傳。

〔考證〕舊傳：「乾符中，詔入翰林爲學士，累官至中書舍人。黃巢犯京師，從僖宗幸蜀，拜工部侍郎判戶部事。奉使江淮，還爲當塗者不協，改太子賓客。」不云爲右丞。考唐文拾遺三三引金石苑南龕題名記：「聖上西巡之辰，余自金門飛騎，追扈大駕，中途隔煙塵遁迹，及中秋方達行在，由青瑣判吏，視事未浹旬，復歸內署。明年，自貳□授是官。又明年，出綰是職。奉命先鑾輅之神都，俾緝舊綱。行次（闕）遇軍變，乃間道俟通於茲郡（巴），（闕）是塵淸路邃，山秀川明，方與（闕）博酣於臨洮，忽有賫函而登（闕）出天書以示，促赴行朝。……中和四年三月八日，尚書右丞・判戶部張禕記。」岑氏補三朝翰林學士記云：「中秋者，是年（中和元年）之中秋也。青瑣判吏未實指何官，但諸司侍郎次右丞後，則工侍之拜當如舊傳在抵川之後。」又云：「記之明年卽中和二年也。自貳□授是官者，貳□當指工侍言，或是貳卿；是官卽後題之尚書右丞。記之又明年中和三年也；是職卽後題之判戶部。」岑氏又綜合傳記敘其官歷云：「乾符中自左補闕充，累遷中書舍人。中和元年八月，追赴行在，授工部侍郎・判□部事（？），出院。未浹旬，復入充。二年，遷尚書右丞。三年，判戶部事出院。」陸喜海跋尾所考年月與岑記同。又云：「按唐書僖宗紀，……（中和）三年四月，李克用收復長安，黃巢遁去，張禕所以有先鑾輅之神都緝舊綱之命也。」耕望按：陸岑所論甚的。又輿地碑記：「唐張禕題擊甌樓記，唐中和四年，尚書右丞相戶部張禕記。」（全唐文紀事四三引。）相爲判之譌。又益州名畫錄上常重胤條，僖宗幸蜀回鑾日，蜀民請留寫御容於大聖慈寺。乃令重胤於中和院寫御容及隨駕臣寮，有

「尚書右丞・判戶部張禕，」時在中和四年九十月，詳右僕卷裴璩條。

楊希古——僖宗末，或昭宗世，官至右丞。——兩書無傳。

〔考證〕新七一下世表：楊氏「希古，字尚之，尚書右丞。」按希古爲汝士、虞卿、漢公之姪，知溫、知至之從弟，其官達當在僖昭之世。又按郎官柱，戶中有希古，前爲韋蟾，後爲馮巖，皆在咸通末。則希古官右丞當在僖宗中葉以後，不能遲過昭宗世。

柳玭——光啓三年冬，以右丞權知禮部貢舉。文德元年冬，仍見在任。（詳禮侍卷。）——舊一六五、新一六三有傳。

盧知猷——約龍紀元年，或大順元年，由戶侍遷右丞。卸後爲兵侍。——舊一六三、新一七七有傳。

〔考證〕舊傳：「轉中書舍人。僖宗幸山南，襄王僞署，乃避地金州。駕還，徵拜工部侍郎，轉戶部・判史館。遷尚書右丞，兵部侍郎，歷太常卿，工部、戶部尚書。……昭宗在華下，守太子太師，……卒於華下。」新傳省右丞。全唐文八三七薛廷珪授盧知猷兵部侍郎制，原銜爲「前尚書右丞」，與舊傳合。按僖宗駕還在文德元年二月，則爲工侍在其年，右丞在其後。考舊書薛逢傳，子廷珪，「大順初累遷司勳員外郎・知制誥，正拜中書舍人。乾寧三年，奉使太原……。」則此制不能早過大順元年。又昭宗幸華州在乾寧三年，舊傳由兵侍三遷戶尚始書在華下。則此制又不能遲於景福中。是遷右丞約在龍紀、大順中，遷兵侍約在大順、景福中也。

崔汪——大順末或景福初。由戶侍・知制誥・翰林學士承旨遷右丞，仍知制誥・充承旨。（全唐文八三七薛廷珪授制，詳戶侍卷。）——兩書無傳。

崔澤——乾寧三年正月一日癸丑朔，由右丞出爲鳳州刺史。（舊紀。）——兩書無傳。

狄歸昌——乾寧四年九月一日癸酉朔，由御史中丞遷右丞。——兩書無傳。

〔考證〕舊紀：乾寧四年「九月癸酉朔，以御史中丞狄歸昌爲尚書右丞。」明年卽光化元年，又書云：「九月戊辰朔，以御史中丞狄歸昌爲尙書左丞。」此兩條顯有一重誤。考北夢瑣言一〇狄右丞鄙著紫僧條：「唐狄歸昌右丞」云云。復考全唐詩第十函第六册鄭谷寄獻狄右丞云：「官自中丞拜右丞」，「愛僧不愛紫衣僧」。又有敍事感恩上狄右丞詩。皆歸昌也。則作右丞爲是。又敍事感恩詩云：「邐來趨九仭，又伴賞三峯。」本注：「時大駕在華州。」按昭宗以乾寧三年七月幸華州，光化元年八月初已還長安，則舊紀乾寧四年九月條書事，是也，光化元年九月條爲重出。然寄獻詩稱歸昌「逐勝偷閑向杜陵」，蓋還京後仍居任耳。

李擇——唐末，蓋昭宗世，官至右丞。——兩書無傳。

〔考證〕新七〇上宗室世表，大鄭王房有「尙書右丞擇字仁表。」按擇爲興元節度使李從晦之第五子。考舊紀，咸通三年，以戶部侍郎李從晦爲興元節度。則擇官達當在唐末昭宗世。

杜德祥——蓋天復中，曾官尙書丞；不知左右。——舊一四七附見父牧傳。

〔考證〕舊傳：「子德祥，官至丞郎。」按德祥以禮部侍郎知光化四年（卽天復元年）春貢擧，則爲尙書丞當在此稍後或稍前，今姑置天復中。

唐僕尚丞郎表 卷九

輯考三上 吏部尚書

李綱——武德元年六月一日甲戌朔，由相國府司錄遷禮尚·參掌選事。（通鑑、兩傳。）是年或二年，卸。（舊傳。）——舊六二、新九九有傳。

●**封德彝（倫）**——武德四年正月，以中書侍郎·兼中書令兼檢校吏尚。（新表〔作判〕、舊傳〔作六年誤〕、新傳。）六年四月二十八癸酉，遷中書令。（新表、舊傳〔作八年誤〕。）——舊六三、新一〇〇有傳。

●**楊恭仁**——武德六年四月二十八癸酉，由涼州都督·遙領侍中入遷吏尚·（新表、兩傳、舊紀、通鑑。）兼中書令，（新表、新傳、新紀、通鑑。）仍檢校涼州諸軍事。（新表、新紀、新傳。）九年七月六日壬辰，罷爲雍州牧。〔考證〕。——舊六二、新一〇〇有傳。

〔考證〕 舊紀：此日，「吏部尙書楊恭仁爲雍州牧。」新表、新紀只云「恭仁罷」，不書何官；又在辛卯，差前一日。按通鑑失書罷相。然此月高士廉、房玄齡、蕭瑀事，與恭仁同日，鑑從舊紀作壬辰。今恭仁事亦從舊紀。舊傳吏尙下，「遷左衛大將軍，鼓旗將軍。貞觀初，拜雍州牧。」新傳無「鼓旗將軍」；又「武德末，拜雍州牧。」合觀紀、表，蓋兼左衛大將軍如長孫無忌歟？而舊傳「貞觀初」則誤。

長孫無忌——武德九年七月六日壬辰，由太子左庶子遷吏尙。（舊紀、通鑑、兩傳。）〔考證〕。九月八日癸巳，在吏尙·權檢校左武衛大將軍任。（會要三九議刑條。）貞觀元年七月二日壬子，遷右僕。（兩紀、新表、通鑑、兩傳、全唐文四授制。）——舊六五、新一〇五有傳。

〔考證〕 舊傳：「太宗昇春宮，授太子左庶子。及即位，遷左武侯大將軍。貞觀元年，轉吏部尙書。……其年，拜尚書右僕射。」按「貞觀元年」誤。又合觀會要三九議刑條，則遷大將軍亦誤。

●杜淹——貞觀元年九月十二辛酉，以御史大夫加檢校吏尚．參議朝政。（新紀、新表、舊紀、舊傳〔作判〕、新傳、舊一九一袁天綱傳、大唐新語八〔作判〕。）——舊六六、新九六有傳。

●杜如晦——貞觀二年正月三日辛亥，以兵尚加檢校侍中．攝吏尚。（新表、兩傳。）三年二月六日戊寅，遷右僕，（右僕卷。）仍知選事。（兩傳。）十二月十七癸未，罷。（兩紀、新表、通鑑、兩傳。）——舊六六、新九六有傳。

●戴胄——貞觀四年二月十八甲寅，以民尚加檢校吏尚．參預朝政。（兩紀、新表、舊傳〔作兼攝〕、新傳、會要七四掌選善惡條。）是年卸吏尚。（舊傳。）——舊七〇、新九九有傳。

●侯君集——貞觀四年十一月，以兵尚兼檢校吏尚．參預朝政。（新傳、參兵尚卷。）——舊六九、新九四有傳。

○高士廉（儉）——貞觀五年，由益州大都督府長史入遷吏尚。（兩傳、會要六二出使條、塋兆記。）時階左光祿大夫。（塋兆記。）十二年春，進階特進。〔考證〕。七月二十七癸酉，遷右僕，（兩紀、新表、通鑑、兩傳、全唐文四授制。）階如故。（授制。）——舊六五、新九五有傳，萃編四八、全唐文一五二有許敬宗撰高士廉塋兆記。

〔考證〕　舊傳：「高祖崩，士廉攝司空，營山陵制度畢，加特進、上柱國。」下敍修氏族志事。而塋兆記於頒氏族志下云：「帝嚋乃庸，加□特進，上柱國。」按：高祖以九年五月崩，十月葬。據傳，其時加特進。舊紀、通鑑，十二年正月，吏部尚書高士廉等上氏族志。據塋兆記，其時加特進。先後不同如此，今姑據記書之。

●侯君集——貞觀十二年八月三日戊寅，由兵尚．參預朝政遷吏尚，仍參朝政。（新表、兩傳。）時進階光祿大夫。（舊傳。）同月二十七壬寅，爲當彌道行軍大總管，伐吐蕃。（新紀、新表、兩傳、通鑑。）十三年十二月四日壬申，爲交河道行軍大總管，伐高昌。十四年十二月還京。（兩紀、通鑑、新表、兩傳。）十七年二月二十八戊申，圖形凌煙閣。（舊紀、通鑑、舊傳、會要四五功臣條、全唐文七圖功臣凌煙閣詔、舊六五長孫無忌傳。）時階如故。（長孫無忌傳、凌煙閣詔。）四月六日乙酉，誅。（新紀、表、通鑑、舊紀〔作庚辰誤〕、兩傳。）——此再任。

高士廉（儉）——蓋貞觀十四年或十五年，以右僕兼掌選事。——此再任。

〔考證〕 舊傳，右僕下云：「攝太子少師，特令掌選。十六年，加授開府儀同三司。」新傳，右僕下云：「太宗幸洛，太子監國，命攝少師。」按：舊紀，太宗以十五年正月東幸洛陽，十二月朔至自洛陽，若據舊傳敍次，則特令掌選當在十五年帝東幸時。又吏尚侯君集自十三年十二月爲總管伐高昌，至十四年十二月旋師，則士廉兼掌選事亦可能在十四年。

●楊師道——貞觀十七年四月八日丁亥，由中書令罷爲吏尚。（兩紀、新表、通鑑、兩傳、會要七四掌選善惡條。）十九年三月二十四壬辰，復攝中書令，從征高麗。（通鑑、新紀、新表、兩傳。）〔考證〕。十一月二十三丁亥，換工尚。（通鑑、新紀、新表、兩傳。）——舊六二、新一〇〇有傳。

〔考證〕 通鑑、新紀、新表皆作三月壬辰，及兩傳皆作「攝」。而舊紀，是年二月乙卯，「以吏部尚書·安德郡公楊師道爲中書令。……三月壬辰，上發定州，以（略）中書令岑文本、楊師道從。」是以攝中令爲遷也。考萃編四六太宗祭比干文，末行云：「貞觀十九年二月卅日，無忌等奏請以贈比干詔並祭文刻石樹碑。奉勅依奏。」師道銜仍爲「吏部尚書·駙馬都尉·（勳封）。」足證舊紀二月遷中書令之誤。

●劉洎——貞觀十九年三月，以侍中總吏民禮三尚書事，輔太子定州監國。十二月二十六庚申，賜死。（詳戶尚卷。）——舊七四、新九九有傳。

●馬周——貞觀十九年十二月，以中書令攝吏尚。時階正議大夫。〔考證〕。二十一年，進階銀青光祿大夫。(兩傳。)二十二年正月九日庚寅，薨。(兩紀、新表、通鑑、兩傳。)——舊七四、新九八有傳。

〔考證〕　舊傳，太宗自遼東還，以中書令攝吏部尙書。新傳略同。則在十九年冬也。通鑑：貞觀十九年十二月，「中書令馬周攝吏部尙書，以四時選爲勞，請復以十一月選，至三月畢；從之。」會要七五選限條：「貞觀十九年十一月，馬周爲吏部尙書。」云云，與鑑同，惟作十一月。封氏聞見記三銓曹：「貞觀十年，中書令馬周檢校吏部尙書，始奏……」亦此事，「十」下脫「九」字。據楊師道、劉洎月份，今姑從鑑作十二月。而關中金石記跋馬周碑引碑文云：「十八年，爲中書令。二十年，以本官攝吏部尙書。」與通鑑、會要年份均異。考晉祠銘碑陰題名，馬周銜爲「正議大夫·守中書令·太子左庶子·兼攝吏部尙書·護軍。」此碑，金石錄云二十年，平津讀碑記、金石續編、筠清館金石記、藝風堂金石目均云二十年正月廿六日；而潛研堂目、訪碑錄、曝書亭集、金石萃編皆作二十一年七月。今檢本所藏拓本，額有飛白書「貞觀廿年正月廿六日」九字；又按張亮爲刑部尙書，以二十年三月謀反伏誅，而此碑仍書銜「光祿大夫·刑部尙書」；則此碑撰書在二十年正月無疑。此時周書銜已攝吏尙，亦爲始攝吏尙在十九年冬之强證。馬周碑云二十年，蓋涉筆之誤，或關中記引述有譌也。關於散階，萃編四七馬周碑「十八年，□正議大夫·守中書令。」同書四六太宗祭比干文，十九年二月立，周銜正同。觀前引晉祠銘碑陰，周攝吏尙後散官仍正議大夫也。

盧承慶——貞觀二十二年二月，以民侍兼檢校兵侍，仍知吏部五品選事。(詳戶侍卷。)——舊八一、新一〇六有傳。

●高季輔(馮)——貞觀二十三年五月二十七庚午，由太子右庶子·兼吏侍·攝戶尙遷兼中書令·檢校吏尙。(舊紀、舊傳〔作二十二年誤〕、新傳。)時階銀青光祿大夫。(舊傳。)永徽二年八月八日己巳，遷侍中·兼太子少保，(舊紀、兩傳。)進階光祿大夫。(兩傳。)——舊七八、新一〇四有傳。

●褚遂良——永徽三年正月十一己巳，由同州刺史入遷吏尙•同中書門下三品，（舊紀〔脫同中書三字合鈔已補〕、新紀、新表、通鑑、兩傳。）進階光祿大夫。（舊傳。）四年二月二十四丙午，見在任；階如故。（全唐文一三六長孫無忌進五經正義表。）四年九月二十五甲戌，遷右僕，仍同三品。（新表、通鑑、兩紀、兩傳。）知選事。（詳右僕卷。）——舊八〇、新一〇五有傳。

○柳奭——永徽五年六月十九癸亥，由中書令罷爲吏尙。（新表、通鑑、舊紀〔作兼誤〕、兩傳。）時階銀青光祿大夫。〔考證〕。六年七月十日戊寅，貶遂州刺史。（通鑑、舊紀〔五月癸未〕、舊傳〔累貶愛刺〕、新傳〔愛刺〕。）——舊七七、新一一二有傳。

〔考證〕　全唐文一三六長孫無忌進律疏議表，四年十一月十九日進，奭銜爲「銀青光祿大夫•守中書令•監修國史•上騎都尉。」遷吏尙時蓋如故。

●來濟——永徽六年五月，遷中書令。（兩紀、新表、通鑑。）旋檢校吏尙。（兩傳。）時階銀青光祿大夫。（舊傳。）蓋顯慶元年正月十九甲申，卸吏尙。〔考證〕。——舊八〇、新一〇五有傳。

〔考證〕　舊傳：「顯慶元年，兼太子賓客，進爵爲侯，中書令如故。」似卽兼賓客時卸吏尙。據舊紀，濟兼賓客在元年正月甲子；此月無甲子，當從表作甲申；但表又誤兼爲罷。

唐臨——顯慶二年七月十九乙巳，由度支尙書遷吏尙。（全唐文一四高宗冊唐臨吏尙文〔考證一〕、兩傳。）四年二月十八乙丑，免。（通鑑、新傳、舊傳〔考證二〕。）——舊八五、新一一三有傳。

〔考證一〕　此冊文首云：「維顯慶二年歲次丁巳十月丁亥朔十九日乙巳。」唐大詔令集六二收此文，同。按此年七月丁亥朔十九日乙巳，此文「十月」爲「七月」之譌。

〔考證二〕　通鑑此日書吏尙唐臨免官。新傳亦云：「免官，起爲潮州刺史。」與鑑合。而舊傳吏尙下云：「顯慶四年，坐事貶爲潮州刺史。」小誤。

●李義府——顯慶四年八月八日壬子，由普州刺史入遷兼吏尙•同中書門下三品。（舊紀〔作七月壬子誤合鈔已正〕、新紀、新表、通鑑、兩傳。）〔考證一〕。龍朔二年二月五日乙丑，正拜司列太常伯，仍同三品。（唐大詔令集六二上官儀冊李義府司徒〔列〕太常伯文。）七月十一戊戌，丁憂免。（新表、新紀、舊傳〔作元年誤〕。）九月二十一丁丑，起復本官，仍同東西臺三品。（新表、新紀、舊紀〔作戊寅〕、兩傳。）三年正月十一乙丑，遷右相，仍知選事。四月二日乙酉，下獄。五日戊子，流嶲州。〔考證二〕。——舊八二、新二二三有傳。

〔考證一〕　舊紀書云：「普州刺史李義府爲吏部尚書・同中書門下三品。」新傳亦作「爲」。而新紀、新表、通鑑及舊傳均作「兼」。照說作「爲」是。然上官儀冊李義府司徒(列)太常伯文：「咨爾兼吏部李義府，……是用命爾爲司徒(列)太常伯，勳封如故。同東西臺三品。」本注「乾(龍)朔二年二月五日。」據此，仍以「兼」爲正。

〔考證二〕　舊紀：龍朔三年正月「乙丑，司列太常伯李義府爲右相」。「四月乙丑，右相李義府下獄。戊子，李義府除名，配流嶲州。」新紀、新表惟無下獄日，餘並同。而通鑑：三年正月「乙酉，以李義府爲右相，仍知選事。」「四月乙丑，下義府獄。……戊子，詔義府除名，流嶲州。」按此年正月無「乙酉」，四月無「乙丑」；而四月「戊子」爲五日，上數三日爲「乙酉」。蓋正月乙丑爲右相，四月乙酉下獄，通鑑兩日適倒誤，舊紀四月亦誤「乙酉」爲「乙丑」。又通鑑遷右相「仍知選事」。舊傳同。

●劉祥道——龍朔三年冬或明年（麟德元），蓋由司刑太常伯遷司列太常伯。（參刑尙卷。）麟德元年八月十二丁亥，以本官兼右相。〔考證〕。十二月十五戊子，罷爲司禮太常伯。（兩紀、新表、通鑑〔作丙戌〕。）——舊八一、新一〇六有傳。

〔考證〕　舊紀：麟德元年八月「戊子，兼司列太常伯・檢校沛王府長史・(封)劉祥道兼右相。」新紀、新表、通鑑作「丁亥」，差前一日，今從之。又「司列」上無「兼」字，蓋是也。惟皆省書檢校長史，不如舊紀之詳。

楊弘武——乾封元年夏，以司戎少常伯兼知吏部五品選事。——舊七七、新一〇六有傳。

〔考證〕舊傳：「麟德中，將有事於東岳，弘武自荊州司馬擢拜司戎少常伯，從駕還，高宗特令弘武補授吏部選人五品以上官。……俄遷西臺侍郎。乾封二年……。」新傳同。冊府四一，乾封中有司戎少常伯楊武，即弘武也。按舊紀，封泰山之役始於麟德二年冬；乾封元年「四月甲辰，車駕至自泰山。」則兼掌選事當在乾封元年四月以後。又舊紀，麟德二年正月「甲子，以發向太山，停選。」故此時補授選人，蓋同京即舉行，不會遲得很久，故置此年夏。又按，五品以上選事，乃尚書職，故置吏尚卷。

○盧承慶——總章元年，曾官司列太常伯。——舊八一、新一〇六有傳。

〔考證〕大唐新語七：「盧承慶爲吏部尚書。總章初，校內外官考，有一官督運，遭風失米，盧考之曰……。」語林三記此事亦作「盧尚書承慶，總章初……。」今姑置元年。

●李敬玄——上元二年八月二十九庚子，由吏侍・兼太子左庶子・同中書門下三品遷吏尚，仍兼左庶子・同三品。（舊紀、新表、通鑑〔作戊戌〕、兩傳。）時階蓋銀青光祿大夫。（舊傳。）儀鳳元年十一月二十六庚寅，遷中書令。（兩紀、新表、通鑑、兩傳。）——舊八一、新一〇六有傳。

●韋待價——光宅元年二月至八月間，由右武衛將軍遷吏尚。八九月，進階金紫光祿大夫。〔考證〕。垂拱元年六月，以本官同鳳閣鸞臺三品。（新紀、新表、通鑑、兩傳。）十一月，爲燕然道行軍大總管。（新表、通鑑、舊傳〔作十月〕。）二年六月三日辛未，遷文昌右相，仍同三品。（新表、通鑑、舊紀、兩傳、參右僕卷。）——舊七七、新九八有傳。

〔考證〕舊傳：「拜右武衛將軍・兼檢校右羽林軍事。……則天臨朝，拜吏部尚書，攝司空，營高宗山陵。功畢，加金紫光祿大夫，改爲天官尚書・同鳳閣鸞臺三品。」按：則天臨朝在光宅元年二月，高宗葬在八月，吏部改稱天官在九月六日，則待價遷吏尚當在二月八月間。

〇武承嗣——蓋垂拱末，始官天尙。永昌元年三月二十癸酉，遷納言。（新紀、新表、通鑑。）——舊一八三、新二〇六有傳。

武三思——天授元年九月前後，由夏尙遷天尙。蓋二年卸。——舊一八三、新二〇六有傳。

〔考證〕舊傳：「則天臨朝，擢拜夏官尙書。及革命，封梁王，賜實封一千戶。尋拜天官尙書。證聖元年，轉春官尙書。」新傳省天尙。按：舊紀，天授元年九月，「天官尙書三思爲梁王。」若如舊傳，證聖元年始由天尙轉春尙，則在天官凡六歲，且與樂思晦、李景諶年代衝突。檢兵尙卷，武后臨朝以後惟天授元年初及長壽二年初各有數月之闕，三思爲夏官必在此二可能之數月中。然若置長壽二年，則與兩傳書事年代不合殊甚，故夏官當在天授元年之上半年，時武后臨朝，九月改國號曰周，同時封諸武爲王，傳云「革命」，是也。三思卽於此時前後遷天官。如此安排，紀傳均可通解，而於員闕亦無不合，惟任春官非由天官直轉耳。

●樂思晦——天授二年六月十一庚戌，以鸞臺侍郎・同鳳閣鸞臺平章事兼檢校天尙。其年十月二十五壬戌，被殺。——舊八一附父彥瑋傳。

〔考證〕舊傳：「思晦，……則天時，官至鸞臺侍郎・兼檢校天官尙書・同鳳閣鸞臺三品。爲酷吏所殺。」按：新紀，天授二年六月庚戌，鸞臺侍郎樂思晦同鳳閣鸞臺平章事。十月壬戌，殺樂思晦。新表同。其兼檢校吏尙當卽在作相時。

李景諶——長壽元年稍後，由天侍遷天尙。——兩書無傳。

〔考證〕新一二五張說傳：「永昌中，武后策賢良方正，詔吏部尙書李景諶糊名較覆，說所對第一。」考全唐文二四四李嶠爲李景諶讓天官尙書表：「臣景諶言，伏奉恩制，以臣爲天官尙書。……臣景諶……自忝司衡鏡，亟易星灰，雖智力已窮，而清通未效，朱紫多紊，涇渭莫辨，宜其抵罪觸網，……翻乃……更垂天獎，是用……以榮爲憂。」則任天官侍郎數年始遷天尙也。按：景諶以永昌元年始任天侍，長壽元年冬尙見在天侍任，今姑置天尙於樂思晦後長壽元年稍後。

●韋安石——長安三年閏四月十七丁丑，以鸞臺侍郎·同鳳閣鸞臺平章事充神都留守·兼判天官秋官二尙書事。（新表、舊傳。）——舊九二、新一二二有傳。

●張柬之——神龍元年四月二日辛亥，由兵尙·同中書門下三品遷吏尙，仍同三品。同月二十六乙亥，遷中書令。——舊九一、新一二〇有傳。

〔考證〕舊傳：「遷鳳閣侍郎·知政事。……中宗卽位，以功擢拜天官尙書·鳳閣鸞臺三品（封戶）。未幾，遷中書令。」新傳同。舊紀，神龍元年正月「庚戌，鳳閣侍郎·同鳳閣鸞臺平章事張柬之爲夏官尙書·同鳳閣鸞臺三品。」四月乙亥，「爲中書令。」不云遷吏尙。通鑑同。新表正月庚戌條作天官尙書，非夏官；而四月辛亥又書「柬之爲天官尙書。」遷中書令月日與舊紀同。按：柬之於正月庚戌、四月辛亥，皆與袁恕己、桓彥範同時遷官，決非重出。兩次皆作天尙，必有一誤。蓋正月庚戌當如舊紀、通鑑作夏官尙書，新表字誤；至四月辛亥始遷吏尙，舊紀、通鑑省之，表及兩傳皆作天官，亦小誤。

●韋安石——神龍元年四月二十五甲戌，由刑尙遷吏尙·同中書門下三品。〔考證〕。五月十六甲午，兼檢校中書令。（舊紀〔作癸巳又無檢校而六月癸亥原銜有檢校〕、新紀、新表、通鑑〔無日〕。）六月十五癸亥，正拜中書令，（兩紀、新表、通鑑、舊傳。）仍兼檢校吏尙。（舊紀。）——此再任。

〔考證〕新紀：神龍元年四月甲戌，「刑部尙書韋安石爲吏部尙書……同中書門下三品。」而舊紀此日書云：「左庶子韋安石爲吏部尙書……依前知政事。」原官異。按新表、通鑑不書原官，而新表是年二月甲戌，「安石罷爲守刑部尙書。」舊紀亦同。舊傳：「神龍初，徵拜刑部尙書，是歲又遷吏部尙書，復知政事。」則原官刑尙是也。舊紀蓋誤。

●唐休璟（璿）——神龍元年十月一日丁未朔，以右僕·同中書門下三品充京師留守。（詳右僕卷。）俄兼檢校吏尚。（兩傳。）——舊九三、新一一一有傳。

●李嶠——神龍元年冬，（吏侍卷。）由吏侍遷吏尚。（兩傳。）二年正月二十三戊戌，以本官同中書門下三品。（兩紀、新表、通鑑。）七月二十五丙寅，遷中書令。（舊紀、通鑑、新紀〔作守中令〕、新表〔同〕、兩傳。）——舊九四、新一二三有傳。

●韋巨源——神龍二年七月二十五丙寅，由刑尚·同中書門下三品遷吏尚，仍同三品。景龍元年九月十六辛亥，遷侍中。——舊九二、新一二三有傳。

〔考證〕長安、神龍之際，巨源歷任地、冬、春、秋、天官諸尚書，而紀傳書事有誤，茲表列於次，合而考之。

年份	新表（新紀通鑑附）	舊紀	舊傳（新傳附）
天冊萬歲元年	正月戊子，貶巨源鄜州刺史。（新紀通鑑同）	與新表同。	「證聖初，出爲麟州刺史。」（新傳同）
久視元年	臘月「庚子，文昌左相韋巨源爲納言。」（新紀同。通鑑左相作左丞是。） 十月「丁巳，巨源罷爲地官尚書。」	十月「韋巨源爲地官尚書。」	「尋拜地官尚書，神都留守。」（新傳「累拜地官尚書」。）
長安中			「長安二年，詔入轉刑部尚書，又加太子賓客，再爲神都留守。」（新傳省）
神龍元年	七月「辛巳，太子賓客韋巨源同中書門下三品。」（新紀同。通	七月辛巳，與新表同。	「神龍初，入拜工部尚書，封同安縣子。」

	鑑三品下有「西京留守如故」六字。） 九月「癸巳，巨源罷爲禮部尚書。」（新紀只云罷。通鑑禮尚下有「以其從父安石爲中書令故也」）	九月「戊戌，太子賓客韋巨源爲禮部尚書，依舊知政事。」	
二年	二月「乙未，禮部尚書韋巨源守刑部尚書・同中書門下三品。」（新紀同。通鑑省書原官，與舊紀同。） 七月丙寅，（吏部尚書）李嶠守中書令，不書巨源。（通鑑新紀同。）	二月乙未，「刑部尚書韋巨源同中書門下三品。」 七月丙寅，「吏部尚書李嶠爲中書令，刑部尚書韋巨源爲吏部尚書，依舊同中書門下三品」	「又遷吏部尚書・同中書門下三品，進封郇縣伯。時安石爲中書令，是巨源近屬，罷知政事。巨源尋遷侍中，中書令。」（新傳：「神龍初，以吏部尚書同中書門下三品。……會安石爲中書令，避親罷政事。尋遷侍中。」）
景龍元年	七月「壬戌，嶠爲中書令，巨源爲吏部尚書。」（新紀嶠事同，通鑑不書。） 九月辛亥，「巨源爲侍中。」（新紀同，通鑑書於十三日戊申後。）	九月庚辰，「吏部尚書韋巨源爲侍中。」	

綜觀上表，舊紀、新紀、表、傳書事頗歧：（一）貶刺史後，新紀、表、鑑皆由左丞遷納言，罷爲地官尚書；而舊紀、傳無左丞、納言，似由刺史直拜地官者。傳可云省，紀則明誤矣。（二）新表、通鑑由

太子賓客•同三品罷爲禮部尚書。而舊紀云遷禮部，依舊知政事；不惟與新書、通鑑異，亦與舊紀二年二月再相條抵觸，必誤無疑。(三) 神龍二年二月乙未，新紀、表由禮尚遷刑尚•同三品。舊紀 通鑑惟云由刑尚入相，省書原官。當從新紀、表。(四)由刑尚遷吏尚，新表在景龍元年年七月，舊紀在神龍二年七月，相差一年。無他佐證，不能斷其是非。然李嶠卸吏尚，紀、表均在神龍二年七月，今姑從舊紀，巨源爲吏尚緊接嶠後。(五)舊紀、新表由吏尚同三品直遷侍中。通鑑、新紀雖例不書中間轉官，然亦不云中間嘗罷相。而兩傳吏尚同三品後皆云以安石爲中書令，巨源罷相，後乃爲侍中，與舊紀、新紀、表、通鑑均不合。且其時，安石不爲中書令。通鑑書避安石於神龍元年九月罷爲吏尚時，是也。兩傳皆誤。(六)巨源爲侍中，舊紀作九月庚辰，是月無庚辰，當從新紀、表。(七)舊傳：長安二年，由地官尚書•神都留守入遷刑部尚書，加太子賓客，再爲神都留守。神龍初，入拜工部尚書，遷吏部尚書•同三品。按前引兩紀、表、鑑，神龍二年巨源由刑部遷吏部，非由工部。又舊九〇楊再思傳：「武三思將誣殺王同皎，再思與吏部尚書李嶠、刑部尚書韋巨源並受制考按其獄，……致同皎死罪。」按：同皎被殺在神龍二年三月，嶠及巨源書銜並與兩紀、表、鑑合。是由刑部遷吏部，非由工部。舊傳實誤。又舊傳，長安二年爲刑尚，無他佐證，且與李懷遠相衝突。蓋舊傳「刑部」「工部」實互譌耳。

○蘇瓌——景龍元年九月十六辛亥，由侍中罷爲吏尚。(新紀、新表、舊紀〔作庚辰〕、碑、舊傳。)時階金紫光祿大夫。(碑。)中間嘗爲東都留守；尋還本職。(碑。)景龍三年九月十五戊辰，遷右僕•同中書門下三品。(舊紀、新表、通鑑、新紀〔作左僕誤〕、碑、舊傳。)——舊八八、新一二五有傳，萃編六九、全唐文二三八有盧藏用撰蘇瓌碑。

●張嘉福——景雲元年六月三日癸未，以吏尚同中書門下平章事。(舊紀、通鑑、新紀〔作壬午是韋后弒帝日〕、新表〔同〕。)同月二十三癸卯，誅。(兩紀、新表、通鑑、朝野僉載一。)——兩書無傳。

●宋璟——景雲元年七月八日丁巳，由洛州長史遷檢校吏尙·同中書門下三品。（兩紀、新表、通鑑、碑、兩傳。）時階中散大夫。（全唐文二五一蘇頲授姚元之宋璟兼庶子制。），同月十三壬戌，兼太子右庶子。（碑、舊紀〔作左誤〕、新表〔書於入相日誤〕、兩傳、授制。）尋進階銀青光祿大夫。（碑、舊傳。）二年二月九日甲申，貶楚州刺史。（舊紀〔作甲辰譌合鈔已正〕、新紀、新表、通鑑、碑、兩傳。）——舊九六、新一二四有傳，萃編九七、全唐文三四三有顏眞卿撰宋璟碑。

○劉幽求——景雲二年二月，由戶尙遷吏尙。〔考證〕。十月三日甲辰，遷侍中。（兩紀、新表、通鑑、兩傳。）——舊九七、新一二一有傳。

〔考證〕　舊傳：「景雲二年，遷戶部尙書，罷知政事。月餘，轉吏部尙書，擢拜侍中」。新傳同，而「月餘」作「不旬日」。舊紀、新表、通鑑，幽求以二年二月丙戌罷爲戶尙，十月甲辰由吏尙爲侍中。新紀，十月甲辰事原銜亦爲吏尙。是官歷與兩傳合。按：二月丙戌爲十一日，兩傳有「月餘」「不旬日」之異，今姑書於三月。

○郭元振（震）——景雲二年十月三日甲辰，由兵尙·同中書門下三品罷爲吏尙。〔考證一〕。時階銀青光祿大夫。（行狀。）先天元年六月二十三辛酉，換刑尙·充朔方道行軍大總管。〔考證二〕。階如故。（行狀。）——舊九七、新一二二有傳，全唐文二三三有張說撰代國公郭公行狀。

〔考證一〕　舊紀：景雲二年正月「己未，太僕卿郭元振……同中書門下三品。」二月「戊戌，郭元振爲兵部尙書，仍依舊同中書門下平章事（當作「三品」）。」十月甲辰，「兵部尙書郭元振爲吏部尙書……罷知政事。」新紀、新表、通鑑，正月拜相同，無二月遷兵尙一條；又十月甲辰只云罷爲吏尙，不題原官。按行狀云：「睿宗即位，徵拜太僕卿。……至京，同中書門下三品，加銀青光祿大夫，遷兵部尙書，封館陶縣男，依舊知政事。尋轉吏部尙書，知選擧，囑請不行。」官歷與舊紀合，又與當時官闕合，當可信；新表失書兵尙一遷耳。又新傳亦省此任兵尙。舊傳書此任兵尙云：「代宋璟爲吏部尙書。無幾，轉兵部尙書。……其冬，與韋安石張說等俱罷知政事。」此中有三誤：兵吏尙書次序互倒，一也；罷知政事在兩尙書之後，二也；代宋璟爲吏尙，三也。又姓纂一〇，郭氏「元振，兵禮刑三尙書，平章事。」禮蓋吏之誤。

〔考證二〕　新紀：先天元年六月「辛酉，刑部尙書郭元振爲朔方道行軍大總管，以伐突厥。」新二一五上突厥默啜傳，以刑部尙書郭元振代唐休璟伐默啜。而行狀云：「後默啜大寇邊，拜刑部尙書・充朔方道行軍大總管。」是換刑尙與充大總管同時也。兩傳均失書刑尙。

畢構——蓋先天元年六七月，曾官吏尙，遙領益州大都督府長史。——舊一〇〇、新一二六有傳。

〔考證〕　舊傳：「睿宗……璽書勞曰(略)。……尋拜戶部尙書，轉吏部尙書，並遙領益州大都督府長史。玄宗卽位，累拜河南尹，遷戶部尙書。開元四年……卒。」新傳略同。全唐文五六六韓愈王屋縣尉畢君墓誌亦云：「累官至吏部尙書，卒。」按：據舊傳，由戶尙遷吏尙。構第一任戶尙當在景雲二年夏秋，詳戶尙卷。然此後吏尙另有他人，疑構任吏尙未必由戶尙直遷也。今姑置睿宗末，先天元年六七月；至八月玄宗已卽位矣。

○蕭至忠——開元元年正月十一乙亥，由吏尙遷中書令。(兩紀、新表、通鑑、舊傳。)——舊九二、新一二三有傳。

●魏知古——開元元年十二月，以黃門監攝吏尙・知東都選事。(會要七五東都選條、通鑑二年紀、兩傳、舊九一盧懷愼傳、新一二四姚崇傳、大唐新語一。)——舊九八、新一二六有傳。

〔附考〕　通鑑：開元二年紀述元年冬事云：「黃門監魏知古，……姚崇意輕之，請知古攝吏部尙書，知東都選事；遣吏部尙書宋璟於門下過官。知古銜之。」似其時璟在吏尙任也，而璟碑及兩傳均不載。考會要七五東都選：「開元元年十二月，遣黃門監魏知古、黃門侍郎盧懷愼往東都分知選事，便令擬宋璟爲東都留守，攝黃門監過官。」此蓋通鑑所本，然璟無吏尙銜，通鑑蓋書舊銜耳。

○崔日用——開元元年七月稍後，（兩傳。）由吏侍·（吏侍卷。）檢校雍州長史遷吏尚。（兩傳。）二年春夏，見在任。（會要二二龍池壇條、舊三〇音樂志。）約二三年左遷常州刺史。〔考證〕。——舊九九、新一二一有傳。

〔考證〕 舊傳，吏尚下云：「尋出爲常州刺史，削實封三百戶。轉汝州刺史。開元七年……特下勅……與二百戶。十年，轉幷州大都督府長史。」新傳同，惟首句作「久之，坐兄累出爲常州刺史。」按六年日用在汝州任，見新二〇一劉知柔傳。下迄十年，已五年，則由常轉汝或不能早過開元五年。是日用出刺常州可能在二三年也。

●盧懷愼——開元三年正月二十癸卯，以黃門監檢校吏尚。四年正月十九丙申，正兼吏尚。十一月七日己卯，病免。——舊九八、新一二六有傳。

〔考證〕 舊傳：「遷黃門侍郎。……先天二年，……同中書門下三品。開元三年，遷黃門監。……四年，兼吏部尚書。其秋，以疾篤，累乞骸骨，許之。旬日而卒。」新傳入相（作平章事）遷黃門監年份並同，惟兼吏尚無年份。兩紀、新表、通鑑書事稍歧，茲表列之：

年份	新表	新紀	舊紀	通鑑
開元元年	十二月甲寅，黃門侍郎盧懷愼同紫微黃門平章事。	與表同。	與表同。	與表同。
二年	正月己卯，懷愼檢校黃門監。			與表同。
三年	正月癸卯，懷愼檢校吏部尚書·兼黃門監。	正月癸卯，盧懷愼檢校黃門監。	正月癸卯，黃門侍郎盧懷愼爲檢校黃門監。	正月癸卯，以盧懷愼檢校吏部尚書·兼黃門監。

四年	正月丙申，懷愼檢校吏部尙書。 十一月己卯，懷愼去官養疾。	十一月己卯，懷愼罷。	十一月辛丑，黃門監·兼吏部尙書盧懷愼卒。	十一月己卯，黃門監盧懷愼疾亟。乙未薨。

觀上表，參以兩傳，懷愼罷相前原官黃門監兼吏部尙書，決無問題。又新表與通鑑，皆二年正月檢校黃門監，三年正月正兼黃門監，檢校與兼任固不同也。以此例之，懷愼蓋以三年正月癸卯檢校吏部尙書，四年正月丙申始正兼吏部尙書，新表四年正月丙申條「檢校」乃「兼」之誤耳。

●宋璟——開元四年閏十二月二十七己亥，由刑尙遷吏尙·兼黃門監。（新紀、新表、通鑑、冊府七二〔無日〕、舊紀〔作十二月乙丑誤〕、碑、兩傳。）時階銀青光祿大夫。（冊府七二。）七年三月見在任。（會要三九定格令條、舊五〇刑法志〔作吏侍誤〕、新五八藝文志〔誤同〕。）八年正月二十八辛巳，罷爲開府儀同三司。（新表、通鑑、舊紀〔作己卯〕、新紀、碑、兩傳。）——此再任。

王晙——開元十一年正月，由太子詹事遷吏尙·兼太原尹。（舊傳〔屬車駕北巡以晙爲吏尙，因據北巡書年月〕、新傳。）時階銀青光祿大夫。（舊傳。）四月二十九癸亥，遷兵尙·同中書門下三品。〔考證〕。階如故。（舊傳。）——舊九三、新一一一有傳。

〔考證〕 舊傳：「十一年夏，代張說爲兵部尙書·同中書門下三品。」新傳無年月。按晙由吏尙遷兵尙·同三品，新紀、新表、通鑑均作四月甲子；惟舊紀作四月癸亥，差前一日。本書通例，當從新書、通鑑。然全唐文二八八張九齡爲兵部尙書王晙謝平章事表云：「臣晙言，伏奉今月二十九日制，授臣兵部尙書·同中書門下三品。」癸亥卽二十九日，則舊紀是也。

裴漼——開元十一年夏，由御史大夫遷吏尙。〔考證一〕。十二年閏十二月六日辛酉，見在任。（冊府三六〇。）十三年十二月至十四年正月，見在任。（會要七四論選事條本注。）蓋卽十四年轉太子賓客。〔考證二〕。時階銀青光祿大夫。（少林寺碑。）——舊一〇〇、新一三〇有傳。

〔考證一〕 舊傳：「代韋抗爲御史大夫。漼早與張說特相友善，時說在相位……擢拜吏部尚書。」新傳同而略。按：說以十年四月相，漼遷吏尚當在後。又韓思復代漼爲御史大夫在十一年三月稍後，詳吏侍卷韓思復條，則漼卸御史大夫遷吏尚必同時，蓋即代王晙者。

〔考證二〕 舊傳：「尋轉太子賓客。」新傳同。按開元十四年，宋璟三任吏尚，則漼卸吏尚爲賓客必即十四年。而萃編七七嵩岳少林寺碑：「銀青光祿大夫・守吏部尚書・（勳・封）・裴漼文並書。」「開元十六年七月十五日建。」蓋撰書在前，至此日始上石耳，非此時尚在任也。

〇宋璟——開元十四年冬，以開府儀同三司兼吏尚。（碑、舊一〇〇蘇晉傳、兩傳、舊一九〇中齊澣傳。）〔考證〕。十七年八月二十七乙酉，遷尚書右丞相，階如故。（舊紀、碑、兩傳。）——此三任。

〔考證〕 碑及蘇晉傳皆云，十四年兼吏部尚書。而齊澣傳云：「李元紘、杜暹爲相，以開府・廣平公宋璟爲吏部尚書。」按：元紘以十四年四月相，暹以十四年九月相，璟兼吏尚當在年冬。

●裴光庭——開元十八年四月十一乙丑，以侍中兼吏尚。（舊紀、新表、通鑑、碑、兩傳、會要七四。）〔考證一〕。充宏文館學士。（碑、兩傳。）時階銀青光祿大夫。（碑。）二十年七月六日丁未，見在侍中・兼吏尚・宏文館學士任。（避暑錄話下引授李暹汾州刺史告身。）十一月二十一庚申，進階光祿大夫。〔考證二〕。蓋十二月三日壬申，卸兼吏尚。〔考證三〕。——舊八四、新一〇八有傳，曲江集一九、全唐文二九一、萃編八一有張九齡撰唐金紫（萃編無金紫）光祿大夫行侍中兼吏部尚書宏文館學士贈太師正平忠獻公裴公碑。

〔考證一〕 會要七四吏曹條例：「開元十八年四月十一日，侍中・兼吏部尚書裴光庭奏用循資格。」按「裴光庭」當在「兼」字上。

〔考證二〕 碑云：「二十年冬上，幸河東，祠后土。……禮畢，賜爵正平男，加光祿大夫。」舊傳同，惟無「冬」字。按：舊紀，開元二十年十一月「庚午，祀后土於脽上，大赦天下，……內外文武官加一階。」新紀作庚申，通鑑同。檢此月無庚午；舊紀誤。（合鈔已正。）則光庭進階即十一月庚申也。舊傳及碑文均進階光祿大夫，萃編收此碑之碑題亦同，而曲江文集及全唐文所收，其碑題作金紫光祿大夫，誤。

〔考證三〕　舊紀：二十一年「三月乙巳，侍中裴光庭薨。」新紀、新表、通鑑同。而碑云：「三月癸卯，遘疾薨。」差前二日。蓋癸卯遘疾，乙巳薨歟？碑及兩傳，中間不云卸吏尚；而碑題其官「侍中兼吏部尚書」，似兼吏部直至薨時。然據後蕭嵩條考證，嵩以二十年十二月三日遷吏尚，與此不合。蓋光庭實以二十年十一二月卸吏尚，爲時不久即薨，故碑題書之耳。

●蕭嵩——開元二十年十二月三日壬申，由兵尚·兼中書令遷吏尚，仍兼中書令。〔考證〕。原階銀青光祿大夫，（舊傳。）此時或稍後進階金紫光祿大夫。（舊傳、全唐文二九五韓休梁宣帝明帝二陵碑。）二十一年六月二十八癸亥，見在任。（會要七五選限條。）十二月二十四丁巳，罷爲尚書右丞相。〔考證〕。階如故。（舊傳、參右僕卷。）——舊九九、新一〇一有傳。

〔考證〕　舊傳：「爲兵部尚書·河西節度使·判涼州事。……加嵩同中書門下三品。……十七年，又加嵩兼中書令。……常帶河西節度遙領之。　加集賢殿學士知院事·兼修國史，進位金紫光祿大夫。……二十一年，……授尚書右丞相，令罷相。」新傳同而略。皆不云爲吏部尚書。舊紀：開元十七年六月，「兵部尚書蕭嵩兼中書令。」新紀新表同。舊紀：二十一年「十二月丁未，兵部尚書徐國公蕭嵩爲尚書右丞相。」新表：同月「丁巳，嵩罷爲右丞相。」通鑑同。此前亦不書遷吏部尚書。而全唐文二九五韓休梁宣帝明帝二陵碑述二帝後裔云：「嵩，金紫光祿大夫·吏部尚書·兼中書令·河西節度（略）等副大使知節度事·判涼州事·（略）·檢校天下諸軍兵募健兒使·集賢院大學士·上柱國·徐國公。」此罷相前不久之銜，以吏部尚書兼中書令，非兵部也。又會要七五選限：「開元二十一年六月二十八日，蕭嵩奏吏部選人請準舊例至三月三十日團甲畢。」此吏部事，（同條：二十年正月，吏部尚書裴光庭奏二月內團甲畢。今依舊爲三月。）亦嵩時在吏部之證。且後條李暠以二十一年十二月末，由兵部尚書遷吏部，此點絕無可疑。嵩罷相爲右丞相已是此年十二月二十四日，（即從舊紀作丁未，亦已十四日。）李暠由兵部遷吏部即在此後五六日中，別無挪移之餘地。若嵩原爲兵尚，則與暠原任兵尚相衝突。勢必嵩原爲吏尚，暠爲兵尚，及十二月二十四日，嵩遷右丞相，暠即繼嵩爲吏尚。如此兩屬例遷，於當時官闕既不衝突，又無罅隙，是亦爲兩書紀傳失書吏尚之證。故舊紀二十一年十二月條「兵部」當作「吏部」，又脫「兼中書令」四字。蕭嵩在相位之末期由兵尚遷吏部既考證如上。今更論其年月。按：裴光庭以二十一年三月乙巳薨。始疑嵩繼任吏尚在此時。然檢舊紀，光庭薨時只銜「侍中」，無「兼吏部尚書。」則可能已先卸。而新表，二十年「十二月壬申，嵩爲兵部尚書。」嵩本爲兵尚，此爲重出，則「兵」必「吏」之譌。是新表本未失書吏尚，惟傳寫字譌耳。

李暠——開元二十一年十二月二十四丁巳或後一兩日，由兵尚遷吏尚。〔考證〕。二十二年五月二十七丁亥，見在任。（曲江文集附錄載授中書令制。）七月六日乙丑，見在任。（會要七四吏曹條例。）二十四年稍後，見在任。（全唐文三二五王維暮春逍遙谷讌集序。）二十七年四月二十四乙酉，徙太子少傅。（舊紀、墓誌、兩傳。）——舊一一二、新七八有傳，全唐文三一三有孫逖撰太子少傅李公墓誌。

〔考證〕 墓誌：「歷……太常卿，工部尚書．東都留守，兵部、吏部尚書，太子少傅。……以開元二十八年五月十日，薨於位。」舊傳：「拜工部尚書．東都留守。開元二十一年正月，制曰：……工部尚書李暠……宜持節充入吐蕃使。……及還，金城公主上言，請以今年九月一日樹碑於赤嶺，定蕃漢界。……奉使稱職，轉兵部尚書。時吏部告身印與曹印文同，行用參雜，……暠奏准司勳兵部印文例加官告兩字。至今行之。……（累封武都縣伯。）俄爲太子少傅，病卒。」新傳云：「以奉使稱指，再遷吏部尚書。」餘並同。謂遷兵部又遷吏部也。舊傳失書吏尚；然兵尚下敍暠奏加印文，乃吏部事。檢冊府六〇載此事在二十三年六月，其銜正爲吏部尙書。是由兵部遷吏部無疑。墓誌又云：「六官之長，是爲人樞，綜覈流品，終始七年。」按舊紀：開元二十七年四月乙酉，「吏部尙書李暠爲太子少傅。」則始任吏尙當在二十一年。全唐文三一二孫逖吏部尙書壁記：「皇帝在位之二十二年，缺其官，選於衆，乃命武都公自兵部尙書拜焉。」是亦卽開元二十一年。同書三五八杜頠兵部尙書壁記：「開元二十一年冬十二月，詔工部尙書李公典之。……以公族之英，受親賢之寄，屬冢宰虛位，官吏要才，載委天衡，是掌邦理。」是由工尙遷兵尙亦在二十一年，且已十二月。然尋此文意，暠在兵部時間極促。蓋暠以十二月上中旬由工尙遷兵尙，其月二十四日蕭嵩卸吏尙，時正銓選期間，不能闕官不補，暠卽於二十四日至三十日間由兵尙遷吏尙耳。

又暠任吏尙最久，亦平生最重要官職，故世表及萃編八三開元寺貞和上塔銘、八瓊六八苻載妻李氏墓誌書暠銜皆爲吏尙，兩跋皆疏誤，宜改作。

●李林甫——開元二十七年四月二十八己丑，由兵尙·兼中書令遷吏尙，仍兼中書令。（舊紀〔作丁酉誤〕、新表、通鑑、舊傳。）時兼集賢殿大學士，（舊傳。）遙領河西隴右節度使。（兩傳、參兵尙卷。）時階金紫光祿大夫。（全唐文三〇八孫逖授李林甫兵尙制。）天寶元年，停知節度；進階光祿大夫。（舊傳。）八月二十壬辰，遷左僕，仍兼右相·吏尙·充大學士，階如故。尋進階特進。四載秋見在任，銜爲特進·行左僕射·兼右相·吏尙·集賢學士。六載，進階開府儀同三司。十載正月十三丁酉，遙領單于安北副大都護·充朔方節度使。十一載四月十日丙戌，罷都護、節度。十一月十二乙卯，薨。（以上皆詳左僕卷。）——舊一〇六、新二二三上有傳。

●楊國忠——天寶十一載十一月十七庚申，由御史大夫·判度支·勾當租庸鑄錢等使·充劍南節度京畿關內山南西道採訪等使遷右相·兼文尙·集賢殿大學士·崇玄館大學士·太淸太微宮使，仍判度支·勾當租庸鑄錢節度採訪等使並如故。（舊紀、新表、通鑑、全唐文二五五元宗授楊國忠右相制、兩傳。）〔考證一〕

。時階銀青光祿大夫。（授制。）十三載二月十一丁丑，遷司空，仍兼右相·文尙·判度支等使並如故。（舊紀〔戊寅〕、新紀、新表、通鑑、兩傳。）至德元載六月十四丙申，誅。〔考證二〕。——舊一〇六、新二〇六有傳。

〔考證一〕 授楊國忠右相制：「銀青光祿大夫·御史大夫·判度支事·權知太府卿·兼蜀郡長史·持節劍南節度支度營田副大使·本道兼山南西道採訪處置使·兩京太府司農出納監倉祠祭木炭宮市長春九成宮使·關內道及京畿採訪處置使·上柱國·宏農縣開國伯楊國忠……可守右相·兼吏部尙書·集賢殿學士·修國史·崇玄館大學士·太淸太微宮使，仍判度支及蜀郡大都督府長史·劍南節度支度營田副大使·本道兼山南西道採訪處置使·兩京出納勾當租庸鑄錢等使並如故。」國忠領四十餘使，此尙其最重要者耳，故詳錄之，以見此時代大臣領使之一斑。

〔考證二〕 楊國忠誅日，新表在六月丙申。通鑑同。新紀作丁酉，差後一日。舊紀，乙未晨駕出延秋門西幸，丙辰國忠被殺。「辰」明「申」之譌。

●房琯——至德元載七月十二甲子，由憲侍遷文尙·同中書門下平章事。（兩紀、新表、通鑑〔作文侍誤〕、兩傳、全唐文三六七賈至授房琯文尙平章事制。）進階銀靑光祿大夫。（舊傳。）八月，奉册書至靈武。十月，爲元帥。兵敗。（兩紀、通鑑、兩傳。）二載五月十日丁巳，罷爲太子少師。（兩紀、新表、通鑑、兩傳。）——舊一一一、新一三九有傳。

韋陟——至德二載六七月，由御史大夫遷文尙。〔考證一〕。十二月十五戊午，官名更爲吏尙，進階金紫光祿大夫。〔考證二〕。乾元元年，貶絳州刺史。（兩傳。）——舊九二、新一二二有傳。

〔考證一〕 舊傳：「拜御史大夫，拾遺杜甫上表論房琯，……辭旨迂誕。肅宗令崔光遠與陟……同訊之，陟因入奏曰：杜甫……不失諫臣大體。上由是疏之，……乃罷陟御史大夫，顏眞卿代，授吏部尙書。」新傳同而略。據此則爲吏尙當在五月十日房琯貶後不久。又全唐文三六六賈至授韋陟文部尚書制：「御史大夫・郇國公韋陟可守文部尚書。」按是年十二月十五日戊午官名復舊爲吏部，此制必在前。又顏眞卿以二載四月爲憲部尚書，數旬兼御史大夫，則不出七月，是陟由御史大夫遷文部尚書卽在六七月也。

〔考證二〕　會要四五功臣條：「至德二載十二月朔日赦文，……册勳三十三人，……吏部尚書・郇國公韋陟加金紫光祿大夫。」按此赦及封賞功臣，兩紀、通鑑皆在十二月戊午，是十五日望，舊紀戊午下衍「朔」字，會要此條「朔」字，亦誤。又全唐文四四肅宗收復兩京大赦文，卽此次大赦所頒行者。而書陟事云：「戶部尚書郇國公韋陟持衡流品，式序百工，可金紫光祿大夫・吏部尚書。」與會要不同；由戶部遷吏部亦與由大夫不合。按此日並改官名一依故事，文部憲部仍爲吏部刑部，故各人官名有改易者連帶書之，如「憲部尚書李麟……可金紫光祿大夫・刑部尚書。」惟進階耳，官實如故。以此例之，陟此條「戶部」必「文部」之譌。如此則與賈至授制及會要均合，與赦文「持衡流品，式序百工。」亦不舛。否則，戶部尚書何得以此八字稱之？又同日李光弼由戶部尚書改兵部尚書，亦陟原非戶部之明證。

●**李峴**——乾元二年三月二十九乙未，由御史大夫・兼京兆尹遷吏尚・同中書門下平章事。（兩紀、新表、通鑑、李華撰李峴傳、全唐文四二肅宗授李峴等平章事制、兩傳〔皆誤爲中書侍郎〕、舊一一二李峘傳。）時階光祿大夫。（舊傳。）五月十六辛巳，貶蜀州刺史。（兩紀、新表、通鑑、兩傳、李華撰李峴傳。）——舊一一二、新一三一有傳，全唐文三二一有李華撰李峴傳。

韋陟——上元元年四月十四甲辰，由禮尚・東京留守・東京畿觀察使遷吏尚，（舊紀、兩傳。）仍領留守。（舊傳。）八月十四辛未，卒官。（舊紀、兩傳、封氏聞見記四定謚、全唐文三三六顏眞卿駁吏部尚書韋陟謚忠孝議。）——此再任。

●**劉晏**——廣德元年正月九日癸未，由國子祭酒・兼御史大夫・京兆尹・充度支鹽鐵轉運等使遷吏尚・同中書門下平章事，仍充度支鹽鐵等使。（舊紀〔作甲午〕、新紀、新表、通鑑、兩傳、全唐文四六代宗授劉晏吏尙平章事制。）階由銀青光祿大夫進金紫光祿大夫。（授制。）二年正月二十五癸亥，罷爲太子賓客。（兩紀、新表、通鑑、兩傳。）——舊一二三、新一四九有傳。

○李峴——廣德二年九月二十七辛酉，由太子詹事遷吏尙・兼御史大夫・知江南東西及福建道選事，並充勸農宣慰使。（舊紀〔作觀農誤〕、會要七八諸使雜錄條、兩傳。）〔考證〕。置銓洪州。（舊傳、李華撰峴傳。）永泰元年六月三日癸亥，貶檢校兵尙・兼衢州刺史。（舊紀、兩傳、李華撰峴傳。）——此再任。

〔考證〕 舊紀會要皆云知江南東西福建道選事，李華撰李峴傳亦云「領選江西。」而新傳作「知江淮選。」舊傳作「知江淮擧選。」按峴前曾領江淮選補，置銓江陵；此次置銓洪州，當以舊紀、會要作江南福建爲正。兩傳蓋因前次「江淮」而誤，舊傳有「擧」字，蓋亦誤。又紀傳及會要皆由太子詹事遷吏尙知選事。而李華撰李峴傳云：「除太子詹事，又歷御史大夫，禮部尙書，領選江西。」按峴前曾兩任御史大夫、禮部尙書，此蓋重出。

崔寓——永泰元年十一月二十丁丑，見在吏尙任。時階金紫光祿大夫。（大正藏經第二一二〇三藏不空和上表制集卷一贈金剛三藏開府制〔一本作寓〕。）大曆元年八月二十癸卯，徙太子少傅。（舊紀〔作寓〕。）——兩書無傳。

〔考證〕 新二〇一文藝元萬頃傳：「孫正。肅宗初，吏部尙書崔寓典選，正以書判第一，召詣京師。」按：字當從大藏經及文藝傳作「寓」爲正，乾元上元中曾官右丞。

○裴遵慶——大曆元年八月二十癸卯，由太子少傅遷吏尙。（舊紀〔作少保誤〕、碑、兩傳、全唐文四一一常袞授裴遵慶吏尙制。）時階金紫光祿大夫。（授制、碑。）四年三月四日壬申，遷右僕，（舊紀、碑、兩傳。）仍知選事〔考證〕。——舊一一三、新一四〇有傳，萃編一〇〇、全唐文三三一、八瓊六四有楊綰撰裴遵慶碑。

〔考證〕 兩傳，右僕下皆云「復知選事。」碑亦云「遷右僕射，再領□□，從人願也。」所闕亦「選事」或「銓衡」。蓋其時劉晏以吏尚領鹽鐵轉運等使，使務繁忙，選事仍分委遵慶歟？

○劉晏——大曆四年三月四日壬申，由檢校戶尚·兼御史大夫·東都河南江淮荊湖山南東道轉運常平鑄錢鹽鐵等使遷吏尚，仍領東路諸使。（舊紀〔原官見元年正月紀作戶尚小誤〕、兩傳、會要五九、八七、八八、冊府四八三、全唐文四一一常袞授劉晏吏尚制，參鹽運使卷。）時階金紫光祿大夫。（授制。）八年八月十一甲寅，知三銓選事。（舊紀、兩傳。）蓋十二年十二月，遷左僕，仍知三銓選事·充使職，階如故。蓋明年春，罷知選事。（詳後顏眞卿條及左僕卷、鹽運使卷）——此再任。

顏眞卿——大曆十三年二三月，由刑尚遷吏尚。〔考證一〕。時階金紫光祿大夫。（唐文拾遺五代宗授顏眞卿刑尚制。）十四年五月二十二壬戌，以本官充禮儀使。〔考證二〕。冬，進階光祿大夫。〔考證三〕。建中元年八月二十二癸丑，見在任，階如故。（萃編一〇二顏魯公書朱巨川行起居舍人試知制誥告身。）同月二十八己未，徙太子少師，仍充使，階如故。（萃編一〇一顏氏家廟碑、舊紀〔作戊午〕、行狀、墓誌、新傳、全唐文四四肅宗授顏眞卿太子少師敕〔實德宗〕。）——舊一二八、新一五三有傳，全唐文五一四有殷亮撰顏魯公行狀，同書三九四有令狐峘撰魯國公顏眞卿墓誌銘。

〔考證一〕 行狀：「(大曆)十二載，元載伏誅，召公爲刑部尚書。經年，公以前後頻典刑憲，密啓辭焉。乃上選舉利害事宜數十條，代宗善之，人莫知也，遂改吏部尚書。」墓誌、新傳略同。但皆不云何年遷吏尚。考舊紀，大曆十三年正月「壬戌(十五日)，刑部尚書魯郡公顏眞卿三抗章乞致仕，不允。」全唐詩三函二冊顏眞卿瑗臺寺有懷圓寂上人序：「眞卿，……大曆十三年春二月，以刑部尚書謁拜昭陵，慨然有懷。」而萃編九七顏眞卿宋璟碑側記後題云：「十三年春三月，吏部尚書顏眞卿記。」八瓊六三收此記，糾補數字，但不云年月題銜有誤。金薤琳琅一六、全唐文三三六收此碑記，與萃編同。眞卿自書年月官銜自不誤，拓本蓋亦不誤。觀行狀墓誌，遷吏尚亦在懇辭刑部後不久，與此正合。然舊紀、通鑑皆云，劉晏以十三年十二月丙戌由吏尚遷左僕，舊書劉晏傳亦在十三年十二月，與眞卿本年春已任吏尚者相衝突。眞卿自題年月官銜不誤，蓋晏遷左僕本在十二年十二月（八日丙戌），紀、傳、通鑑皆誤後一年，其時，眞卿尚未任吏尚，故晏仍知三銓也。

〔考證二〕 行狀：「今上諒闇之際，詔公爲禮儀使。」墓誌兩傳事同。會要三七禮儀使條：「大曆十四年五月十二日，吏部尚書顏眞卿除禮儀使。」按代宗以大曆十四年五月二十一日辛酉崩，會要「十二」上當脫「二」字。

〔考證三〕 行狀：「山陵畢，授光祿大夫。」墓誌同。按代宗以十月己酉葬於元陵，十二月丁酉祔於太廟，則進階當在年冬。

○喬琳——建中四年十月初旬，由工尚遷吏尚。不數日，徙太子少師。——舊一二七、新二二四下有傳。

〔考證〕 舊傳：「除工部尚書，罷知政事。……朱泚之亂，扈從至奉天，轉吏部尚書，遷太子少師。再幸梁洋，琳從至盩厔，託以馬乏，……止遊仙寺。」新傳省吏尚。按德宗以建中四年十月三日丁未出幸，四日戊申至奉天，十三日丁巳，蕭復已爲吏尚，琳爲吏部當在四日至十二日間。

●蕭復——建中四年十月十三丁巳，由戶尚遷吏尚·同中書門下平章事。（新紀、新表、通鑑、兩傳、全唐文四六一陸贄授蕭復平章事制、舊紀〔誤以吏尚本官平章事〕。）時階朝議大夫。（授制。）興元元年正月十四丙戌，遷門下侍郎，仍平章事。（舊紀〔原銜作吏侍誤合鈔已正〕、新傳。）——舊一二五、新一○一有傳。

●劉滋——貞元二年正月二十二癸丑，詔宰相判六部。滋判吏部、禮部。（舊紀、新表、通鑑〔作壬寅〕、舊一三○崔造傳。）十二月二日丁巳，罷判。（詳戶尚卷崔造條。）——舊一三六、新一三二有傳。

○劉滋——貞元六年二月二十七甲午，由吏侍遷吏尚。（舊紀、兩傳。）七年八月，見在吏尚充校考使任。（會要五八考中、同書八一考上。）冬，仍在任。（會要七四掌選善惡。）八年正月二十二丁丑，換刑尚。（舊傳，參後竇參條。）時階金紫光祿大夫。（舊傳。）——舊一三六、新一三二有傳。

●竇參——貞元八年正月二十二丁丑，以中書侍郎·同中書門下平章事·度支鹽鐵轉運等使兼吏尚知選事。（新表〔考證〕、舊一二三班宏傳、舊一三六劉滋傳。）三月罷判使。（詳度支卷。）四月十一乙未，貶郴州別駕。（兩紀、新表、兩傳。）——舊一三六、新一四五有傳。

〔考證〕　新表，百衲宋本作「三月丁丑」，而殿本及其他通行本作「正月丁丑。」例應從百衲本。然舊書班宏傳云：「無何，參以使務加吏部尚書，而宏進封蕭國公，怨參以虛號寵之，間惡愈甚。每奉詔營建，宏必極壯麗，親程課役，又厚結權倖以傾參。……八年三月，參遂爲上所疏，乃讓度支使，遂以宏專判。」新書班宏傳略同。通鑑及舊紀皆於三月丙子書參讓度支於宏，是二十二日，而三月丁丑乃二十三日，則兼吏尚反在罷判使之後，與兩傳書事大不合，故今仍從殿本作正月二十二丁丑。

李彤——蓋貞元中，官至吏尚。——兩書無傳。

〔考證〕　新七二上世表：李日知「相玄宗。」曾孫「彤，吏部尚書。」按日知卒於開元初，推世次，彤官吏尚當在貞元中。

顧少連——貞元十七年十月二十一庚戌，由京兆尹遷吏尚。（舊紀、碑、新傳。）十八年六月八日癸巳，換兵尚·充東都留守。（舊紀、碑、傳。）——新一六二有傳，全唐文四七八有杜黃裳撰東都留守顧公神道碑。

●賈耽——貞元末，由左僕·同中書門下平章事遷門下侍郎·守吏尚，仍平章事。永貞元年三月二十一庚寅，遷檢校司空，復兼左僕，仍平章事。（詳左僕卷。）——舊一三八、新一六六有傳。

●鄭珣瑜——永貞元年三月二十一庚寅，由門下侍郎·同中書門下平章事遷吏尚，仍平章事。（順宗實錄二、新表、舊紀〔作戊子又脫珣字〕、新傳。）七月二十八乙未，罷守本官。（實錄、舊紀、新表、通鑑、新傳、全唐文五五順宗罷鄭珣瑜平章事制。）時階銀青光祿大夫。（罷制。）以疾不治事。（新傳，參員闕。）十一月十七壬午，卒官。（舊紀〔考證〕、新傳。）——新一六五有傳。

〔考證〕　舊紀永貞元年十月下，有「壬午，吏部尚書鄭珣瑜卒。」按：此段無「十一月。」然「十月丙申朔」，「十二月丙申朔」，則壬午爲十一月十七日，非十月。又新紀「十一月己巳（四日），祔睿直皇后于元陵寢宮。壬申（七日），貶韋執誼爲崖州司戶。」舊紀此二事在「壬午」之前，干支亦爲「己（原譌爲乙）巳」「壬申」，則「己巳」前脫「十一月」無疑。合鈔已補。

○高郢——永貞元年秋，以刑尚判吏尚事。〔考證〕。十月十九甲寅，出爲華州刺史・潼關防禦使。（舊紀、舊傳。）——舊一四七、新一六五有傳。

〔考證〕　舊傳：「轉刑部尚書，……尋罷知政事。以本官判吏部尚書。」按：出鎮月日明見舊紀，而罷相在七月二十八乙未，則判吏尚必即年秋也。蓋其時鄭珣瑜雖在吏尚任，然病不能視事，故郢兼判耳。

李巽——元和三年，由兵尚・鹽鐵轉運等使遷吏尚，仍充使職。四年五月二十二丁卯，卒官。時階銀青光祿大夫。——舊一二三、新一四九有傳，全唐文五○五有權德輿撰銀青光祿大夫吏部尚書充諸道鹽鐵轉運等使李公墓誌銘。

〔考證〕　墓誌：「維元和四年夏五月丁卯，冢宰趙郡公巽薨。」下敍官歷云：「入爲兵部侍郎，……代令司徒岐公爲使。明年，遷兵部尚書。間一歲，轉吏部尚書，……奄然大病。」兩傳同而略。惟舊傳云「元和四年四月卒。」與墓誌異（年壽亦歧）。按：舊紀，巽卒月日與誌同；而會要八七作四年四月五日，舊四九食貨志云，「四月五日巽卒。」與舊傳合。當以紀誌爲正。又據舊紀，巽以元年爲兵侍・判使職，二年三月癸卯，遷兵尚。誌云，「間一歲，轉吏部尚書。」則三年也。

○鄭餘慶——元和六年十月七日戊辰，由兵尚・充東都留守遷吏尚。（舊紀。）七年十二月一日丙戌朔，徙太子少傅。（舊紀、會要五八吏尚條、新傳、全唐文六六一白居易除鄭餘慶太子少傅制。）——舊一五

八、新一六五有傳。

〔考證〕　舊紀：元和六年四月己卯，「東都留守鄭餘慶爲兵部尚書，依前留守。」十月戊辰，「以東都留守鄭餘慶爲吏部尚書。」七年「十二月丙戌朔，以吏部尚書鄭餘慶爲太子少傅。」官歷年月日均詳明。新傳：「累遷吏部尚書，……改太子少傅。」省兵尚、留守。舊傳：「(元和)三年，檢校兵部尚書‧兼東都留守。六年四月，正拜兵部尚書。……(略)……稍忤時權，改太子少傅。」似省吏尚。然兵尚下敍兩事：一爲奪元義方、盧坦門戟，此吏部事。二爲「有醫工崔環自淮南小將爲黄州司馬，勑至南省，餘慶執之封還，以爲諸道散將無故受正員五品官，是開徼倖之路，且無闕可供。言或過理，由是稍忤時權。」云云。此亦吏部事。檢會要五八吏尚條，敍此事在七年十一月，與舊傳一字不異，惟餘慶書銜「吏部尚書。」則舊傳脫書吏尚，非省書也。此情形與李暠傳正同。

崔邠——元和七年冬，或五年冬，以太常卿知吏尚銓事。通表姑置七年。——舊一五五、新一六三有傳。

〔考證〕　舊傳：「轉吏部侍郎，……後改太常卿‧知吏部尚書銓事。……居母憂。歲餘卒，元和十年三月也。」新傳同而略。按據舊傳，居母喪當在八九年間。邠由吏侍遷太常在五年十二月，就余所考員闕推之，邠知吏尚銓事當爲五年冬銓，或七年冬銓，最遲爲八年冬銓。今姑作七年冬銓。

韓皐——元和九年十月十九壬戌，由檢校吏尚‧忠武節度使入遷吏尚。十一月十一甲申，轉太子賓客。十年九月二十九丁酉，由太子賓客復遷吏尚。十一年三月四日庚午，以本官充大明宮留守。——舊一二九、新一二六有傳。

〔考證〕　此官歷年月日並見舊紀。惟十年九月條，原作兵部，而十一年三月條却作吏部，必有一誤。按舊傳：「元和八年六月，加檢校吏部尚書‧兼許州刺史‧充忠武軍節度等使。……入爲吏部尚書‧兼太子少傅‧判太常卿事。元和十一年三月，皇太后王氏崩，以皐充大明宮使。」新傳同而略。中省賓客一轉，亦均無兵部。考語林四企羨類：「韓僕射皐爲京兆尹，韋相貫之爲畿甸尉。及貫之入爲相，皋爲吏部尚書，每至中書，韋常異禮。」檢貫之以九年十二月戊辰（二十五日）拜相，十一年八月罷。據此書銜，則十年九月條「兵」爲「吏」之誤，必矣。

○趙宗儒——元和十二年冬，以太子少傅權知吏尚銓事。（百衲本舊傳，詳兵尚卷。）——舊一六七、新一五一有傳。

○張弘靖——元和十四年五月九日丙戌，由檢校吏尚・平章事・河東節度使入遷吏尚。（舊紀、兩傳。）八月七日癸丑，出爲檢校左僕・同平章事・宣武節度使。（舊紀、通鑑、兩傳、舊一五六韓弘傳。）——舊一二九、新一二七有傳。

○趙宗儒——元和十四年九月，由太子少傅遷吏尚。（舊傳、新傳〔無原官〕。）十五年三月十六戊午，見在任。（舊紀、會要七六制科舉條。）是年，仍徙太子少傅・兼判太常卿事。（舊傳、全唐文六四八元稹授韓皋吏部尚書趙宗儒太常卿制。）時階銀青光祿大夫。（授制。）——此再任。

韓皋——元和十五年，與宗儒卸吏尚同時，以檢校右僕兼吏尚。時階金紫光祿大夫。（全唐文六四八元稹授韓皋吏尚趙宗儒太常制。）長慶元年二月七日甲戌，正拜右僕。（舊紀、舊傳〔作正月〕、新傳。有元稹授制，詳右僕卷。）時階如故。（授制。）——此再任。

○蕭俛——長慶元年二月六日癸酉，由右僕轉吏尚。（舊紀、通鑑、兩傳〔作左僕誤〕、白居易蕭俛除吏尚制。）時階朝議大夫。（冊府四六四。）蓋七月，換兵尚，蓋進階正議大夫。〔考證〕。——舊一七二、新一〇一有傳。

〔考證〕　舊傳，吏尚下云：「俛又以選曹簿書煩雜，非攝生之道，乞換散秩。其年十月，改兵部尚書。」新傳同，惟無月。考全唐文六四穆宗授李絳吏部尚書蕭俛兵部尚書制云：「吏司爲劇，俛固以疾辭，兵部差閒，絳處之餘裕，各令總理，庶謂得宜。」是互換其官也。按：舊紀，本年十月九日壬申，李絳由吏尚爲東都留守。則舊傳俛以「十月改兵部尚書」，與舊紀月日稍嫌衝突。蓋七月俛由吏部改兵部，絳由兵部遷吏部，傳譌「七」爲「十」耳。又按：十月十日，俛在兵尚任，時階正議大夫。或以換兵尚時進階歟？

○李絳——長慶元年蓋七月，（月份參前條。）由檢校右僕・兼兵尚遷兼吏尚。（舊傳、全唐文六四穆宗授李絳吏尚蕭俛兵尚制，檢校官詳兵尚卷。）十月九日壬申，出爲檢校右僕・東都留守・都畿防禦使。（舊紀、舊傳。）時階太中大夫。〔考證〕。——舊一六四、新一五二有傳。

〔考證〕　八瓊七一吐蕃會盟碑側題名，李絳銜爲「太中大夫・尚書右僕射・兼吏部尚書。」據舊書吐蕃傳，是長慶元年十月癸酉（十日），卽改東都留守之次日，蓋新任鄭絪尚未上，絳仍行吏部歟？

○鄭絪——長慶元年十月九日壬申，由檢校刑尚・東都留守入遷吏尚。（舊紀、全唐文六六三白居易鄭絪可吏尚制。）二年閏十月三日庚寅，徙太子少傅。（舊紀。）——舊一五九、新一六五有傳。

○趙宗儒——長慶二年閏十月三日庚寅，由太常卿遷吏尚。（舊紀。）四年六月二十九丁未，復轉太常卿。（舊紀。）——此三任。

〔考證〕　語林四企羨類趙昭公條：「杜公（元穎）入相，昭公復掌選。」按：元穎以長慶元年相，三年罷。此所謂「昭公復掌選，」卽第三任吏尚也。又考全唐文六四八元稹授趙宗儒尚書左僕射制：「銀青光祿大夫・守太子少傅・兼判太常卿事趙宗儒……可檢校尚書左僕射・兼太常卿，散官勳如故。」上銜卽卸第二任吏尚後之官。（詳前。）按稹知制誥止於長慶元年十月，則此制行於元年，因此可知此任吏尚前之原銜必爲「銀青光祿大夫・檢校尚書左僕射・兼太常卿。」

○鄭絪——長慶四年六月二十九丁未，由兵尚復遷吏尚。（舊紀。）大和二年六月七日辛酉，徙太子少保。（舊紀。）——此再任。

〔考證〕　此官歷年月全據舊紀。會要七四掌選善惡條，大和二年三月，絪在吏部任。冊府六三八同。均與紀合。而舊傳云：「入歷兵部尚書，旋爲河中節度使。太和二年，入爲御史大夫・檢校左僕射・兼太子少保。」新傳同。與舊紀官歷不合。沈氏合鈔據舊紀斷傳之誤，是也。

〇王涯——大和四年正月二十一丙申，由太常卿遷檢校司空・兼吏尚・充諸道鹽鐵轉運等使。（舊紀、兩傳。）九月九日庚辰，遷右僕，仍領使職。（舊紀、舊傳〔作左誤〕、新傳。）——舊一六九、新一七九有傳。

〇崔羣——大和四年十月十三甲寅，由檢校右僕・兼太常卿遷檢校左僕・兼吏尚。（舊紀〔有脫字合鈔已補〕、舊傳〔作五年誤〕。）六年八月一日辛酉朔，卒官。（舊紀、舊傳、新傳、全唐文六八〇白居易祭崔相公文。）——舊一五九、新一六五有傳。

〇令狐楚——大和七年六月二十九乙酉，由河東節度使入遷檢校右僕・兼吏尚。（舊紀、兩傳、全唐文六〇五劉禹錫相國令狐公集序。）七月二十七壬子，見在任。（冊府一四五。）八年五月十九己巳，見在任。（舊紀。）九年六月十九癸巳，轉兼太常卿。〔考證〕。——舊一七二、新一六六有傳。

〔考證〕 舊紀：大和九年六月「癸巳，以吏部尚書令狐楚爲太常卿。」十月乙亥，「以吏部尚書令狐楚爲左僕射。」兩條原銜重。按舊傳：「改(略)河東節度使。……七年六月，入爲吏部尚書，仍檢校右僕射。……九年六月，轉太常卿。十月，守尚書右僕射。」劉禹錫令狐公集序：「移鎭太原，……以吏部尚書徵，續換太常卿，眞拜尚書左僕射。」則舊紀十月乙亥原銜吏尚誤也。然新傳云：「俄兼太常卿，進拜左僕射。」似以吏尚兼太常，舊紀亦不誤。按集序「續換太常卿」，明由吏尚改太常。舊傳書事極詳贍，當不誤。此時期尚書諸卿常以檢校僕射兼任，檢校官爲虛銜，名爲「兼」實卽主要官位也。故紀傳書事常只書兼官爲本官，省書檢校官。楚本以檢校右僕兼吏尚改兼太常，必仍檢校僕射，故新傳作「兼」，實亦改官，非以吏尚兼太常也。舊紀十月書銜必誤無疑。

〇李程——開成元年十一月十九甲申，由左僕・兼太常卿遷兼吏尚，左僕如故。（舊紀、舊傳。）二年三月十一甲戌，出爲檢校司徒・山南東道節度使。（舊紀、舊傳。）——舊一六七、新一三一有傳。

崔龜從——開成四年春，以戶侍權判吏尚銓事。——舊一七六有傳，新一六〇附崔元略傳。

〔考證〕 舊傳：「開成……三年三月，入爲戶部侍郎・判本司事。四年，權判吏部尚書銓事。」按開成四年三月（實四月詳戶侍卷）癸酉，龜從由戶侍出爲宣歙觀察使，見舊紀；則知銓當在年春。全唐文七二八封敖授崔龜從嶺南節度制云：「才見版圖之極，……試操銓衡，又有餘利，……初命廉車，……宣爲右地，……」所謂試操銓衡，謂此次也。又據官資，此時當權判吏侍，無他質證，姑據傳書之。

●楊嗣復——開成五年二月六日癸丑，以門下侍郎・同中書門下平章事兼吏尚。（新表。）時階金紫光祿大夫。（舊傳。）五月四日己卯，罷守吏尚。（新表、通鑑、新傳。）八月，出爲檢校吏尚・湖南觀察使。〔考證〕。——舊一七六、新一七四有傳。

〔考證〕 舊紀：開成五年八月，「門下侍郎・同平章事楊嗣復檢校吏部尚書・潭州刺史・充湖南都團練觀察等使。」舊傳：「同平章事，……進加門下侍郎。明年（開成五年）正月，文宗崩。……九月，出嗣復爲湖南觀察使。」皆不書兼吏尚及罷爲吏尚，而由門下侍郎平章事罷爲湖南觀察，與新表、通鑑、新傳先罷爲吏尚者不合；罷相月份亦大異。按新傳云：「罷嗣復爲吏部尚書，出爲湖南觀察使。」蓋五月己卯罷相守吏尚，八月（或九月）始出鎭湖南，舊紀傳誤兩事爲一耳。

●李德裕——開成五年九月四日丁丑，由檢校右僕・淮南節度使入遷吏尚・同中書門下平章事，尋兼門下侍郎。會昌元年，遷左僕，仍兼門下侍郎・平章事。（詳左僕卷。）——舊一七四、新一八〇有傳。

王起——會昌元年，由檢校左僕・東都留守入遷吏尚・兼判太常卿事。（兩傳。）二年冬，以本官權知明年春貢舉。（兩傳，參禮侍卷。）三年春，遷左僕，仍判太常卿。（左僕卷。）——舊一六四、新一六七有傳。

高元裕——會昌四年冬，或上年冬，以左丞權知吏尚銓事。（詳左丞卷。）——舊一七一、新一七七有傳，萃編一一四、八瓊七五、全唐文七六四有碑。

孫簡——會昌五六年之際，由太常卿遷吏尙。六年九月，見在任。蓋年冬，復轉太常卿。——新二〇〇有傳。

〔考證〕 冊府五九二：「孫簡爲吏部尙書，會昌六年九月，太常禮院奏簡與衆官上議曰……。」按五年五月，簡在太常卿任，見舊紀；則由太常遷吏尙當在五六年之際也。又芒洛冢墓遺文四編卷六孫讜墓誌云：「烈考府君諱簡……歷刑、吏侍郎，尙書左丞，兩拜吏部尙書，四總銓務，三授太常卿。」又云讜爲盧商度支巡官，「不旬歲，盧公秉執大政，……府君以相幕體例合得優陞，遂除太常寺協律郎。會太保公（卽簡）授任卿長，復以卑解。」按：商以會昌六年九月入相，大中元年三月罷，則孫簡爲太常卿當卽在六年冬。又按舊一九〇孫逖傳，孫簡，「兵部尙書」。以讜誌證之，此蓋吏部之誤。

盧鈞——約會昌六年，蓋由戶尙遷吏尙。約大中元年，出爲檢校右僕・宣武節度使。——舊一七七、新一八二有傳。

〔考證〕 舊傳：「會昌……四年，誅劉稹，以鈞檢校兵部尙書（略）・昭義節度（略）使。……入朝，拜戶部侍郎・判度支，遷戶部尙書。大中初，檢校右僕射（略）・宣武軍節度（略）等使。」新傳：「會稹死，……專領昭義。……宣宗卽位，改吏部尙書。會劉約自天平徙宣武，未至，暴死。……乃授鈞宣武節度使。」兩傳不同，蓋先爲戶尙，遷吏部也。按：據通鑑，會昌四年九月至五年八月鈞皆在昭義，則鈞之入爲戶侍不能早於五年冬。又吳表二引陳黯華心篇：「大中初年，大梁連帥范陽公得大食國人李彥昇薦於闕下，天子詔春司考其才，二年以進士第。」（亦見登科記考二十二。）范陽公卽盧鈞。則鈞之鎭汴不能遲於大中元年，其轉戶尙吏尙當均在會昌六年，蓋皆李回之前任歟？（此條旣寫定，及寫度支卷，自會昌二年至大中初，判度支年月皆可確考，惟五年六月至六年四月間無其人，今據此條考證，鈞自五年八月稍後入爲戶侍判度支，六年卸，恰補度支卷之缺。）

●李回——大中元年，由門下侍郎・兼戶尙・同中書門下平章事遷兼吏尙・仍門下侍郎・平章事。八月三日丙申，出爲檢校吏尚·平章事·劍南西川節度使。——舊一七三、新一三一有傳。

〔考證〕　舊傳：「轉戶部侍郎·判本司事。……以本官同平章事，累加中書侍郎，轉門下侍郎，歷戶、吏二尚書。武宗崩，充山陵使，祔廟竟，出爲成都尹·劍南西川節度使。」新傳：「以戶部侍郎判戶部事。俄進中書侍郎·同中書門下平章事。武宗崩，爲山陵使，遷門下侍郎·兼戶部尚書，出爲劍南西川節度使。」省書吏尚。而新表：會昌五年五月，「戶部侍郎·判戶部李回爲中書侍郎·同中書門下平章事。」六年九月，「回爲門下侍郎。」大中元年「八月丙申，回檢校吏部尚書·同平章事·劍南西川節度使。」不書兼二尚書。合而觀之，蓋會昌六年九月爲門下侍郎兼戶尚，後遷兼吏尚。至大中元年八月丙申，檢校吏尚本官節度西川。舊紀不書罷相，而大中二年「二月，制劍南西川節度·光祿大夫·檢校吏部尚書·同平章事·成都尹·上柱國·隴西郡開國公·食邑二千戶李回責授湖南觀察使。」此其全銜，亦作檢校吏尚。又唐闕史上李丞相特達條，李回自書官銜爲「中書侍郎·兼禮部尚書·平章事。」語林四豪爽類同。則爲中書侍郎時又嘗兼禮部。按：五年五月，回遷中書侍郎·同平章事·兼判戶部事，蓋其年遷兼禮部尚書，罷判使，六年九月遷門下侍郎·兼戶部耳。表均失書。

高元裕——大中元年冬，或二年春夏，由宣歙觀察使入遷吏尚。二年蓋七月一日戊午朔，進階銀青光祿大夫，出爲檢校吏尚·山南東道節度使。——此再任。

〔考證〕　本所藏舊拓本高元裕碑云：「轉尚書左丞，知吏部尚書銓事。……改宣歙池等州觀察使兼御史大夫，入拜吏部尚書。懿安皇太后遷殯于兩儀殿，充大明宮留守，復爲□□(禮儀)使。(按：懿安皇太后之喪在大中二年六月，詳後。)已事，遷檢校吏部尚書·山南□(東)道節度觀察使。……公爲襄州之五歲，慨然有懸車之念，累章陳懇，故復有□□冢宰之命。卽日濟江，……大中六年夏六月廿日次于鄧，無疾暴薨于南陽縣之官舍，享年七十六。」碑題爲「唐銀青光祿大夫·守吏部尚書·上柱國·渤海縣開國男·食邑三百戶·贈尚書右僕射(下闕)」。(全唐文七六四、萃編一一四、八瓊七五均收此碑，闕誤甚多。卽此一段視本所所藏舊拓本已少十一字，誤三字。尤以所誤三字中之「西」「四」二字最違史實。按：舊拓本「山南□(東)道」之「東」字雖不顯，然下云「爲襄州之五歲」襄字甚明，則所闕□必爲「東」字，然全唐文與萃編均作「西」，誤矣。大中六年卒，「六」字極顯明，本所藏另一拓本亦然。而全唐文萃編均誤作「四」，補正亦未糾。吳表四所引亦作「西」「四」，亦未見舊拓本耳。)

新傳：「累擢尙書左丞，領吏部選。出爲宣歙觀察使，入授吏部尙書，拜山南東道節度使。……在鎭五年，復以吏部尙書召，卒于道。年七十六。」與碑同，惟文稍略。

舊傳：「大中初，爲刑部尙書。二年，檢校吏部尙書‧襄州刺史，加銀青光祿大夫‧渤海郡公‧山南東道節度使。入爲吏部尙書，卒。」(按碑敍官歷極詳，無刑尙，此「刑部」必「吏部」之譌。)

綜觀碑及兩傳，元裕由宣歙入爲吏尙。大中二年，檢校本官，進階銀青，出爲山南東道節度使。在鎭五年，於大中六年夏以吏尙召，六月廿日途次于鄧，卒。

考全唐文七四八杜牧高元裕除吏部尙書制：「前山南東道節度管內觀察處置等使‧銀青光祿大夫‧檢校尙書‧(刺史大夫勳封略)高元裕……可守吏部尙書，散官勳封如故。」按：同書七五九裴延翰樊川文集後序：「上五年冬，仲舅自吳興守拜考功郎中知制誥。明年，遷中書舍人。」又同書七五六杜牧祭周相公文，大中五年辛未七日，牧尙在湖州。則此「上五年冬」乃大中五年，非宣宗卽位之五年也。復檢舊一四七杜牧傳：「授湖州刺史，入拜考功郎中‧知制誥。歲中，遷中書舍人。……其年，以疾終，年五十。」玩「歲中」「其年」文意，似入拜郎中知誥卽在卒年。據全唐文七五六杜牧撰杜顗墓誌，大中六年，牧年五十。則卽卒於六年。是亦牧由湖州入朝不能早過五年冬之旁證。然則此制卽行於大中六年夏元裕由山南東道徵爲吏尙時無疑，非別一次也。而舊紀，大中二年「七月戊午，以前山南西(東)道節度使高元裕爲吏部尙書。」此明六年夏杜牧草制時事，何以書之此日？按前引元裕碑云：

「入拜吏部尙書。懿安皇太后遷殯兩儀殿，充大明宮留守，復爲□□使。已事，遷檢校吏部尙書・山南□(東)道節度使。」檢舊紀，二年六月一日己丑，皇太后郭氏崩，謚曰懿安。「事已」出鎭，正當是七月。然則二年七月戊午朔是元裕由吏部尙書出爲山南東道節度之年月日歟？舊紀以六年由山南東道復入爲吏部尙書之事誤系於此，又譌「東」爲「西」耳。紀文雖誤，然元裕二年由吏尙出鎭山南東道之月日却賴此以明，亦一快事。

復考全唐文七五〇杜牧上吏部高尙書狀云：「某……三守僻左，七換星霜。」又云：「江山絕域，登臨已秋，猿吟鳥思，草衰木墜。」又云：「今者大君繼統，賢相秉鈞。」又云：「伏惟尙書爲朝廷之標表。……頃者幸以屬郡，祇事廉車。」此卽上元裕者。玩文意當在宣宗卽位初某年秋。按舊書牧傳：「出牧黃、池、睦三郡，復遷司勳員外郎、史館修撰。」全唐文七五三杜牧上宰相求湖州第二啓云：「會昌元年，……某……歸京師。明年七月，出守黃州。」是則出刺黃州在會昌二年，據「三守僻左，七換星霜，」推之，此上高尙書啓當上於大中二年秋。岑氏唐集質疑(集刋第九本)上周相公啓條云：

「樊川集一六上周相公啓云：『伏奉三月八日勅，除尙書司勳員外・史館修撰。』蓋自睦州守內調謝周墀之啓也。余按舊書一八下，大中二年『三月己酉，兵部侍郎判度支周墀本官平章事。』新書八書於五月，而六三宰相表又書於正月己卯日下；一書之內，紀表不符。考樊川集七牧所撰墀墓誌稱『今天子卽位二年五月以本官平章事。後一月，正位中書侍郎。』則新表實誤，新紀爲正，舊紀置於三月者亦誤。樊川集一六上宰相求杭州啓云：『自去年八月，特蒙獎擢，授以名曹郎官、史氏重職。七年棄逐，再復官榮。……自去年十一月至京。』考牧以會昌二年七月出守黃州，(見同卷求湖州第二啓。)計至大中二年恰是七年，是年八月內授郎官，正周墀入相之後，得其援引，故有申謝。若如上周相公啓作三月八日，墀未爲相，於事不符。況三月奉命，何至十二月始行入京，是知三月應八月之訛也。」

按：岑氏此論極碻。又據上周相公啓本文及祭周相公文，牧由睦州入調在二年五月墀拜相後無疑。而牧撰韋丹遺愛碑云：「大中三年正月二十日，詔書授史臣尚書司勳員外郎杜牧曰：汝爲丹序而銘之。」通鑑月日並同。則牧入京必在二年，決不能遲至三年三月八日也。此亦足證牧由睦州內調當從求杭州啓在二年八月；上周相公啓月日實誤。意者「三月八日」當作「八月三日」歟？（此文撰後數月，檢得浙江大學文學院集刊第二集載繆鉞杜牧之年譜卷下，所疑正同。）然則上吏部高尚書啓必在二年七月矣。當時交通不便，睦州僻處山中，消息尤不靈通，不知是月一日元裕已由吏尚出鎮耳。

由第二任吏尚出鎮襄陽在二年七月，已考證如上。而何時由宣歙入爲吏尚，已不可考。惟據前盧鈞李回兩條，會昌六年至大中元年八月三日吏尚均不缺，則元裕入爲吏尚當在大中元年末或二年春夏。綜上所考，元裕以大中元二年之際由宣歙觀察使入爲吏尚，此第二任。二年蓋七月一日，進階銀青光祿大夫，出爲山南東道節度使。六年夏，復召爲吏尚，此第三任。未及至京，六月廿日卒於鄧。時階如故。

○李珏——大中三年，不能遲過四年春夏，由河陽節度使入遷吏尚。四年或三年末，出爲檢校右僕・淮南節度使。〔考證〕。時階金紫光祿大夫。（全唐文七八八蔣伸授李珏揚州節度使制、舊傳。）——舊一七三、新一八二有傳。

〔考證〕　舊傳：「大中二年，崔鉉白敏中逐李德裕，徵入朝爲戶部尚書，出爲河陽節度使，入爲吏部尚書，累遷金紫光祿大夫・檢校尙書右僕射・揚州大都督府長史・淮南節度使・（勳・封）。大中七年卒。」新傳：「宣宗立，內徙郴舒二州刺史，以太子賓客分司東都，遷河陽節度使……以吏部尚書召。……俄檢校右僕射・淮南節度使，……卒。」東觀奏記卷上：「上（宣宗）即位，累遷河陽三城節度使，吏部尚書。至是崔鄲薨於淮南，輟之撫理，凡三載薨。」全唐文七八八蔣伸授李珏揚州節度使制，上銜亦爲「金紫光祿大夫・守吏部尙書。」據舊傳，珏爲戶尙在二年，蓋卽由賓客分司入拜。然吳表四引寶刻叢編牛僧孺碑，大中二年十月立，李珏撰，時銜已爲河陽三城節度使，則二年十月以前已由戶尙出爲河陽節度使。又會稽太守題名記，李栻在浙東，以大中三年十月追赴闕。舊紀，大中四年九月以河陽三城節度使李栻爲河東節度使，則珏卸河陽遷吏尙當在三年或四年夏以前。又珏之卒，舊傳在大中七年，舊紀在六年七月丙辰。按全唐文七四八杜牧撰李珏冊贈司空制：「維大中六年歲次壬申五月丁卯朔十六日壬午皇帝若曰……」則當卒於六年五月，紀傳皆誤。奏記云在鎭三年，則由吏尙出鎭淮南當在大中四年或三年末。

盧鈞——大中四年，由檢校司空・宣武節度使復入遷吏尙。不久，徙太子少師；檢校司空蓋如故。——此再任。

〔考證〕新傳：「授鈞宣武節度使，召入復爲吏部尙書，遷檢校司空・太子少師。」舊傳：「大中初，檢校右僕射(略)・宣武軍節度使，就加檢校司空。四年，入爲太子少師。」省吏尙一遷。按舊盧弘正傳，以大中四年爲宣武節度，蓋繼鈞任，則舊傳四年入朝蓋可信。然兩傳皆云六年出鎭河東，舊紀在七月，則再任吏尙亦不久，與當時員闕亦合。

●崔龜從——大中五年四月十三乙卯，由戶尙・同中書門下平章事遷中書侍郎・兼吏尙，仍平章事。(新表、舊傳。)十一月二十二庚寅，出爲檢校吏尙・平章事・宣武節度使。(新表、舊紀〔無日又作左僕〕、舊傳〔作六年誤〕。)——此再任。

高元裕——大中六年夏，由山南東道節度使復召爲吏尙。未到京。六月二十乙卯，卒於道。時階銀青光祿大夫。(詳再任條。)——此三任。

崔璀——蓋會昌、大中中，官至吏尙。——舊一五五附見父邠傳。

〔考證〕舊書邠傳字作「璀」。而新七二下世表：崔氏「璀，吏部尙書。」又舊五代史五八崔協傳

：「曾祖郃，太常卿；祖瓘，吏部尚書。」與世表合，今從之。按：郃以元和十年卒，年六十二，則瓘官至吏尚當在會昌大中年間。今姑置此。

裴諗——大中九年春，以吏侍兼判吏尚銓事。三月，左遷國子祭酒。——新一七三附父度傳。

〔考證〕　舊紀：大中九年「三月，試宏詞舉人，漏泄題目。……侍郎裴諗改國子祭酒，……考試官刑部郎中唐枝出爲處州刺史。」會要云大中元年二月。「元」明爲「九」之譌。東觀奏記下，大中九年正月十九日制貶唐枝與裴庭裕之父爲刺史，下云「吏部侍郎·兼判尚書銓事裴諗左授國子祭酒。」（下云「初裴諗兼上銓，主試宏拔兩科。」亦謂判尚書。）與唐枝非一制，然下文中書舍人杜德公言於執政云：「公當罪上銓爲宜，考官不合坐。」則諗之左授似不能遲於枝等。奏記事在正月，與舊紀不合。此時試宏詞或始於年春或始於上年冬，故此次貶黜不能斷爲正月抑三月，奏記正月亦可能爲三月傳寫之譌，今姑從紀。

李景讓——大中十年蓋春三月，由檢校戶尚·山南東道節度使入遷吏尚。〔考證一〕。十一月，見在任。（通鑑，會要一六廟議下作六年正月誤。）十一年正月，轉御史大夫。（舊紀、舊傳〔有年〕。）〔考證二〕。時階銀青光祿大夫。（舊紀。）——舊一八七下、新一七七有傳。

〔考證一〕　舊傳：「大中朝，爲襄州刺史·山南東道節度使，入爲吏部尚書。」無年份。舊紀：大中八年三月，「以山南東道節度·檢校戶部尚書·襄州刺史·（勳·封·戶）李景讓爲吏部尚書。」是八年已卸山南東道爲吏部。然吳表四：「按輿地紀勝襄陽府唐羊公及改墮淚碑，大中九年李景讓重立。寶刻叢編襄州諸葛公碑，李景讓撰，大中十年立。舊紀恐誤。」按：吳氏所疑甚是。然李騭徐襄州碑云：「大中十年春，今丞相東海公（商）自蒲移鎮於襄。」則景讓入爲吏尚蓋即十年春歟？舊紀書於八年三月，蓋月不誤，而誤前兩年耳。

復考舊紀八年書事，僅九條，而多十年之事誤入者。就余所知，除景讓事外，尚有三條：（一）此年紀云：「五月，以中書舍人・翰林學士韋澳爲京兆尹。」按翰學壁記：韋澳「遷中書舍人。八年五月十九日，遷工部侍郎・知制誥，並依前充。……十年五月二十五日，授京兆尹。」通鑑：大中十年「夏五月丁卯，以翰林學士・工部侍郎韋澳爲京兆尹。」卽二十五日。是舊紀以十年五月事合書於八年五月也。　(二)此年紀云：「七月，銀青光祿大夫・守門下侍郎・同平章事魏謩兼戶部尚書。」按：新表，大中十年十月戊子，「謩爲門下侍郎・兼戶部尚書。」此時宰相遞兼尚書，謩此兼實繼裴休者，必不誤，詳兵尚卷令狐綯條。是舊紀亦誤前兩年，又譌十月爲七月耳。　(三)此年紀云：「三月……宰相監修國史魏謩修成文宗實錄四十卷，上之。」會要六三修國史條全同。考全唐文七九宣宗授令狐綯太清宮使魏謩監修國史裴休集賢殿大學士制，綯原銜爲「門下侍郎・兼兵部尚書」，謩原銜爲「中書侍郎・兼禮部尚書」，休原銜爲「中書侍郎・兼戶部尚書」。此制必行於九年二月甲戌之後。謩始監修國史在九年二月甲戌之後，則修上實錄不但不能早在八年三月，且不能在九年三月；若三月屬實，則當是十年三月，(十一年二月已罷相。)是舊紀亦誤前兩年也。　此外如五月以戶部侍郎・翰林學士承旨蘇滌爲荊南節度使。岑氏翰學壁記注補謂此條承旨乃誤敍前官，且訛兵爲戶。甚是。　綜上以觀，舊紀八年紀事僅九條，就中四條皆十年事誤入，一事書銜有誤。惟「正月陝州黃河清。」一條，據新書五行志，年月不誤；餘三條，無他佐證，不知是否有誤。甚矣，舊紀此年書事之多謬也。故附考於此。

〔考證二〕　景讓以大中十一年正月由吏尚改御史大夫，明見舊紀、舊傳。舊傳又云：「爲大夫時，宣宗舅鄭光卒，詔贈司徒，罷朝三日。景讓曰……(略)。優詔報之，乃罷兩日。」此事又見新二〇六外戚傳及會要二五輟朝條，(會要作景儉誤。)銜亦「御史大夫」。據會要，光以大中十一年卒，舊紀在十一年十一月，則舊紀書景讓由吏尚改御史大夫在此前益可信。而新傳云：「大中中，進御史大夫。……爲大夫三月，蔣伸輔政。……世謂除大夫百日有佗官相者謂之辱臺，景讓愧艴，……自陳考深當代，卽拜西川節度使。」按：蔣伸拜相，新紀新表在十二年十二月，(舊紀在十三年四月，時代更後。）若新傳所云屬實，則由吏尚改御史大夫不能早過十二年九月，出爲西川不能早過同年十二月，與前考年月不符。又考全唐文七六三李景讓南瀆大江廣源公廟記云：「迨及戊寅，當大中十二年，……越五月朔辛酉日甲戌，臣景讓承（略）皇帝詔，自御史大夫檢校吏部尚書尹成都，鎭蜀西川，又五日戊寅，復加檢校尚書右僕射。……秋七月庚午，乘輅至止……。」以十二年五月由大夫出鎭西川，與前考年代無牾。其時蔣伸尚未相，自不相干，新傳云云，其誤必矣。

○魏謩——大中十一年，由劍南西川節度使入遷吏尚。以疾，徙檢校右僕・守太子少保。（兩傳。）——舊一七六、新九七有傳。

蘇滌——大中十一年八月，由太常卿遷兵尚・權知吏尚銓事。——兩書無傳。

〔考證〕舊紀：是年八月，「以太常卿蘇滌爲兵部尚書・權知吏部銓事。」此未明言知侍郎事抑知尚書事。考新五八藝文志有穆宗實錄二十卷。本注撰人有蘇滌，「滌字玄獻，冕之子也，荊南節度使，吏部尚書。」蓋知吏尚銓事故得稱吏尚耳。

李景讓——大中末蓋十三年，由劍南西山節度使入遷吏尚。旋徙太子少保分司。——此再任。

〔考證〕舊傳，爲御史大夫後復爲吏部尚書。新傳云：「進御史大夫，……拜西川節度使。以病丐致仕。……書聞，輒還東都，以太子少保分司，卒。」亦不云再爲吏尚。按：景讓有宰相望，宣宗亦所屬意，自西川還或不容卽分司自便，可能先任吏尚，然後以少保分司歟？據前引廣源公廟記，景讓以大中十二年五月由御史大夫爲西川節度，秋七月到任，其入朝最早當在十三年。

●杜審權——咸通三年二月一日庚子朔，由中書侍郎・兼工尚・同中書門下平章事遷門下侍郎・兼吏尚，仍平章事。四年五月二十六戊子，出爲檢校吏尚・平章事・鎭海節度使。〔考證〕。時階特進。（授制。）——舊一七七、新九六有傳。

〔考證〕官歷年月日，皆據新表。全唐文八三懿宗授杜審權鎭海節度使制：「特進・行門下侍郎・

兼吏部尙書·同中書門下平章事·兼修國史·(勳·封)杜審權……可檢校吏部尙書·平章事·(略)·充鎭海軍節度使。」與新表出鎭時官歷全合。罷相出鎭年月日，通鑑與新表同，惟官銜省書兼吏尙耳。而舊紀：咸通五年二月，「以兵部尙書牛叢檢校兵部尙書·(略)西川節度使。以門下侍郎·兵部尙書·平章事杜審權爲潤州刺史·浙西節度使。」年月與表鑑異，而兵部蓋涉上文牛叢銜而誤。又舊傳云：「懿宗卽位，召拜吏部尙書。三年，以本官同平章事，累加門下侍郎，右僕射。九年，罷相，檢校司空·兼潤州刺史·鎭海軍節度使。……徐戎賊平，召拜尙書左僕射。」按：三年乃以宰相兼吏尙之年，非始相之年；九年爲以鎭海節度使加檢校司空之年，(新傳節度鎭海，龐勛平、進檢校司空。)非罷相之年。舊傳皆誤。又在相位時未嘗進兼右僕。蓋始以檢校吏尙節度鎭海，後進檢校右僕，龐勛平，又進檢校司空耳。舊傳亦誤。

○裴休——約咸通四年，始任吏尙。是年或明年，徙太子少師。——舊一七七、新一八二有傳。

〔考證〕 舊傳：「(大中)十四年八月，……充鳳翔隴州節度使。咸通初，入爲戶部尙書，累遷吏部尙書，少子少師，卒。」按：舊紀，休爲鳳翔節度在咸通元年八月，亦卽大中十四年八月也。考新表、通鑑，白敏中以咸通二年二月六日庚戌出鎭鳳翔，上距休任不過半年，是卽繼休者。然則休由鳳翔入爲戶尙當卽在二年二月前後矣。又考全唐文七六八盧肇宣州新興寺碑銘云：「新興寺者，……大中二祀，故相太尉裴公之所立也，公諱休。」又云：「公降由辛未，歸以甲申，爲唐碩臣。」是休以咸通五年甲申卒也。則任吏尙不能早過二年末，不能遲過五年初。自三年二月一日至四年五月二十六日，杜審權以宰相兼吏部，休任吏部必與審權相先後，若泥「累遷」二字，則置四年五月審權卸任之後較妥，明年卽以少師卒官。

○崔愼由——咸通五年十一月，由河中節度使入遷吏尙。六年二月，見在任。蓋卽六年，徙太子太保分司。——舊一七七、新一一四有傳。

〔考證〕舊傳：「咸通初，……河中尹・河中晉絳節度使。入爲吏部尙書，移疾請老，拜太子太保分司東都，卒。」新傳全同。按吳表四河中卷，自咸通元年至四年十二月，列令狐綯、蔣伸、畢諴三人，皆有確證；五年十一月戊戌（十五日）至十年，據紀表列夏侯孜；則咸通初只五年正月至十一月有闕，因列愼由，宜可信。然則入爲吏尙蓋卽五年十一月也。又舊紀，咸通六年二月，「以吏部尙書崔愼由、吏部侍郎鄭從讜（異）等考宏詞選人。」是時在任，足爲吳表之强證。

●曹確——咸通八年十月，由門下侍郎・兼戶尙・同中書門下平章事遷兼吏尙，仍門下侍郎・平章事。（舊紀、新表〔兼戶尙，今本誤，詳彼卷〕。）十一年正月五日戊午，遷左僕，仍兼門下侍郎・平章事。（舊紀〔作丙午誤合鈔已正〕、新表。）——舊一七七、新一八一有傳。

蕭倣——蓋咸通十一年三月，見在任。十二年三月，仍在任。（詳兵尙卷度支卷及後蕭鄴條。）——舊一七二、新一〇一有傳。

○徐商——蓋咸通十二年，在吏尙任。——舊一七九、新一一三有傳。

〔考證〕舊傳：「（咸通）六年罷相，檢校右僕射・江陵尹・荊南節度觀察等使。入爲吏部尙書，累遷太子太保，卒。」按新表、通鑑，商以十年六月十七日癸卯罷相出鎭荊南；舊紀在十年正月，舊傳在六年，均誤，詳刑尙卷。又舊紀，十年十二月紀末云：「勅荊南節度使杜悰……。」則商在荊南亦不久。今參之員闕，商官吏尙或當在十二年。

●王鐸——咸通十二年十月，由中書侍郎・兼刑尙・同中書門下平章事遷門下侍郎・兼吏尙，仍平章事。（新表，舊傳略合。）十三年二月十七丁巳，遷左僕，仍兼門下侍郎・平章事。（新表、舊傳〔作右僕誤〕。）——舊一六四、新一八五有傳。

○蕭鄴——蓋咸通十三年二三月，由戶尙遷吏尙。是年冬或明年，遷右僕。——新一八二有傳。

〔考證〕新傳：「遷檢校右僕射・山南西道觀察使，歷戶吏部二尙書，拜右僕射。」按：舊紀咸通十一年正月下，書云：「以吏部尙書蕭鄴（略）等考試應宏詞選人。」（此年正月下書事甚多，而無二三月。然「己酉」再貶康承訓已是二月二十七日，鄴考宏詞又在此數事之後。下文曹確罷相是三月事，韋保衡拜相是四月事，則鄴考宏詞，蓋如十二年十三年皆在三月，紀脫月份耳。）十二年三月、十三年三月皆書以吏部尙書蕭鄴考試宏詞選人。冊府六四四同。則自十一年三月至十三年三月，鄴皆在任，未中卸也。然十二年十月至十三年二月十七日，鐸以宰相兼吏部，不容有鄴；又蕭倣任吏尙當在十一二年，亦與鄴衝突。意者，舊紀十一年三月，十二年三月兩條「鄴」皆「倣」之誤，至十三年二月王鐸卸吏尙爲左僕，鄴始繼任，故三月以吏尙考試宏詞選人耳。又據新傳，吏尙前爲戶尙。今按咸通十二年至十三年上半年正缺戶尙，今姑以鄴爲戶尙在十二年，至十三年二三月遷吏尙。其遷右僕當在十月以後或十四年，詳彼卷。又舊紀，大中十三年三月，鄴罷相爲吏尙。十月又書：「門下侍郎．兵部尙書．同平章事蕭鄴兼尙書右僕射。」兩條自相矛盾，而鄴在相位時亦未曾兼吏尙、右僕，已詳右僕卷。蓋任吏尙右僕是咸通十三年三月、十月事，舊紀誤移於大中十三年三月、十月耳。

●劉鄴——咸通十四年八月二十三乙卯，由門下侍郎．兼戶尙．同中書門下平章事遷兼吏尙，仍門下侍郎．平章事。（新表。）十月四日乙未，遷左僕，仍兼門下侍郎．平章事。（新表。）——舊一七七、新一八三有傳。

〔考證〕舊傳：「同平章事，……轉中書侍郎，兼吏部尙書。」新傳不書吏尙，而云「再遷尙書左僕射。」皆省略殊甚。

李蔚——乾符元年四月，由淮南節度使入遷吏尙。二年六月，遷中書侍郎．同中書門下平章事。——舊一七八、新一八一有傳。

〔考證〕舊紀：乾符元年四月，「以前淮南節度使李蔚爲吏部尙書。」新表：乾符二年「六月，吏部尙書李蔚爲中書侍郎．同中書門下平章事。」新紀同。此兩條時間銜接，與員闕亦合，當不誤。（通鑑由御史大夫入相，與兩書紀表傳均不合。）而舊紀，三年三月，「以太常卿李蔚本官同平章事。」五年「九月，以門下侍郎·吏部尚書·平章事李蔚校校左僕射·充東都留守。」按自三年三月至五年九月，吏部尚書均有他人，（皆卽見舊紀。）蔚罷相時必非兼吏部，舊紀誤。又新傳：「徙淮南，代還，民詣闕請留，詔許一歲。僖宗乾符初，以吏部尚書同中書門下平章事。」此尚與事實略合。而舊傳云：「宣武節度觀察等使。咸通十四年，轉揚州大都督府長史·淮南節度副大使知節度事。乾符三年，受代，百姓詣闕乞留一年，從之。四年，復爲吏部尚書。」按四年吏尚不闕，此蓋亦誤。又考舊紀，蔚以咸通十一年十二月由宣武徙鎭淮南，乾符元年四月由淮南入爲吏尚；舊傳皆誤後三年耳。

歸仁晦——乾符三年三月，在吏尚任。（舊紀。）——舊一四九附父融傳。

鄭從讜——乾符四年正月，見在吏尚任。（舊紀。）其始任當在三年。五年三月，仍在任。（舊紀。）九月，遷中書侍郎·同中書門下平章事。〔考證〕。——舊一五八、新一六五有傳。

〔考證〕　舊紀：乾符五年九月，「以吏部尚書鄭從讜本官同平章事。」而新表：五年九月，「吏部尚書鄭從讜爲中書侍郎·兼禮部尚書·同中書門下平章事。」與舊紀異。新紀、通鑑與新表同，惟不兼禮尚。按新表六年四月又書：「從讜兼禮部尚書。」則五年九月條兼禮尚當爲衍文。是新紀、新表、通鑑書事全同；舊紀以吏尚本官入相，蓋誤。又舊傳云：「嶺南節度使，……僖宗徵還，用爲刑部尚書，尋以本官平章事。」與紀又異。按從讜由嶺南入爲刑尚在元年五月，拜相在五年九月；本書刑尚卷，中間刑尚已更數人，從讜決非以刑尚本官入相。舊傳誤也。新傳：「僖宗立，召爲刑部尚書。久之，擢同中書門下平章事。」不爲誤。

○**趙隱**——廣明元年，由太常卿遷吏尚。（新傳、舊傳。）中和元年春，遷右僕。（詳右僕卷。）——舊一七八、新一八二有傳。

●**蕭遘**——中和二年四月，由中書侍郎·兼戶尚·同中書門下平章事·判度支遷門下侍郎·兼吏尚，仍平章事，（新表、舊傳〔無前官〕、全唐文八六僖宗蕭遘罷判度支制。）落判度支。時階特進。（罷判度支制。）五月，遷左僕，仍兼門下侍郎・平章事。（新表、舊傳〔作右〕、參左僕卷。）——舊一七九、新一〇一有傳。

●韋昭度——中和二年五月，由中書侍郎・兼禮尚・同中書門下平章事遷兼吏尚，仍中書侍郎・平章事。三年七月，遷門下侍郎，仍兼吏尚・平章事。四年十月，遷左僕，仍兼門下侍郎・平章事。——舊一七九、新一八五有傳。

〔考證〕官歷年月皆據新表書之。舊傳只云：「兼吏部尚書。」又新表，三年七月條只云：「昭度爲門下侍郎，」不云仍兼吏尚。通觀新表例及唐末宰相兼官例，此時仍兼吏尚，未顯言耳。觀樂朋龜青羊宮碑信然，引見兵尚卷裴徹條。

牛藂——光啓元年，由太常卿遷吏尚。二年春，卸。——舊一七二、新一七四有傳。

〔考證〕舊傳：「黃巢之亂，從事西川，拜太常卿。……駕還，拜吏部尚書。襄王之亂，避地太原，卒。」新傳全同，惟名作「叢」。新七五上世表，僧孺子「藂，字表齡，吏部尚書。」按：藂爲叢之俗體，新傳及世表正俗小異。舊傳作俗體「藂」，而舊紀咸通五年二月以兵部尚書牛叢爲西川節度使，是又作正體。考全唐文七五五杜牧撰牛僧孺墓誌，次子曰「藂」。今仍姑作俗體。又按：僖宗由西川還京在光啓元年三月，遷吏部當在此時或稍後。十二月，又出幸鳳翔，二年四月朱玫奉嗣襄王熅入京師，則藂奔河東，當在二年春，實等卸任矣。

○王徽——光啓二年三四月，召除吏尚；未拜。——舊一七八、新一八五有傳。

〔考證〕舊傳：「貶集州刺史。徽乃輿疾赴貶所。不旬日，沙陀逼京師，僖宗出幸寶鷄，而軍容田令孜得咎，天子以徽無罪，召拜吏部尚書。……徽將赴行在，而襄王僭僞，邠岐兵士追逼乘輿，天子幸漢中，徽不能進。……熅將僭號……。」新傳略同。按僖宗出幸寶鷄在光啓元年十二月，令孜之黜在二年二月，合觀以下書事，徽以吏尙召當在三四月，但亦未到任耳。

●孔緯——光啓三年六月，以門下侍郎·同中書門下平章事兼吏尙·充諸道鹽鐵轉運等使。（新表、舊紀、舊傳。）時階特進。（舊紀、舊傳。）文德元年二月二十戊子，遷左僕，進階開府儀同三司，仍兼門下侍郎·平章事·充使職。（詳左僕卷。）——舊一七九、新一六三有傳。

〔考證〕容齋三筆一五總持寺唐勅牒條引光啓三年十一月中書門下牒江西觀察使，緯書銜門下侍郎·兼吏部尙書·平章事。與此合。

○王徽——文德元年三四月，由太子少師遷吏尙。蓋龍紀元年二三月，遷右僕。（兩傳，詳右僕卷。）——此再任。

●張濬——龍紀元年三月，由中書侍郎·兼戶尙·同中書門下平章事遷兼吏尙，仍中書侍郎·平章事。（新表。）蓋十一月，換兼兵尙，仍中書侍郎·平章事。〔考證〕。——舊一七九、新一八五有傳。

〔考證〕新表：龍紀元年「三月，濬兼吏部尙書。」大順元年「五月，濬爲河東行營都招討制置宣慰使。」二年正月庚申，「濬罷爲檢校尙書右僕射·鄂岳觀察使。」似中間未嘗轉官。而舊紀：大順元年「五月，制特進·中書侍郎·兵部尙書·同平章事·集賢殿大學士。（勳·封）張濬爲太原四面行營兵馬都統。」似中間曾轉兵部。按：龍紀元年十一月，劉崇望兼吏部尙書，亦明見新表；大順二年正月，濬貶鎭鄂岳時，原官已爲右僕射，又明見制詞；（詳右僕卷。）而據右僕卷員闕，濬遷右僕，又不能早過大順元年冬，則自龍紀元年十一月至大順元年冬，濬之具官既非吏部，亦非右僕。舊紀作兵部尙書，蓋可信。新表失書兵部與右僕耳。

●劉崇望——龍紀元年十一月二十一己酉，由中書侍郎·兼兵尙·同中書門下平章事遷兼吏尙，仍中書侍郎·平章事。〔考證〕。大順二年正月九日庚申，加判度支。（新表。）二月，遷門下侍郎，仍兼吏尙·平章事·判度支。（新表。）十月，遷左僕，仍兼門下侍郎·平章事·判度支。（詳左僕卷。）——舊一七九、新九〇有傳。

〔考證〕　舊傳：「昭宗卽位，拜中書侍郎・同平章事，累兼兵部、吏部尚書。大順初，……(張)濬黜，崇望代爲門下侍郎・監修國史・判度支。」按新表，龍紀元年三月，「崇望爲中書侍郎。」十一月「己酉，崇望兼吏部尚書。」失書兼兵尚月，蓋卽三月或稍後也。

●崔昭緯——大順二年十二月，以中書侍郎・同中書門下平章事兼吏尚。景福元年八月，遷門下侍郎，仍兼吏尚・平章事。二年六月，遷右僕，仍兼門下侍郎・平章事。——舊一七九、新二二三下有傳。

〔考證〕　此官歷年月皆據新表。惟表景福元年八月條僅云爲門下侍郎，未明言仍兼吏尚。按舊紀：景福二年六月戊午，「門下侍郎・吏部尚書・平章事崔昭緯進階光祿大夫。」十一月遷左僕，原銜亦同。則遷門下侍郎時仍兼吏尚也，惟表例省書耳。

●徐彥若——乾寧元年六月二十九庚申，由御史大夫遷中書侍郎・兼吏尚・同中書門下平章事。(新表、通鑑〔作七月〕。)二年六月七日癸巳，遷左僕，仍兼門下侍郎・平章事。(新表，參左僕卷。)——舊一七九、新一一三有傳。

〇孔緯——乾寧二年六月六日壬辰，由太子賓客遷吏尚。(舊紀、通鑑、舊傳、全唐文八三七薛廷珪授孔緯吏部尚書制。)復階開府儀同三司。(授制。)明日癸巳，遷司空・兼門下侍郎・同中書門下平章事。(通鑑、新紀、新表、舊傳、舊紀〔拜相時復階開府小誤〕。)——此再任。

〇劉崇望——乾寧三年秋，由昭州司馬復入遷吏尚。未至。十月十一戊午，換兵尚。——此再任。

〔考證〕　舊傳：「責授崇望昭州司馬。及王行瑜誅，太原上表言崇望無辜放逐。時已至荆南，有詔還拜吏部尚書。未至，王溥再知政事，兼吏部尚書；乃改崇望兵部尚書。時西川侵寇顧彥暉，欲併東川，以崇望檢校右僕射・(略)・劍南東川節度使。未至鎭，召還，復爲兵部尚書。光化二年卒。」新傳爲東川節度「未至」下，有「(王)建已使王宗滌知留後」一句；又「王溥」作「王摶。」餘並與舊傳同。全唐文八三一有錢珝授劉崇望吏尙制，卽此任。按：王行瑜以乾寧二年十一月誅，則崇望以吏尙召當在三年。又通鑑：四年十月，王建攻梓州益急；庚申，彥暉自殺，建入梓州，以王宗滌爲留後。又光化元年正月，「以兵部尙書劉崇望同平章事・充東川節度使。」則崇望由吏尙換兵尙當在乾寧三四年。檢新表，王溥以天復元年二月由戶侍遷中書侍郎・同平章事；三年，罷守戶侍，不云再相。而王摶，乾寧三年八月罷相，十月戊午爲吏部尙書再相，時間與崇望事正合。足證新傳王摶是，舊傳作「溥」，誤也。然則崇望以吏尙召當在三年秋，(據員闕。)未至，換兵尙，當與王摶再相同時，今卽書於摶爲吏尙拜相日。而舊紀：光化二年六月「丁亥，制以前太常卿劉崇望爲吏部尙書。」亦誤。

●王摶——乾寧三年十月十一戊午，由新授威勝軍節度・浙東觀察使留遷吏尙・同中書門下平章事。(新表、全唐文八四〇韓儀授王摶平章事制〔作武勝軍誤〕、舊書劉崇望傳、留拜參錢珝代謝表。)階由金紫光祿大夫進光祿大夫。(授平章事制。)四年四月，遷門下侍郎・充諸道鹽鐵轉運使，仍兼吏尙・平章事。(新表、全唐文八二一鄭璘授王摶諸道鹽鐵轉運使制、同書八三四錢珝代史館王相公謝監修國史鹽鐵使表。)光化元年正月，遷右僕，仍兼門下侍郎・平章事。(新表、新傳。)——新一一六有傳。

●崔胤——光化元年正月，由中書侍郎・兼戶尙・同中書門下平章事・判度支遷兼吏尙，仍中書侍郎・平章事・判度支。(新表。)二年正月十三丁未，罷守吏尙。(新表、通鑑、全唐文九〇昭宗授崔允吏尙制、新傳。)時階光祿大夫。(授制。)三年二月二十四壬午，出爲淸海軍節度使。(通鑑、新傳。)——舊一七七、新二二三下有傳。

〔考證〕崔胤屢相，新表、舊紀書事不同。今自乾寧二年七月由中書侍郎兼禮尙平章事罷相（再相之罷）至天復元年進位司空，列表於後：

年份	新表	通鑑	舊紀（舊傳附）	新傳
乾寧三年	七月乙巳，由中書侍郎·兼禮部尙書·同平章事·判戶部出爲檢校禮部尙書·武安軍節度使。〔再相之罷〕	同月日，「以中書侍郎·同平章事崔胤同平章事·充武安節度使。」〔再相之罷〕	同月日，「制以金紫光祿大夫·中書侍郎·兼禮部尙書·同平章事·集賢殿大學士·判戶部事（略）崔胤檢校尙書左僕射·兼廣州刺史·御史大夫·充淸海軍節度嶺南東道觀察處置等使。」（舊傳前後官同惟作檢校兵尙。）	「以中書侍郎留輔政。及昭緯以罪誅，罷爲武安節度使」
	〔三相〕九月乙未，爲中書侍郎·兼戶部尙書·同中書門下平章事。	〔三相〕同月日，「復以胤爲中書侍郎·同平章事。」	同月日，「制新除淸海軍節度崔胤復知政事。」（舊傳同）	「……還相。」
四年	六月己巳，兼戶部尙書。（此條疑衍，詳戶尙卷。）			
光化元年	正月，兼吏部尙書。			
二年	正月丁未，罷守吏部尙書。〔三罷〕	同月日，「中書侍郎·兼吏部尙書崔胤罷守本官。」〔三罷〕		「光化初……罷爲吏部尙書。」
三年		二月壬午，「以吏部尙書崔胤同平章事·充淸海軍節度使」		「會淸海無帥，因拜胤淸海節度使。」

		天復元年
〔四相〕六月丁卯，爲尙書左僕射・兼門下侍郎・同平章事・諸道鹽鐵轉運等使。		正月，爲司空。
〔四相〕同月日，「以胤爲司空・門下侍郎・同平章事。」		
	八月甲申制，「特進・行尙書左僕射・兼門下侍郎・同平章事・監修國史・判度支・（略）崔胤可開府儀同三司。」九月戊申制，「左僕射・門下侍郎・平章事・兼修國史・判度支崔胤充太淸宮使・弘文館大學士・延資庫使，依前判度支・兼充諸道鹽鐵轉運等使。」	正月丙戌，「宰相崔胤進位司空。」
「胤次湖南，召還，守司空・門下侍郎・平章事・兼領度支鹽鐵戶部使。……至是四拜宰相，世謂崔四入。」		

綜觀上表，新表書事最完，惟不書出爲淸海軍節度使，蓋其時已非宰相，表體宜然。通鑑與新表合，惟省書兼尙書，又誤拜司空在四相之初，而脫左僕耳。（天復三年，胤五相，自始卽爲司空兼門下侍郎，鑑蓋緣此致誤。）新傳與新表、通鑑合。據表、鑑、新傳，胤以乾寧三年七月再罷相，出爲湖南

武安軍節度使；九月，三相；光化二年正月，罷守吏部尙書；三年二月，出爲嶺南清海軍節度使。而舊紀，乾寧三年七月，再罷相即爲嶺南清海節度；不書湖南武安軍事，亦不書三相三罷事。舊傳與舊紀同。皆與表、鑑、新傳不合。考全唐文九〇昭宗授崔允平章事制，上銜爲「金紫光祿大夫・檢校禮部尙書・同中書門下平章事・充武定（安之誤）軍節度・湖南管內觀察等使。」後云：「可守中書侍郎・兼戶部尙書・同中書門下平章事・集賢殿大學士・判度支。」此再罷之後三相之制，足徵表、鑑、新傳再罷爲湖南武安軍節度，是也。又全唐文九〇昭宗授崔允吏部尙書制云：「光祿大夫・守中書侍郎・兼吏部尙書・同中書門下平章事・判度支・（勳・封）崔允……可守吏部尙書。」此三罷之制，與表、鑑、新傳亦合。然則舊紀舊傳蓋誤合再相三相爲一事，因於再罷之年月日誤書三罷之官耳。

●崔遠——光化三年四月，由中書侍郎・兼工尙・同中書門下平章事遷兼吏尙，仍中書侍郎・平章事。九月二十一丙午，罷守吏尙。時階光祿大夫。不知何時卸。——舊一七七、新一八二有傳。

〔考證〕 舊傳：「同平章事，遷中書侍郎・兼吏部尙書。」新表：乾寧四年六月，「遠爲中書侍郎。」光化元年正月，「遠兼工部尙書。」三年「四月，遠兼吏部尙書。」九月「丙午，遠罷爲兵部尙書。」舊紀：光化三年九月「丙午，制光祿大夫・中書侍郎・兼吏部尙書・同平章事・充集賢殿大學士・判戶部事・（封戶）崔遠罷知政事，守本官。」通鑑年月日兼吏尙罷守本官，並與舊紀同。新表罷爲兵尙，誤也。按遠於天祐元年由兵尙復相，新表蓋因此致誤歟？

●裴樞——天復三年二月二十四乙未，或稍後，以門下侍郎・同平章事兼吏尙。〔考證〕。天祐元年閏四月十四戊申，遷右僕，仍兼門下侍郎・平章事。（詳右僕卷。）——舊一一三、新一四〇有傳。

〔考證〕 舊紀：天復三年二月乙未，「以新除廣州節度使裴樞爲門下侍郎・吏部尙書・平章事・監修國史。」而新表同月日，「清海軍節度使・檢校尙書右僕射・同平章事裴樞爲門下侍郎・同中書門下平章事。」通鑑同。皆不云兼吏尙。按：舊傳：「尋復門下侍郎・監修國史，累兼吏部尙書，判度支。」與舊紀合。惟云「累兼」，可能在二月乙未復相時稍後，新表失書耳。

又舊紀：同年同月己卯，「以吏部尙書·平章事裴樞檢校尙書右僕射·同平章事·廣州刺史·淸海軍節度使。」時在乙未再相前十六日。似此日始罷相且原官吏尙者。按新表：天復元年十一月甲戌，「胤、樞罷，並守工部尙書。」通鑑同月日，胤責授工部尙書，樞罷守戶部侍郎。是表鑑書事異而年月日同。按舊傳：「昭宗幸華州，崔胤貶官，樞亦爲工部尙書。天子自岐下還宮，以樞檢校右僕射·同平章事，出爲廣南節度使。制出，朱全忠保薦之，……尋復門下侍郎·監修國史。」新傳同，惟「華州」作「鳳翔」是也，觀時代及「岐下」云云可知。昭宗以天復元年十一月幸鳳翔，此時罷相，與表鑑合。（工尙爲胤所貶之官，樞當從鑑作戶侍，詳戶侍卷。）由岐下還京在三年正月，此時出鎭廣州，與舊紀年月合。然則舊紀此條出鎭年月日亦不誤，惟合書罷相於一時則誤耳。

○陸扆——天祐元年閏四月，由沂王傅起爲吏尙，復階特進。〔考證〕。十月，見在任。（舊紀。）二年五月十七乙亥，貶濮州司戶。（舊紀、通鑑、兩傳、全唐文九三哀帝貶陸扆王溥制。）——舊一七九、新一八三有傳。

〔考證〕 舊傳：「貶沂王傅。……崔胤誅，復授吏部尙書，階封如故，（原階特進。）從昭宗還洛。其年秋，昭宗遇弑。明年五月，責授濮州司戶。」按胤以天祐元年正月誅，昭宗以閏四月幸洛，則扆爲吏尙當卽繼裴樞者。

薛貽矩——約天祐三年，遷吏尙。年末或四年春，換御史大夫。——舊五代史一八、新五代史三五有傳。

〔考證〕 舊傳：「天祐初，除吏部侍郎，不至。太祖素重之，嘗言之於朝，卽日拜吏部尙書，俄遷御史大夫。四年春，唐帝命貽矩持詔赴大梁議禪讓。」據此可略知其年代。又北夢瑣言六顏給事墓誌條，顏蕘自爲墓誌，論交云：「故丞相陸公扆於蕘至死不變。……復有吏部尙書薛公貽矩、兵部侍郎于公兢，……余今日以前不變，……。」按扆以天祐二年六月被殺，此誌當作於二年秋冬，不能遲過四年春也。

唐僕尙丞郎表　卷十

輯考三下　尙書吏部侍郎

殷開山(嶠)——武德元年六月一日甲戌朔，由相國府掾遷吏侍。(通鑑、兩傳。)八月六日戊寅稍後數日，見在任。(會要四五功臣條。)十一月四日乙巳，仍在任。(會要三九定格令條〔作吏尙誤〕。)——舊五八、新九〇有傳。

楊師道——武德中，曾官吏侍。——舊六二、新一〇〇有傳。

〔考證〕　舊傳：「隋末，自洛陽歸國，授上儀同，爲備身左右。尋尙桂陽公主，超拜吏部侍郎，累轉太常卿。」新傳省「超」「累」二字。按新八三諸公主傳：「長廣公主始封桂陽，下嫁趙慈景。慈景……爲華州刺史，討堯君素，戰死。……公主更嫁楊師道。」據通鑑，慈景以武德元年十一月癸丑戰死，則公主更嫁師道，師道超拜吏侍，當不出武德中。

張銳——武德七年，見在吏侍任。——兩書無傳。

〔考證〕　會要七五藻鑑條：「武德七年，高祖謂吏部侍郎張銳曰：今年選人之內豈無才用者？……遂以張行成(略)等數人應命。」按：武德七年三月八日廢六司侍郎，增吏部郎中秩正四品，掌選事。此名侍郎，蓋正二月事也。

韓仲良(良)——武德九年，由攝吏部郎中遷陝東大行臺戶尙。——舊八〇、新一〇五附子瑗傳，萃編五〇有韓良碑。

〔考證〕　韓良碑：「□□良字仲良……(武德)五年……爲元師府長史。……獫狁孔熾，……騎入蕭關，兵屯栒邑。……公銜命虜庭，示其禍福。……旣立和戎之功，遂降殊常之賜。又攝吏部侍郎。

九年，復轉陝東大行臺戶部尚書。」按良入突厥當在七年八月從裴寂出使，或明年八月突厥請和之時，則攝吏侍最早在八年，時爲吏部郎中，非侍郎，惟職位與侍郎不異，故碑得以侍郎稱之。

溫彥博——武德九年冬，或貞觀元年，以雍州治中檢校吏部郎中。貞觀元年，遷中書侍郎。——舊六一、新九一有傳，八瓊三〇有碑。

〔考證〕舊傳：「遷中書侍郎，……沒於虜庭。……太宗卽位，突厥送欵，始徵彥博還朝，授雍州治中，尋檢校吏部侍郎。彥博意有沙汰，多所損抑。……復拜中書侍郎。……貞觀二年，遷御史大夫。」新傳同。碑遷歷同，惟作檢校郎中，非侍郎。會要七四掌選善惡條：「貞觀元年，溫彥博爲吏部郎中知選事，意在沙汰，多所擯抑。」亦作郎中。按二年正月始復置侍郎，兩傳誤。惟其時郎中職位實猶侍郎，故史家得通稱之。又新語一三諧謔類亦作吏侍，亦卽此任郎中之變稱。

劉林甫——貞觀元年，由中書侍郎再遷吏侍。（兩傳。）二年正月，見在任。（冊府六二九、會要七五選限條、新四五選舉志、通鑑〔書元年十二月末〕。）三年卒。（舊傳。）——舊八一、新一〇六有傳。

韋挺——貞觀四五年，由右丞遷吏侍，又遷黃門侍郎。——舊七七、新九八有傳。

〔考證〕舊傳：「遷尚書右丞，俄授吏部侍郎，轉黃門侍郎，進拜御史大夫。」新傳同。按：貞觀六年，挺在御史大夫任，其任右丞當在四年，惟不久任，詳右丞卷。則官吏侍不出四五年。

楊纂——貞觀五年，始遷吏侍。〔考證〕。八年正月二十九壬寅，副特進蕭瑀巡察河南。（舊傳、兩紀。）是年，（據員闕。）遷左丞。（舊傳。）——舊七七、新一〇六有傳。

〔考證〕纂後復任吏侍，舊傳云：「前後典選十餘載，銓敘人倫，稱爲允當。然而抑文雅，進酷吏，觀時任數，頗爲時論所譏。」新傳略同。而會要七四掌選善惡：「（貞觀）五年，楊纂爲吏部侍郎，銓敘人倫，稱爲允當。然而抑文雅，進黠吏，觀時任數，頗爲時論所譏。」與舊傳一字不異，（惟「酷吏」作「黠吏」。按新傳亦作「黠」，本之舊傳。審文義，當作「黠」，舊傳今本作「酷」，蓋傳寫之譌。)「銓」必「纂」之譌。蓋此卷「銓」字極多，故致譌誤耳。則纂官吏侍卽始於五年也。又纂旣前後典選十餘年，此任當不止七八兩年，始於五年益可信。

唐皎——貞觀八年十一月，在吏侍任。(會要七四掌選善惡、同書七五選限條注引韋述唐書，官吏侍又見兩傳、封氏聞見記三銓曹。)——舊八五、新一一三有傳。

楊纂——貞觀九年或十年，由左丞復換吏侍。在任六年以上，蓋十六年卸。——此再任。

〔考證〕 舊傳：「尋拜尙書左丞」下云：「俄又除吏部侍郞。前後典選十餘載。……後歷太常少卿，雍州別駕，加銀青光祿大夫。」新傳省再任。按：纂前任自五年至八年凡四年，則第二任當六年以上。纂在左丞旣不久，而十七年春蘇勗已在吏侍任，則纂第二任當在九年至十六年之六七年。

蘇勗——貞觀中，由魏王府司馬遷吏侍。十七年四月十日己丑，換右庶子。——舊八八、新一二五有傳。

〔考證〕 舊傳：「貞觀中，尙南康公主，拜駙馬都尉，累遷魏王泰府司馬。……後歷吏部郞，太子左庶子，卒。」新傳同，惟「郞」作「侍郞」。按新七四上世表，「勗，吏部侍郞，駙馬都尉。」姓纂三，同。通鑑：貞觀十七年四月己丑，以于志寧、馬周爲左庶子，「吏部侍郞蘇勗、中書舍人高季輔爲右庶子。」則新傳「侍郞」，是；又遷右庶，非左庶也。

●高季輔(馮)——貞觀十七年四月後，以右庶子兼吏侍。〔考證〕。十八年，進階銀青光祿大夫。(舊傳。)十九年二月十七乙卯，同掌機務。(新表。)二十三年五月二十七庚午，遷兼中書令·檢校吏尙。(舊紀、舊傳〔作二十二年誤〕、新傳、新表。)——舊七八、新一〇四有傳。

〔考證〕 舊傳：「(貞觀)十七年，授太子右庶子。……十八年，加銀青光祿大夫，兼吏部侍郞，凡所銓敍，時稱允當。太宗賜金背鏡一面以表其淸鑒焉。」新傳略同。按：會要七四掌選善惡：「十七年，……吏部尙書(侍郞之譌)高季輔知選，凡所銓綜，時稱允協。十八年，於東都獨知選事，太宗賜金背鏡一面，以表其淸鑒焉。」與舊傳十八年始兼者稍異。今從會要。又按前條引通鑑，季輔以十七年四月遷右庶子，兼吏侍當稍後。

唐臨——貞觀二十三年六月一日甲戌朔或稍後，以黃門侍郞檢校吏侍。時階銀青光祿大夫。〔考證〕。是年，徙大理卿。（舊傳。）——舊八五、新一一三有傳。

〔考證〕　舊傳：「累轉黃門侍郞，加銀青光祿大夫。……高宗卽位，檢校吏部侍郞。」按高宗以六月一日卽位，前四日，季輔卸吏侍，臨卽繼任者，姑書月日如此。

高敬言——永徽二年閏九月十四甲戌，見在吏侍任。——兩書無傳。

〔考證〕　新七一下世表，高氏「敬言，吏部侍郞。」會要三九定格令：「永徽二年閏九月十四日，上新刪定律令格式。」同修人有吏部侍郞高敬言。按新志作三年，舊志作永徽初，當以會要爲正，詳右丞劉燕客條。

劉祥道——永徽末，由御史中丞遷吏侍。（兩傳。）顯慶二年，遷黃門侍郞，仍知吏部選事。（兩傳、會要七四論選事、通鑑。）四年，遷刑尙。（兩傳。）——舊八一、新一〇六有傳。

郝處俊——龍朔元年或稍前，始官吏侍。二年二月，官名改易爲司列少常伯。（詳再任條。）五月八日丙申，換太子左中護。（冊府六九。）——舊八四、新一一五有傳。

楊思玄——龍朔二年五月十五癸卯，見在司列少常伯任。（大正藏經第二一〇八集沙門不應拜俗等事卷五聖朝議拜篇。）是年免。（會要七四掌選善惡、南部新書甲〔吏侍〕、新一九九郞餘慶傳〔吏侍〕。）——舊六二附見楊師道傳。

〔附證〕　傳云：「兄子思玄，高宗時爲吏部侍郞，國子祭酒。」新七一下世表，同。

李安期——龍朔二三年，由黃門侍郞遷司列少常伯。——舊七二、新一〇二有傳。

〔考證〕　舊傳：「轉黃門侍郞。龍朔中，爲司列少常伯，參知軍國。」新傳同而略。朝野僉載六稱

「吏部侍郎李安期。」蓋以少常伯爲正。據員闕官名，當在二三年。

盧承業——麟德二年，由右肅機遷左肅機·兼掌司列選事。（詳左丞卷。）——舊八一、新一〇六有傳。

郝處俊——乾封中，爲司列少常伯。元年十二月十八己酉，以本官副李勣伐高麗。——此再任。

〔考證〕 元年十二月事，見通鑑。而冊府六九：「高宗龍朔二年五月丙申，……司列少常伯郝處俊爲太子左中護。」是前後兩任也。舊傳：「五遷吏部侍郎。乾封二年，改爲司列少常伯。……李勣爲浿江道大總管，以處俊爲副。」新傳同而略。則始任爲侍郎非少常伯也。據官名改易年月，知其第一次始任當在龍朔二年二月以前，卽元年或更前也。至乾封中之再任，則自始卽爲司列少常伯矣。

李安期——乾封二年三月，見在司列少常伯任。（通鑑、冊府六七〔作八月司刑誤〕、兩傳。）六月二十六乙卯稍前，遷東臺侍郎。〔考證〕。——此再任或三任。

〔考證〕 舊傳：「俄檢校東臺侍郎·同東西臺三品。」新傳同。按：安期以本年六月乙卯由東臺侍郎進同三品，見兩紀、新表、通鑑，則卸司列當稍前。又舊傳云：「安期前後三爲選部。」舊傳所云「龍朔中」蓋前次，此又一次，故兩書之。

●趙仁本——乾封二年六月二十六乙卯稍前，由東臺侍郎遷司列少常伯·兼正諫大夫。是日，以本兼官同東西臺三品。〔考證一〕。總章元二年，換太子右中護，仍同三品。〔考證二〕。——舊八一有傳。

〔考證一〕 通鑑：乾封二年六月乙卯，「司列少常伯·兼正諫大夫河北趙仁本同東西臺三品。」新紀、新表同，惟無兼官。而舊傳云：「乾封中，歷遷東臺侍郎·同東西臺三品，尋轉司列少常伯，知政事如故。」蓋由東臺侍郎遷任，是也；東郎時已同三品，則誤。

〔考證二〕 舊紀：咸亨元年十月「丙申，太子右中護·兼攝正諫大夫·同東西臺三品趙仁本爲左肅機，罷知政事。」通鑑同，惟日作乙未，又無「兼攝正諫大夫」。是中間由司列少常伯換右中護也。新表，罷爲左肅機年月同；惟中間不書換中護，與舊紀、通鑑異。舊傳：「轉司列少常伯，知政事如故。」下云：「時許敬宗爲右相，頗任權勢，仁本拒其請託，遂爲敬宗所構，俄授尚書左丞，罷知政事。」似與新表合。然據本卷員闕，仁本卸司列不能遲過總章二年，下距罷相尚一年；又許敬宗以咸亨元年三月致仕，下距仁本之罷亦七個月，謂其罷相乃敬宗所構，亦誤。參之舊紀、通鑑，中有右中護一轉當可信。蓋總章元二年，敬宗嫉其掌選守正，故去其司列選權以爲右中護，知政事如故；新表、舊傳皆失書右中護一轉耳。

●李敬玄——總章二年二月十二辛酉，由右肅機遷西臺侍郎·同東西臺三品。（詳右丞卷。）同時或稍後月日，兼檢校司列少常伯。（兩傳、會要七四掌選善惡條〔兩見皆二年〕、同書五八吏外郎條。）咸亨元年四月七日己酉，以喪免。（新表。）七月十七戊子，起復。（新表。）三年十月十八乙亥，正遷吏侍，仍同三品。（舊紀、新表、兩傳。）時進階銀青光祿大夫。（舊傳。）上元二年八月二十九庚子，遷吏尚，仍同三品。（舊紀、新表、通鑑、兩傳。）——舊八一、新一〇六有傳。

裴行儉——總章二年四月一日己酉朔，由司文少卿遷司列少常伯。（兩傳、會要五八吏侍條、同書七四吏曹條例、通鑑、新四四選舉志。）咸亨中見在吏侍任。（舊一九〇上杜易簡傳。）上元二年，進階銀青光祿大夫。（舊傳。）儀鳳元年三月，爲洮河道左二軍總管，伐吐蕃。（兩傳、兩紀。）二年三月，見在任。（會要三九定格令條、舊刑法志、新藝文志。）調露元年六月，伐西突厥。九月五日壬午，敗之，執其可汗都支以歸。（新紀、通鑑、舊紀、兩傳。）十一月六日癸未，遷禮尚·兼檢校右衞大將軍。（通鑑、舊紀、兩傳。）——舊八四、新一〇八有傳。

馬載——上元中，蓋二年八月，繼李敬玄爲吏侍。〔考證一〕。儀鳳二年三月九日辛未，見在任。（會要三九定格令、舊書刑法志、新書藝文志。）此後數年，蓋仍在任。〔考證二〕。——舊七四、新九八附父周傳。

〔考證一〕　舊傳：「載，咸亨年，累遷吏部侍郎，善選補，于今稱之。」新傳：「載，咸亨中爲司列少常伯，與裴行儉分掌選事，言吏部者稱裴馬焉。」按咸亨中李敬玄裴行儉並任吏侍，兩員均不闕。惟咸亨元年四月七日敬玄曾以喪免，七月十七日起復，中間百日闕一員，若兩傳「咸亨中」不誤，可能此百日內載曾暫任，（此時名司列少常伯。）至上元二年八月，敬玄遷吏尚，載復任也。今從愼，書始於上元二年八月。

〔考證二〕　全唐文二九五韓休蘇頲文集序：「十七，遊太學，對策甲科。……時吏部侍郎馬載名知人，見公歎曰，蘇生一日千里，王佐才也。」新一二五蘇頲傳：「調烏程尉。武后封嵩高，擧賢良方正異等，除左司禦率府胄曹參軍。吏部侍郎馬載曰，古稱一日千里，蘇生是矣。」按舊八八蘇頲傳，以開元十五年卒，年五十八。新傳同。則年十七乃垂拱二年，封嵩高在萬歲通天元年，若載銜吏侍非前官，則卸任不能早於垂拱二年。然宏道元年十二月二十五日魏玄同始卸吏侍，而十二月魏克己似亦在吏侍任，明年春貶出，則十二月間，兩魏同在吏侍任，不容有馬載。又觀裴敬彝、魏玄同年月，永淳元年三四月間亦同時在任，不容有馬載。然則集序所稱亦舊銜歟？或中卸，後復任歟？載官吏侍又見舊書裴行儉傳、新七二下世表、新語一一懲戒類、會要二一陪陵臣名。

元大士——蓋高宗末葉，曾官吏侍。——兩書無傳。

〔考證〕　姓纂四：元氏「煥，隋工部侍郎。煥生公姬。公姬生大士，唐吏部、中書二侍郎。」岑校：「全文二〇四，元大士，龍朔中官詳刑少卿。」則官吏侍蓋高宗末。

韋萬石——約調露元年十一月六日癸未後，以太常少卿兼知吏部選事。——舊七七、新九八附父挺傳。

〔考證〕　舊傳：「萬石，上元中，自吏部郎中遷太常少卿，……尋又兼知吏部選事。卒官。」新傳同。按：儀鳳二年七月，萬石在太常少卿任，見會要一二饗明堂議條；同年十一月六日仍在任，見同書三二雅樂上條；儀鳳三年七月八日仍在任，見同書三三破陣樂條。則兼知吏部選事不能早過儀鳳末。當時吏侍兩員不闕，則萬石知選蓋調露元年十一月六日裴行儉遷禮尚之後歟？

裴敬彝——永淳元年三月二十五戊午，在吏侍任。——舊一八八、新一九五有傳。

〔考證〕 舊傳：「儀鳳中，自中書舍人歷吏部侍郎，左庶子。則天臨朝，爲酷吏所陷，配流嶺南。」新七一上世表，中眷裴氏「敬彝，吏部侍郎。」 按新八一中宗子重潤傳：「乳滿月，爲大赦，改元永淳，是歲立爲皇太孫。……帝問吏部侍郎裴敬彝、郎中王方慶；對曰，禮有嫡子無嫡孫。……」 檢舊紀，永淳元年二月癸未，以皇孫滿月，大赦改元永淳。三月戊午，(原脫「三月」，校記據新紀加，是也。) 立爲皇太孫，吏部郎中王方慶對云云，與傳同。則三月末敬彝尚在吏侍任也。

●魏玄同——永淳元年四月二十四丁亥以前，始官吏侍。(兩傳。)此日，以本官與中書門下同承受進止平章事。(兩紀、新表、通鑑、新傳。) 宏道元年十二月二十五戊寅，遷黃門侍郎·同中書門下三品。(新表、舊紀〔甲戌〕、新紀〔不書遷官〕。)〔參看左丞卷〕。——舊八七、新一一七有傳。

魏克己(歸仁)——宏道元年十二月，見在吏侍任。光宅元年春，貶太子中允。(考證併鄧玄挺條。)——舊一九三附見列女魏氏傳。

鄧玄挺——光宅元年春，由中書舍人繼克己爲吏侍。旋亦貶澧州刺史。——舊一九〇上文苑有傳。

〔考證〕 會要七四掌選善惡：「宏道元年十二月，吏部侍郎魏克己銓綜人畢，放長榜，遂出，得留人名於衢路諠譁，大爲冬集人援引指摘，貶爲太子中允。遂以中書舍人鄧元挺替焉。元挺無藻鑑之目，又患消渴，選人因號爲鄧渴。」 封氏聞見記三銓曹條：「宏道中，魏克己爲侍郎，……出爲同州刺史。」 坐事與會要同。又云：「同時，鄧元(一作玄)挺……亦被貶爲壽州。」坐事亦同會要。玄挺事，本傳云：「累遷中書舍人，……則天臨朝，遷吏部侍郎，既不稱職，甚爲時談所鄙，又患消渴之疾，選人目爲鄧渴，……左遷澧州刺史。」 克己事，舊列女魏氏傳云：「父克己，……則天時，爲天官侍郎。」新語三公直類亦云，克己遷吏部侍郎。時間均略合。姓纂八，東祖魏氏「歸仁，一名克己，吏部侍郎，同州刺史。」岑校引說之集作吏部侍郎魏仁歸。

●郭待舉——光宅元年，由左散騎常侍·同中書門下三品遷吏侍，仍同三品。十一月二十丁卯，罷爲太子左庶子。——兩書無傳。

〔考證〕舊八七裴炎傳，爲內史。「光宅元年十月，斬炎于都亭驛。……吏部侍郎郭待舉貶岳州刺史，皆坐救炎之罪也。」按新表，待舉以永淳元年入相，弘道元年四月檢校右庶子，仍平章事，十二月遷左散騎常侍·同三品。光宅元年十月丙申，裴炎被殺。「十一月丁卯，待舉罷爲左庶子。」不云遷吏侍，蓋失書耳。所貶官亦異，蓋先貶左庶，再貶岳州。

張楚金——約光宅元年二月至八月間，始官吏侍。後遷秋尚。——舊一八七上、新一九一附張道源傳。

〔考證〕舊傳：「族子楚金，……則天臨朝，歷吏部侍郎，秋官尚書。……爲酷吏周興所陷，配流嶺表。」按興以天授二年被殺，楚金爲吏侍、秋尚在前。又觀吏侍秋尚之名，足見任吏侍在改官號之前。武后以光宅元年二月臨朝，九月六日改吏部爲天官，今姑定始於二月至八月間。

●魏玄同——垂拱元年七月五日己酉，由左丞·同中書門下平章事遷鸞臺侍郎·兼天侍，仍平章事。二年三月十六丙辰，遷地尚，仍平章事。——此再任。

〔考證〕年月日官歷皆見新表；惟表不書兼天官侍郎。按會要七四論選事條：「垂拱元年七月，鸞臺侍郎·兼天官侍郎魏元同以吏部選舉不得其人，上表曰……。」此即新表由左丞遷鸞臺侍郎之月，蓋同時兼天侍，表失書耳。

崔元獎——蓋高宗末或稍後，官至吏侍。——兩書無傳。

〔考證〕新七二下世表，清河崔氏「元獎，吏部侍郎。」按：元獎祖「僙，隋內史舍人。」從子「隱甫，刑部尚書。」隱甫官刑尚在開元十八年，約計世次，幾四十年一世，則元獎官達當在高宗末葉，或武后初。又郎官石柱，戶外有崔元敬，其前一人爲宋之順。據勞考引證，之順，顯慶四年在御史任，其官戶外當稍後，元敬則略同時也。元獎卽元敬之弟，亦其官達當在高宗末葉之證。

孟允忠——垂拱中，曾官天侍。（舊傳。）——舊一九〇上附見弟利貞傳。

范履氷——垂拱末或永昌初，由鸞臺侍郎遷天侍。永昌元年十月稍前，遷春尚。——舊一九〇中、新二〇一文苑有傳。

〔考證〕　舊傳：「垂拱中，歷鸞臺天官二侍郎，尋遷春官尚書·同鳳閣鸞臺平章事。」據新紀、新表，履氷於永昌元年十月丁卯以春尚入相，則由天侍遷春尚當在十月以前。

鄧玄挺——由麟臺少監復遷天侍。（舊傳。）永昌元年四月二十七己酉，下獄死。（新紀、通鑑、舊傳。）——此再任。

李景諶——永昌元年三月二十一甲戌，天侍加一員，景諶由右丞遷任。（會要五八、詳右丞卷。）長壽元年冬見在任。〔考證〕。稍後遷天尚。（詳吏尚卷。）——兩書無傳。

〔考證〕　通鑑長壽元年考異引御史臺記：「時天官選曹无緒，敕（周）矩監之，侍郎李景謀爲矩所制，乃引爲員外。」按此事年代正在李景諶任內，考異此條「謀」必「諶」之譌。又按通鑑本文，侍御史周矩奏事在是年秋，其爲天官員外當在後，是長壽元年冬景諶必仍在天侍任。

任令暉——天授中，曾官天侍。——兩書無傳。

〔考證〕　新語一二酷忍類：「周興、來俊臣等羅告天下衣冠。……天授中，春官尚書狄仁傑、天官侍郎任令暉、文昌左丞盧獻等五人並爲所告。」而舊一八六上來俊臣傳，任令暉銜爲益州長史，蓋舊官天侍，現官益州長史耳。

姚璹——由桂州都督府長史入遷檢校天侍。（兩傳。）長壽元年八月十六戊寅，遷左丞·同鳳閣鸞臺平章事。（詳左丞卷。）——舊八九、新一〇二有傳。

李至遠——長壽元年九月，以天官郎中知侍郎選事。（會要七四掌選善惡條、兩傳、舊一四六李漘傳、封氏聞見記三銓曹。）不久，出爲壁州刺史。（兩傳。）——舊一八五上良吏、新一九七循吏有傳。

韋承慶——長壽元年，以鳳閣舍人兼掌天官選事。出爲沂州刺史。——舊八八、新一一六有傳。

〔考證〕 舊傳：「長壽中，累遷鳳閣舍人，兼掌天官選事。忤大臣旨，出爲沂州刺史。」新傳同。按：承慶三掌選事，此乃第一任。舊傳云「承慶自天授以來三掌天官選事。」前云長壽，後云天授，則第一任當在長壽元年亦即天授三年也。

許子儒——長壽二年九月，始官天侍。（會要七四掌選善惡條、兩傳。）證聖元年，尚在任。（新五八藝文志。）——舊一八九上、新一九八附儒學許叔牙傳。

〔附證〕 朝野僉載六：「天后朝，……許子儒爲天官侍郎。」姓纂六：晉陵許氏，「子儒，唐天官侍郎。」

韋承慶——約長壽二年或稍後，由沂州刺史復爲鳳閣舍人•兼掌天官選事。後病免。——此再任。

〔考證〕 舊傳：「出爲沂州刺史。」下云：「未幾，詔復舊職，依前掌天官選事。久之，病免。」新傳同。按觀「未幾」云云，蓋此任卽二年或稍後。

劉奇——長壽末，延載元年，始官天侍。明年天冊萬歲元年，見在任。〔考證〕。神功元年正月二十四壬戌，被殺。（新紀、通鑑、兩傳、詳下條。）——舊五八、新九〇附祖政會傳。

〔考證〕 舊傳：「奇，長壽中，爲天官侍郎，爲酷吏所陷。」新傳：「奇，長壽中，爲天官侍郎，薦張鷟、司馬鍠爲監察御史。……後爲酷吏所陷，被誅。」會要七五藻鑑：「證聖元年（九月改天冊萬歲），劉奇爲吏部侍郎，注張文成、司馬鍠爲監察御史。」云云，與新傳同。是奇始任蓋長壽末，至天冊萬歲元年尚在任也。奇官天侍，又見姓纂五、舊一七九劉崇望傳、新七一上世表。

張詢古——爲天侍，蓋萬歲通天元年卸。（考證併王勮條。）——兩書無傳。

石抱忠——天冊萬歲元年，以檢校天官郎中知天侍事。神功元年正月二十四壬戌，被殺。（考證併王勮條。）——新一一二附員半千傳。

王勴——萬歲通天元年，以鳳閣舍人兼知天侍事。蓋繼張詢古。與抱忠同日被殺。——舊一九〇上、新二〇一文苑有傳。

〔考證〕　神功元年正月之獄，紀、鑑、列傳均書之。新紀是年書云：

「正月壬戌，殺（略）知天官侍郎石抱忠、劉奇、（略）、鳳閣舍人王勴、前涇州刺史王勔。」

通鑑同年正月紀云：

「鳳閣舍人王勴兼天官侍郎事，用（劉）思禮爲箕州刺史。……（思禮將謀逆），合宮尉來俊臣……上變告之。……思禮廣引朝士。……知天官侍郎事石抱忠、劉奇……王勴兄涇州刺史勔……凡三十六家。……壬戌，皆族誅之。」

舊一八六上酷吏吉頊傳云：

「萬歲通天二年（卽神功元），有箕州刺史劉思禮……云洛州錄事參軍綦連耀應圖讖……。頊……誘思禮令廣引朝士，（略）天官侍郎劉奇、石抱忠、鳳閣舍人王處（勴之誤）、……涇州刺史王勔……等三十六家。」

舊五七劉世龍傳同，惟無劉奇之名。又舊書王勴傳云：

「長壽中，擢爲鳳閣舍人。……尋加弘文館學士，兼知天官侍郎。勴頗任權勢，交結非類。萬歲通天二年，綦連耀謀逆事泄，勴坐與耀善，幷弟勔並伏誅。」

按：據此諸條，神功元年正月獄成時，石抱忠、劉奇在天侍任無疑。王勴是否仍知選事不可知；然據通鑑，劉思禮之官箕州刺史，卽爲勴所注擬，則縱停知選事，亦爲時不久也。今姑書至被殺時。又考舊一九〇中文苑員半千傳（百衲本）：「證聖（通本誤爲嗣聖）元年，半千爲左衞長史，與鳳閣舍人王處（勴之誤，新傳百衲本不誤，而通本作劇亦誤）、知天官侍郎事（通本脫事字）石抱忠並爲弘文館直學士。」則證聖元年，卽天冊萬歲元年，抱忠已知天侍事，而勮兼知天侍尙在後，今姑書抱忠始於是年，而書勮始於萬歲通天元年。又新書員半千傳，石抱忠「爲殿中侍御史，進檢校天官郎中，與侍郎劉奇、張詢古共領選，寡(從百衲本)廉潔，而奇號清平，二人坐綦連耀伏誅。」則抱忠始以檢校天官郎中參掌選事也。姓纂一〇，石氏「抱忠，天官侍郎。」蓋後正拜。又新七二下世表，清河張氏「詢古，吏部侍郎。」據新書員半千傳，詢古與奇及抱忠同時爲侍郎，而不及於難，蓋前已卸任。當時天官侍郎三員，蓋詢古卸而王勮繼歟？

李嶠——神功元年閏十月，以鳳閣舍人知天侍。(通鑑、兩傳。)聖曆元年十月以前，遷麟臺少監。〔考證〕。——舊九四、新一二三有傳。

〔考證〕舊傳：「轉鳳閣舍人，……尋知天官侍郎，遷麟臺少監。」新傳同。按嶠以聖曆元年十月由麟臺少監進同平章事，見兩紀、新表。則卸天侍在前。

〇蘇味道——約神功元年，(據員闕。)由集州刺史入試天侍。(兩傳〔試字見新紀表〕。)聖曆元年九月二十四辛巳，遷鳳閣侍郎・同鳳閣鸞臺平章事。(新紀、新表、通鑑〔戊寅後〕、舊紀、兩傳。)——舊九四、新一一四有傳。

〔考證〕味道爲天官侍郎，又見萃編一〇一顏氏家廟碑、舊一九〇上文苑杜審言傳。審言傳云：「乾封中，蘇味道爲天官侍郎。」云云。年代誤。

〇陸元方——約神功聖曆中，由檢校春侍遷試天侍・兼司衞卿。聖曆二年八月二十六丁未，遷鸞臺侍郎・同鳳閣鸞臺平章事。——舊八八、新一一六有傳，全唐文二三二有張說撰陸元方墓誌。

〔考證〕舊誌：「降爲綏州刺史。居無何，檢校春官，又試天官二侍郎，兼司尉卿。復除鸞臺侍郎・同鳳閣鸞臺平章事。」新紀：聖曆二年八月「丁未，試天官侍郎陸元方爲鸞臺侍郎・同鳳閣鸞臺平章事。」新表、通鑑並同。舊傳云：「貶綏州刺史，尋復爲春官侍郎，又轉天官侍郎，尙書左丞，尋拜鸞臺侍郎・平章事。」衍左丞一歷。新傳無左丞，天侍下有「兼司衞卿」，與誌合，而省春侍。按：元方以證聖元年正月由宰相貶綏州，據傳誌，在綏州不久，則入爲春侍當不能遲過明年卽萬歲通天元年。

●吉頊——聖曆二年臘月二日戊子，由左肅政御史中丞遷天侍・同鳳閣鸞臺平章事。（新紀、新表〔通本元二年隔線劃於此事之後，誤；今從百衲本〕、通鑑、兩傳〔右中丞〕、舊紀〔作二月誤〕。）六月，見在天侍・同平章事・左控鶴內供奉任，時階朝請大夫。（萃編六三昇仙太子碑。）久視元年正月二十八戊寅，配流嶺南。〔考證〕。——舊一八六上、新一一七有傳。

〔考證〕　舊紀：久視元年正月戊寅，「天官侍郎吉頊配流嶺表。」通鑑同日，「天官侍郎平章事吉頊貶安固尉。」考異云日從實錄，安固尉從御史臺記。而新紀新表在正月戊午，尉作琰川。今從舊紀、通鑑書日。縣尉之異，當如舊傳先貶琰川，後改安固。又按新傳：「聖曆二年，進天官侍郎・同鳳閣鸞臺平章事。……明年，頊坐弟冒僞官，貶琰川尉。」年分不誤。而舊傳，聖曆二年臘月，遷天侍・同平章事。「其年十月，以弟作僞官，貶琰川尉。……」年份似不合。實則此時子正，聖曆二年之十月卽久視元年正月之前一月，蓋上年十月得罪，次年正月貶出耳，年月不誤。

鄭杲——聖曆二年，在天侍任。久視元年，似尚在任。至長安三年，似猶在任；蓋再任歟？——舊六二、新一〇〇附鄭善果傳。

〔考證〕　舊傳：「弟孫杲，知名，則天時爲天官侍郎。」新傳同。會要七五藻鑑條：「聖曆二年，吏部侍郎鄭杲注韓復爲太常博士。」是其年已在任。又舊八五張錫傳：「則天時，……與鄭杲俱知天官選事。」按：錫以久視元年閏七月由天侍遷鳳閣侍郎・同平章事，則此年杲可能仍在任。復考舊九六宋璟傳：「累轉鳳閣舍人。……長安中，倖臣張易之誣構御史大夫魏元忠，……引鳳閣舍人張說，令證之。……說感其(璟)言，及入，乃保明元忠，竟得免死。璟尋遷左御史中丞。……當時朝列皆以二張內寵，不名官，呼易之爲五郎，昌宗爲六郎。天官侍郎鄭善果謂璟曰，中丞奈何呼五郎爲卿？璟曰：以官言之，正當爲卿。……足下非易之家奴，何郎之有？鄭善果亦何儒哉！……神龍元年，遷吏部侍郎。」按善果，高祖時人，此必誤。通鑑考異引御史臺記作鄭杲，新語二剛正類亦作杲，是也。又按：元忠得罪在長安三年九月，據傳文次序，璟遷中丞當在後；通鑑卽系於九月紀末甚當，則長安三年末杲似亦在天侍任。檢聖曆二年以後，天侍僅二人，而久視至長安初，天侍可考者有兩人同時，不容有杲，蓋中間卸任，至三年再任歟？否則兩書宋璟傳、通鑑、新語皆書舊銜歟？

張錫——久視元年閏七月十三己丑，由天侍遷鳳閣侍郎·同鳳閣鸞臺平章事。（新紀、新表、通鑑、舊紀、舊九四李嶠傳。）——舊八五、新一一三附張子瓘傳。

〔附證〕兩傳皆只云與鄭杲俱知天官選事。錫爲天侍，又見朝野僉載三。

●顧琮——久視元年七月，始任天侍。（會要七四掌選善惡、封氏聞見記三銓曹。）長安元年五月二十四丙申，以本官同鳳閣鸞臺平章事。（新紀、新表、舊紀、通鑑、兩傳。）二年蓋九月末，進階銀青光祿大夫。〔考證〕。十月十日甲辰薨。（新紀、新表、通鑑。）——舊七三、新一〇二附父胤傳。

〔考證〕朝野僉載六：「天官侍郎顧琮新得三品，……旬中而薨。」豈九月末或十月初進階銀青光祿大夫耶？

房穎叔——大足元年蓋春，由地官郎中(?)遷天侍。未上，卒。——兩書無傳。

〔考證〕逸文一一引御覽二一五：「房穎叔拜天官侍郎。自其高祖景伯至穎叔四代咸居選部。」穎叔官吏侍，又見舊一〇〇蘇珦傳。朝野僉載二：「周地官郎中房穎叔除天官侍郎。明日欲上，其夜有厨子王老夜半起，忽聞外有人喚云，……房侍郎不上，後三日李侍郎上。……房果病起，數日而卒，……卽除李迥秀爲侍郎。」則穎叔爲迥秀之前任也。

李迥秀——大足元年六月十九庚申以前蓋春，以夏侍繼穎叔兼知天侍選事。——舊六二、新九九傳。

〔考證〕舊傳：「遷鳳閣舍人。……長安初，歷天官、夏官二侍郎，俄同鳳閣鸞臺平章事。」新傳：「大足初，檢校夏官侍郎，仍領選銓。」平章事同。按：迴秀以大足長安元年六月十九庚申由夏侍入相，則領選銓蓋即本年春銓也。

崔玄暐——長安元年，由鳳閣舍人超遷天侍。（兩傳。）年冬，遷左丞。月餘，復換天侍。（通鑑、兩傳。）四年六月十一乙丑，遷鸞臺侍郎·同鳳閣鸞臺平章事。〔考證〕。——舊九一、新一二〇有傳。

〔考證〕新紀：四年六月「乙丑，天官侍郎崔玄暐爲鸞臺侍郎·同鳳閣鸞臺平章事。」新表同。不云遷鳳閣侍郎。通鑑同日「以天官侍郎崔玄暐同平章事。」舊紀同。（無日。）皆不云遷鸞臺侍郎。而舊傳復爲天侍下云：「三年，拜鸞臺侍郎·同鳳閣鸞臺平章事·兼太子左庶子。四年，遷鳳閣侍郎，加銀青光祿大夫，仍知政事。」新傳年份遷官全同。紀、表、鑑、傳不同如此，未知孰是，姑從新紀、新表。

韋嗣立——長安三年，蓋由夏侍遷天侍。〔考證〕。四年正月二十六壬子，遷鳳閣侍郎·同鳳閣鸞臺平章事。（通鑑、舊紀、新紀〔作三品誤〕、新表〔誤同〕、全唐文九五武后授嗣立鳳閣侍郎平章事制。）時階中散大夫。（授制。）——舊八八、新一一六有傳，全唐文二三三有張說撰中書令逍遙公墓誌。

〔考證〕墓誌云：「選兵吏各兩冬。」按嗣立前後兩任吏侍，此爲第一任，蓋長安三年冬已除任也。又嗣立景龍三年爲兵尚，典是年冬選；另一冬選，不知何時。按：舊傳，「遷秋官侍郎，三遷鳳閣侍郎·同鳳鸞臺平章事。」或者長安二年由秋侍遷夏侍，典一冬選，三年遷天侍，四年正月又遷鳳侍同平章事耳。如此，則舊傳「三遷」、墓誌「選兵吏各兩冬」無不盡合，而遷序亦不紊；雖出憶測，蓋可信歟？

韋承慶——長安四年正月二十六壬子，由司僕少卿遷天侍。〔考證〕。十一月五日丁亥，遷鳳閣侍郎·同鳳閣鸞臺平章事。（新紀、新表、通鑑、兩傳。）——此第三任。

〔考證〕 舊傳：「長安初，入爲司僕少卿，轉天官侍郎、兼修國史。新傳省書少卿。按韋嗣立傳云：「長安三年，承慶代嗣立爲天官侍郎。」「三」爲「四」之誤，今姑書於嗣立卸天侍日。

何彥先——武后時，官至天侍。——舊一八七上、新一一二附王義方傳。

〔考證〕 新傳：「既死，門人員半千、何彥先行喪，……三年乃去。彥先，齊州全節人，武后時位天官侍郎。」下卽員半千傳。舊傳云：「總章二年卒，……門人何彥先、員半千爲義方制師服三年，喪畢而去。半千者，齊州全節人也，事義方經十餘年，博涉經史，知名河朔。則天時，官至天官侍郎。撰三國春秋二十卷行於代。自有傳。」兩傳不同如此。按員半千，兩書有傳，舊書員半千傳近六百字，新書員半千傳近八百字，皆詳敍官歷，不云爲天官侍郎。又據新書員半千傳，原齊州全節人，客晉州。而舊員半千傳云：「晉州臨汾人，少與齊州人何彥先同事學士王義方。」半千籍與義方傳不合，而彥先爲齊州人則無疑。蓋舊書王義方傳「半千者」乃「彥先者」之譌，「撰三國春秋」上又脫「半千者」三字，（藝文志，三國春秋二十卷，員半千撰。）故以新書王義方傳爲正。

崔冬日——武后時，官至天侍。——兩書無傳。

〔考證〕 新七二下世表，淸河崔氏「冬日，天官、鸞臺侍郎。」

張敬之——武后末葉，官至天侍。——兩書無傳。

〔考證〕 新二〇四方技杜生傳：「天官侍郎張敬之……以武后在位，常指所服示子寇宗曰，莽朝服耳。」又唐文拾遺二一張晏淸河張璬墓誌：「考敬之……太府卿，禮部侍郎，……悠司出納，光我禮闈，公卽侍郎公之元子也。……以神龍二年十一月十一日，終於東京，享年三十有六。」（天寶十二年葬。）則似終於禮侍。今兩存之。天侍必在武后末葉，禮侍蓋稍後。

劉憲——神龍元年春，由吏侍貶渝州刺史。——舊一九〇中、新二〇二文范有傳。

〔考證〕 舊傳：「及（來）俊臣誅，擢憲爲給事中，尋轉鳳閣舍人。神龍初，坐嘗爲張易之所引，自吏部侍郎出爲渝州刺史。」新傳無「自吏部侍郎」五字；餘同。姓纂五，劉氏「憲，吏部侍郎。」按易之以元年正月誅，憲之貶當不出年春。

○李嶠——神龍元年夏秋，由通州刺史入遷吏侍。年冬，遷吏尚。——此再任。

〔考證〕舊傳：「中宗卽位，……出爲豫州刺史，未行，又貶爲通州刺史。數月，徵拜吏部侍郎，封贊皇縣男。無幾，遷吏部尚書，進封縣公。」新傳同。按：嶠以長安四年十一月罷相爲地官尚書，其出刺當在神龍元年春，徵入當在夏秋，至二年正月已以吏部尚書復相，則遷吏尚又必在元年冬。會要七四論選事條亦云：「神龍元年，李嶠、韋嗣立同居選部。」

宋璟——神龍元年，由左御史臺中丞遷吏侍・兼諫議大夫・內供奉，（兩傳、碑。）進階朝散大夫。（碑。）二年四月稍前，遷黃門侍郎。〔考證〕。——舊九六、新一二四有傳，萃編九七、全唐文三四三有顏眞卿撰宋璟碑。

〔考證〕兩傳及碑皆云遷黃門侍郎，此下卽書韋月將上書訟武三思事。據通鑑，月將事在二年四月，則璟遷黃侍當在前。

○韋嗣立——神龍元年冬，以太僕少卿兼掌吏部選事。二年，出爲相州刺史。——此再任。

〔考證〕舊傳：「坐承慶，左授饒州長史。歲餘，徵爲太僕少卿・兼掌吏部選事。神龍二年，爲相州刺史。」新傳省書。按：承慶得罪在神龍元年二月，歲餘徵入，當在二年。然會要七四論選事條：「神龍元年，李嶠、韋嗣立同居選部，多引用權勢，……請置員外官一千餘員。」是元年已在任。又張說逍遙公墓誌銘云：「選兵吏各兩冬。」嗣立兩任吏侍，第一次只一冬，此必亦一冬，二年出刺相州，必元年冬已遷吏侍也。是在外不滿一年，舊傳「歲餘」，欠妥。

司馬鍠——蓋神龍二年，在吏侍任。——舊一九〇附見劉憲傳。

〔考證〕傳云：「司馬鍠，洛州溫人也。神龍中，卒于黃門侍郎。」而姓纂二：司馬氏「鍠，吏部、黃門、中書三侍郎，京兆尹。」岑校：「鍠，證聖元年爲監察御史，見會要七五。又嘗官徐州刺史，見元龜六七一。（通鑑二〇七系長安四年。）全文三五八韋抗碑，『太選持衡者，京兆韋嗣立、河內司馬鍾。』鍾當鍠之訛。千唐鄭齊舟撰大理寺丞司馬望誌：『父鍠，兵、吏、中書三侍郎，贈衞卿。』銓誌稱希奭，『神龍初，以長子中書侍郎鍠追贈懷州刺史。』」據此，則官中書侍郎在神龍中，而掌銓則與韋嗣立同時也。按嗣立前後兩次掌選，第一次時另一侍郎不闕員，則鍠與嗣立同官，必嗣立之再任也。今據員闕置於神龍二年宋璟之後。

魏知古——神龍二年，由衞尉少卿遷吏侍。尋進階銀青光祿大夫。景龍元年，丁憂免。——舊九八、新一二六有傳。

〔考證〕 舊傳：「長安中，歷遷鳳閣舍人，衞尉少卿。時睿宗居藩，兼檢校相王府司馬。神龍初，擢拜吏部侍郎，仍依前兼修國史。尋進位銀青光祿大夫。明年，丁母憂去職。服闋，授晉州刺史。睿宗即位，以故吏召拜黃門侍郎。」新傳同而略。按：知古居職前後兩年。元年冬至二年春已有宋璟韋嗣立同時爲吏侍，不容有知古；則知古當在二年至三年（即景龍元年）。景龍元年丁憂，服闋授晉州，正值睿宗即位，與傳正切合。

元希聲——由太常少卿遷吏侍。（碑、碑銘。）景龍元年，卒。（碑。碑銘。）——兩書無傳，全唐文二八〇有崔湜撰吏部侍郎元公碑，同書二三一有張說撰吏部侍郎元公碑銘。

〔附證〕 希聲官至吏侍，又見舊一八四宦官李輔國傳、新七五下世表、姓纂四。

蕭至忠——景龍元年或上年（員闕。）由左御史臺中丞遷吏侍，仍兼中丞。（兩傳〔左臺參舊紀入相條〕。）五月十八乙卯，見在任。〔考證一〕。七月，見在吏侍兼御史中丞任。（通鑑。）九月二日丁酉，遷黃門侍郎·同中書門下三品。（兩紀、新表、通鑑〔作丁卯誤〕、兩傳〔作平章事誤〕。）〔考證二〕。——舊九二、新一二三有傳。

〔考證一〕據會要三六氏族條，此日在任，惟今本譌「景龍」爲「神龍」，又譌「吏」爲「禮」耳。詳刑侍卷徐堅條。

〔考證二〕兩紀、表、鑑，皆由吏侍遷黃門侍郎．同三品。舊紀且兼中丞。新傳作遷中書侍郎．同平章事。按：新表又書：「丙辰，至忠行中書侍郎。」距始相不過十九日，則新傳作中書侍郎尚不爲誤。而舊傳遷吏侍兼中丞下云：「尋遷中書侍郎．兼中書令，……尋轉黃門侍郎．同中書門下平章事。」此「中書侍郎兼中書令」明誤矣。

岑羲——由秘書少監再遷吏侍。（兩傳。）景龍元年五月十八乙卯，見在任。（會要三六〔作禮侍神龍皆誤詳刑侍卷徐堅條〕。）二年四月二十五丁亥，加修文館學士。（會要六四宏文館條。）冬仍在任，與崔湜、鄭愔、李元恭同掌選事。〔考證一〕。三年，遷中書侍郎。〔考證二〕。——舊七〇、新一〇二有傳。

〔考證一〕舊傳，遷吏侍下云：「時吏部侍郎崔湜、太常少卿鄭愔、大理少卿李元恭分掌選事，皆以贓貨聞；羲最守正，時議美之。」新傳同，惟湜愔無銜。又朝野僉載四：「唐崔湜爲吏部侍郎，……時崔（湜）、岑（羲）、鄭愔並爲侍郎。」與傳合。按通制，吏侍兩員，惟景龍二年冬西京東都各置兩員，同時四人掌銓選，詳卷一述制。羲等四人分掌選事，必即是年冬銓也。

〔考證二〕據員闕，羲卸吏侍當在景龍三年。舊紀：景雲元年六月癸未，「中書侍郎岑羲（略）同中書門下平章事。」通鑑同。新紀、新表亦同，惟日小異。此時由中書侍郎入相，蓋上年即景龍三年卸吏侍遷中書侍郎也。而舊傳四人分掌選事下云：「尋加銀青光祿大夫．右散騎常侍．同中書門下三品。睿宗即位，出爲陝州刺史。」新傳亦云：「帝崩，詔擢右散騎常侍．同中書門下三品。睿宗立，罷爲陝州刺史。」皆由吏侍遷右散騎常侍入相，與兩紀、表、鑑大異。按舊紀，同年七月丁巳，「中書侍郎岑羲爲右散騎常侍。」新表、通鑑亦皆云罷爲右散騎常侍，則兩傳誤以罷守之官爲入相之官也。又六月入相時，裴談、張錫同三品，羲、湜同平章事，傳又混書爲同三品，亦誤。

薛稷——景龍二年五月五日丙申，以吏侍加修文館直學士。（會要六四宏文館條。）——舊七三、新九八有傳。

●崔湜——景龍二年春，由兵侍遷吏侍。四月二十五丁亥稍前，遷中書侍郎。旋仍兼檢校吏侍事。〔考證〕。三年三月一日戊午朔，以本兼官同中書門下平章事。（新紀、新表、舊紀〔脫三月〕、通鑑〔省檢校吏侍〕、兩傳。）五月十一丙寅，貶襄州刺史。（通鑑〔有兼知吏侍〕、兩紀、新表〔紀表皆丙戌〕、兩傳。）——舊七四、新九九有傳。

〔考證〕舊傳：「景龍二年，遷兵部侍郎。……俄拜吏部侍郎，尋轉中書侍郎・同中書門下平章事。」新傳無吏侍一遷，惟「中書侍郎」下有「檢校吏部侍郎」六字；餘並同。按：景龍二年四月二十五日，敕以中書侍郎崔湜爲修文館學士，見會要六四宏文館條。若舊傳吏侍不誤，則二年春由兵侍遷吏侍，此日稍前又遷中書侍郎也。據新傳，遷中書侍郎後仍兼檢校吏侍，舊傳入相後亦云「與鄭愔同知選，銓綜失序，」致貶黜。又會要七四掌選善惡條云：「景龍三年，鄭愔與崔湜同執銓管，……選司綱維紊亂。」此在轉中書侍郎以後。又三年三月入相時，兩紀新表原銜皆爲「中書侍郎兼檢校吏部侍郎。」五月貶襄刺時，通鑑原官亦同。則遷中書侍郎後仍兼吏侍直至貶時，無疑也。又按：舊書岑羲傳云：「遷吏部侍郎，時吏部侍郎崔湜、太常少卿鄭愔、大理少卿李元恭分掌選事。」新傳，湜雖無銜，然四人同時掌選則同。考吏侍兩員，惟景龍二年冬四銓分掌，羲、湜、愔、元恭四人同時掌銓必即此冬無疑。則湜二年四月二十五日稍前由吏侍遷中書侍郎，縱不仍檢校吏侍，然其冬必兼檢校吏侍，無疑也。

●鄭愔——景龍二年冬，以太常少卿兼檢校吏侍事。三年三月二十一戊寅，正拜吏侍・同中書門下平章事。〔考證〕。五月十一丙寅，貶江州司馬。（通鑑、舊紀〔作丙戌誤〕、新表〔誤同〕、兩書崔湜傳。）——兩書無傳。

〔考證〕新紀：景龍三年三月戊寅，「太常少卿鄭愔守吏部侍郎・同中書門下平章事。」新表同。

通鑑同日，「太常卿鄭愔爲吏部尚書·同平章事。」而五月之貶，書銜「吏部侍郎·同平章事。」知三月入相條「尚書」爲「侍郎」之誤，「卿」上亦脫「少」字。舊紀：同年二月戊寅，「太常少卿·兼檢校吏部侍郎·同中書門下平章事。」脫「三月」字，（合鈔已正。）又無人名，必鄭愔無疑。據新紀、新表、通鑑，此日由太常少卿遷吏侍同平章事，原不兼吏侍也。而舊一八五下良吏李尚隱傳：「景龍中，……中書侍郎知吏部選事崔湜及吏部侍郎鄭愔同時典選，傾附勢要，逆用三年員闕，士庶嗟怨。尋而相次知政事。」新傳亦云：「崔湜、鄭愔典吏部選，附勢倖，銓擬不平，……俄而相踵知政事。」是入相前已知吏部選事也。又舊七〇岑羲傳：「遷吏部侍郎。時吏部侍郎崔湜、太常少卿鄭愔、大理少卿李元恭分掌選事，皆以贓聞，羲最守正，時議美之。」新一〇二羲傳亦同。按四人同時掌選，惟景龍二年冬有其事，則最遲二年冬已以太常少卿兼知選事矣。至三年三月戊寅入相時蓋正拜吏侍，故新紀、新表、通鑑皆書由太常少卿爲吏侍耳。由此推之，舊紀入相條，「太常少卿兼檢校吏部侍郎」蓋其原銜，下脫「鄭愔爲吏部侍郎」七字歟？

李元恭——景龍二年冬，以大理少卿與岑羲、崔湜、鄭愔分掌選事。元恭知東都選。——兩書無傳。

〔考證〕　全唐文七八四穆員京兆少尹李公墓誌銘：「祖元恭，皇大理少卿·知吏部選事。」冊府六三八，李元恭以大理少卿「知吏部侍郎，分往東都掌選事。」前條引舊書岑羲傳，羲爲吏侍，與吏侍崔湜、太常少卿鄭愔、大理少卿李元恭分知選事，時在景龍二年冬。是冬西京東都各置兩銓侍郎分掌選事，元恭以大理少卿分掌東都選也。又全唐文五二一梁肅隴西李君墓誌：「君諱僾，……大父元恭，開元中……歷大理卿，判尚書吏部侍郎。」開元中誤；卿亦少卿之誤。

盧藏用——景龍三年五月中旬，以中書舍人兼知吏侍事。是年，遷檢校吏侍。時階朝請大夫。〔考證一〕。景雲元年五月二十九己卯，見在吏侍任。（通鑑。）是年，遷黃門侍郎。〔考證二〕。——舊九四、新一二三有傳。

〔考證一〕　舊傳：「遷中書舍人。景龍中，爲吏部侍郎。」新傳同。考全唐文二五一蘇頲授盧藏用檢校吏部侍郎制：「朝請大夫•守中書舍人•兼知吏部侍郎事•修文館學士•上輕車都尉盧藏用，……自四年掌誥，九品作程，峻而不雜，重輕咸當，簡而能要，浮競斯遠，刀尺之委，銓衡已歸，特選周才，更符僉望，可檢校吏部侍郎，仍佩魚如故。」則先以中舍兼知吏侍事，此制遷檢校吏侍也。按：景龍二年四月二十五日，以中書舍人盧藏用爲修文館學士，見會要六四宏文館條，則遷吏侍在後。又封氏聞見記三銓曹條：「崔湜鄭愔同執銓管……綱維紊亂，……愔坐貶江州員外司馬。盧藏用承鄭氏之後，尙有七百餘人未授官，一切奏至冬處分。」愔之貶在景龍三年五月十一日，此時藏用繼愔必以中舍兼知也。復考全唐文二八〇崔湜吏部侍郎元公碑：「以景龍三年某月歸葬於某。……公執交（略）吏部侍郎范陽盧藏用，當代英秀，……篆石。」題銜「吏侍」非「中舍」，則蘇頲授制亦卽在三年矣。按制云：「四年掌誥」。據舊傳，神龍中始知制誥，卽以始於神龍二年計，至景龍三年爲四年，與元公碑亦合。

〔考證二〕　兩傳皆遷黃門侍郎。考八瓊五〇玉泉寺大通禪師碑：「中□□□□□（蓋多兩□）范陽張說文。」「黃門侍郎范陽盧藏用書。」檢說傳，睿宗卽位，遷中書侍郎，景雲二年轉左丞。則此碑必作於景雲元年或二年，卽藏用由吏侍遷黃門侍郎非元年卽二年也。今據員闕書於元年。

●**崔湜**——景龍三年冬，由左丞換吏侍。（新傳、舊傳〔作中書侍郎誤〕，參左丞卷。）景雲元年正月五日丁巳，見在任。（唐詩紀事一〇。）六月三日癸未，以本官同平章事。（舊紀、通鑑、新紀〔壬午卽弑帝日〕、新表〔同〕、兩傳〔誤三品〕。）同月二十三癸卯，貶華州刺史。（通鑑、新紀〔壬寅〕、新表〔同〕、兩傳。）同月二十八戊申，復舊官，仍平章事。（通鑑、舊紀〔無前罷而有復相明癸卯失書〕、新紀、新表。）七月十三壬戌，罷爲左丞。（詳左丞卷。）——此再任。

李乂——景雲元年秋冬，由中書舍人遷檢校吏侍。二年春或四五月稍前，已遷黃門侍郎，進階銀青光祿大夫。——舊一〇一、新一一九有傳，全唐文二五八有蘇頲撰李乂神道碑。

〔考證〕　新傳：「遷中書舍人，修文館學士。……韋氏之變，詔令嚴促，多乂草定。進吏部侍郎，仍知制誥。與宋璟等同典選事，請謁不行。……改黃門侍郎、……諫罷金仙玉眞二觀，帝雖不從，優容之。」舊傳卽以景雲元年遷吏侍，餘稍略。神道碑云：「遷中書舍人……長兼昭文館學士。太子（衍字）上卽位，檢校吏部郎中（侍郎之譌），……二歲遷黃門侍郎，加銀青光祿大夫。」是始任爲檢校職。按：韋后之亂，睿宗卽位，在景雲元年六月，則遷檢校吏侍當在秋冬，通鑑於此年紀末書宋璟爲尚書，李乂盧從愿爲侍郎，是也。據碑，遷黃門侍郎卽在二年。據傳，遷黃門後諫爲公主造觀。考通鑑，景雲二年五月「辛酉，更以西城爲金仙公主，隆昌爲玉眞公主，各爲之造觀，……用功數百萬。右散騎常侍魏知古、黃門侍郎李乂諫，皆不聽。」二人諫雖非辛酉事，然舊九八魏知古傳：「景雲二年，遷右散騎常侍。睿宗女金仙玉眞二公主入道，有制各造一觀，雖屬季夏盛暑，尙營作不止。知古上疏諫曰：……禮曰季夏之月，樹木方盛，……睿宗嘉其切直，尋令同中書門下平章事。」知古以二年十月入相，則季夏營作，知古疏諫，卽二年之六月也。乂諫時問當略同，其時已官黃門侍郎，則卸吏侍當稍前。

盧從愿——景雲元年秋冬，由中書舍人遷吏侍。（兩傳、會要七四掌選善惡。）典選六冬，開元四年五月，貶豫州刺史。（通鑑〔月從唐歷〕、兩傳。）——舊一〇〇、新一二九有傳。

李朝隱——開元元年，（據員闕。）以絳州刺史兼知吏部選事。（舊傳。）二年，正拜吏侍。（兩傳。）四年五月，貶滑州刺史。（通鑑〔月從唐歷〕、舊傳〔春〕、新傳、盧從愿傳。）——舊一〇〇、新一二九有傳。

〇**趙彥昭**——景雲二年春，或四五月，由涼州都督入遷吏侍。蓋繼李乂。蓋五月，充關內道巡邊使。秋冬，遷左御史臺大夫。——舊九二、新一二三有傳。

〔考證〕　新傳：「景龍中，累遷中書侍郎·同中書門下平章事。……睿宗立，出爲宋州刺史，坐累貶歸州，俄授涼州都督。爲政嚴，下皆股慄。入爲吏部侍郎，持節安邊。遷御史大夫。蕭至忠等誅，郭元振、張說言彥昭與秘謀，改刑部尚書，封耿國公。」舊傳略同，惟「平章事」作「三品」，又罷相出爲涼州都督，由宋州刺史入爲吏侍，亦與新傳異。校以舊紀、通鑑、新紀、新表，皆以新傳爲正；舊傳誤。又舊傳「吏部侍郎」下云：「又爲刑部尚書·關內道持節巡邊使·檢校左御史臺大夫。」以刑部尚書充巡邊使，亦與新傳異。按：舊傳此下亦云蕭至忠等誅，郭元振、張說言其功，遷刑部尚書，與新傳同。若前本爲刑尚，此時何云以功遷耶。則前「刑部尚書」衍出無疑。又按：新傳云遷御史大夫，舊傳云檢校左御史臺大夫。考紀、鑑，先天元年二月，廢右御史臺官員。彥昭始任大夫蓋如舊傳作左臺大夫，則在此月以前，或景雲二年末。卸吏侍既在景雲二年末，玆續論由涼州入遷之時。按彥昭以景雲元年七月罷相出爲宋州刺史，又貶歸州，遷涼州，乃入朝爲吏侍，度其時不能早過二年春。且李乂卸後吏侍始有闕，乂卸不能早過二年春，卽彥昭遷任不能早過二年春也。又通鑑景雲二年五月紀云：「時遣使按察十道，議者以山南所部闊遠，乃分爲東西道，又分隴右爲河西道。六月壬午，又分天下置(略)二十四都督。……其後竟罷都督，但置十道按察使而已。」據此，則六月以前似尚無「按察使」專名，彥昭傳爲關內持節巡邊使，時間與此合，蓋「遣使按察十道」，彥昭卽其一，當時名稱未定，故鑑作「按察」，傳作「巡邊」耳。(又舊一〇二馬懷素傳：「源乾曜、盧懷愼、李傑等充十道黜陟使。」全唐文九九五馬懷素墓誌銘作十道按察使。亦其證。)然則，彥昭由涼州都督入爲吏部當在景雲二年五月稍前，遷左臺御史大夫當在秋冬。

馬懷素——約景雲二年，由中書舍人遷檢校吏侍。是年或明年，轉大理少卿。——舊一〇二、新一九九有傳，全唐文九九五有銀青光祿大夫秘書監馬懷素墓誌。

〔考證〕　墓誌：「轉考功員外郎·修文館學士，遷中書舍人，與李乂同掌黃畫。踰年，檢校吏部侍郎，實允僉□。屬朝廷以刑政所急，改授大理少卿。……除虢州刺史。……入爲太子少詹事，判刑部侍郎，加銀青光祿大夫，兼判禮部。尋而正除刑部侍郎，……轉戶部侍郎，……拜光祿卿，遷左散騎常侍，轉秘書監。……開元六年三月十日遘疾，……七月廿七日終。」舊傳：「遷考功員外郎，……擢拜中書舍人。開元初，爲戶郎侍郎，加銀青光祿大夫，……三遷秘書監。」新傳同，省書官歷甚多。按：景龍二年五月五日，勅考功員外郎馬懷素爲修文館直學士，見會要六四宏文館條；則遷中舍在後。前考李乂以景雲元年六七月已遷吏部侍郎，懷素旣嘗與乂同掌黃畫，則其遷中舍當在景龍三年至景雲元年五六月間，踰年檢校吏部侍郎，當在景雲二年，然景雲元年吏侍無闕，則當在二年，蓋繼彥昭之後歟？又舊紀：開元三年十月甲寅，「以光祿卿馬懷素爲左散騎常侍，（此脫官銜）褚无量並充侍讀。」通鑑書於九月。則由戶侍遷光祿卿不能遲過開元三年。自景雲二年至開元三年十月，時間不過五年，而官歷七八轉。中間兼判禮侍必已入開元初。然張廷珪自開元元年正二月爲禮侍，至二年夏遷黃門侍郎，禮侍一員，至此始闕，則懷素兼判禮侍不能早過二年夏。今姑據吏侍、禮侍、光祿卿三已知之點略推其官歷年份如次：景雲二年，由中書舍人遷檢校吏部侍郎。是年或先天元年，轉大理少卿。先天元年，出爲虢州刺史。開元元年，入爲太子少詹事、判刑部侍郎。二年夏，兼判禮部侍郎，又正拜刑部侍郎，遷戶部侍郎。三年，遷光祿卿。是年十月，遷左散騎常侍。

吳道師（師道？）——蓋先天元年前後，曾官吏侍。——兩書無傳。

〔考證〕 姓纂三：「齊道州別駕安誕居鄴縣。五世孫道師，唐吏部侍郎。」岑校：「摭言一，『垂拱元年，吳師道等二十七人及第。』文苑英華注一作吳道古，當卽此人。景雲三年，師道官銀青光祿大夫、檢校秘書監，見全文九八八淳儀銘。」按道師、師道時次正相及，蓋一人無疑，則官吏侍當在秘監前後也。

○崔日用——開元元年六月，由荊州大都督府長史入遷吏侍。（通鑑。）七月三日甲子，見在吏侍任。（新八三太平公主傳。）此日，兼檢校雍州長史。不久，遷吏尚。〔考證〕。——舊九九、新一二一有傳。

〔考證〕 兩傳均省吏侍。舊傳云：「及討蕭至忠、竇懷貞之際，又令權檢校雍州長史，……尋拜吏部尚書。」新傳同。蓋以吏侍權檢校雍州長史，後遷吏尚也。

盧懷愼——開元元年十二月，以黃門侍郎與黃門監魏知古於東都分掌選事。（會要七五東都選條、兩傳。）同月二十五甲寅，進同紫微黃門平章事。（兩紀、新表、通鑑、舊傳〔作三品誤〕、新傳。）——舊九八、新一二六有傳。

姜晦——開元四年，由兵侍遷吏侍。〔考證〕。五年七月三日庚子，徙宗正卿。（通鑑、新傳、舊五九姜皎傳。）——新九一有傳，舊五九附見兄皎傳。

〔考證〕 新傳：「除黃門侍郎，辭不拜，改兵部。滿歲，為吏部侍郎，主選。曹史嘗請託為姦，前領選者周棘扃藩。……至晦悉除之，示無防限。然處事精明，私相屬諉，罪輒得，皆以為神。……贓賕路塞，而流品有敍。」封氏聞見記三銓曹條於盧從愿後云：「姜晦自兵部侍郎拜吏部。」下述政績與新傳同。新語一〇釐革類亦同。按晦政績如此，在任當不甚促，至少曾掌一冬銓。晦以五年七月卸吏侍，明見通鑑；則始任不能遲過四年冬，然觀員闕亦不能早過四年也。又晦政績如此，而朝野僉載二：「王怡為中丞憲臺之穢，姜晦為掌選侍郎之穢，崔泰為黃門侍郎門下之穢，號為京師三穢。」同書四又云：「姜晦為吏部侍郎，眼不識字，手不解書，濫宇銓衡，曾無分別。」蓋晦精明，有恨之者，故謗之如此。

裴漼——開元五年，由兵侍遷吏侍。（兩傳。）七年三月十九戊申，見在任。（會要三九定格令條、新五八藝文志、舊五〇刑法志。）是年，或八年夏秋以前，遷左丞。（詳左丞卷。）——舊一〇〇、新一三〇有傳。

慕容珣——開元七年三月十九戊申，見在吏侍任。（會要三九定格令、新五八藝文志、舊五〇刑法志。）—

——兩書無傳。

魏奉古——約開元八年冬，見在吏侍任。——兩書無傳。

〔考證〕 全唐文二三五席豫高都公楊府君碑銘：「劍南節度使（略）韋抗奏公爲管記。……尋有詔停官歸侍，俄丁尚書府君（刑尚楊元琰）憂……服闋從常調，吏部侍郎魏奉古……乃授……河陽縣尉。」按舊九二韋抗傳：「開元三年，自左庶子出爲益州長史，四年入爲黃門侍郎。」舊一八五下楊元琰傳，以開元六年卒。是楊君丁憂在六年，從常調當在八年冬或九年也。

王丘——開元八年七月，由禮侍遷吏侍。時階蓋朝散大夫。九年，在吏侍任。十年冬以前，轉右丞。——舊一〇〇、新一二九有傳。

〔考證〕 舊傳：「三遷紫微舍人，……加朝散大夫。再轉吏部侍郎，典選累年，甚稱平允，擢用山陰尉孫逖……進士王冷然，皆稱一時之秀。俄換尚書左丞。」左爲右之譌，詳右丞卷。新傳略同，惟省右丞。考會要七五藻鑑條：「開元八年七月，王邱爲吏部侍郎，拔山陰尉孫逖（略）等。」蓋始任年月。又考舊一〇〇盧從愿傳：「與（略）吏部侍郎裴漼、禮部侍郎王丘、中書舍人劉令植刪定開元後格。」據會要三九定格令條、新五八藝文志、舊五〇刑法志，從愿、令植、漼等奏上開元後格在七年三月十九日，則丘是時在禮侍任。又冊府一四四：開元七年七月，「令禮部侍郎王丘、太常少卿李暠分往華嶽河瀆祈求。」是其時亦在禮侍任。然則傳云由中舍再遷吏侍者，中間省書禮侍一遷耳。又據後引王冷然上相國燕公書：「今尚書左丞王邱於開元九年掌天下選，授僕清資。」則九年尚在吏侍任。開元十年冬，吏侍之可確考者已有陸象先、楊滔二員，則丘由吏侍換右丞必在十年冬以前也。

〇陸象先——開元十年冬，以戶尚知吏部選事。（兩傳，詳戶尚卷。）——舊八八、新一一六有傳。

楊滔——蓋由戶侍遷吏侍。〔考證一〕。開元十年冬，見在任。〔考證二〕。十一年五月仍在任。〔考證二〕。——舊六三附楊恭仁傳。

〔考證一〕　舊楊恭仁傳：從孫執柔。「執柔子滔，開元中，官至吏部侍郎，同州刺史。」新七一下世表，楊氏「滔，兵、戶、吏三侍郎。」按：滔於開元七年三月十九日，見在戶侍任，蓋由戶侍遷吏侍也，其年月當在後。

〔考證二〕　唐摭言六公薦條，王泠然上相國燕公書（卽全唐文二九四論薦書）云：「今吏部侍郎楊滔」云云。考此上書年月可約知滔在吏部之年月。按：本所藏王泠然墓誌，以開元十二年十二月十八日卒。則上書不能遲過十二年。又書云：「今尙書右丞王邱於開元九年掌天下選。」按邱卸右丞爲黃門侍郎不能遲過十二年春夏，六月已由黃門侍郎出爲刺史，詳右丞卷。則此書決不能遲過十二年五月也。又此書上張說者。書云：「今公復爲相，隨駕在秦，僕適效官，分司在洛。」則上書時駕在西京也。據兩紀，十年正月幸東都，十一年正月，由東都如幷州，三月至京師，至十二年十一月復至東都。則此書又不能早過十一年三月矣。然則，此書當上於十一年夏至十二年夏之一年間。復按：此書述旱象爲宰相之咎云：「冬初不雪，春盡不雨。」又云「自十月不雨，至於五月。」「麥苗繼日而青死，桑葉未秋而黃落。」此謂自去年冬至今春及夏五月皆無雪無雨也。檢舊紀，開元十一年冬十一月，「是月，自京師至于山東淮南，大雪平地三尺餘。」若謂此書上於十二年，則「冬初不雪」與舊紀此事直接抵觸，是此書必上於十一年之强證。又據「五月」、「未秋」，當卽上於五月也。

此條寫成數月，復檢得岑仲勉前輩唐集質疑（集刊第九本）有王泠然上張說書一條亦謂此書上於十一年。其一證與鄙說同。又一證云：

書云：「必欲擧御史中丞，莫若擧襄州刺史靳□，」所空字「恆」字也。或後來唐宋人避諱而然。曲江集一二故襄州刺史靳公遺愛銘序云：「開元十二年，以理跡尤異，廉使上達，天子嘉之，稍遷陝州刺史。」據金石補正五二石刻，實作開元十一年。恆既以十一年遷陝州，而書仍稱襄州，當非十二年作。

按此爲一强證。然檢金石補正跋云：「丙寅冬託友人……搨此，……風雪嚴寒，拓不甚精。……嗣見淵鑑類函載有此頌，……十一年作十二，……續閱湖北通志據文苑英華錄此全篇，並引寶刻類編一跋，又知爲高恆慈所書，與夫立幢之年，而淵鑑作十二之誤矣。」按：本所藏有此幢銘，惜裝箱不能檢視。然藝風堂目云：「補訪碑錄云，開元十一年。」可知繆氏所見拓本年份已不清，故據補錄爲說。陸氏跋自稱「拓不甚精」，及下文云云，則所云十一年，亦不過據寶刻類編及湖北通志引英華耳，非拓本清晰目辨其果爲十一年也。今檢明隆慶刋本文苑英華七七五，此頌作十二年，湖北通志誤錄作十一，不足據。惟寶刻類編，此碑十一年立。此前顏回讚，十一年五月刻；此後普寂禪師碑，十二年正月立；則此碑「十一年」字非傳寫之譌，可信類編撰者所見是十一年也。此書編於宋末，據金石補正置此碑於十一年，不如據類編爲佳。

崔琳——開元十一年十二月，見在吏侍任。（會要七四掌選善惡條、同書七五藻鑑條〔兩條皆作林誤也詳後十銓條〕。）——舊一八七上附高叡傳，新一〇九附崔義玄傳。

王易從——約開元十一年，由兵侍遷吏侍。（詳兵侍卷。）十二年六月二十五壬子，出爲揚州大都督府長史。〔考證〕。——兩書無傳。

〔考證〕　全唐文五〇〇權德輿太子右庶子王公神道碑：「公諱定，……京兆人，……吏部侍郎、揚州大都督府長史(略)易從(略)第若干子。」同書三一三孫逖右庶子王公神道碑：「公諱敬從，京兆人。……公兄曰易從，故吏部侍郎。」冊府六七一：「王丘，開元十二年以黃門侍郎爲懷州刺史，崔沔以中書侍郎爲魏州刺史，王易從以吏部侍郎爲揚州大都督府長史。」按通鑑，王丘、崔沔等五人出刺在十二年六月壬午，而省書王易從。檢此月無壬午。考會要六八：「開元十二年六月二十四日，勅自今以後三省侍郎有缺，先求曾任刺史者。」據冊府，此勅即王丘等出刺制之最後一段。會要作二十四日，次日即壬子，蓋通鑑本作「壬子」，譌「子」爲「午」耳。

韓思復——約開元十二年，遷吏侍。階蓋銀青光祿大夫。旋出爲襄州刺史。——舊一〇一、新一一八有傳。

〔考證〕新傳：「拜黄門侍郎，帝北巡，爲行在巡問賑給大使，遷御史大夫。性恬澹，不喜爲繩察，徙太子賓客，進爵伯。累遷吏部侍郎，復爲襄州刺史，治行名天下。代還，仍拜太子賓客。卒。年七十四。」舊傳：「入爲黄門侍郎，加銀青光祿大夫，代裴漼爲御史大夫。……無幾，轉太子賓客。十三年卒，年七十餘。」不書吏侍。按，帝北巡在十一年春，三月已還京師，遷御史大夫當稍後不久。舊傳云代裴漼，漼實以十一二年中由御史大夫遷吏部尚書，（詳吏尚卷。）與新傳北巡後正合。若舊傳十三年卒不誤，則吏侍當必在十二年。

許景先——開元十三年二月二十一乙亥，由吏侍出爲虢州刺史。——舊一九〇中、新一二八有傳。

〔考證〕舊傳：「轉中書舍人，……（開元）十三年，玄宗令宰臣擇刺史之任必在得人，景先首中其選，自吏部侍郎出爲虢州刺史。」新傳同。又云：「大理卿源光裕，鄭州；兵部侍郎寇泚，宋州；……凡十一人。」册府六七一，同。據通鑑，事在十三年二月乙亥；惟略景先。

李元紘——開元十二年，（據員闕。）由兵侍遷吏侍。（舊傳。）十三年春，轉户侍，（兩傳，詳户侍卷。）進階中大夫。（舊傳。）——舊九八、新一二六有傳。

蘇頲、韋抗、盧從愿、徐堅、宇文融、崔琳、崔沔、韋虛心、賈曾、王丘——開元十三年十二月二十五甲戌，分掌吏部十銓。頲以禮尙，抗以刑尙，從愿以工尙，堅以右散騎常侍，文融以御史中丞，琳以蒲州刺史，沔以魏州刺史，虛心以荆州長史，曾以鄭州刺史，丘以懷州刺史。——頲，舊八八、新一二五有傳。抗，舊九二、新一二二有傳。堅，舊一〇二、新一九九儒學有傳。文融，舊一〇五、新一三四有傳。沔，舊一八八孝友、新一二九有傳。虛心，舊一〇一、新一一八有傳。曾，舊一九〇中文苑、新一一九有傳。從愿、丘有傳，琳有附傳，並見前。

〔考證〕　舊紀：開元十三年十二月，「是冬，分吏部爲十銓，勅禮部尚書蘇頲、刑部尚書韋抗、工部尚書盧從愿等分掌選事。」通鑑書於十二月甲戌。會要七四論選事條：「開元十三年十二月封嶽廻，以選限漸迫，宇文融上策，請吏部置十銓。當時牓詩云：員外却題銓裏牓，尚書不得數中分。」本注：「禮部尚書蘇頲、刑部尚書韋抗、工部尚書盧從愿、右散騎常侍徐堅、御史中丞宇文融、朝集使蒲州刺史崔林、魏州刺史崔沔、荆州刺史韋虛心、鄭州刺史賈曾、懷州刺史王邱等十人。」新一三四宇文融傳，全同，惟崔林作崔琳。封氏聞見記三銓曹條：「十四年，元宗在東都，勅吏部置十銓。」下敍十人，與會要略同。惟各種版本脫誤均甚，最佳者，「蘇頲」銜「尚書」誤作「侍郎」；又脫「韋抗」名，銜亦誤爲「侍郎」；「鄭州刺史」下脫「賈曾、懷州刺史」六字；「沔」譌爲「征」，「丘」譌爲「岳」「兵」。頲抗沔丘分掌十銓，各傳同，他傳不書。

崔琳，惟新宇文融傳爲正。會要作「林」。聞見記，趙貞信校證參較十種版本，或作「林」，或作「材」，無作「琳」者。按：兩書崔琳傳：天寶二年終於太子少保。舊紀同。孫逖有授崔琳太子少保制，由刑尚也。新七二下世表，琳官太子少保。昆弟五人名均從「玉」旁，則琳字決不誤。又兩傳云，開元初已官中書舍人，則開元十一年十三年極有爲吏侍爲刺史之可能，是卽一人無疑，宇文融傳作「琳」最正。

蔣欽緒——開元十四年，或上年秋冬，由御史中丞遷吏侍。十四年，出爲汴州刺史。——舊一一二有傳。

〔考證〕　舊傳：「開元十三年，以御史中丞錄河南囚，宣慰百姓，振窮乏。徙吏部侍郎，歷汴魏二州刺史，卒。」欽緒官至吏侍，又見舊一八五下良吏蔣沇傳及同書一八七下忠義蔣清傳。按：開元十三年四月二十五日在中丞任，全銜爲「太中大夫・御史中丞・內供奉・上柱國」，見曲江文集附錄加中散大夫敕。則遷吏侍不能早過十三年秋，而據員闕，其卸吏侍亦不能遲過十四年冬。

蘇晉——開元十四年冬，由戶侍遷吏侍。〔考證一〕。十九年春夏，出爲汝州刺史。〔考證二〕。——舊一〇〇、新一二八有傳。

〔考證一〕　舊傳：「歷戶部侍郎，襲爵河內郡公。開元十四年，遷吏部侍郎。時開府宋璟兼尙書事，晉及齊澣遞於京都知選事，（新傳「吏典二都選」，意同。）……甚得當時之譽。」新傳同而略。又舊一九〇中文苑齊澣傳：「澣爲右丞，李元紘、杜暹爲相，以開府廣平公宋璟爲吏部尙書，又用戶部侍郎蘇晉與澣爲吏部侍郎，當時以爲高選。」新一二八澣傳同。按：晉傳謂十四年爲吏侍，而李元紘以十四年四月相，杜暹以同年九月相，則晉澣爲吏侍必在十四年冬矣。

〔考證二〕　舊傳：「侍中裴光庭知尙書事，每遇官應批退者，但對衆披簿，以朱筆點頭而已。晉遂牓選院云，門下點頭者，更引注擬。光庭以爲侮己，甚不悅，遂出爲汝州刺史。」新傳同而略。會要七四掌選善惡條及南部新書丁皆云：「開元十八年，蘇晉爲吏部侍郎。」下敍牓選院忤裴光庭事，與兩傳同。按：光庭以十八年四月乙丑（十一日）始兼吏尙。此時制度，以十月一日解文書至省，次年三月三十日銓畢，光庭兼尙書既在四月，自不與十八年春選事，則晉牓選院事必在十八年冬或十九年春，出爲汝州刺史必在十九年春夏，不在十八年也。

齊澣——開元十四年冬，由右丞與蘇晉同時遷吏侍。（詳上條。）十七年七月二十九丁巳，貶良德丞。（冊府一五二貶齊澣等制〔全唐文收入卷二三〕、通鑑、兩傳。）時階朝請大夫。（貶制。）——舊一九〇中文苑、新一二八有傳。

許景元——開元十八年或稍後，蓋由工侍復遷吏侍。旋卒。——此再任。

〔考證〕　舊傳：「十三年，……自吏部侍郎出爲虢州刺史。後轉岐州，入拜吏部侍郎，卒。」新傳同。按：自十四年晉澣爲吏侍，至十七年七月澣貶出始有闕，則景先再任不能早過十七年。然十七年秋始任工侍，則遷吏侍當在後，不能早過十八年。

韓朝宗——約開元十八九年或二十年，以給事中知吏部選事。——新一一八有傳，全唐文三二七有王維撰前山南東道採訪使韓公墓誌。

〔考證〕　墓誌：「公諱朝宗，……試右拾遺，……拜監察御史，兵部員外郎，轉度支郎中，除給事中，……尋知吏部選事，……除許州刺史，荆州大都督府長史·山南採訪使。」新傳：「睿宗時爲左拾遺，」「累遷荆州長史。開元二十二年，詔置十道採訪使，朝宗以襄州刺史兼山南東道採訪使。」據郎官柱，朝宗又嘗爲戶部員外，司勳郎中；而司勳郎中題名，朝宗在劉晃後第二人。勞考七引舊音樂志，開元十一年祭皇地祇於汾陰樂章，內姑洗徵一首，司勳郎中劉晃作。則朝宗爲勳中在開元十一年之後，兵外度中當又在後。新傳，二十二年置十道採訪使，朝宗爲山南東道。據舊紀，置使在二十二年二月。衡以墓誌官歷，則以給事中知吏部選事，不能遲過二十年，然十七年以前無闕，則朝宗知選當在十八九年或二十年。

李林甫——開元二十年或稍前，由刑侍遷吏侍。〔考證一〕。二十年七月六日丁未，見在任。（避暑錄下引李暹告身。）二十一年四月至十二月間，遷黃門侍郎。〔考證二〕。——舊一〇六、新二二三上有傳。

〔考證一〕　舊傳：「十四年，宇文融爲御史中丞，引之同列，因拜御史中丞，歷刑吏二侍郎。」新傳同。二十年七月，林甫既在吏侍任，明見避暑錄下；而十六年五月又尚在御史中丞任，見會要四〇定贓估條；則由御史中丞換刑侍蓋在十七八年，由刑侍遷吏侍蓋在十九年或二十年春夏也。

〔考證二〕　舊傳：「（韓休）既入相，甚德林甫，與嵩不和，乃薦林甫堪爲宰相，（武）惠妃陰助之，因拜黃門侍郎。」新傳同。按休以二十一年三月甲寅（十六日）入相，十二月丁巳（二十四日）罷，則林甫由吏侍遷黃門必在四月至十二月間。

劉彤——開元二十年七月六日丁未；見在吏侍任，實檢校也。二十一年二月，以檢校吏侍充江東江西宣慰使。——兩書無傳。

〔考證〕　姓纂五，劉氏有吏部侍郎彤。冊府一六二：「開元二十一年二月，以（略）簡較尚書吏部侍郎劉彤充江東江西宣慰使。」又避暑錄下引李暹告身後列銜有吏部侍郎彤，例不書姓，時開元二十年七月六日，卽劉彤無疑。葉夢得云當爲韋彤；蓋以新二〇〇儒學傳有韋彤，其實非也。

嚴挺之——開元二十二年春夏間，由太府卿遷吏侍・兼守左丞。五月二十七丁亥，見在吏侍兼左丞任。時階朝議大夫。是年或明年，遷中書侍郎。（詳左丞卷。）——舊九九、新一二九有傳。

裴寬——開元二十二三年，由戶侍遷吏侍。二十四年冬，出爲蒲州刺史。——舊一〇〇、新一三〇有傳。

〔考證〕 舊傳：「歷中書舍人，御史中丞，兵部侍郎。開元二十一年冬，裴耀卿以黃門侍郎知政事，扈從出關，知江淮轉運，……奏寬爲戶部侍郎爲其副。……還吏部侍郎。及玄宗還京，又改蒲州刺史。」新傳同而略。按舊紀：二十二年正月辛未（八日），「戶部侍郎裴寬於河南存問賑給。」又耀卿以二十一年十二月丁巳（二十四日）入相，玄宗以二十二年春幸東都。則寬由兵侍遷戶侍當在二十一年十二月二十四日後、二十二年正月八日前。又二十四年十月戊申，車駕發東都還西京，丁酉至自東都；則出爲蒲州刺史，當在二十四年冬。再參以戶侍卷員闕，由戶侍遷吏侍當在二十二三年。

席豫——開元二十二年五月二十七丁亥以前，或二十一年，由右丞遷檢校吏侍。是日見在任。時階朝請大夫。二十八年或上年，遷左丞。——舊一九〇中、新一二八有傳。

〔考證〕 舊傳：「轉戶部侍郎・充江（河）南東道巡撫使・兼鄭州刺史。入爲吏部侍郎。……豫典選六年，復有令譽。天寶初，改尙書左丞。」新傳無左丞，餘略同，亦云「典選六年。」惟「入爲吏部侍郎」上有「韓休輔政舉代己」七字。按：休以二十一年三月十六甲寅由右丞遷黃門侍郎・同平章事；舉代己，似爲右丞，非吏侍。考全唐文三〇五徐安貞授席豫尙書右丞等制：「朝散大夫・持節鄭州諸軍事・守鄭州刺史・上柱國席豫，……可以秉於樞轄。」亦由鄭州入爲右丞。蓋先爲右丞，旋遷吏侍；舊傳省右丞一遷，新傳書事欠醒耳。又四部叢刊本曲江文集附錄載授中書令制，尙書省長官署銜有「朝請大夫・檢校吏部侍郎・上柱國豫。」時在「開元二十二年五月二十七日。」是遷檢校吏侍當在前，或亦在二十一年也。又全唐文三八元宗冊榮王鄭妃文：「維開元二十三年，歲次乙亥，十二月壬子朔，二十七日戊寅，……使(略)副使吏部侍郎席豫持節冊爾……。」則似已正拜吏侍矣。自二十二年至二十七年冬，典選凡六冬，則豫卸吏侍遷左丞當在二十八年，不能早過二十七年。又冊府一六二：「開元二十九年五月，命(略)尙書右(字譌)丞席豫(略)分行天下。」亦遷左丞在二十八年之證。舊傳：「天寶初，改尙書左丞。」蓋終言之，不必泥。又全唐文三四一顏眞卿撰顏杲卿神道碑有吏部侍郎席建侯，時在開元二十餘年，卽豫。

徐安貞——開元二十九年閏四月十八戊戌，蓋在吏侍兼中書侍郎任(？)——舊一九〇附文苑席豫傳，新二〇〇附儒學褚无量傳。

〔考證〕舊傳：「累遷中書侍郎。天寶初卒。」新傳同。皆不云爲吏侍。考全唐文三八元宗冊興信公主文：「維開元二十九年，歲次辛巳，閏四月辛巳朔，十八日戊戌，……今遣使吏部尙書兼中書侍郎徐安貞持節冊爾。」按：此時李林甫兼吏部尙書，此必有誤，蓋侍郎耳。又此文前有冊建平公主文，開元二十五年九月，徐安貞亦爲副使，銜爲「中書侍郎」；後有冊信王盧妃文，天寶二年七月，安貞銜爲「銀青光祿大夫・行中書侍郎。」則前後均爲中書侍郎。

裴思義——開元中或稍前，曾官吏侍。——兩書無傳。

〔考證〕新七一上世表，裴氏「思義，河東太守，晉城縣子。」全唐文三二七王維裴洄墓誌：「天寶二年……卒，……享年三十九。……君諱洄，河東聞喜人也。……祖思義，(略)戶部、吏部侍郎，河東郡太守，晉城縣開國男。」推其年歲，戶吏二侍郎當在開元中，或稍前。

苗晉卿——開元二十七年，以中書舍人權知吏部選事。(兩傳。)二十九年，正拜吏侍。(兩傳。)天寶二載正月二十三癸亥，貶安康太守。(通鑑、會要七四掌選善惡、舊傳〔作一載譌〕、新傳、摭言一五。)——舊一一三、新一四〇有傳。

宋遙——天寶元年冬，在吏侍任。二載正月二十三癸亥，貶武當太守。（通鑑、會要七四掌選善惡、舊一一三及新一四〇苗晉卿傳、摭言一五。）——兩書無傳。

陸景融——天寶二年，由左丞換吏侍。（詳左丞卷。）——舊八八、新一一六有傳。

李彭年——天寶二年，由兵侍遷吏侍。四載八九月，見在任。時階太中大夫。八載六月七日庚子，見在任。冬，長流嶺南。——舊九〇、新一一六有傳。

〔考證〕 舊傳：「遷中書舍人，給事中，兵部侍郎。天寶初，又爲吏部侍郎，……典銓管七年。後以贓汚，爲御史中丞宋渾所劾，長流嶺南臨賀郡。累月，渾及弟恕又以贓下獄，詔渾流嶺南高要郡，恕流南康郡。天寶十二載，起彭年爲濟陰太守。」新傳同而略。全唐文三〇八孫逖授李彭年吏部侍郎制：「尙書兵部侍郎李彭年……可守尙書吏部侍郎。」與傳合。考石臺孝經題名，彭年銜「太中大夫・守吏部侍郎・（勳・封）。」時在四載八九月，詳左丞卷崔翹條。則始任在此前。會要八一考上：「天寶八年六月七日，吏部侍郎李彭年奏……。」冊府六三一同。全唐文四五八李季卿三墳記：「□卿字榮寬。……己丑歲，小冢宰李公彭年，賞其文，……署朝邑簿。」己丑亦八載，則八年六月七日尙在任。考舊宋璟傳，渾之貶在九載。舊紀，九載「二月壬午，御史中丞宋渾坐贓及姦，長流高要郡。」通鑑在四月己巳。據彭年傳，彭年之貶在渾前累月，則彭年之貶當在八載之冬也。典選七年，則始任當在二年冬。又據全唐文三四一顏眞卿撰郭揆神道碑，彭年授揆太祝，亦在天寶二三年。

韋陟——天寶二年，蓋正月下旬，以禮侍權知吏侍事。同年，正拜吏侍。時階正議大夫。（詳禮侍卷。）四載九月，見在任。（石臺孝經題名。）是年冬或明年，（據員闕。）出爲襄陽太守・兼本道採訪使。（兩傳。）——舊九二、新一二二有傳。

達奚珣——天寶五載，由禮侍遷吏侍。時階中大夫。（詳禮侍卷。）六載春，見在吏侍任。（萃編八七遊濟瀆記，參王氏跋。）夏仍在任。（萃編八七宴濟瀆序，參王氏跋。）十二月十八己未，仍在任。（中州金石記引濟瀆記後敍。）七載，蓋猶在任。〔考證〕。——兩書無傳。

〔考證〕 全唐文三四一顏眞卿撰顏允南神道碑：「從調，吏部侍郎達奚珣以書判超等，薦爲朝廷右補闕。元宗嘗撰華嶽碑並書，天寶九載……打百本以賜朝臣，……君以兩省官……居其一。」則從調在七八九年均可能。參之濟瀆記後敍，謂七年在任可也。

封希顏——約開元末天寶間，官至吏侍。——兩書無傳。

〔考證〕 新七一下世表：封氏「希顏，中書舍人，吏部侍郎。」姓纂一，官同；名作希彥，誤。岑校：「按希顏先天末爲右補闕，見舊書九八。河陰金石考二，元和十五年九月盧偘誌：夫人勃海封氏，故戶部侍郎希顏之孫。」則希顏宦達不能早過開元末，或當在天寶間。

班景倩——約開元末天寶間，曾官吏侍。——兩書無傳。

〔考證〕 姓纂四：扶風平陵班氏「景倩，吏部侍郎，秘書監。」岑校：「開元九年爲大理評事，見會要八五；又嘗任宣州刺史，見集古錄目唐良吏記（據元龜一六二，開元二十三年時官宣州）；天寶十載官祭酒，見元龜三三三及郊祀錄八。」

韋鎰——約天寶十載或稍前，官吏侍，轉戶侍。——兩書無傳。

〔考證〕 唐文拾遺二七呂溫韋武墓誌銘：「公諱武，……京兆杜陵人。……父（略）累任（略）中書舍人，給事中，擢□禮吏戶三侍郎，……年四十九而薨，……贈工部尙書，諱鎰。」鎰之官歷具見於此。按誌云：「公（武）未免懷而孤。」後云今上（憲宗）卽位，徵爲兵部侍郎，「俄以豐陵復土之重，輟公嚴護，拜京兆尹·兼御史大夫·充山陵橋道等使，……凡七十日，遇暴疾薨，……享年五十有五。」據舊紀，順宗以元和元年七月葬豐陵，武以元和元年五月辛未（八日）由兵侍爲京兆尹·兼御史大夫，閏六月戊辰（十七日）以董叔經爲京兆尹。碑所云云，與紀正合，則卽卒於元和元年閏七月也。由此上推，武當生於天寶十一載，不能早過十載，卽韋鎰之卒約在天寶十一二載也。鎰卒時年僅四十九，可姑定其由吏侍轉戶侍卒官，則官吏侍蓋十載或稍前也。又按：新七四上世表，自曾祖以下世系與此碑同。惟銜僅官「監察御史」。誤也。碑於銜尾下云：「然亦由不一其名字，故家傳略而不盡。」然則表蓋據家傳耳。

韋見素——天寶九載，由右丞遷吏侍，進階銀青光祿大夫。（舊傳。）十三載八月二十三丙戌，遷武尚·同中書門下平章事·知門下省事，（新表、新紀、通鑑、舊紀〔丁亥〕、兩傳、全唐文二五元宗授韋見素平章事制。）階如故。（授制。）——舊一〇八、新一一八有傳。

宋昱——天寶十載，以中書舍人知選事。——兩書無傳。

〔考證〕會要七四論選事：「天寶十載，吏部選才多濫，選人劉廼獻議於知銓舍人宋昱曰：……近代主司，獨委一二小冢宰。」云云。通鑑系此事於十二載紀末。按十二載冬，兩侍郎不缺，今姑從會要置十載。又據兩書韋見素傳，十三載八月，昱尚在中舍任。

張倚——天寶十二載冬及十三載春，在文侍任。〔考證〕。實以左丞兼知。十四載春夏，遷御史大夫。（詳左丞卷。）——兩書無傳。

〔考證〕舊一〇六楊國忠傳：「十一載，……爲右相兼吏部尚書。……故事，吏部三銓三注三唱，自春及夏才終其事。國忠……集百寮於尚書省對注唱，一日令畢，以誇神速。……明年注擬，又於私第大集選人，令諸女弟垂簾觀之，……吏部侍郎韋見素、張倚皆衣紫，是日與本曹郎官同咨事，趨走於屏樹之間。」按：國忠以十一載十一月爲右相兼文部尚書，第一次選銓必十一載冬至十二載春。傳云「明年」，卽第二次選銓，事在十二載冬至十三載春，倚此時在任也。通鑑並兩次同書於十二載正月，會要七四掌選善惡亦無「明年」二字，皆欠妥。

蔣冽——天寶十四載三月二十五甲申，見在文侍任。（冊府一四四。）——舊一八五上、新一〇六附見高智周傳。

〔考證〕 冊府一四四：「(天寶)十四載三月，詔曰：……宜令吏部侍郎蔣烈，今月二十五日祭天皇地祇。」按舊傳云：「(蔣)挺子冽、渙。……冽歷禮吏戶三侍郎，尚書左丞。渙，天寶末，給事中；永泰初，右散騎常侍。」冽爲吏侍又見萃編一〇一(全唐文三四〇)顏眞卿顏氏家廟碑。據傳碑推其官吏侍年代，與冊府蔣烈相當，卽一人無疑。又按：禮侍在吏侍前，據員闕，不能遲過十一載。戶侍當在吏侍前後，今姑置吏侍前。

崔漪——至德元載冬，以中書舍人判文侍。〔考證一〕。二年秋，轉右庶子。〔考證二〕。——兩書無傳。

〔考證一〕 全唐文三六六賈至授杜鴻漸崔倚(一作猗)中書舍人制：「勑知中書舍人鴻漸等，……用制軍誥，允屬夏卿；持衡審官，時惟小宰。……鴻漸可守中書舍人，判武部侍郎。倚可守中書舍人，判文部侍郎。」按：杜鴻漸判武侍在元載冬，詳彼卷。猗月日同。又按名倚一作猗。而全唐文五八九柳宗元永州刺史崔公墓誌，皇考吏部侍郎贈戶部尚書諱漪。又後引顏眞卿傳亦作漪。今從之。

〔考證二〕 舊一二八顏眞卿傳：「(至德)二年四月，朝於鳳翔，授憲部尚書。尋加御史大夫。中書舍人兼吏部侍郎崔漪帶酒容入朝，……眞卿劾之，貶漪爲右庶子。」新一五三眞卿傳，漪銜武侍，誤。兩傳此下「鑾輿將復宮闕」云云。按肅宗以十月還京，則漪貶在前；而眞卿以憲尙兼御史大夫在是年六七月；則漪貶必在年秋矣。

庾光先——約至德中，官至文侍。——舊一一八、新一四五附見子準傳，又舊一八七下、新一六一附見從孫敬休傳。

〔考證〕 舊庾準傳：「父光先，天寶中，文部侍郎。」舊庾敬休傳：「祖光烈，與仲弟光先，祿山迫以僞官，皆潛伏奔竄。光烈爲大理少卿，光先爲吏部侍郎。」新庾敬休傳不受僞官同，下云終吏部侍郎。則在肅宗世，非天寶中。然文部當可信，則在至德中。姓纂六：新野庾氏「又家春陵，生光烈，先吏部侍郎。」脫「光」字。

李暐——至德二載，或天寶末，官至文侍。——兩書無傳。

〔考證〕新七〇上世表，大鄭王房，「暐，文部侍郎。」按暐於天寶九年春已以中舍知擧貢遷戸侍，則官文侍當在天寶末或至德中。

蘇震——至德二年，或元年冬，由御史中丞遷文侍。二年十二月十五戊午，階由太中大夫進銀青光祿大夫。乾元元年，出爲河南尹。——新一二五附祖頲傳。

〔考證〕新傳：「安祿山陷京師，震……出奔。會肅宗興師靈武，震晝夜馳及行在。帝嘉之，拜御史中丞，遷文部侍郎。廣平王爲元帥，……以震爲糧料使。二京平，封岐陽縣公，改河南尹。九節度兵敗相州，震……貶濟王府長史。」按：全唐文四四肅宗收復兩京大赦文，封賞功臣，有云：「太中大夫・吏部侍郎・賜紫金魚袋蘇震，供億烝徒，臨事益辦，可銀青光祿大夫・行吏部侍郎。」此卽至德二載十二月戊午之赦文，太中大夫下「吏部」爲「文部」之譌，會要四五功臣條作「戸部」亦譌。參看吏尙卷韋陟條。按：肅宗以元載七月卽位，則任中丞不能早過元年秋冬，遷文部不能早過元年冬或明年。又九節度兵敗相州，在乾元二年三月，則出爲河南尹必在元年。

●崔渙——至德元載十一月八日戊午，以門下侍郎・同中書門下平章事充江淮宣諭選補使。（新表、舊紀〔作戊子誤合鈔已正〕、兩傳。）二載八月八日甲申，罷爲左散騎常侍・兼餘杭太守・江東採訪使。（兩紀、新表、兩傳。）——舊一〇八、新一二〇有傳。

崔器——乾元二年夏，由御史中丞・兼戸侍遷吏侍。八月二日乙未，見在任。冬或明年春夏，遷御史大夫。——舊一一五、新二〇九有傳。

〔考證〕舊傳：「爲御史中丞・兼戸部侍郎，從肅宗至鳳翔。……克復二京，爲三司使。……呂諲驟薦器爲吏部侍郎，御史大夫。上元元年七月……卒。」新傳略同。考會要五八吏侍條：「乾元二年八月二日，侍郎崔器以中銓闕，……奏改爲西銓。」按：呂諲以乾元二年三月相，則器遷吏侍當在夏。又按上元元年卽明年，則遷御史大夫年月可約推如此。

裴遵慶——約上元元年，由戶侍遷吏侍。〔考證〕。二年四月五日己未，遷黃門侍郎·同中書門下平章事。（兩紀、新表、通鑑、兩傳、碑、全唐文四二肅宗授遵慶平章事制。）時階銀青光祿大夫。（授制。）——舊一一三、新一四〇有傳，萃編一〇〇、全唐文三三一、八瓊六四有楊綰撰裴遵慶碑。

〔考證〕碑云：「累遷尙書右丞，兵部、戶部、□授吏部侍郎。」按官右丞當在乾元元二年，中歷兵戶二侍郎始爲吏侍，是不能早過上元元年。

杜鴻漸——上元二年，不能遲過寶應元年正二月，由右丞遷吏侍。寶應元年四月以前，徙太常卿。（詳右丞卷。）——舊一〇八、新一二六有傳。

張孚——寶應元年十一月，見在吏侍任。（會要六九丞簿尉條。）——兩書無傳。

〇李峴——寶應元年，以荆南節度使知江淮選補使。廣德元年八月，入爲檢校禮尙·兼宗正卿。——舊一一二、新一三一有傳，全唐文三二一有李華撰故相國梁國公李峴傳。

〔考證〕舊傳：「代宗卽位，徵峴爲荆南節度·江陵尹·知江淮選補使。入爲禮部尙書·兼宗正卿。」新傳及李華撰李峴傳並同。按：代宗以寶應元年四月卽位，峴節度荆南當卽是年。又舊紀：廣德元年「八月，以荆南節度使李峴爲宗正卿。」按舊紀是年十一月，「宗正卿梁國公李峴爲黃門侍郎·同中書門下平章事。」新紀新表原銜爲「檢校禮部尙書」，非宗正卿。蓋峴由荆南入朝爲檢校禮部尙書兼宗正卿，舊紀只書其實官，新紀新表只書其檢校官，兩傳及李華文均失書「檢校」二字耳。

顏眞卿——廣德元年三月，由戶侍遷吏侍。（全唐文三三八顏眞卿乞御書題額恩敕批答碑陰記、墓誌、全唐文四九代宗答顏眞卿謝吏部侍郎批〔在答謝戶侍批後〕。）不數日，進階銀青光祿大夫。（全唐文三三六顏眞卿謝吏部侍郎表、墓誌。）〔考證〕。八月，進階金紫光祿大夫，出爲荆南節度使。（敕批碑陰記、墓誌、新傳、全唐文四九代宗答謝荆南節度批。）——舊一二八、新一五三有傳，全唐文三九四有令狐峘撰顏眞卿墓誌銘，同書五一四有殷亮撰顏魯公行狀。

〔考證〕 行狀：「寶應元年……十二月，拜戶部侍郎，加銀青光祿大夫，上柱國。廣德元年，又加金紫光祿大夫，充荊南節度使。」失書吏侍一遷。舊傳同。新傳云：「再遷吏部侍郎。」省戶侍一遷。據行狀，似戶侍任內已加銀青光祿大夫。然眞卿謝吏部侍郎表云：「伏奉某月日恩制，以臣爲吏部侍郎；又奉某月日恩制，加臣銀青光祿大夫；浹辰之間，殊澤洊至。」則進階在吏侍稍後也。

嚴武——廣德元年夏秋，由京兆尹·兼御史大夫遷兼吏侍，京尹如故。〔考證〕。十月二十三壬辰，遷黃門侍郎。（舊紀、兩傳。）——舊一一七、新一二九有傳。

〔考證〕 舊傳：「遷京兆尹·兼御史大夫。二聖山陵，以武爲橋道使。無何，罷兼御史大夫，改吏部侍郎。尋遷黃門侍郎。」新傳不書。按二聖山陵均在廣德元年三月，則始任吏侍當在夏秋。又舊紀，遷黃門時原銜爲「京兆尹兼吏部侍郎。」則兼吏侍，而京尹如故也。

○崔渙——約廣德二年，由吏侍遷檢校工尚知省事。（詳工尚卷右丞卷。）——舊一〇八、新一二〇有傳。

王翃——約廣德二年冬，或稍前後，官吏侍。（詳刑侍卷。）——舊一五七附王翃傳。

暢璀——廣德二年十二月二日乙丑，由吏侍出爲檢校左散騎常侍·河中尹。（舊紀、舊傳〔皆脫檢校二字〕。）——舊一一一有傳。

李季卿——由秘書少監遷吏侍。（墓誌、兩傳〔由中舍誤〕。）永泰元年三月一日壬辰朔，以本官待制集賢院。（舊紀、通鑑、會要二六，全唐文四一有勅。）十一月二十丁丑，見在任。時階正議大夫。（大正藏經第二一二〇大廣智三藏不空和上表制集卷一贈金剛三藏開府制及拜不空三藏特進試鴻臚卿制。）蓋即此年或前後一年，充使宣慰河南江淮。（兩傳、墓誌〔山東江淮〕。）明年使回，仍典選事。（墓誌。）大曆二年春夏，徙右散騎常侍。（墓誌〔譌作三年據卒年知〕、兩傳、全唐文四一〇常袞授李季卿右散騎常侍制。）階如故。（授制、墓誌。）——舊九九、新二〇二有傳，全唐文三九一有獨孤及撰正議大夫右散騎常侍李季卿墓誌。

王延昌——永泰元年三月一日壬辰朔，以吏侍待制集賢院。（舊紀、通鑑、會要二六、全唐文四一有制。）十一月二十丁丑，見在任。時階銀青光祿大夫。（金剛三藏開府制、不空三藏特進試鴻臚卿制，詳前條。）大曆元年二月，見在任。（會要七五選部雜處置。）二年春夏見在任。（全唐文三九三獨孤及爲楊右丞等祭李相公文，詳左丞卷楊綰條。）蓋三年卒官。〔考證〕。——兩書無傳。

〔考證〕　冊府三〇三：「王延昌爲吏部侍郎，卒。大歷四年追贈吏部尚書。」則卒當在前。參以員闕，卽三年也。

楊綰——大曆二年春夏間，由左丞換吏侍·充集賢殿學士副知院事。時階朝議大夫。（詳左丞卷。）五年三月二十八辛卯，徙國子祭酒。（通鑑、兩傳。）——舊一一九、新一四二有傳。

徐浩——大曆三年蓋冬，由嶺南節度使入遷吏侍·集賢殿學士副知院事。時階銀青光祿大夫。〔考證〕。四年某月二十四日見在任。（萃編九五大證禪師碑。）大曆八年二月二十二丁卯，停知選事。（舊紀〔原脫二月合鈔已補〕。）五月十一乙酉，貶明州別駕。（舊紀、通鑑、神道碑、兩傳、新一四六李栖筠傳。）——舊一三七、新一六〇有傳，萃編一〇四、全唐文四四五有張式撰東海徐公神道碑。

〔考證〕　神道碑：「加銀青光祿大夫，集賢殿學士副知院事。尋遷工部侍郎。……拜嶺南節度觀察等使·兼御史大夫。……會來年有吏部之拜，復兼集賢學士。」兩傳同而略。據舊紀，大曆二年四月，浩由工侍出爲嶺南節度使。三年十月乙未，（此月無乙未，觀上下干支，當十九日己未之譌，合鈔已正。）李勉爲嶺南節度。碑云：「會來年有吏部之拜」，與紀正合，當在三年，蓋年冬也。萃編九五大證禪師碑，徐浩書銜爲「銀青光祿大夫·行尚書吏部侍郎·集賢殿學士副知院事·（勳·封）。」時在「大曆四年，歲次己酉，□□二十四日。」與紀及神道碑年月正相銜接。而通鑑，大曆五年三月辛卯，徐浩繼楊綰爲吏部侍郎；誤。又據神道碑，工侍前已階銀青·充集賢學士副知院事，舊傳吏侍下亦云集賢殿學士，參以大證碑，則始官吏侍，卽階銀青充學士。

薛邕——大曆五年，（詳禮侍卷。）由禮侍•兼集賢殿學士判院事遷吏侍，仍兼學士判院事。時階中散大夫。（全唐文四一一常袞授薛邕吏侍制。）八年二月二十二丁卯，停知選事。（舊紀〔脫二月據干支推知〕。）五月十一乙酉，貶歙州刺史。（舊紀、通鑑、舊一三七徐浩傳、新一六〇徐浩傳，又參舊新楊炎傳、全唐文三七五韋建薛舒神道碑。）——兩書無傳。

楊炎——大曆九年十二月二十五庚寅，由中書舍人遷吏侍。（舊紀、兩傳。）十二年四月二日癸未，貶道州司馬。（舊紀〔遠州〕、通鑑、兩傳。）——舊一一八、新一四五有傳。

韋肇——大曆九年十二月二十五庚寅，由秘書少監遷吏侍。不知何時卒官。——舊一五八、新一六九附子貫之傳。

〔考證〕 舊傳：「父肇，官至吏部侍郎。」舊七四上世表，同。又見全唐文七五五杜牧韋溫墓誌。新傳：「父肇，大曆中，……爲元載所惡，左遷京兆少尹，……改秘書少監。……載誅，除吏部侍郎。代宗欲相之，會卒。」據此，肇遷吏侍當在十二年三四月元載誅、楊炎貶時；而舊紀，大曆九年「十二月庚寅，以中書舍人楊炎、秘書少監韋肇並爲吏部侍郎。」與新傳絕異。今姑從紀。或者十二年載誅後，肇仍在任，代宗欲相之，故傳致誤歟？

薛述——蓋大曆中，或稍前後，官至吏侍。（詳工侍卷薛獻條。）——兩書無傳。

崔祐甫——大曆十三年七月八日壬子，以中書舍人知吏部選事。（舊紀、兩傳。）十四年閏五月三日壬申，貶河南少尹。逾二日甲戌，遷門下侍郎•同中書門下平章事。（舊紀、通鑑、兩傳。）——舊一一九、新一四二有傳。

房宗偃——大曆十四年七月四日辛未，由吏侍出爲東都畿觀察使。（舊紀。）——兩書無傳。

裴淑——蓋大曆中或德宗初，曾官吏侍。——兩書無傳。

〔考證〕　萃編一〇六許孟容撰裴耀卿碑，有子八人，第三子「淑，吏部侍郎。」按耀卿以天寶三載卒，年六十三。則大曆末，淑年蓋五六十。其官吏侍當不出此時前後。

邵說——大曆十四年九月十九丙戌，由秘書少監遷吏侍。（舊紀、兩傳。）建中元年八月二十二癸丑，見在任。時階朝議郎。三年五月以前或二年，徙太子詹事。〔考證〕。——舊一三七、新二〇三有傳。

〔考證〕　會要五八吏外條：「建中元年，侍郎邵說奏」云云。又萃編一〇二顏魯公書朱巨川行起居舍人試知制誥，尚書省官書名有「朝議郎・權知吏部侍郎・賜緋魚袋說」，即邵說無疑。時在建中元年八月二十二日，則其時在任。又按舊傳：「遷吏部侍郎，太子詹事。……建中三年，……貶說歸州刺史。」檢舊紀，建中三年五月「丁亥，貶太子詹事邵說歸州刺史。」則由吏侍徙詹事當稍前。

張鎰——建中元年四月稍前，或上年冬，由江西觀察使入遷吏侍。〔考證一〕。元年八月二十二癸丑，見在任。時階朝議大夫。〔考證二〕。年末或二年初，出爲河中晉絳觀察使。〔考證三〕。——舊一二五、新一五二有傳。

〔考證一〕　舊傳：「遷壽州刺史。……德宗即位，除江南西道都團練觀察使・洪州刺史・兼御史大夫。徵拜吏部侍郎。」新傳省書吏侍。按舊紀：大曆十三年十二月丙戌，「以給事中杜亞爲洪州刺史・（略）江西觀察使。」十四年五月癸亥，德宗即位。閏五月「癸巳（二十四），以壽州刺史杜亞爲江西觀察使。」甲午（二十五），「以江西觀察使杜亞爲陝州刺史。」合傳觀之，則舊紀壽州刺史下「杜亞」必「張鎰」之譌。合鈔及吳表五已正之。又舊紀：建中元年四月辛未，命江西觀察使崔昭冊命迴紇可汗。戊申，以福建觀察使鮑防爲洪州刺史・江西觀察使。則鎰卸江西入爲吏侍當在建中元年四月以前或大曆十四年末也。

〔考證二〕　萃編一〇二顏魯公書朱巨川行起居舍人試知制誥，尚書省官書名有「朝議大夫・吏部侍郎・上柱國・吳縣開國男・賜紫金魚袋，未上。」時在建中元年八月二十二日。按此在鎰任內，且鎰蘇州人，宜爵吳縣，是當爲鎰無疑。

〔考證二〕 舊傳，吏侍下云：「尋除河中晉絳都防禦觀察使。到官數日，改汴滑節度觀察使。……以疾辭，逗留於中路，徵入養疾私第。未幾，拜中書侍郎・平章事。」按鎰入相在建中二年七月，觀舊傳，知在卸吏侍後不久，則卸吏侍非元年末卽二年初也。

關播——建中三年秋，由刑侍遷吏侍。〔考證〕。十月七日丙辰，遷中書侍郎・同中書門下平章事。（兩紀、新表、通鑑、兩傳。）同時，進階銀青光祿大夫。（舊傳。）——舊一三〇、新一五一有傳。

〔考證〕 舊傳：「（建中）二年七月，遷播給事中，（舊紀同。）……轉刑部侍郎，奉迎皇太后副使。……尋遷吏部侍郎，轉刑部尚書・知刪定。奏：上元中，詔擇古今名將十人於武成王廟配享，如文宣王廟之儀。……臣請刪去名將配享之儀。……從之。建中三年十月，拜銀青光祿大夫・中書侍郎・同中書門下平章事。……罷相，改刑部尚書。」新傳，吏部前無刑侍一轉，後無刑尚一遷。而「知刪定」至「從之」一段，在罷相爲刑部尚書之後。按：播以建中三年十月丙辰由吏侍遷中書侍郎・平章事，兩紀、新表、通鑑無異說，均與新傳合。通鑑考異云：「實錄自吏部侍郎爲相，與傳（舊傳）不同。疑傳誤。明年罷相乃改刑部尚書。」耕望按：會要二三武成王廟條：「貞元二年二月，刑部尚書知刪定禮儀關播奏，……（與傳同。）」又：「四年八月十三日，兵部侍郎李紓奏……。」新一五禮樂志年份同。明此事在罷相爲刑尚以後，舊傳必誤無疑。又按：萃編一〇二顏魯公書朱巨川守中書舍人告身云：「通直官朝議郎・守給事中・賜緋魚袋臣關播奉行。」時建中三年六月十四日，則由給事中遷刑侍又遷吏侍，必在此年秋，十月卽入相矣。

盧翰——建中三年六月十五丙寅，見在權判吏侍任。時階朝請大夫。（萃編一〇二顏魯公書朱巨川守中書舍人告身，參陸完跋。）興元元年正月十四丙戌，遷兵侍・同中書門下平章事。（兩紀、新表、通鑑。）——兩書無傳。

〔附證〕　盧翰爲吏侍掌選，又見舊一五九衞次公傳。（據百衲本，通本作禮侍誤。）又全唐文五一一郭雄忠孝寺碑銘：「故太子賓客（略）范陽盧公正己……嗣子幹，今吏部侍郎。」據同書四二〇常袞太子賓客盧君墓誌及新七三下世表，此「幹」爲「翰」之譌。

趙涓——建中三年冬，以左丞知吏部選事。（詳左丞卷。）——舊一三七、新一六一有傳。

班宏——建中四年七月十九甲午稍前，卽春夏間，由刑侍遷吏侍。〔考證〕。興元元年六月六日乙巳，見在任。（舊紀、通鑑。）貞元元年九月，以本官充校考使。（會要八一考上、冊府六三六。）二年十二月五日庚申，轉戶侍·充度支副使。（通鑑、兩傳。）——舊一二三、新一四九有傳。

〔考證〕　舊傳：「遷刑部侍郎·兼官考使，……尋除吏部侍郎，爲吐蕃會盟使李揆之副。」新傳同。按李揆以建中四年七月甲午爲左僕充入吐蕃會盟使，見舊紀。則宏遷吏侍當在此日稍前，參以刑侍卷，當卽春夏間。

李紓——興元元年冬，以兵侍兼知吏部選事。——舊一三七、新一六一有傳。

〔考證〕　舊傳：「詣梁州行在，拜兵部侍郎。反正，兼知選事。」按德宗以興元元年七月反京，此必兼知是年吏部冬銓。

劉滋——興元元年，由太常少卿遷權知吏侍，（舊傳，「檢校」據平章事制。），往洪州知選事。（兩傳、會要七五南選、冊府六三〇。）貞元二年正月十一壬寅，遷左散騎常侍·同中書門下平章事。（新紀、新表、通鑑、舊紀〔失書吏侍〕、兩傳、全唐文四六二陸贄授劉滋等平章事制。）——舊一三六、新一三二有傳。

崔縱——貞元二年正月二十二癸丑，由御史大夫換吏侍。（舊紀、兩傳。）夏，見在任。（舊三七五行志。）九月十二戊戌，出爲檢校禮尚·東都留守·東都畿唐鄧汝防禦觀察使。（舊紀、舊傳、全唐文四六二陸贄授崔縱東都留守制。）〔考證〕。時階銀青光祿大夫。（授制。）——舊一〇八、新一二〇有傳。

〔考證〕 舊傳，「觀察使」下有「河南尹」三字。新傳由吏侍爲河南尹，無留守觀察等使。而舊紀、授制均無「河南尹」，今姑不取。

裴諝——貞元初，由千牛上將軍遷吏侍，徙太子賓客。——舊一二六、新一三〇有傳。

〔考證〕 舊傳：「建中初……貶閬州司馬。徵爲右庶子，改千牛上將軍。會吐蕃入寇，尋拜吏部侍郎，兼御史大夫，爲吐蕃使。不行。無幾，轉太子賓客，兵部侍郎，河南尹。」按諝以貞元五年十二月由兵侍爲河南尹，爲吏侍當在貞元初。

吉中孚——貞元四年八月，由權判吏侍轉中書舍人。（舊紀。）——新二〇三附見盧綸傳。

〇**劉滋**——貞元四年，由左散騎常侍復遷吏侍。（兩傳。）六年二月二十七甲午，遷吏尚。（舊紀、兩傳）。

——此再任。

李紓——貞元四年冬，由兵侍遷吏侍。〔考證一〕。六年二月，見在任。（會要七四論選事。）七年，見在任。（歐陽詹唐天文述。）八年二月二十四己酉，卒官。〔考證二〕。——此再任。

〔考證一〕 舊傳：「拜兵部侍郎，……拜禮部侍郎，……卒于官，年六十二。貞元八年，贈禮部尚書。」新傳「禮部侍郎」作「吏部侍郎」，餘並同。考全唐文五九八歐陽詹唐天文述：「皇唐百七十有一載……歲在辛未，實貞元七年。……是歲也，……趙郡李公紓爲天官之四年。」以下所云地春夏秋冬諸官皆爲侍郎。則紓爲吏侍始於四年，至七年尚在任也。據兵侍卷，四年八月十三日尚在兵侍任，則遷吏部當在四年冬；而新傳作「吏部」是也。其時禮侍不闕，舊傳作「禮部」，蓋涉下文禮部尚書而譌。

〔考證二〕 舊紀：貞元八年二月「己酉，吏部尚書李紓卒。」按新傳爲吏侍，卒官，贈禮部尚書。舊傳雖誤吏侍爲禮侍，而贈官不誤。則生前之官不應已爲吏尚，且其時劉滋、竇參相繼爲吏尚，則舊紀「尚書」必「侍郎」之誤。

杜黃裳——貞元七年，由刑侍遷吏侍。〔考證一〕。是年冬，見在吏侍任。（會要七四掌選善惡。）八年十月，以本官充校京官考使。（會要八一考上。）八年十一月九日，見在吏侍任。（會要八二甲庫條。）九年正月見在任。（會要七四掌選善惡。）十一年閏八月一日乙丑朔，仍在任。（會要五八吏外。）秋冬，貶他官。〔考證二〕。——舊一四七、新一六九有傳。

〔考證一〕　兩傳皆失書刑吏二侍郎。據歐陽詹唐天文述，貞元七年尙在刑侍任，詳彼卷。而會要七四掌選善惡條，七年冬已在吏侍任。是卽七年由刑侍遷吏侍也。

〔考證二〕　據會要五八吏部員外郎條。十一年閏八月一日，黃裳尙在吏侍任。考舊一三八趙憬傳：憬爲相，「時吏部侍郎杜黃裳爲中貴讒譖，及他過犯，……將加斥逐；憬保護救解之，故……從輕貶。」按：憬以八年四月入相，十二年八月卒於位，則黃裳之貶當在十一年閏八月至十二年八月之一年中。然據後奚陟顧少連二人始任年分，則黃裳之貶不能遲過十一年冬也。又全唐文六四〇李翺故東川節度使盧坦傳：「及（杜）黃裳爲吏部侍郎，將授以太常博士。會鄭滑節度使李復表請爲判官，得監察御史。」據舊紀及李翺傳，李復以貞元十年三月爲鄭滑節度，十三年四月卒官，時間與所考年份亦合。

鄭珣瑜——約貞元十年或九年，始官吏侍。〔考證〕。十一年三月二十一己丑，出爲河南尹・河南淮南水陸轉運使。（舊紀〔脫珣字又誤作乙丑〕、新傳。）——新一六五有傳。

〔考證〕　新傳：「貞元初，……進饒州刺史，入爲諫議大夫，四遷吏部侍郎。」按：貞元八年十月，珣瑜在中書舍人任，見會要八一考上條，其官吏侍當在十年或九年。

奚陟——貞元十一年，以刑侍知吏部選事。〔考證〕。十二年，遷權知吏侍。（碑。）十三年正除。（碑、兩傳。）　十五年十月十九己丑，卒官。（舊紀、碑〔作甲子蓋戊子之譌〕、兩傳。）　時階朝議郎。（碑。）——舊一四九、新一六四有傳，全唐文六〇九有劉禹錫撰故朝議郎守尙書吏部侍郎（勳賜）奚公神道碑。

〔考證〕　舊傳：「貞元八年，擢拜中書舍人。……遷刑部侍郎。裴延齡惡京兆尹李充……，誣奏充結陸贄，數厚賂遺金帛。充既貶官，又奏充比者妄破用京兆府錢穀至多……。陟廼躬自閱視府案，具得其實，奏言……並是準勑及度支符牒給用。……陟尋以本官知吏部選事。」新傳同而略。據舊紀及兩書裴延齡傳，陸贄李充之貶在十一年四月，充以刑部侍郎奚陟辨治，得不再貶，亦在是年，則兼知吏部不能早過十一年。又全唐文五〇九權德輿祭奚吏部文有云：「五歲啓事」，此用山濤故實，陟既以十五年卒官，則兼知吏部卽在十一年也。

顧少連——蓋貞元十一年，由散騎常侍遷吏侍知冬選。十二年，遷左丞。（詳禮侍卷少連條。）——新一六二有傳。

袁滋——蓋貞元十二年，（詳右丞卷。）以右丞知吏部選事。（兩傳。）——舊一八五下、新一五一有傳。

鄭餘慶——貞元十三年五月二十八癸丑，以工侍知吏部選事。（翰學壁記、舊紀〔壬子〕、舊傳〔六月〕、新傳、全唐文四八五權德輿爲鄭相公讓中書侍郎平章事表。）十四年七月二十五壬申，遷中書侍郎•同中書門下平章事。（兩紀、新表、通鑑、兩傳、讓表。）——舊一五八、新一六五有傳。

顧少連——貞元十四年，四月以後，由左丞換吏侍。（詳禮侍卷。）十六年五月三十丁卯，換京兆尹。（舊紀。）——此再任。

韋夏卿——貞元十六年六月或稍後，由徐泗節度司馬遷吏侍。〔考證〕。十七年十月二十一庚戌，換京兆尹。（舊紀、兩傳、碑。）——舊一六五、新一六二有傳，全唐文六三〇有呂溫撰京兆韋府君神道碑。

〔考證〕　舊傳：「貞元末，徐州張建封卒，初授夏卿徐州司馬，尋授徐泗節度使。夏卿未至，建封子愔爲軍人立爲留後，因授旄鉞，徵夏卿爲吏部侍郎。」新傳及神道碑略同，惟不云已授節度使。參之舊紀，蓋舊傳誤也。舊紀：貞元十六年五月「壬子，徐州軍亂，不納行軍司馬韋夏卿，迫建封子愔爲留後。」六月丙午，以愔知徐州留後。則夏卿召入爲吏侍，蓋卽此時或稍後也。

鄭珣瑜——貞元十六年九月，由河南尹復入遷吏侍。〔考證〕。十九年十二月十三庚申，遷門下侍郎・同中書門下平章事。（新紀、新表、通鑑、新傳。）——此再任。

〔考證〕　新傳：「遷吏部侍郎，爲河南尹。……韓全義將兵伐蔡，河南主餽運，……全義……有所取非詔約者，珣瑜輒掛壁不酬，至軍罷凡數百封。……復以吏部侍郎召。」按：舊紀，貞元十六年二月，韓全義爲蔡州行營招討使。五月，爲吳少誠所敗。九月，宥少誠。癸酉，全義退保陳州，以河南少尹張式爲河南尹・水陸轉運使。與新傳合而觀之，珣瑜在河南，直至十六年九月癸酉爲張式所代也。蓋卽其時入爲吏侍。

楊於陵——貞元十八年九月，以中書舍人權知吏部選事。時階朝議郎。十九年，或二十年，轉秘書少監。——舊一六四、新一六三有傳，全唐文六三九有李翶撰右僕射致仕楊公墓誌銘。

〔考證〕　墓誌：「德宗召見，遂以爲中書舍人。其年，知吏部選事。時京兆尹李實有寵，去不附己者，……改秘書少監。」兩傳不書知選事。考全唐文四八七權德輿禮部侍郎擧人自代狀：「準制擧自代官朝議郎・守中書舍人・（勳・賜）・權知吏部選事楊於陵。」按德輿傳，以十八年遷禮侍。又全唐詩第五函第七冊權德輿六酬崔舍人閣老冬至日宿直省中奉簡兩掖閣老並見示本注：「九月中，楊閣老權知吏部選事。」「十月中，崔閣老正拜本官，德輿正除禮部。」則於陵以十八年九月權知吏部，十月見在任，階朝議郎也。又按：舊紀，李實以十九年三月爲京兆尹，二十一年正月癸巳(二十三)德宗崩，二月李實外貶；則於陵轉秘書少監不出十九、二十年。

○**趙宗儒**——貞元二十年，由右庶子遷吏侍。（兩傳。）元和元年十一月二十一庚戌，出爲檢校禮尚・東都留守・東畿汝防禦使。（舊紀、兩傳。）——舊一六七、新一五一有傳。

〔附考〕　宗儒此時官吏侍又見全唐文五五七韓愈河南府同官記。舊傳，吏侍下云：「爲德宗哀冊文，辭頗悽惋。」而會要一帝號條：德宗哀冊文，禮部侍郎趙宗儒撰，禮字誤。

崔邠——永貞元年冬，以中書舍人權知吏部選事。——舊一五五、新一六三有傳。

〔考證〕 舊傳：「至中書舍人，……又權知吏部選事。明年爲禮部侍郎。」按：邠以永貞元年三月遷中書舍人，元和元年春夏正拜禮侍，則知選事當知永貞元年冬選也。

許孟容——元和元年冬，（德輿條。）在刑侍·權知吏部選事任。時階朝請大夫。（全唐文四八七權德輿吏部侍郎擧人自代狀。）——舊一五四、新一六二有傳。

權德輿——元和元年冬，蓋十一月末或十二月，由兵侍遷吏侍。時階朝散大夫。二年，徙太子賓客。時階朝議大夫。——舊一四八、新一六五有傳，全唐文五六二有韓愈撰故相權公墓碑。

〔考證〕 舊傳：「貞元十七年冬，以本官知禮部貢擧。來年，眞拜侍郎。凡三歲掌貢士。……轉戶部侍郎。元和初，歷兵部、吏部侍郎，……改太子賓客，復爲兵部侍郎，遷太常卿。五年冬，……拜禮部尙書·平章事。」墓碑同而稍略。新傳省戶吏二侍郎。按：順宗實錄四，永貞元年七月「戊子（二十一日），以禮部侍郎權德輿爲戶部侍郎。」又全唐文五〇九權德輿祭賈魏公文，在永貞元年乙酉十月景申朔二十三日戊午；祭唐舍人文，在元和元年景戌正月景寅朔十九日甲申；時銜皆戶部侍郎。又同書四八三權德輿有元和元年吏部試上書人策問三道。則德輿由戶侍遷兵侍當在元和元年二月以後，（觀兵侍員闕，當在五月。）而是年冬選時，已遷吏部侍郎也。觀孟容、宗儒兩條，德輿遷任在十一月二十一日後繼宗儒者。同書四八七權德輿吏部侍郎擧人自代狀云：「臣頃轉兵部，纔經數月，驟茲擢遷，必速官謗。」是亦在兵部未久之證。又同書五〇九權德輿祭楊校書夫人文，作於元和三年戊子三月癸未朔二十五日丁未，時銜又已爲兵部侍郎。是由吏侍貶太子賓客當在二年，三年三月以前復爲兵侍也。德輿自禮侍至太常卿階勳皆可考：

中書舍人擧人自代狀，時銜「朝議郎·守中書舍人·雲騎尉·賜緋魚袋。」（全唐文四八七）

禮部侍郎擧人自代狀，時銜階勳賜並同上（同上）

戶部侍郎舉人自代狀，時銜階勳賜仍舊（同上）
祭賈魏公文，時銜「朝散大夫・守尚書戶部侍郎・雲騎尉。」（同書五〇九）
（第一任）兵部侍郎舉人自代狀，時銜「朝議〔散〕大夫・守尚書兵部侍郎・驍騎尉・成紀縣開國伯。」（同書四八七）〔看前後銜，此「朝議」必「朝散」之譌。〕
吏部侍郎舉人自代狀，時銜「朝散大夫・守尚書吏部侍郎・驍騎尉・成紀縣開國伯。」（同上）
太子賓客舉人自代狀，時銜「朝議大夫・守太子賓客・驍騎尉・成紀縣開國伯。」（同上）
（第二任）兵部侍郎舉人自代狀，時銜「朝議大夫・尚書兵部侍郎・上柱國・開國伯。」（同書四八七）
祭楊校書夫人文，時銜「太中大夫・守尚書兵部侍郎・上柱國・襄武縣開國侯。」（同書五〇九）
太常卿舉人自代狀，時銜「通議大夫・守太常卿・上柱國・襄武縣開國侯・賜紫金魚袋。」（同書四八七）
據此，禮部侍郎，始終階朝議郎。遷戶部侍郎，階如故；後進階朝散大夫。遷兵部侍郎，階如故。遷吏部侍郎，階如故。遷太子賓客，時階朝議大夫。再任兵部侍郎，階如故；旋進階太中大夫。遷太常卿，時階通議大夫。

張弘靖——元和元年，以中書舍人知東都選事。——舊一二九、新一二七有傳。
〔考證〕　舊傳：「遷兵部郎中・知制誥，中書舍人，知東都選事，拜工部侍郎，轉戶部侍郎。」按舊一五八韋貫之傳：「元和元年，「與中書舍人張弘靖考制策，第其名者十八人。」而三年最遲三年冬，弘靖已以中舍知貢舉，四年春後卽遷工侍，則知東選必在元和元二年冬，二年冬選旣爲宗儒，則弘靖卽知元年冬之東選也。

〇**趙宗儒**——元和二年九月，以東都留守權知吏部，掌東都選事。（會要七五東都選。）——此再任。

裴佶——元和三年，由右丞遷吏侍。（詳右丞卷。）不久，徙國子祭酒。（兩傳。）——舊九八、新一二七有傳。

崔邠——元和二年，由禮侍遷吏侍。（詳禮侍卷。）三年九月，見在任。（全唐文四九〇權德輿崔吏部衞兵部天長寺詩序。）四年五月，見在任。時階正議大夫。〔考證〕。五年十二月十六壬午，徙太常卿。（舊紀、兩傳）。——舊一五五、新一六三有傳。

〔考證〕　全唐文四八七權德輿太常卿擧人自代狀：「準制，擧人自代官，正議大夫·尙書吏部侍郞·（勳·封）崔邠。」按：德輿以四年四月二十九日由兵侍徙太常，此狀當五月初所上。

楊於陵——元和五年七月十九丁巳，由嶺南節度使入遷吏侍。（通鑑、兩傳、墓誌。）七年十一月二十三戊寅，見在任。（舊紀〔作郞中字譌〕。）八年四月九日辛卯，見在任。時階銀靑光祿大夫。（全唐文四七八鄭餘慶祭杜佑太保文。）九年三月後不久，轉兵侍·兼御史大夫·判度支。〔考證〕。——此再任。

〔考證〕　舊傳：「五年，入爲吏部侍郞。……爲吏部凡四周歲，……調補平允。……九年，妖人楊叔高……干於陵，請爲己輔，於陵執奏殺之。改兵部侍郞·判度支。」新傳及墓誌兵侍下有「兼御史大夫」五字。按舊紀，元和九年三月庚申（十二日），梁叔高（姓梁與傳異）干於陵，伏誅。則換兵侍判度支當在三月或稍後。

許孟容——元和七年冬，以河南尹知吏部選事。（蓋東選。）八年十一月，入遷吏侍。十年六月，見在任。年冬或明年，徙太常卿。——此再任。

〔考證〕　舊傳：「改兵部侍郞，……權知禮部貢擧。……出爲河南尹；俄知禮部選事。徵拜吏部侍郞。會十年六月盜殺宰相武元衡，並傷議臣裴度。……孟容詣中書……曰，……莫若上聞，起裴中丞爲相，令主兵柄。……後數日，度果爲相。……由太常卿爲尙書左丞。」新傳有吏侍、左丞。按：「知禮部選事」當作「吏部選事」，涉上文「禮部」而譌。又舊紀，孟容以元和七年二月由兵侍爲河南尹，八年十一月丙辰（七日），裴次元爲河南尹。則孟容以河南尹知選事，當知七年冬東選。八年十一月入爲吏部侍郎。據兩傳，十年六月盜殺武元衡，時孟容官吏侍，而舊紀、通鑑皆書銜兵侍，豈又由吏侍換兵侍耶，待考。又十二年五月已由左丞他遷，則由吏侍遷太常，不能遲過十一年。

劉伯芻——元和十年冬，蓋以刑侍知吏部選事。（詳刑侍卷。）——舊一五三、新一六〇有傳。

○韋貫之——元和十一年八月九日壬寅，由中書侍郎·同中書門下平章事罷爲吏侍。（舊紀、通鑑、新表、兩傳、全唐文五八憲宗授韋貫之守吏侍制。）時階中大夫。（守吏侍制。）九月十四丙子，出爲湖南觀察使。（舊紀、通鑑、兩傳。）——舊一五八、新一六九有傳。

韋顗——元和十一年九月十九辛巳，由吏侍貶陝州刺史。——舊一〇八、新一一八附祖見素傳。

〔考證〕舊紀：元和十一年九月「辛未，貶吏部侍郎韋顗爲陝州刺史。」通鑑日作辛巳。按此事在丁卯韋貫之貶湖南後，舊紀「未」字誤。合鈔已正爲辛巳。又按新傳云：「長慶初，爲大理少卿，累遷給事中。」似元和十一年不應已爲吏侍。且舊紀同日外貶顗以下六人均臺郎無丞郎者，顗銜「侍郎」有爲「郎中」之譌之可能。然檢全唐文六六二白居易韋顗可給事中制，顗由中大夫·守蘇州刺史遷行給事中，是其時階已從四品下，與侍郎同階，足證原來地位甚高，紀、鑑不誤。

楊於陵——元和十三年冬，以戶侍權知吏部選事。（詳戶侍卷。）——此第三任。

呂元膺——元和十四年蓋六月或稍前，由河中節度使入遷吏侍。旋徙太子賓客。——舊一五四、新一六二有傳。

〔考證〕舊傳：「爲東都留守。（紀在九年十月。）……十年七月，鄆州李師道留邸伏甲謀亂，……留守兵寡弱，不可倚，而元膺坐皇城門指使部分，氣意自若，以故居人帖然。數年，改河中尹·充河中節度等使。……入拜吏部侍郎，因疾固讓，改太子賓客，元和十五年二月，卒。」新傳同而略。據此，爲河中節度及吏侍當在十一至十四年間。又按：吳表四引舊紀及冊府元龜，趙宗儒以九年七月節度河中，至十二年三月尚在任。宗儒傳云，十一年七月爲兵尙，「一」蓋「二」之譌。又舊紀，十四年六月甲子，以李絳爲河中節度。則元膺節度河中不能早過十二年秋，至十四年六月或稍前，卽河中遷吏侍也。然十五年二月已卒，則由吏侍改賓客，必在十四年遷吏侍後不久。

○王涯——元和十四年，或十三年冬，由兵侍遷吏侍。（舊傳。）十五年閏正月十四丁巳，出爲檢校禮尙·劍南東川節度使。（舊紀〔脫閏月校記已補〕、兩傳。）——舊一六九、新一七九有傳。

○崔羣——元和十五年六月，由湖南觀察使入遷吏侍。（通鑑、兩傳。）九月九日戊申，遷御史大夫。（舊紀、新傳、舊傳〔誤作「數日拜御史中丞」〕。）——舊一五九、新一六五有傳。

孔戣——元和十五年九月二十九戊辰，由前嶺南節度使遷吏侍。（舊紀、墓誌、兩傳。）〔考證〕。長慶元年，徙右散騎常侍。（墓誌、兩傳、全唐文六六二白居易孔戣可右散騎常侍制。）時階太中大夫。（制。）——舊一五四、新一六三有傳，全唐文五六三有韓愈撰左丞孔公墓誌銘。

〔考證〕 墓誌：「十五年，遷尙書吏部侍郎。」新傳：「穆宗立，以吏部侍郎召。」皆不誤。而舊傳云：「敬宗卽位，召爲吏部侍郎。」誤矣。又按舊傳，十年前已官吏侍，亦誤，詳右丞卷。

李建——元和十五年冬，以刑侍知吏部選事。十二月見在任。（舊一二九韓臯傳。）長慶元年二月二十三庚寅，卒。（詳刑侍卷。）——舊一五五、新一六二有傳。

丁公著——長慶元年三月十四庚戌，由給事中遷工侍·知吏部選事。（兩傳，詳工侍卷。）十月九日壬申，出爲檢校左散騎常侍·浙東觀察使。（詳工侍卷。）——舊一八八、新一六四有傳。

柳公綽——長慶元年十月二十一甲申，由京兆尹·兼御史大夫遷吏侍。（舊紀、舊傳、全唐文六六二白居易授柳公綽吏侍制。）時階正議大夫；後進階銀青光祿大夫。〔考證〕。二年九月二十四辛亥，遷御史大夫。（舊紀、舊傳。）——舊一六五、新一六三有傳。

〔考證〕 吐蕃會盟碑側，柳公綽銜爲「正議大夫·京兆尹·兼御史大夫。」時在長慶元年十月十日癸酉，後十一日卽遷吏侍。而全唐文六六二白居易柳公綽父溫贈官制，公綽銜爲「銀青光祿大夫·行尙書吏部侍郎·上護軍·河東縣開國子。」不知何時進階也。

竇易直——長慶二年九月十六癸卯，由浙西觀察使入遷吏侍。（舊紀、舊傳。）〔考證〕。十二月二十四庚戌，轉戶侍·兼御史大夫·判度支。（舊紀、舊傳〔作十一月誤〕。）——舊一六七、新一五一有傳。

〔考證〕　舊紀：長慶二年九月癸卯，「李德裕爲（略）浙江西道都團練觀察處置等使，以代竇易直，以易直爲吏部侍郎。」十二月「庚戌，以吏部侍郎竇易直爲戶部侍郎·判度支。」舊傳：「遷宣州刺史·宣歙池都團練觀察使。……長慶二年……七月，……州將王國淸……謀亂，九月以李德裕代還爲吏部侍郎。十一月，改戶部侍郎·兼御史大夫·判度支。」新傳，宣歙觀察下有浙西一遷，而省書吏侍。按王國淸事及李德裕代任，皆浙西事，明舊傳誤脫浙西一遷，非省書也。

韓愈——長慶二年九月，由兵侍遷吏侍。（朱校昌黎集傳引洪興祖年譜、行狀、兩傳。）三年六月六日己丑，遷京兆尹·兼御史大夫。（通鑑、洪譜、行狀、兩傳。）〔考證〕。——舊一六〇、新一七六有傳，全唐文六三九有李翺撰故正議大夫行尙書吏部侍郎（勳賜贈）韓公行狀，同書六八七有皇甫湜撰韓文公墓誌銘、韓愈神道碑。

〔考證〕　舊紀不書遷卸，惟三年六月書：「勅京兆尹·御史大夫韓愈宜放臺參，後不得爲例。」年月合。會要六七京兆尹條作四月，誤。

韓愈——長慶三年十月十一壬辰，由兵侍復遷吏侍。〔考證一〕。四年八月，病免。十二月二日丙子，卒。〔考證二〕。時階正議大夫。（行狀。）——此再任。

〔考證一〕　舊傳：「京兆尹·兼御史大夫」下云，以臺參事罷爲兵侍，旋復爲吏侍。新傳、行狀同。由京尹轉兵侍，旋授吏侍，舊紀書於三年十月，無日。通鑑，由京兆尹罷爲兵侍在十月丙戌（五日），復授吏侍在十月壬辰（十一日）。而朱校昌黎集傳引洪興祖撰年譜云：「十月癸巳（十二日），爲兵部侍郎。庚子（十九日），爲吏部侍郎。」日均異。今從鑑。

〔考證二〕 舊傳，再任吏侍下云，「長慶四年十二月卒。」新傳無月份。行狀云：「長慶四年，得病，滿百日假，既罷，以十二月二日卒。」墓誌銘云：「長慶四年八月，昌黎韓先生既以疾免吏部侍郎。」神道碑云：「爲吏部侍郎，病滿三月免。四年十二月丙子（二日）薨。」則免月卒日均明。而舊紀，四年十二月乙亥朔，丁酉（二十三日）「吏部侍郎韓愈卒。」日有誤。

●李程——長慶三年，蓋春，由鄂岳觀察使入遷吏侍。〔考證〕。四年五月七日乙卯，以本官同中書門下平章事。（兩紀、新表、通鑑、兩傳、全唐文六八敬宗授李程平章事制。）時階正議大夫。（舊紀、授制。）寶曆元年正月十七辛酉，遷中書侍郎，仍平章事。（新表、兩傳。）——舊一六七、新一三一有傳。

〔考證〕 舊傳：「（元和）十三年……六月，出爲（略）鄂岳觀察使，入爲吏部侍郎。」新傳同。吳表六引韓集除官赴闕至江州寄鄂岳李大夫詩注，李大夫程字表臣。樊曰，公，元和十五年九月，自袁州召拜國子祭酒，行次湓城，作詩寄之。則十五年冬，程尚在鄂岳。又引舊紀，長慶二年十二月，以崔元略爲鄂岳。中間不見他人爲鄂帥。則程卸鄂岳不能早過長慶元年亦不能遲過二年十二月。再觀吏侍員闕，亦至長慶二年十二月二十四日始有闕。則程卸鄂岳爲吏侍，即在二年十二月末至三年春間。

崔從——長慶四年六月稍後，蓋八九月，由鄜坊丹延節度使入遷吏侍。〔考證〕。十月六日辛巳，徙太常卿。（舊紀、舊傳。）——舊一七七、新一一四有傳。

〔考證〕 舊傳：「長慶二年，檢校禮部尚書·鄜州刺史·鄜坊丹延節度等使。……四年，入爲吏部侍郎。」按舊紀：四年「六月己卯朔，以左神策大將康日全爲鄜坊節度使。」而十月辛巳，從已由吏侍徙太常，則從由鄜坊入爲吏侍必即在六月稍後。參之員闕，當即八月繼韓愈者。

韋弘景——長慶四年十月二十七壬寅，由刑侍遷吏侍。（舊紀、舊傳。）寶曆二年三月二十九丙申，出爲陝虢觀察使。（舊紀、兩傳。）——舊一五七、新一一六有傳。

韋顗——寶曆元年七月二十五丁卯，由戶侍·兼御史中丞遷吏侍。〔考證〕。十一月二十八丁酉，卒官。（舊紀、舊傳〔作七月誤〕、新傳。）——此再任。

〔考證〕　舊傳：「累遷給事中，尚書左丞，戶部侍郎，中丞，吏部侍郎。……寶曆元年七月卒。」新傳：「累遷給事中。敬宗立，授御史中丞，爲戶部侍郎，徙吏部，卒。」戶侍中丞次序互倒。按舊紀書此數官歷甚詳云：

長慶四年三月「丙辰，以尚書右丞韋顗爲戶部侍郎。」

同年五月乙卯，「戶部侍郎韋顗賜金紫。」

同年十月壬寅，「以戶部侍郎韋顗爲御史中丞・兼戶部侍郎。」

寶曆元年七月「丁卯，以戶部侍郎韋顗爲吏部侍郎。」

同年十一月「丁酉，吏部侍郎韋顗卒。」

據此，御史中丞爲戶侍時之兼官，兩傳欠醒。又舊紀長慶四年十月條姓名下似當作「兼御史中丞」即可，觀下條書銜戶侍非中丞可證。

王起——寶曆二年八月一日丙申朔，由河南尹入遷吏侍。（舊紀、兩傳。）大和元年六月或稍後一兩月，轉兵侍。〔考證〕。——舊一六四、新一六七有傳。

〔考證〕　舊傳：「以兄播爲僕射輔政，不欲典選擧，改兵部侍郎。」新傳同。按起兄播以大和元年六月三日癸巳遷左僕・同平章事。

庾承宣——大和元年正月二十一癸未，由吏侍遷京兆尹・兼御史大夫。（舊紀。）——兩書無傳。

丁公著——大和元年冬，以工侍知吏部西銓選事。二年閏三月十四己亥，見在工侍・知選事任。旋蓋正拜吏侍。五月十一乙未，遷禮尚。——此再任。

〔考證〕　舊傳：「轉兵部、吏部侍郎，遷禮部尚書。」按公著以寶曆二年五月遷兵侍。而會要六四掌選善惡條：「太和二年三月（冊府六三八作「閏三月己亥」）都省奏落下吏部三銓注今春二月旨甲內超資官洪師敏等六十七人。……鄭絪、丁公著宜罰一季俸。」冊府六三八：「丁公著爲工部侍郎知選事。」其時楊嗣復爲東銓，公著必掌西銓。然則公著以工侍知大和元年冬吏部西銓也。按：大和元年八月，王起路隋同在兵侍任，而獨孤朗恰以八月卸工侍任；則公著蓋卽八月由兵侍換工侍也，其冬知吏部西銓選事，二年閏三月己亥仍在工侍·知選事任，蓋選畢正拜吏侍歟？遷禮尙月日見舊紀。

楊嗣復——大和元年，始遷吏侍·知東銓選事。二年閏三月十四己亥，見在吏部東銓任。〔考證〕。十月，仍在吏侍任。（冊府六三六）。三年冬，轉戶侍。（詳戶侍卷。）——舊一七六、新一七四有傳。

〔考證〕 會要七四掌選善惡條：「大和二年三月（冊府六三八作「閏三月己亥」）都省奏落下吏部三銓注今春二月旨甲內超資洪師敏等六十七人。……鄭絪、丁公著宜罰一季俸；東銓所落人數較少，楊嗣復罰兩月俸。」按：此時久次侍郎爲東銓，新除爲西銓；大和四年七月，始改以久次爲西銓，新除爲東銓。嗣復此時爲東銓，則始任當在丁公著之前，卽大和元年也。

●**李宗閔**——大和二年，由前兵侍起爲吏侍。（兩傳。）十月，見在任。（冊府六三六）。三年八月二十七甲戌，以本官同中書門下平章事。（新紀、新表、通鑑、舊紀〔日同脫八月合鈔已補〕、兩傳、全唐文六九文宗授李宗閔同平章事制。）時階正議大夫。（授制。）四年六月七日己酉，遷中書侍郎，仍平章事（新表、兩傳。）——舊一六七、新一七四有傳。

王璠——大和二年九月，以河南尹知東都選事。（會要七五東都選〔作王播誤〕、冊府六三一、舊傳。）十月，遷右丞；勅選畢入朝。（舊傳、會要七五、冊府六三一。）三年（舊傳。）冬，（據員闕。）遷吏侍。（舊傳。）四年七月十三乙酉，遷京兆尹·兼御史大夫。（舊紀〔作王播誤合鈔已正〕、舊傳。）——舊一六九、新一七九有傳。

庾敬休——大和四年秋，由工侍遷吏侍。五年，轉戶侍。——舊一八七下、新一六一有傳。

〔考證〕 舊傳：「改工部侍郎·權知吏部選事，遷吏部侍郎。上將立魯王爲太子，愼選師傅，改工部侍郎·兼魯王傅。」新傳省書吏侍以上官歷，而後一「工部」作「戶部」，是也，及遷戶侍年月均詳戶侍卷。又按：觀李宗閔、王璠年月，則敬休知吏部不能早過四年秋；而觀工侍員闕，敬休卸工侍亦不能遲過四年秋；則由工侍爲吏侍卽在四年秋也。蓋先權知，後正拜歟？

庾承宣——大和六年夏秋，由兗海節度使入遷吏侍。〔考證〕。七年二月十一己巳，徙太常卿。（舊紀。）——此再任。

〔考證〕　由吏侍徙太常年月日既見舊紀。而舊紀，大和四年十一月，承宣由左丞爲兗海節度使；六年六月癸丑，李文悅爲兗海節度使。吳表三兗海卷，據此書承宣於四年至六年，蓋可信。然則承宣爲吏侍當卽在六年夏秋由兗海入遷也。

高釴——大和四年冬，由刑侍遷吏侍。（舊傳。）七年四月十六癸酉，出爲同州刺史。（舊紀〔作鉞誤合鈔已正〕、兩傳。）——舊一六八、新一七七有傳。

〔考證〕　兩傳名作「釴」，舊紀作「鉞」。他處仍多譌作「鉞」者。岑仲勉先生據郎官石柱斷從傳作「釴」，是也。詳翰林學士壁記注補。

沈傳師——大和七年四月二十七甲申，由宣歙觀察使入遷吏侍。（舊紀、兩傳、行狀。）九年四月二十七壬寅，卒官。（舊紀、舊傳〔作元年誤〕、新傳、行狀。）——舊一四九、新一三二有傳，全唐文七五六有杜牧撰吏部侍郎沈公行狀。

鄭澣（涵）——大和七年，由兵侍遷吏侍。十一月二日甲寅，見在任。〔考證〕。八年九月十五癸亥，出爲河南尹。（舊紀、舊傳。）——舊一五八〔誤爲瀚〕、新一六五有傳。

〔考證〕　舊傳：「轉兵部侍郎，改吏部侍郎。」考八瓊七二同州司兵杜行方墓誌：「尚書吏部侍郎鄭澣撰。」行方以大和七年七月卒，十一月二日甲寅葬，則其時在任。參以本卷員闕，大和六年，吏侍兩員均不闕，至七年二月十一日庾敬宣徙太常後始闕一員，則澣由兵侍遷吏侍必在七年二月至十月間。

李固言——大和八年十月稍後，由華州刺史入遷吏侍。〔考證〕。九年五月十四戊午，遷御史大夫。（舊紀、兩傳。）——舊一七三、新一八二有傳。

〔考證〕 舊傳：「（大和）八年，李德裕輔政，出爲華州刺史。其年十月，宗閔復入，召拜吏部侍郎。九年五月，遷御史大夫。」新傳同而略。按宗閔以十月十三庚寅復相，則固言之入當稍後。

李漢——大和九年四月，由戶侍遷吏侍。（舊傳。）七月十日癸丑，貶汾州刺史。（舊紀、通鑑、兩傳。）——舊一七一、新七八有傳。

〔考證〕 舊傳：「（大和）八年，改戶部侍郎。九年四月，轉吏部侍郎。六月，李宗閔得罪，罷相；漢坐其黨出爲汾州刺史。」新傳不書由戶侍。舊紀：大和八年十一月癸丑（七日），「以戶部侍郎李漢爲華州刺史·鎭國軍潼關防禦使。」九年七月癸丑，「貶吏部侍郎李漢爲汾州刺史。」九年一條，通鑑月日書事均同。按舊紀，戶侍後尙有華州一轉，與舊傳異。檢舊紀，八年十二月己亥（二十三日），以刑部侍郎裴潾爲華州刺史·鎭國軍潼關防禦使。則漢任華刺僅四十餘日。然九年四月以前吏侍兩員均不闕，至四月二十七日沈傳師卒官，始有一闕。傳云九年四月爲吏侍，似不誤，則漢縱中經華刺一轉，亦非由華刺遷吏侍也。復考舊一七四李德裕傳：「（大和）九年三月，左丞王璠、戶部侍郎李漢進狀論德裕……結託漳王，圖不軌。」新傳同。通鑑九年四月紀，貶德裕時亦書此事，漢銜亦爲戶侍，益證舊侍九年四月由戶侍遷吏侍不誤。豈卸華刺復任戶侍歟？疑舊紀華刺一遷係誤書；或有制而未必到任耳。

李虞仲——大和九年五月，由兵侍遷吏侍。〔考證〕。開成元年四月十四癸未，卒官。（舊紀、兩傳。）——舊一六三、新一七七有傳。

〔考證〕 舊傳：「（大和）九年，爲兵部侍郎，尋改吏部。開成元年四月卒。」按：觀李固言、李漢卸吏侍月日，知虞仲遷吏侍不能早過九年五月十四日。又據新一七九李訓傳，九年十一月二十一日甘露之變時，虞仲已官吏侍，則始任必在前。而本書兵侍卷，許康佐於五月五日已由戶侍遷兵侍，則虞仲由兵侍遷吏侍當卽在五月矣。

鄭肅——大和九年冬，以右丞權判吏部銓事。先判東銓；開成元年春，改判西銓。四月三日壬申，見在任。五月十九丁巳，出爲陝虢觀察使。——舊一七六、新一八二有傳。

〔考證〕　舊傳：「（大和）九年改刑部侍郎，尋改尙書右丞，權判吏部西銓事。開成初，出爲陝虢都防禦觀察使。」新傳官歷同。考冊府六九：「開成元年四月壬申，帝……召兵部侍郎知銓事崔戰（鄲之譌）、尙書右丞知銓事鄭肅問曰……。」據兩傳，肅知西銓，鄲知東銓。時西銓爲久次侍郎，則肅始任在鄲前。蓋大和九年冬肅知東銓，開成元年春李虞仲病，肅改知西銓而鄲知東銓耳。出鎭月日見舊紀。

崔鄲——開成元年春，以兵侍權判吏部東銓事。四月三日壬申，見在任。是年，正拜吏侍。二年正月十一乙亥，出爲宣歙觀察使。——舊一五五、新一六三有傳。

〔考證〕　舊傳：「眞拜兵部侍郎，本官判吏部東銓事。……尋拜吏部侍郎。開成二年，出爲宣州刺史・兼御史中丞・宣歙觀察使。」新傳惟由吏侍出鎭宣歙。考冊府六九：「開成元年四月壬申，……召兵部侍郎知銓事崔戰（鄲）、尙書右丞知銓事鄭肅問曰……。」則四月三日見在任。此時新除侍郎爲東銓，去冬有李虞仲及鄭肅，則鄲知東銓蓋卽因李虞仲病而代之者，當在開成元年春。蓋旋正拜。由吏侍出鎭月日見舊紀，名又譌爲「鄂」。

崔琯——開成元年，由兵侍遷吏侍。二年，權判左丞事。遷左丞。——舊一七七、新一八二有傳。

〔考證〕　舊傳：「（大和）八年，入爲兵部侍郎，轉吏部，權判左丞事。開成二年，眞拜左丞。」新傳不書吏侍。按：大和九年，吏侍兩員均不闕，由兵侍遷吏侍當在開成元年。權判左丞，據員闕當在二年。

鄭肅——開成二年九月，由陝虢觀察使入遷吏侍。（兩傳。）旋兼太子賓客。（兩傳。）四年閏正月一日甲申朔，出爲檢校禮尙·河中節度使。（舊紀、兩傳。）——此再任。

崔琯——開成二年冬，以左丞權判吏部東銓事。（兩傳。）——此再任。

高鍇——開成三年約三月，（詳禮侍卷。）由禮侍遷吏侍。（兩傳。）五月二十七癸未，出爲鄂岳觀察使。（舊紀、舊傳〔九月〕、新傳。）——舊一六八、新一七七有傳。

歸融——開成三年，由權知兵侍遷吏侍。〔考證〕。四年二月九日辛酉，出爲檢校禮尙·山南西道節度使。（舊紀、全唐文六〇六劉禹錫山南西道新修驛路記、舊傳〔作三年誤〕。）——舊一四九、新一六四有傳。

〔考證〕舊傳：「李固言作相，……罷尹。月餘，授秘書監。俄而固言罷，楊嗣復輔政，以融權知兵部侍郎，一年內拜吏部。三年，檢校禮部尙書·興元尹·兼御史大夫·充山南西道節度使。」新傳省吏侍。按李固言以開成二年十月罷相，楊嗣復以三年正月相，則融由秘書監權知兵侍必在三年，遷吏侍亦三年也。

○**陳夷行**——開成四年五月十六丙申，由門下侍郎·同中書門下平章事罷爲吏侍。（兩紀、新表、通鑑、兩傳〔均作吏尙誤〕。）九月二十三辛丑，出爲檢校禮尙·華州刺史·鎭國軍潼關防禦使。（舊紀、兩傳。）——舊一七三、新一八一有傳。

楊汝士——開成四年九月十三辛卯，由劍南東川節度使入遷吏侍。（舊紀、舊傳。）——舊一七六、新一七五有傳。

孫簡——開成五年，由刑侍遷吏侍。會昌元年春夏，出爲河中晉絳節度使。（詳刑侍卷。）——新二〇二有傳。

韋溫——會昌三年秋冬，由陝虢觀察使入遷吏侍。四年夏，出爲宣歙觀察使。——舊一六八、新一六九有傳，全唐文七五五有杜牧撰宣州觀察使韋公墓誌。

〔考證〕　墓誌：「出爲陝州防禦使·兼御史大夫，服章金紫。回鶻窺邊，劉稹繼以黨叛，東徵天下兵，西出禁兵，陝當其衝……。入爲吏部侍郎，典一冬選。……復以御史大夫出爲宣歙池等州觀察使。……凡周一歲。」「會昌五年五月十四日薨。」兩傳官歷同，惟「陝州防禦」作「陝虢觀察」，實同。按：溫在宣歙一周歲，則由吏侍出鎮必在四年夏。又云「典一冬選」，是始任在三年，而劉稹之叛在三年四月，則由陝虢入爲吏侍必在三年秋冬。

高銖——會昌四年八月，以吏侍宣慰澤潞。——舊一六八、新一七七有傳。

〔考證〕　舊傳：「會昌末，爲吏部侍郎。」全唐文七七武宗平潞州德音：「今遣吏部侍郎高銖、給事中盧弘正專往宣慰。」按舊紀，會昌四年八月戊戌，澤潞平，劉稹傳首京師。則銖出使宣慰必卽八月。

崔龜——會昌中葉，曾官吏侍。——舊一一七、新一四四有傳。

〔考證〕　全唐文七二六崔嘏授崔龜尙書左丞制：「前天平軍節度使崔龜，……貢籍銓衡，必登於藻鑑；觀風馭衆，益顯其長才。」則禮侍天平間曾任吏侍也。按此制行於大中元年或會昌末，詳左丞卷。又舊傳：「(開成)三年，權知禮部貢擧，四年拜禮部侍郎，轉戶部。」然則官吏侍必在會昌中葉。

柳仲郢——會昌五年冬，或六年正二月，以右散騎常侍權知吏部銓事。時階蓋中散大夫。——舊一六五、新一六三有傳。

〔考證〕　舊傳：「(會昌)五年，……爲京兆尹。……時廢浮圖法，以銅像鑄錢，仲郢爲京畿鑄錢使。……爲北司所譖，改右散騎常侍·權知吏部尙書銓事。宣宗卽位，德裕罷相，出仲郢爲鄭州刺史。」新傳全同。惟「吏部」下無「尙書」二字。按：廢浮圖法以銅像鑄錢，事在五年七月；德裕罷相在六年四月；則仲郢知吏部銓必五年冬銓無疑。又據兩傳，此時仲郢地位不高。八瓊七四柳氏殤女老師墓誌，仲郢撰，銜爲「中散大夫・權知京兆尹」，時會昌五年六月二□一日。階纔中散，似不應遽知吏尙銓事，蓋知侍郎銓事耳。新傳無「尙書」，是也。

崔璪——會昌末，或大中初，由御史中丞遷吏侍。大中二年，轉兵侍・充諸道鹽鐵轉運使。（詳鹽運使卷。）——舊一七七有傳。

封敖——大中二年，由禮侍遷吏侍。（舊傳。）四年，八月以前，出爲山南西道節度使。〔考證〕。——舊一六八、新一七七有傳。

〔考證〕舊傳：「四年，出爲興元尹・御史大夫・山南西道節度使。」按：吳表四引會要，山南西道節度使，大中三年十一月，鄭涯在任；四年八月，封敖在任。則敖由吏侍出鎭當在八月以前。

孔溫業——大中三年六七月，在吏侍任。〔考證一〕。四年十二月，外遷。〔考證二〕。——舊一五四、新一六三附從祖巢父傳。

〔考證一〕全唐文七五五杜牧歙州刺史邢君墓誌銘：「大和三年六月，公卒於東都。」又云：「今吏部侍郎孔溫業……。」觀全文內容，「大和」爲「大中」之譌。

〔考證二〕新傳：「大中時，爲吏部侍郎，求外遷。宰相白敏中顧同列曰，吾等可少警，孔吏部不樂居朝矣。」通鑑書此事於大中四年十二月紀末，今姑從之。

蔣係——大中中，蓋五六七年間，由給事中・集賢殿學士判院事遷吏侍。後遷左丞。（兩傳，詳左丞卷。）——舊一四九、新一三二有傳。

裴諗——大中九年春，以吏侍判吏尙銓事。三月，徙國子祭酒。（詳吏尙卷。）——新一七三附父度傳。

鄭涯——大中九年三月，由吏侍出爲檢校禮尙・義武軍易定節度使。（舊紀。）——兩書無傳。

周敬復——大中九年三月，見在吏侍任。蓋年秋，卸。——兩書無傳。

〔考證〕　舊紀：大中九年「三月，試宏詞擧人漏泄題目，……侍郎裴諗改國子祭酒。郎中周敬復罰兩月俸。……以吏部侍郎鄭涯檢校禮部尙書·(略)充義武軍節度(略)等使。」敬復之官銜，冊府一五三亦作「郎中」。而東觀奏記卷下作吏部侍郎，與舊紀、冊府異。據舊紀，裴諗鄭涯同時在吏侍任，敬復似不應爲侍郎。然舊紀，大中四年「十二月，以華州刺史周敬復爲光祿大夫·檢校左散騎常侍·兼洪州刺史·江南西道團練觀察使。」又九年稍前，由江西觀察入爲右丞。則其地位甚高，此時應爲侍郎，決非郎中。蓋九年春，諗以吏侍判尙書銓事，故得另有一侍郎也。然本年秋，柳仲郢有吏侍之命，其時敬復必已他遷矣。

盧懿——大中九年三月，以右丞權判吏部東銓。(舊紀。)旋正遷吏侍。〔考證〕。十一年四月，出爲檢校工尙·鳳翔隴右節度使。(舊紀。)——兩書無傳。

〔考證〕　據舊紀，九年三月，以右丞判吏侍；而十一年四月條，原官爲吏侍，非右丞；且十年夏侯孜已爲右丞；則九十年間懿必卸右丞正遷吏侍。

柳仲郢——大中九年秋或十月，由劍南東川節度使徵爲吏侍。十一月，入朝；未謝，轉兵侍·充諸道鹽鐵轉運使。(詳鹽運使卷。)——此再任。

韋有翼——大中十二年二月，由劍南東川節度使入遷吏侍。(舊紀。)——兩書無傳。

鄭顥——大中十一二年，由刑侍遷吏侍。十二年十月稍後，轉兵侍。——舊一五九、新一六五有傳。

〔考證〕　舊傳：「歷……禮部侍郎，……遷刑部、吏部侍郎。大中十三年，檢校禮部尙書·河南尹。」舊傳省書。按：顥以禮侍知十年春貢擧。又通鑑：大中十年，「戶部侍郎·判戶部·駙馬都尉鄭顥營求作相甚切，其父祗德聞之，與書曰，聞汝已判戶部，是吾必死之年，又聞欲求宰相，是吾必死之日也。顥懼，累表辭劇務。冬十月乙酉，以顥爲秘書監。」然蕭鄴由判戶部轉判度支在是年秋，則顥判戶部必始於年秋；又觀祗德之言，顥判戶部亦不久，正合。刑侍當在戶侍之後。復考舊紀，十三年十月癸未，「以兵部侍郎鄭顥爲河南尹。」又會要二帝號條，宣宗「大中十三年八月七日崩。……謚議，兵部侍郎鄭穎撰。」「穎」爲「顥」之譌。則吏侍後尚有兵侍一轉，始出爲河南尹也。又按：兵侍自十二年十月闕一員，而顥再知十三年春貢舉，（詳禮侍卷。）吏侍掌選，鮮知貢舉者，顥由吏侍換兵侍可能即在十二年冬。綜上以觀，顥以十年秋由禮侍遷戶侍判戶部事，十月乙酉轉秘書監，蓋十一年爲刑侍，是年或十二年爲吏侍，十二年冬換兵侍知十三年春貢舉，十月癸未出爲河南尹。觀刑侍卷員闕亦合。

鄭薰——咸通元年十二月，見在吏侍任。（會要八一用蔭條、新傳、唐闕史卷上。）——新一七七有傳。

韋澳——咸通初，約二年，由戶侍遷吏侍。是年或三年初，出爲邠寧節度使。——舊一五八、新一六九有傳。

〔考證〕舊傳：「大中十二年，（略）充河陽三城懷孟澤節度等使。……懿宗即位，遷檢校戶部尚書·兼青州刺史·平盧節度觀察處置等使。入爲戶部侍郎，轉吏部侍郎，銓綜平允，不受請託；爲執政所惡，出爲邠州刺史·邠寧節度使。宰相杜審權素不悅於澳，會吏部發澳時簿籍，吏緣爲奸，坐罷鎮，以秘書監分司東都。」新傳省戶侍。按：杜審權以咸通四年五月罷相，則澳罷邠寧在此前。吳表一引通鑑，三年七月溫璋爲邠寧節度；因置澳罷鎮在三年，當可信。則由吏侍出鎮當在二年或三年初。又懿宗以大中十三年八月即位，則入拜戶侍當在咸通元年，遷吏侍非元年即二年矣。又舊傳最後「復授戶部侍郎，以疾不拜而卒。贈戶部尚書。」新傳作吏侍；贈官則同。按此任既未拜，姑從略。

蕭倣——咸通二年冬，以左散騎常侍知吏侍銓事。三年十一月，試宏詞選人。十二月，又改權知禮部貢舉。——舊一七二、新一〇一有傳。

〔考證〕舊傳：「咸通初，遷左散騎常侍。懿宗怠臨朝政，僻於奉佛，……倣上疏論云。……疏奏，帝甚嘉之。四年，本官權知貢舉，遷禮部侍郎，轉戶部。」新傳甚略。考摭言一四主司失意條：

「咸通四年，蕭倣雜文榜中數人有故，放榜後發覺，……其年二月十三日，得罪貶蘄州刺史。……中書舍人知制誥宇文瓚制敕：……中散大夫·守左散騎常侍·權知禮部貢舉·上柱國·賜紫金魚袋蕭倣……居多正直之容，動有休嘉之稱。近者擢司貢籍，期盡精研，既紊官常，頗興物論，……豈可尚列貂蟬，復延騎省，……可守蘄州刺史，散官勳賜如故。」是以左散騎常侍知貢舉也。然舊紀：咸通三年十一月，「以吏部侍郎鄭處誨、蕭倣（略）等試宏詞選人。十二月，以吏部侍郎蕭倣權知禮部貢舉。」通鑑：咸通三年「四月己亥朔，敕於兩街四寺各置戒壇，度人三七日。」以下繼載倣之諫疏，未必即此月事，然題銜亦爲「吏部侍郎」，與舊紀合。徐考二三據兩傳、語林、摭言作左散騎常侍，謂本紀作吏侍誤。其言雖是，然考試宏詞，縱非吏侍，亦必權知吏部。且摭言同卷載倣與浙東鄭商綽大夫雪門生薛扶狀云：「去冬遽因銓衡，叨主文柄，珥貂載筆，忝幸實多。」則作左散騎常侍固是，紀鑑以「吏侍」題銜亦無不可，蓋倣以常侍權知吏侍銓選，又權知貢舉耳。摭言同卷又載倣蘄州刺史謝上表，「臣遠從海嶠，首還闕廷，才拜丹墀，俄捧紫詔，任掄材於九品，位超冠於六曹，家與國而同歸，官與職而俱盛，常思惕厲，驫免悔尤。已塵銓衡，復忝貢務。」云云。所謂「掄才九品」，「位冠六曹」，「已塵銓衡」，亦爲知吏部銓之證。所謂「官與職而俱盛」，官謂常侍，職謂銓選。（此敍在掌貢務前，故非指貢舉而言。）皆足與雪薛扶狀相印證。又觀「才拜丹墀，俄捧紫詔，任掄才於九品，位超冠於六曹，」之語，似入爲左散騎後不久即知吏部銓事。吳表七引唐會要咸通二年事，倣銜已爲左散騎常侍，則知吏部銓事可能始於二年冬選時，三年見在任，故通鑑四月銜爲吏侍，舊紀十一月試宏詞，十二月知貢舉皆以入銜耳。又舊紀：咸通六年九月，「以吏部侍郎蕭倣（略）充義成軍節度。」此蓋戶部之譌，詳彼卷。

鄭處誨——咸通三年，由浙西觀察使入遷吏侍。十一月，見在任。四年，出爲檢校刑尚·宣武節度使。——舊一五八、新一六五有傳。

〔考證〕　舊紀：咸通三年十一月，「以吏部侍郎鄭處誨、蕭倣（略）等試宏詞選人。」新七五上世表，處誨亦官吏侍。按：舊傳：「出爲越州刺史·浙東觀察使，檢校刑部尚書·汴州刺史·宣武軍節度使。卒于汴。」吳表五引嘉泰會稽志，處誨「（大中）十二年七月，自刑部侍郎授浙東，十二月移浙西。」（又引題名記：「鄭處誨，大中十三年遷工部尚書·充浙西觀察使。」）又引羅隱投宣武鄭尚書詩：「翰院論思處，綸闈笑傲中，絳霄無繫滯，浙水忽西東，（闕十字），四年將故事，兩地有全功。」大中十二年七月到浙東，在兩浙凡四年，則卸浙西入朝，非咸通二年卽三年。又舊傳：「處誨轉刑部侍郎，其年秋，授浙東觀察使。……後五年，朗卒；處誨繼爲汴州節度使。」則爲宣武節度必在咸通四年。（吳表置於五年，誤。）舊紀，三年十一月，處誨旣在吏侍任，則四年出鎭宣武，必由吏侍。若卸浙西在三年，則入朝當卽爲吏侍矣。

鄭從讜——咸通四年，或五年，（據員闕。）由刑侍遷吏侍。（舊傳。）六年二月，見在任。（舊紀。）七年三月，出爲檢校禮尚·河東節度使。（舊紀、舊傳〔檢校刑尙〕、新傳。）——舊一五八、新一六五有傳。

王鐸——咸通五年，由禮侍遷吏侍。（詳禮侍卷。）六年二月，見在任。（舊紀。）七年，轉戶侍·判度支。〔考證〕。——舊一六四、新一八五有傳。

〔考證〕　舊傳：「拜中書舍人。（咸通）五年，轉禮部侍郎。典貢士兩歲，時稱得人。七年，以戶部侍郎判度支。」按：鐸惟知五年一春貢擧，最遲十月已卸禮侍，詳彼卷；而六年二月以吏侍考宏詞選人，明見舊紀；則禮侍戶侍間有吏侍一歷無疑。七年爲戶侍蓋由吏侍。而新傳戶侍上有御史中丞一歷，今姑不取。

盧匡——咸通八年十月，見在吏侍任。（舊紀。）——兩書無傳。

李蔚——咸通七八年，由山南東道節度使入遷吏侍。〔考證〕。八年十月，見在任。（舊紀。）九年正月一日丙申朔，出爲檢校刑尙·宣武節度使。（舊紀、舊傳〔檢校右僕〕。）——舊一七八、新一八一有傳。

〔考證〕 舊傳：「爲襄州刺史・山南東道節度使，入爲吏部尚書。」按：舊紀，九年正月出鎮時原銜作吏侍。又八年十月條云：「以吏部侍郎盧匡、吏部侍郎李蔚(略)考吏部宏詞選人。」侍郎字必不誤，則舊傳「尚書」誤也。年份據員闕推知。

韋荷——咸通中，曾官吏侍。(詳再任條。)——兩書無傳。

楊知溫——咸通十年十二月，見在吏侍任。(舊紀。)十一年三月，仍在任。(舊紀。)〔考證〕。——舊一七六附父汝士傳。

〔考證〕 舊紀，咸通十一年正月下云：「以吏部尚書蕭鄴、吏部侍郎于德孫、吏部侍郎楊知溫：：考試宏詞選人。」冊府六四四同。此條乃三月事，前脫書月份，詳吏尚卷蕭鄴條。

于德孫——咸通十年十二月，見在吏侍任。(舊紀。)十一年三月，仍在任。(舊紀、冊府六四四、詳前條。)——兩書無傳。

〔附證〕 新七二下世表，于德孫「字承休，吏部侍郎。」

鄭從讜——咸通十一年，由前河東節度使復爲吏侍。十一月，出爲檢校戶尚・宣武節度使。——此再任。

〔考證〕 舊傳：「改吏部侍郎，……改檢校刑部尚書・(略)・河東節度觀察等使。踰年乞還，不允，改檢校兵部尚書・汴州刺史・宣武軍節度觀察使。」新傳同。按第一任吏侍，舊紀已書之。而十一年十一月又書云：「以吏部侍郎鄭從讜檢校戶部尚書・兼汴州刺史・御史大夫・充宣武節度使。」與兩傳由河東直從宣武者不同。復按：舊紀，十年十二月詔河東節度使鄭從讜赴闕，以康承訓代之。則十一年從讜實在京師，亦有還任吏侍之可能，且其時間與他人並不衝突，今姑從紀書再任。

歸仁晦——咸通十二年三月，見在吏侍任。(舊紀、冊府六四四。)——舊一四九附父融傳。

李當——咸通十一年秋冬，由山南西道節度使入遷吏侍。十二年三月，見在任。十二年秋冬或十三年春，遷左丞。——兩書無傳。

〔考證〕　八瓊六〇朝陽洞魏深書事：「公（李當）……移宣□，鎮褒斜，……徵拜天官氏，歲餘，除尚書左丞，……出牧于道。」按：當於十二年三月在吏侍任，考試宏詞選人，見舊紀及册府六四四。又當由左丞貶道州，在十三年五月，則官吏侍蓋始於十一年秋冬，至十二年秋冬或十三年春遷左丞。

獨孤雲——咸通十三年三月，見在吏侍任。（舊紀、册府六四四。）——兩書無傳。

〔附證〕　新七五下世表，獨孤雲「字公遠，吏部侍郎。」

王諷——咸通十三年五月十二辛巳，由吏侍貶漳州刺史。（舊紀〔名珮〕、通鑑〔名渢〕、全唐文七九一王諷漳州三平大師碑銘。）——兩書無傳。

韋荷——乾符元年四月，由右散騎常侍遷吏侍。五月，出爲檢校禮尚·嶺南東道節度使。——此再任。

〔考證〕　官歷年月皆見舊紀。考全唐文八二三黃滔南海韋尚書啓：「尚書五陟東西，兩司銓管，……選度羣材，……不易其人。歷數除書，少聞再命。朝廷不欲止於鴛省，便入鳳池，……特以番禺巨壤，南越名區，……」云云。則此韋某曾兩任吏侍，且由吏侍出鎮嶺南也。按：徐考二四，乾寧二年，黃滔及第，又引黃御史集後年考云：「滔以咸通壬辰登薦，年三十三，又越二十三年乃登第。」據此啓，滔時已登薦，尚未及第，則此啓當作於咸通十三年至乾寧元年間。檢吳表七，此二十三年中嶺南節度韋姓者僅韋荷一人，且由吏侍出鎮，則此啓卽上韋荷無疑。然則此年四月由右常侍遷吏侍，乃再任，前此第一任蓋在咸通中。

鄭畋——乾符元年，由右散騎常侍遷吏侍。十月一日丙辰朔，遷兵侍·同中書門下平章事。——舊一七八、新一八五有傳。

〔考證〕　新表：乾符元年十月丙辰，「吏部侍郎鄭畋爲兵部侍郎·同中書門下平章事。」新紀、通鑑同，惟無日。通鑑考異云從實錄。舊紀亦由吏侍改兵侍·同平章事，惟在五月，蓋誤。新傳云：「貶梧州刺史。僖宗立，內徙郴絳二州，以右散騎常侍召還，……以兵部侍郎進同中書門下平章事。」以兵侍入相，與紀表鑑均合，惟省吏侍。而舊傳云：「貶梧州刺史。僖宗卽位，召還授右散騎常侍，改兵部侍郎。乾符四年，遷吏部侍郎，尋降制……可本官同平章事。」官歷年代均不合。按：舊傳續云：「僖宗上尊號禮畢，進加中書侍郎，進階特進。」檢新紀，上尊號在乾符元年十一月，新表亦正以此月遷中書侍郎。則舊傳前書四年入相必元年之誤無疑，又倒誤「吏」「兵」二字也。又按：僖宗以咸通十四年七月卽位，而畋三徙爲右常侍，又遷吏部，其時當已乾符元年。

裴坦——乾符二年二月，由吏侍轉兵侍・充諸道鹽鐵轉運等使。（舊紀，詳鹽運使卷。）——新一八二有傳。

張裼——乾符二年四月，由太子賓客遷吏侍。（舊紀、舊傳。）同月，遷京兆尹。（舊紀、舊傳。）——舊一七八有傳。

孔晦——乾符三年三月，見在吏侍任。（舊紀。）四年正月，仍在任。（舊紀、冊府六四四。）——舊一五四附見祖戢傳。

崔蕘——乾符三年三月，見在吏侍任。（舊紀。）夏秋間，轉右丞。（據前後推知。）九月，復遷權知吏侍。（舊紀、舊傳。）四年正月，見在任。（舊紀、冊府六四四。）是年春，出爲陝虢觀察使。〔考證〕。——舊一一七、新一四四有傳。

〔考證〕舊傳：「乾符中，自尚書右丞遷吏部侍郎。……出爲陝州觀察使。以氣韻自高，不屑細故。……時河南寇盜蜂起，王仙芝亂漢南，朝綱不振，而蕘自恃清貴，不恤人之疾苦，百姓訴旱，……笞之，……爲軍人所逐，……貶端州司馬。」新傳惟無「自尚書右丞」五字，餘全同。按：王仙芝亂漢南在乾符四年，是年正月，蕘尚在吏侍任，則出爲陝虢當卽是年也。然新紀：乾符四年四月，「陝州軍亂，逐其觀察使崔碣。」通鑑同。又曰：「貶碣懷州司馬。」作崔碣與兩傳不同。又檢通鑑，咸通十年「六月，陝民作亂，逐觀察使崔蕘，（下述被逐之故與傳同。）……坐貶昭州司馬。」與兩傳時代尤歧。未知孰是。或者咸十通年爲崔碣，乾符四年爲崔蕘歟？今姑據傳書之。又按百姓訴旱事，亦當在年夏，則出爲陝虢，當在四年春夏歟？

崔沆——乾符四年，蓋由右丞遷吏侍。〔考證一〕。五年三月，見在任。（舊紀、冊府六四四。）六年三月，仍在任。（舊紀、冊府六四四。）五月八日丁酉，遷戶侍·同中書門下平章事。〔考證二〕。——舊一六三、新一六〇有傳。

〔考證一〕 舊紀，三年九月，沆由禮侍遷右丞，而五年三月在吏侍任，考試宏詞選人。據此推之，蓋四年蓋由右丞遷吏侍。

〔考證二〕 舊紀：乾符六年五月，「以吏部侍郎崔沆爲兵部侍郎，戶部侍郎·翰林學士豆盧瑑並本官同平章事。」冊府七四在四月，書事同。新紀、新表：五年五月丁酉，「翰林學士承旨·戶部侍郎豆盧瑑爲兵部侍郎，吏部侍郎崔沆爲戶部侍郎，同中書門下平章事。」通鑑據實錄書之，與新書同。又新沆傳：「進禮部、吏部二侍郎。乾符五年，以戶部侍郎同中書門下平章事。」而舊瑑傳：「乾符中，累遷戶部侍郎·學士承旨。六年，與吏部侍郎崔沆同日拜相。」亦各與本書本紀相合。岑氏壁記注補，年從舊紀、官從新書。今姑從之。其論官從新書云：

舊傳稱瑑以戶侍本官同平章事。同書一六三稱沆以禮侍本官同平章事。與新紀新表異。考晚唐制度多以戶兵二侍入相，帶吏侍禮侍者極少。原爲戶侍者或轉兵侍。今瑑充承旨時已是戶侍，新紀表謂其改兵侍入相，沆自吏侍改戶侍入相，中間蟬聯之迹比較可信，故從之。若舊紀稱沆自吏侍改兵侍，則紀傳之間已相矛盾矣。

此段議論甚可取。其論年從舊書云：

新書三六五行志三：「乾符六年五月丁酉，宣授宰臣豆盧瑑崔沆制，殿庭氛霧四塞，及百官班賀於政事堂，雨雹如鳧卵，大雷雨拔木。」糾繆九云：「按：僖宗紀，乾符五年五月丁酉，翰林學士承旨·戶部侍郎豆盧瑑爲兵部侍郎，吏部侍郎崔沆爲戶部侍郎，同中書門下平章事。是日雨雹，大風拔木。宰相表亦同。又五行志二十五卷（卽卷三五）常風門云：乾符五年五月丁酉；大風拔木。又崔沆傳云，乾符五年，以戶部侍郎同中書門下平章事，昕旦告麻，大霧塞庭中，百僚就班脩慶，大風雨雹，時謂不祥。又豆盧瑑傳云：歷翰林學士·戶部侍郎，與崔沆皆拜同中書門下平章事。是日宣告於庭，大風雷雨拔木。然則紀表傳及五行志第二十五卷皆以爲乾符五年五月丁酉，獨五行志二十六卷以爲六年，誤也。」考瑑沆入相，卽盧攜、鄭畋二人罷相後之補充者，二事應爲同時。攜畋罷相或謂六年，或謂五年，前說見舊紀及舊書攜畋兩傳，後說不外出宋敏求所補實錄。（參通鑑考異二一四。）但考異引實錄宋氏自注云：「舊史洎雜說皆云，畋攜議黃巢節制，忿爭賜罷，而鄭延昌撰畋行狀，乃云議蠻事，無可證之，然當時所述，恐不謬。」使攜畋果因議黃巢事而罷，則其罷應依舊書在巢圍廣州之年，卽六年，推言之，瑑沆入相亦當在六年也。宋氏置諸五年，似不過據延昌行狀，然一則曰無可證，再則曰恐不謬，是攜畋究因何事而罷，當難取決，安見其必在五年乎？抑舊史與雜說又安知非本自當時人所記乎。考異徒謂宋氏多書，必有所據，殊乏考證價值。質言之，攜畋罷相，或瑑沆入相之爲六年或五年，須取斷乎新書已外之別證，則因新紀志表傳之五年說，諒同出於宋補實錄之一源也。茲故仍依舊紀傳書之。丁酉卽六年五月八日。

耕望按：唐闕史下盧相國指揮鎭州事條：「丞相范陽公攜，……乾符丁酉歲，因與同列延諍機務，詞氣相高，朝廷兩解之。偕授賓翼儲闈，分秩洛汭。」丁酉爲四年，蓋日之誤耳。又述再相時自陳云：「臣待罪臺司，五環星歲。」蓋五周年也。攜以元年五月或十月入相，似亦爲六年始罷之證。又按：劇談錄卷下，瑑沆命相日雨雹條，亦作六年五月。本注：「時五年二十三日。」此卽宋氏所謂雜說之類。然云二十三日，與新書三六五行志三作五月丁酉者亦小歧。

崔澹——乾符六年三月，見在吏侍任。（舊紀。）——舊一七七、新一八二附伯父珙傳。

〔考證〕兩傳，官至吏部侍郎。舊紀，此年月在吏侍任，考試宏詞選人。按濬於四年八月以中舍知貢舉，其遷吏侍不能早過五年。而新二二二南蠻傳中：「乾符四年，遣陀西段瑳寶詣邕州節度使辛讜請修好，詔使者答報，未幾寇西川，駢奏請與和親。右諫議大夫柳韜、吏部侍郎崔濬醜其事，上言：：不可從，遂寢。蠻使者再入朝議和親，而駢徙荆南。……」按吳表六引通鑑，乾符五年正月高駢由西川徙荆南，則議和親卽在四年。濬銜「吏侍」蓋書後官耳。

孔緯——約乾符六年，由兵侍遷吏侍。後徙太常卿。——舊一七九、新一六三有傳。

〔考證〕舊傳：「乾符中，罷學士，出爲御史中丞。……歷戶部、兵部、吏部三侍郎。居選曹，動循格令，（略）執政怒之，改太常卿。黃巢之亂，僖宗幸蜀，改刑部尚書。」新傳無戶兵二侍郎。參以兵侍員闕及戶侍卷，則官吏侍蓋在是年。

裴瓚——廣明元年冬，詔於東都知銓選。未及到任，東都陷於巢。中和中，約三年，除吏侍。旋蓋遷禮尙。——兩書無傳。

〔考證〕桂苑筆耕七吏部裴瓚尙書別紙二首。其一云：「尙書情疏宦路，性悅道風，……早知厄運，久避囂氛，洋川之瑞草仙花，幾牽蝶夢，閬苑之朝嵐暮靄，深潤豹姿。然而陶鈞難住於山中，塗炭待平於天下，遂辭肥遁，來謁宸遊，果登銓管之司，允洽簪纓之望。」其二云：「伏以……書貴知人，允屬銓衡之職。……侍郎……絳帳生風，妙選羣才於門下，洎湖南察俗，瀍洛尹都，便宜入秉化權，坐匡聖略；直以手能持滿，心切避榮，唯永勇退之謀，久阻急徵之詔。……今者移黜陟之司，託清通之望，……永期涇渭分流，必使輪轅適用。」此二別紙乃代高駢作。按：同書二〇石峰詩本注：「中和甲辰年冬十月，奉使東泛。」又謝再送月料錢：「昨日，軍資庫送到館驛巡官八月料錢。伏緣某將命逮（遠）方，已奉公牒，暫離候館，卽指歸程。……」則致遠以中和四年七月離巡官之職，十月首途東歸也。又據同書自序，致遠掌高駢書記四年，則此二別紙必作於中和中，不能遲過四年夏也。兩書皆謂由退隱林泉起任銓衡新職，而前稱尙書，後稱侍郎，未知孰是。

按：裴讚以乾符元年春知貢舉。其年七月出爲湖南觀察。徐考二三據東國通鑑、桂苑筆耕集序及卷一八與恩門裴秀才求事啓：「前湖南觀察巡官裴璙……是某座主侍郎再從弟，某去乾符三年冬到湖南起居座主侍郎之時，見於諸院弟兄中偏所記念。」啓中璙又有弟璹。據此謂致遠以乾符元年登第，卽瓚之門生。是也。

致遠旣爲瓚門生。今筆耕卷一九有上座主尙書別紙：「尙書……大隱存神，表獨見之能，察未萌之事，（謂黃巢陷京也。）遂得高揚素節，夙避危時，到處烟塵，不汙指鴻之目，……然而宸鑒屢回，物情猶鬱，欲作山中宰相，其如天下蒼生！卽期大駕還京，必赴上臺虛位，斯乃萬乘瞻矚，四方禱祈。……」又賀除吏部侍郎別紙：「伏承榮膺寵命，伏惟感慰，……謝太傅之忽起東山，則蒸黎是念。……今者，侍郎靜揖巖扉，高提銓管，萬族仰清通之譽，一時進寒素之徒，致使關中之寇孽灾消，海內之英雄道泰。近又竊聆風議，仰測天心，必謂文司再歸重德。然則任賢得地，旣叶五百年之期，好學趨門，必盈七十子之數。」此文後又有賀除禮部尙書別紙。觀賀除吏侍別紙，自是瓚由退隱林泉始起爲官，旋又除禮部尙書，由吏侍而禮尙，乃例遷，足徵侍郎不誤。而觀上座主尙書別紙，題不云「賀」，開端又無「伏承榮膺寵命」云云，且細玩文意，瓚時尙在林泉非居朝廷，所謂「卽期大駕還京，必赴上臺虛位」云云，乃致遠祈希之詞耳。蓋瓚於乾符元年出鎭湖南時，雖僅檢校常侍，然在任三年，又轉尹河南，必已進位檢校尙書，故致遠得以尙書稱之耳。然則其代高駢作第一別紙，蓋道路遙遠音信不詳，始聞瓚除吏部，不知究爲尙書抑侍郎，以瓚原已檢校尙書，故崇稱尙書，後知爲侍郎，故第二別紙改作侍郎耳。

瓚之新職爲吏侍，非吏尙，且在中和中旣明之矣。又玩賀除吏部侍郎「致使關中之寇孽灾消」一詞，似在三年四月收復西京以後。又云「近又竊聆風議，仰測天心，必謂文司再歸重德。」下接卽是賀除禮部尚書，則在吏侍亦不久也。今姑置中和三年。

又同書一八與恩門裴秀才求事啓：「某昨聆座主侍郎主銓東洛，道路不通，且在襄州，行李極困……。」此上高駢者。按：中和中，東都陷於黃巢，何以有主銓東洛之命。意者主銜東洛之命在廣明元年冬，十一月攢赴任，甫至襄州，而東都已陷，此啓作於中和元年，故有「道路不通」「行李極困」云云。前考除吏部侍郎，在關中陷賊後頗久，觀諸別紙甚明，而此任在東洛未陷之前，與前考吏侍實非一事也。

張讀——中和四年九、十月，在吏侍任。——舊一四九、新一六一附張薦傳。

〔考證〕 舊傳：「位終尚書左丞。」而新傳：「中和初，爲吏部，選牒精允，調者丐留二年，詔可，榜其事曹門。」又新五八藝文志：「張讀建中西狩錄十卷。」本注：「僖宗時吏部侍郎。」考益州名畫錄上，僖宗幸蜀回鑾日，令於中和院上壁寫御容及隨駕臣僚，有「尚書吏部侍郎張讀。」此事在中和四年九、十月間，詳右僕卷裴璩條。則新傳中和初似當作中和末。

孫緯——蓋僖宗世，官至吏侍。——兩書無傳。

〔考證〕 新七三下，孫氏逖四世孫「緯字仲隱，歙州刺史，吏部侍郎。」按逖宦達於開元天寶之際；緯從父簡，會昌中官至吏尚；緯從弟揆，文德元年官刑侍；則緯宦達當在僖宗世。

盧告——蓋僖宗世，官至吏侍。——新一九七附父弘宣傳。

〔考證〕 新傳：「終給事中。」而新五八藝文志，文宗實錄四十卷，本注：「盧耽、蔣偕、王渢、盧告、牛叢譔，魏謩監修。……告字子有，弘宣之子也，歷吏部侍郎。」按：牛叢光啓元年爲吏尚，王渢卽王諷，咸通十三年由吏侍貶，則告官吏侍蓋亦在僖宗朝。又舊紀，大中八年魏謩上文宗實錄，盧告作盧吉，誤。

柳玭——昭宗初，約龍紀元年至大順二年，在吏侍任。後遷御史大夫。——舊一六五、新一六三有傳。

〔考證〕新傳：「遷中書舍人，御史中丞。文德元年，以吏部侍郎脩國史，拜御史大夫。」會要六三修國史條：「大順二年，敕吏部侍郎柳玭等修宣宗、懿宗、僖宗實錄。始丞相監修國史杜讓能(以)三朝實錄未修，乃奏吏部侍郎柳玭、右補闕裴庭裕……等五人修之，踰年竟不能綴錄一字。」冊府五五六作二年二月，餘同。全唐文八四一裴庭裕東觀奏記序：「聖文睿德光武弘孝皇帝自壽邸卽位二年，監修國史丞相晉國公杜讓能以宣宗懿（僖宗）三朝實錄未修……乃奏上……以吏部侍郎柳玭、右補闕裴庭裕……專修宣宗實錄，……踰歲修例竟未立。」則始修在龍紀元年也。耕望按：此三者繫年不同，庭裕親與其事，東觀序當不誤。又檢舊紀，龍紀元年三月，「以（宰相）杜讓能爲左僕射·監修國史·判度支。」則其年奏修三朝史益可信。然冊府、會要年月分明，敕文後有「始」字，疑始修在大順二年二月前，至此時或另有敕命歟？

徐彥若——龍紀元年，或文德元年，由御史中丞遷吏侍。旋復爲御史中丞。——舊一七九、新一一三有傳。

〔考證〕舊傳：「昭宗卽位，遷御史中丞，轉吏部侍郎。檢校戶部尚書，代李茂貞爲鳳翔隴右節度使。茂貞不受代，復拜中丞。改兵部侍郎·平章事。」按：昭宗卽位在文德元年三月，彥若由中丞拜相在大順元年十一月，（舊紀。）或二年正月。（新紀表。）據全唐文八〇三李磎授吏部侍郎徐彥若御史中丞制，其吏侍前官亦爲中丞，與傳合。然前任中丞不久，則任吏侍當在文德元年末或龍紀元年。

崔胤——大順景福初，蓋曾官吏侍。——舊一七七、新二二三下有傳。

〔考證〕舊傳：「中書舍人。大順中，歷兵部吏部二侍郎，尋以本官同平章事。」按新傳、新表及舊紀皆由御史中丞遷戶侍平章事，時在景福二年九月或乾寧元年，則舊傳以吏侍本官入相，誤也。然大順至景福初官兵吏二侍郎，或未必誤。

張禕——昭宗初，蓋大順景福中，由左散騎常侍遷吏侍。（舊傳，詳兵尚卷。）——舊一六二有傳。

趙崇——昭宗世，曾官吏侍。——兩書無傳。

〔考證〕 摭言一一：「張策，……廣明庚子之亂，趙少師崇主文。策謂时事更變，求就貢籍，崇庭譴之。……復舉博學宏辭，崇職受天官，復黜之。」按：崇知龍紀元年春貢舉，則官吏侍當在昭宗世；此云廣明庚子，誤。

楊涉——乾寧四年九月一日癸酉朔，由刑侍遷吏侍。（舊紀、舊傳〔作乾符四年誤〕。）——舊一七七、新一八四有傳。

獨孤損——光化三年，見在吏部西銓侍郎任。（摭言一一惡分疎條。）——兩書無傳。

裴樞——光化二年六月二十五丁亥，由兵侍遷吏侍。（舊紀。）〔考證一〕。天復元年二月，遷戶侍·同中書門下平章事。（新紀、新表、通鑑、舊傳。）〔考證二〕。——舊一一三、新一四〇有傳。

〔考證一〕 此明見舊紀。而舊傳：「乾寧初，入爲右散騎常侍。從昭宗幸華州，爲汴州宣諭使。……全忠皆禀朝旨，獻奉相繼。昭宗甚悅，乃遷兵部侍郎。時崔胤專政，亦倚全忠，二人因是相結，改樞吏部侍郎。」新傳省書吏侍。按：胤於光化二年正月已三次罷相，至三年六月四相，則二年六月胤不在相位，是舊傳書事與紀歧也。據傳，樞爲吏侍當在三年六月或稍後，無他强證，故據紀書之。又兩傳皆以右散騎常侍宣諭汴州，事在乾寧末。而摭言九表薦及第條及唐才子傳一〇殷文珪傳，樞以吏侍宣諭汴州，誤。

〔考證二〕 由吏侍改戶侍同平章事年月，新紀、新表、通鑑同。舊傳吏侍下亦云：「換戶部侍郎·同平章事。其年冬，昭宗幸華州，崔胤貶官，樞亦罷爲工部尚書。」新傳「華州」作「鳳翔」，是也；舊傳涉上文「幸華州」致誤。按：昭宗幸鳳翔、崔胤裴樞罷相，在天復元年十一月；舊傳云「其年冬」，則換戶侍同平章事亦即天復元年也，與新紀、表、鑑均合。而舊紀：光化三年九月戊申，制「以銀青光祿大夫·行尚書吏部侍郎·上柱國裴樞爲中書侍郎·同平章事·判戶部事。」與新紀、表、鑑異，與舊傳亦大歧，今不取。

楊鉅——約天復中，曾官吏侍。——舊一七七附父收傳。

〔考證〕 新五八藝文志，楊鉅翰林學士院舊規一卷，本注：「昭宗時，翰林學士，吏部侍郎。」按舊傳：「乾寧初，以尚書郎・知制誥，充翰林學士，拜中書舍人，戶部侍郎(封戶)。從昭宗東遷，爲左散騎常侍，卒。」不書吏侍。岑氏三朝翰學補記云：「鉅所行制可考者自乾寧三年秋至光化二年末。」則出院不能早過光化三年。然唐制無以吏侍充翰學者，則爲吏侍當在天復中，而戶侍蓋光化中歟？

〇盧光啓——天復二年，由太子少保遷吏侍。〔考證〕。三年二月五日丙子，賜死。(通鑑、新傳。)——新一八二有傳。

〔考證〕 新傳：「拜兵部侍郎・同中書門下平章事。俄罷爲太子少保，改吏部侍郎。」按光啓以天復二年四月罷相，新表罷爲少保，與傳合；通鑑作太保。蓋卽此年改吏侍。

趙光逢——天祐元年閏四月或稍後，爲吏侍。十月見在任。年冬或明年正二月，遷左丞。(詳左丞卷。)——舊一七八、新一八二有傳。

●楊涉——天祐元年十一、二月，或二年正二月，由左丞復換吏侍。三月二十五甲申，以本官同中書門下平章事・判戶部事。時階金紫光祿大夫。不久，遷中書侍郎，仍平章事。(詳左丞卷。)——此再任。

薛貽矩——天祐初，除吏侍；未至。(舊傳。)——舊五代史一八、新五代史三五有傳。

薛廷珪——天祐二年冬，以吏侍權知貢舉。三年春榜後，正拜禮侍。(詳禮侍卷。)——舊一九〇下、新二〇三附父逢傳。